国际移民与海外华人研究

2017-2018

李其荣◎主编

刘益梅 詹娜 曾晓祥 彭慧◎副主编

中国社会科学出版社

图书在版编目（CIP）数据

国际移民与海外华人研究．2017—2018／李其荣主编．—北京：中国社会科学出版社，2020.5

ISBN 978－7－5203－5418－9

Ⅰ.①国… Ⅱ.①李… Ⅲ.①移民问题—世界—文集②华人—世界—文集 Ⅳ.①D523.8－53②D634.3－53

中国版本图书馆 CIP 数据核字（2019）第 232711 号

出 版 人　赵剑英
责任编辑　张　林
特约编辑　周维富
责任校对　周晓东
责任印制　戴　宽

出　　版　中国社会科学出版社
社　　址　北京鼓楼西大街甲 158 号
邮　　编　100720
网　　址　http://www.csspw.cn
发 行 部　010－84083685
门 市 部　010－84029450
经　　销　新华书店及其他书店

印　　刷　北京明恒达印务有限公司
装　　订　廊坊市广阳区广增装订厂
版　　次　2020 年 5 月第 1 版
印　　次　2020 年 5 月第 1 次印刷

开　　本　710×1000　1/16
印　　张　26.5
插　　页　2
字　　数　421 千字
定　　价　148.00 元

《国际移民与海外华人研究》（2017—2018）
编 委 会

前　言

2018 年恰逢中国改革开放 40 周年。当前，中国特色社会主义进入新时代，蓝图清晰、气势恢宏的新一轮改革开放浪潮正席卷神州大地，这必将为实现中华民族伟大复兴注入源源不断的强大活力。广大海外侨胞一直是促进中国发展进步的重要力量，是中国联系世界的重要桥梁和纽带。改革开放以来，华侨华人为推动中国现代化建设，促进祖国和平统一大业，传承弘扬中华优秀文化，增进中国人民同各国人民友好合作作出了重要贡献。海外华人也已经成为住在国社会的重要组成部分，对当地经济、社会、文化的发展都是一支不可或缺的重要力量。

随着中国国际影响力的不断扩大，高学历、高层次人才回流比例明显提升，中国正在掀起新中国成立以来最大规模的海外人才回归潮。中国综合实力的增长和“一带一路”建设的日益深入，成为华侨华人回国发展的重要原因。跨境电商成为华商发展的新模式，海外华商与“走出去”的中国企业合作。中国电商可以为海外华商提供产品展示、品牌授权、电商渠道等平台，而海外华商的分销网络、零售店面、仓储系统等是中国电商企业全球化运行和落地的重要资源。

华人社团与留学生是海外华人社会的重要组成部分，大批新的海外华侨华人专业社团进入了蓬勃发展期。这些社团不仅成为中国联系海外华侨华人的重要桥梁，充当东西方之间政治、商业、科技、文化等交流合作的平台，还凝聚了大批掌握一定技术、财富或取得一定社会地位的华裔专业人士。研究海外华侨华人社团和留学生发展的新特点、新趋势，以及其在中外交往中对中国现代化进程发挥的作用显得十分必要。华侨华人身居异国，他们在住在国的文化与社会融入，不仅关系到自身的生存与发展，而且对我国发展与住在国关系，甚至对国际经济关系将会产生重要的影响。

本书围绕国际移民与回归、华商企业与跨境电商、华人社团与华侨华人、华侨文化与社会融入等问题进行研讨，以期推进全球跨国移民以及华侨华人研究的深入开展。

最后，编委会要感谢各位作者百忙之中赐稿，也感谢中国社会科学出版社编辑的辛勤工作。正是大家的共同努力，才让本卷书稿如此精彩纷呈。在此一并致谢！

目　　录

第一编　国际移民与回归

第二编　华商企业与跨境电商

第三编 华人社团与华侨华人

第四编 华侨文化与社会融入

第一编

国际移民与回归

略论中国新移民的特点*

庄国土[①]

内容提要：中国新移民指20世纪70年代以来从中国移居国外的公民，他们的移民活动构成第三次中国海外移民大潮。与中国历史上的老移民相比，中国新移民具有大多流向发达国家、高学历者比重大、输出地大分散和小集中及精英阶层大规模加入移民行列等特点。除了以流向发达国家为主的特点外，中国新移民的其他三个特点，很大程度上也不同于世界其他国家的移民。假如国内社会环境没有进一步改善，这些特点仍将在未来愈演愈烈的移民潮中呈现。

关键词：移民；中国新移民；华人

20世纪70年代以来，中国掀起海外移民大潮，持续至今，成为世界移民大潮的组成部分。从16世纪末开始，中国大规模海外移民已经持续数百年，但20世纪70年代以来的中国新移民，无论在移民目的地或移民构成，无论在移民输出地或移民动机，与以往的老移民均有较大差异，与同时期其他国家的移民也有明显不同。本文探讨中国新移民的特点及其产生这些特点的原因。

何为移民？本文参照联合国人口司（United Nations Population Divi-

---

* 教育部人文社会科学重点基地重大项目12JJD810026阶段性成果。

① 庄国土：厦门大学教授，丽水学院名誉教授，华侨大学讲座教授。

sion）和世界移民组织（International Organization for Migration）对“国际移民”的定义，即跨越国界的常久性人口空间移动。何为“常久性”，各国标准不一，从1—12个月均有，但较多国家以一年为常住标准。参照以上定义，本文讨论的中国新移民，指20世纪70年代以来从中国大陆、台湾和港澳地区移居国外并长住一年以上者。

一 中国第三次移民大潮：新移民

中国历史上第一次移民高潮从16世纪末开始，持续至19世纪中叶。其原因是欧人相继在东亚进行商务扩张和殖民地开拓，导致对中国商贩和劳动力的巨大需求。中国移民高度集中于南洋（东南亚），少数前往日本和朝鲜半岛。移出地则以福建和广东两省为主，少数来自浙江、云南和广西。[①] 18世纪以后，日本华侨社会湮灭，中国与朝鲜政府均不允许相互移民，持续不断的中国海外移民，基本上前往南洋地区，南洋各地大小不等的华侨社会也得以形成和发展。

中国海外移民的第二个高潮，是19世纪中期以后的大规模华工出国和20世纪上半叶前往南洋的自由移民。19世纪中期，时值工业革命后西方列强在全世界瓜分殖民地，大规模开辟种植园，修建铁路、公路和运河，开采矿产，急需大批劳动力。西方在19世纪前期禁止黑奴贸易更加剧了劳动力的匮缺，因此，华工成为黑奴的替代品。两次鸦片战争迫使清朝开放通商口岸，允许列强在中国招工。从18世纪至19世纪中叶，中国人口从1亿增长到近4亿，产生大量剩余劳动力，大规模国内移民和海外移民同步发生。这一期间，先后约500万华工被贩运出国，约有200万华工被送往东南亚的种植园和矿场。以华工为主的海外移民，导致中国移民的全球性分布，奠定“有海水处皆有华侨”的现状。

19世纪末到20世纪中期，除南洋之外，北美、欧洲、澳洲和拉丁美洲纷纷限制中国移民入境和居留，当地华侨数量甚至有所减少。由于清朝和民国初年政府严厉打击苦力贸易，因此，从20世纪前期到中期，中

---

① 参见庄国土《华侨华人与中国的关系》，广东高等教育出版社2001年版，第171—177页。

国移民潮以自由移民为主，绝大多数进入南洋。这个时期南洋的近代交通和航运业、采矿业、加工业以及种植业有较大发展。以从事商贸为主的华商企业也在20世纪20—30年代纷纷进入实业领域，华侨的各项产业突飞猛进，吸引了更多的中国移民。第一次世界大战期间，先后有20多万华工前往欧洲从事战时劳工服务，不少人战后留居欧洲各地，其聚居地成为欧洲各地唐人街的肇基。

第二次中国海外移民大潮是第一次大潮的延续。数百万中国海外移民中，除数十万人前往美洲、非洲、澳洲外，绝大部分仍前往东南亚。移出地更高度集中在广东和福建两省，约占中国海外移民的90%以上。[①]到20世纪50年代初，超过1100万华侨定居于南洋，另有100多万华侨分布在世界其他地方。

20世纪50—70年代末，持续数百年的中国大陆海外移民大潮基本中断。“冷战”时期的西方反共运动，将华侨与社会主义和“红色中国威胁”相联系，绝大多数华侨居住国都不同程度采取限制和排斥华侨的政策，也不再允许来自中国大陆的移民入境。在中国大陆，不但严厉管控国内人口迁徙，更基本不容许移民海外。

第三次中国海外移民大潮涌现于20世纪70年代，持续至今，时称“新移民潮”。中国台湾和香港地区是中国新移民的先锋，大陆移民很快后来居上。中国新移民潮的外部拉力，缘于西方发达国家在20世纪60年代中期以来放宽对来自发展中国家的移民限制，内部动力则是1978年以后中国大陆奉行改革开放国策，放宽乃至取消对海外移民的限制。此后，数以亿计的发展中国家移民涌入发达国家，美国、加拿大、澳洲和西欧，成为包括中国移民在内的世界移民的主要目的地。随着全球化引发的人力、资本、技术和商品的世界性流动加速，20世纪90年代以来，发展中国家之间的移民也呈汹涌之势，尤其是中国经济的强势崛起和国际化程度的加深，大批中国人随着中国商品、产业与资本的输出，奔赴世界各地。到2008年，中国新移民及其子女的数量可能达1040万，其中，来自中国港台地区的约160万—170万，来自中国大陆的800多万，在大陆新

---

① 庄国土：《鸦片战争以后东南亚的华侨人口结构》，载《南洋问题研究》1994年第1期。

移民中，100 余万来自福建省。①

二　高学历特点

与 1950 年以前的海外中国移民多目不识丁、身无长物、主要来自闽粤的贫困农民不同，中国新移民具有高学历的特点。[形成这一特点的原因在于中国新移民无论是来自中国港台地区或是大陆，留学生及其眷属都是主要组成部分之一。]

20 世纪 70 年代以来，中国台湾地区是最早大规模派出留学生的地区。从 20 世纪 60 年代中期到 80 年代中期，将近 15 万中国台湾地区学生前往美国攻读研究生学位。其中，台湾大学的理科学生赴美留学者高达 70%—80%。据台湾“侨委会”统计，截至 2000 年，在美台胞有 52.9 万人，其中，留学移民占 41.3%，工作移民占 30%，亲属团聚和投资移民分别居第三位和第四位。② 根据台湾“侨委会”2007 年发布的调查报告，海外台湾人约 107 万，其中，定居美国者约 59 万，超过 70% 为大专文化以上者，有硕士、博士学位者占 35%。③

中国大陆大规模派遣留学生虽迟于中国台湾地区，但其数量很快后来居上。近年来，留学规模有增无减，至 2006 年，中国大陆留学人员数量已超百万。留学成为中国人移民国外的主渠道之一，无论大陆或港台，中国留学人员主要前往发达国家，尤其以北美为主。

2007 年以来，中国大陆各类留学生数量呈激增之势。在 2009—2010 学年中，美国高等教育机构中的中国学生人数从上学年的 9.8 万多人增至 12.7 万多人，同比增长 20%，占留美外国学生总数的 18.5%，超过印度，成为留美学生最多的国家。至 2011 年，中国大陆总计送出了 224.51 万留学生。④ 据中国教育在线和留学监理服务网联合发布的《2013 年出

---

① 福建省侨办编：《2006 年福建省华侨华人调查资料》2006 年，未刊资料。

② 朱慧玲：《近 30 年美国华社人口状况及其结构变化》，载国务院侨务办公室编《侨情》2006 年第 20 期，第 15—19 页。

③ 哥斯达黎加台湾商会网站，http://www.cacotacr.com/news.htm。

④ 王辉耀主编：《国际人才蓝皮书——中国留学发展报告（2012）》，社会科学文献出版社 2012 年版，第 1 页。

国留学趋势报告》统计表明，1978—2012年，中国总计送出264.47万留学生，其中，超过90%是自费留学生。2007年以后，中国留学生人数每年平均以20%的速度增长。到美、英、澳、加这4个英语国家的中国留学生占总数的75%以上。2011年，中国大陆留学总数达33.97万人，占当年全球留学人数的14%。次年，在日本的中国留学生数量仅次于美国，有8.6万人。再次是英国，中国留学生约8.5万，其后是澳大利亚，中国留学生7万多人，韩国的中国留学生超过6万人，在德国的中国留学生3.5万人。① 2012年一年，中国出国留学人员达39.96万，其中，一半以上留学生前往美国，占美国当年接受全部外国学生人数的25.4%，是位居第二名的印度近两倍；赴英留学的中国新生约6.5万人，占该国接受外国留学生总数的15%；到澳大利亚的中国留学生超过5万人；到加拿大的中国留学生2.5万人。②

2005年以前，大部分留学人员都定居国外，成为移民。根据教育部统计，到2002年年底，中国大陆58万人出国留学，而学成回来的只有15万。这15万人很大程度上是那些短期（一年或以下）进修生。近年来，随着中国留学生数量的飞速增长和留学国家提高移民门槛，回国比例有所增加，但留居外国的留学人员仍远多于回国人员。

表1　　2008—2013年出/回国人数统计

年份	出国留学（万人）	留学生回国（万人）
2008	17.93	6.93
2009	22.93	10.83
2010	28.47	13.48
2011	33.97	18.6
2012	39.96	27.29

资料来源：据中国留学服务中心统计。

---

① 王望波、庄国土：《2010年海外华侨华人发展报告》，厦门大学出版社2013年版，第33—34页。

② 中国教育在线网站，http：//www.eol.cn/html/lx/baogao2013/page1.shtml。

近代中国留学潮始于1872年清朝派出的第一批“留美幼童”，一直到20世纪50年代中国大规模派遣留学生前往以苏联为首的社会主义国家，中国留学生大多是胸怀求学报国、振兴民族的使命前往海外，学习先进国家的知识，肩负振兴国家和民族的重任。这些留学生基本上都回国，并在中国各领域发挥重要作用。“从留学生到移民”，或者以留学为手段达到移民的目的，是20世纪70年代以来的新现象，在以往中国留学史或移民史上从未存在。

三 集中流向发达国家的都市

2000年以前，中国新移民以留学生和家庭团聚为途径，主要流向发达国家。新世纪以来，随着中国经济的崛起和对外经贸关系的发展，部分中国商贩越来越多地前往东南亚、拉丁美洲、非洲等地。但总体而言，发达国家仍是中国新移民的主要流向。到2008年，包括港澳台在内的中国新移民可能达1040万。中国新移民以北美地区最为集中，约为275万，其次是包括俄罗斯在内的欧洲，约有190万，大洋洲、日本和新加坡各有约60万，韩国约35万。发达国家和地区共680万，占新移民总数的65%。

除了留学生前往发达国家外，非熟练劳动力也以发达国家为主要移民目的地，其原因是中国移民输出地与发达国家的巨大收入差距。仍以前往美国的新移民为例，美国的中国新移民大体可分为以留学生及商务移民的高学历者和以来自福州、江门等低教育程度的农村移民。根据笔者团队在福州长乐市的调查样本，1988—2003年的1709个前往美国的移民中，他们出国前在国内的年收入是人均1143美元。移民美国后，其人均年收入约27370美元。按汇率计算，相差20多倍，按平价购买力（PPP）计算，也相差6倍以上。① 这种收入的悬殊差距，可普遍解释为中国大陆非熟练劳动力千方百计前往发达国家的主要原因，尤其在福州

① 庄国土:《近20年福建长乐人移民美国的动机和条件》，载《华侨华人历史研究》2006年第1期。

和温州的农村地区，即使费资巨大①，也不惜踏上移民征途。

表 2　　2007—2008 年中国新移民数量估计、分布和职业构成　单位：万人

	人数	主要职业	备注
美国	190	留学人员和专业人士，非熟练工人	相当部分来自港台； 相当部分为无证移民
加拿大	85	留学人员和专业人士，非熟练工人	相当部分来自港台
欧洲	170	商贩、工人	相当部分为无证移民； 流动性大
大洋洲	60	留学人员和专业人士，工人、商人	相当部分来自港台；小部分为无证移民
日本	60	留学人员和专业人士，工人	大部分为留学—专业人士定居
非洲	50	商贩、技术人员、劳务人员	大部分集中于南非
拉丁美洲	75	商贩	大部分居住在阿根廷及其周边邻国
俄罗斯	20	商贩	流动性大，数量变动大
东南亚	263	商贩、技术人员、企业家、工人、劳务人员、留学生	流动性大，相当部分为无证移民
亚洲其他地区	67	工人、商贩、劳务人员、留学人员	大部分在韩国；流动性大
总计	1040		

资料来源：庄国土、李瑞晴：《华侨华人分布状况和发展趋势》，国务院侨办政策法规司 2011 年编印。本表根据最新的新加坡移民研究成果，对新加坡中国移民数量估算略有调整。

老一辈的中国移民，大部分充当开荒辟地、采矿种植的劳动力，所居地多在郊乡荒野，少部分在都市从事商贩行业。而中国新移民无论在发达国家或发展中国家，主要在都市就业和谋生。其原因是新移民求学

① 在我们调查的 1988—2003 年的 1866 名长乐出国者中，有 1258 人出国费用高于 1 万美元，有 847 人高于 3 万美元。

的大学和就职的公司一般都在城市，而且吸纳中国新移民非熟练劳动力较多的餐馆业和商贩业，也基本上在城市，尤其是大都市。2000 年，全美华人数量 288 万，其中，居住在纽约、旧金山和洛杉矶三市的华人就超过 60 万，超过 20%。全美有 35779 家中国餐馆，如每家中餐馆雇用 5—10 个华人，加上在中餐馆就业的雇员所供养的人，则有数十万华侨华人以中餐业谋生。[①] 在法国，2007 年的华侨华人数量约 50 万—60 万人，大半居住在巴黎及其郊区，巴黎的中餐馆达 6000 家，全法则有 8000 家以上。[②]

四　输出地的大分散和小集中

数百年来的中国海外移民潮，其主要来源地一直是广东和福建。在福建和广东省内，其移民输出地也基本上集中在几个传统的移民地区。在福建，华侨华人 80% 来自闽南方言区的漳泉两市，少部分来自客家话方言区的龙岩和福州方言区的福清及其周边地区。在广东，华侨华人绝大部分来自粤东的潮汕和梅州及广府方言区的广州和江门。

20 世纪 70 年代以来中国新移民的输出地，基本上颠覆了这种以闽粤为主的输出地模式。新移民的主力之一是留学移民，其来源地遍及全国各大中城市，尤其是北京、上海、广州等中心城市。中国台湾和香港地区原是大陆移民的目的地，20 世纪 70 年代以后，也成为留学移民和商务移民的主要输出地。

新移民的另一主力军是非熟练劳力，其主要来源地也非闽南和广东的传统移民输出地，而是来自闽江口地区、浙南甚至东北等非传统海外移民的输出地。只有广东潮汕、江门和广州地区在 2000 年以前，仍利用泰国和美国乡亲的人脉，输出数十万新移民。在美国的福州人多达 60 万，几乎全部是新移民及其子女，他们并非来自传统的侨乡，而是主要

---

① 周敏：《美国华裔人口发展趋势和多元化》，高伟浓等译，载《人口与经济》2004 年第 3 期，第 20 页。

② 《欧洲华人生活比较：法国华人人数和社区规模居首》，中国侨网，2007 年 7 月 1 日，http：//www. chinaqw. com. cn/hqhr/hrdt/200707/01/77953. shtml。

来自闽江口周边的乡镇。20 世纪 80 年代以前，浙江南部的温州、青田地区虽有少量的欧洲乡亲，但在 20 世纪 80 年代以后，有数十万新移民涌向欧洲乃至北美。现在的浙江华侨华人 100 多万，绝大部分是新移民及其子女。东北大批下岗职工利用各种途径出国，主要前往西欧、美国和韩国，其数量应当不少于 10 万人，2004 年，仅在美国旧金山湾区就有数千沈阳人。随着中国—东盟自贸区的发展，中国在东南亚的投资和工程承包急剧增长，大批中国商贩和劳动力，随着中国资本、产业和商品进入东南亚，尤其是缅甸、柬埔寨和泰国。① 他们大多来自没有海外移民传统的湖南、四川、云南。

因此，中国新移民的主要输出地，已经遍及全国，不再是主要来自闽粤两省。较为集中输出新移民的市县，如台湾、香港、福州闽江口地区、广东江门、浙南和东北，大部分并非传统侨乡。

五　精英移民有扩大趋势

近年来，中国社会精英也大规模加入移民行列。

本文将社会精英或潜在的社会精英，定义为成功人士或有能力成为成功人士者，包括受过良好教育、有较高专业技能和在各行各业的事业有成者。改革开放以来，留学移民、技术移民和商务移民，或可称为精英或潜在精英移民。2006 年以前，中国大陆的精英移民主要是留学生群体，但规模并不大，累计在百万人左右。近 5 年的留学生规模，超过 1978—2006 年近 30 年的总和。每年出国留学的数量，激增至 20 万—30 万人。2013 年，留学生数量或可达 40 万。即使回归比例在提升，滞留在外的留学人员数量也远超回国者。更应引起重视的是，滞留在外的留学移民，包括大部分高端人才。据《人民日报》2013 年 6 月 5 日报道："我国流失的顶尖人才数量居世界首位。其中，科学和工程领域滞留率达

① 庄国土：《经贸与移民互动：论近 20 年中国人移民东南亚的原因》，载《当代亚太》2008 年第 2 期。

87%。”[①] 高端人才成为移民，堪称人才大流失，为政者无论如何不能忽视这种状况。

比留学移民更值得关注的是成功人士的移民，他们或是富人阶层，或是管理、技术乃至文体、艺术领域的成功人士。他们大批移民，完全颠覆了经典移民理论。[②] 中国银行与胡润研究院联合发布的《2011 中国私人财富管理白皮书》显示，14% 的高净值人群（个人金融资产和投资性房产等可投资资产在 1000 万元以上的群体）目前已移民或在申请中，还有 46% 的高净值人群考虑移民。根据中国与全球化研究中心和北京理工大学法学院联合发布《中国国际移民报告（2012）》，中国大陆个人资产超过 1 亿元的超高净值企业主中，有 27% 已移民，47% 正在考虑移民；个人资产超过 1000 万元的高净值人群中，近 60% 已完成投资移民或有相关考虑。

国内知名导演、演员、体育明星、各类艺术家移民的消息虽不绝于耳，但企业家的移民更令人惊心动魄，因为企业家带走的不仅是财富，还有他们的管理经验和价值追求。

结 语

改革开放以来，中国大陆移民潮持续迄今，且有加速之势。不但规模越来越大，还具有以流向发达国家为主、高学历者比重大、输出地大分散和小集中及精英大规模加入移民行列等特点。除了以流向发达国家为主的特点外，其他三个特点，很大程度上是中国大陆特有。假如国内社会环境没有进一步改善，这些特点仍将在未来愈演愈烈的移民潮中呈现。

---

① 盛若蔚：《中央人才工作小组：我国流失顶尖人才数居首位》，载《人民日报》2013 年 6 月 5 日。

② 如经典移民理论之一的“推拉理论”，认为人口流动的目的是改善生活条件，流入地的那些有利于改善生活和发展条件的因素就成为拉力，而流出地的不利生活和发展条件就是推力。人口流动就由这两股力量前拉后推所决定。参见 D. J. Bagne, *Principles of Demography*, Johnson Wiley and Sons, New York (1969)。

论美国的移民传统与特朗普的反移民政策

[美] 江　峡[①]

内容提要：在2016年美国总统大选期间，特朗普高举“美国优先”的大旗，将移民问题作为大选的主要议题大肆炒作，挑起对外来移民的恐惧与种族对立，以强硬的反移民姿态崛起并赢得总统大选。就任总统后，他继续发布强硬的反移民言论，大刀阔斧地推行保守强硬的移民新政改革，颠覆性地推翻美国两党长期以来认为美国是个移民国家的共识，断然否定美国是一个移民国家，认为外来移民——合法与非法——是对美国经济与国家安全的一个威胁，企图阻止并扭转美国社会人口种族结构与文化多元化演变的趋势，维持白人基督教文明在美国的主导地位。特朗普反移民的言行与政策，急剧地改变了美国移民改革的方向，加深了美国社会种族矛盾与对立，深刻影响到美国社会未来的发展走向。

关键词：特朗普；美国移民；文明冲突；白人至上主义；种族主义

① 江峡：美国北亚利桑那大学国际教育中心教授。

一 美国的移民传统与现代人口与种族结构的变化及发展趋势

美国是个由移民建成的移民国家，被称为是世界各国移民的大熔炉。美国接受来自世界各个国家，各个种族的移民，是全球最大的移民输入国。据联合国国际移民组织统计，2015 年，美国移民人口为 46627102 人，占全美人口的 14.49%。[①] 美国是全球留学生所向往的留学目的地，接受世界上最多的国际留学生。2015 年，美国接受国际学生 1043839 人，突破 100 万。[②] 美国还接受全球最多难民，并是世界上最大的人才输入国，吸引接纳来自世界各国的难民与优秀移民人才。美国能在短短 200 多年时间里，特别是第二次世界大战后迅速崛起为世界最强大的国家，其中一个重要原因是，美国是一个自由、包容与开放的移民国家，能接纳来自世界各国的优秀移民，包括各种难民。美国的移民传统，是世界上独一无二的。

例如，第二次世界大战前后，因逃避德国纳粹党人迫害与战乱，大批欧洲大学与科研机构的知识精英与专业人士逃难到美国，其中有许多犹太难民，包括爱因斯坦等，全被美国接受。从 1933—1944 年，有 22842 名欧洲大学的教授、科学家、研究人员及专业人士逃到美国避难，其中有 8300 名来自科学与工程领域的专业知识分子。[③] 据统计，从 1933—1944 年的 11 年间，这批移民到美国的欧洲知识分子中共有 9 人获得诺贝尔科学奖，3 人获得诺贝尔文学奖。这批欧洲大学与研究机构的知识精英被美国接纳后，立即充实和加强了美国的教育与科技实力，提升了美国科技创新竞争力。这些欧洲科学家中的某些人进入美国后，很快成为美国曼哈顿工程的骨干力量，为美国首先制造出人类历史上第一颗

---

① "Global Migration Flows", by International Organization for Migration, https://www.iom.int/world-migration.

② IIE Releases Open Doors 2016 Data, https://www.iie.org/Why-IIE/Announcements/2016-11-14-Open-Doors-Data.

③ Jamie D. Adam, "Is the United States losing its Preeminence in Higher Education?", see *American Universities in a Global Market*, pp. 37-39.

原子弹做出了独特的贡献。美国在打败德国后还接受了许多顶尖的德国火箭专家，这些人后来成为美国导弹与航天业发展的中坚。这些在第二次世界大战前后移民到美国的欧洲知识分子与专业人士以及他们的子女，不少人都成为美国著名学者与金融界和社会文化界的政治精英。

第二次世界大战后，美国的大学与高科技产业一直受惠于来自外国的优秀人才。在美国大学中，约 20% 的科学与工程教职由来自外国的永久居民与临时签证持有者所担任。外国出生的高科技人才是美国科技创新的一个关键因素。在美国，拥有博士学位的 28% 的外国人参与了科学与工程领域的研究与开发工作。依靠来自全球的高科技人才的创造性劳动，美国这个时期在高科技的几乎所有领域，从计算机软件开发、互联网，到机器人制造、生物医学工程、半导体等，都处于全球领先地位。共和党籍的密歇根州州长尹格勒曾引用许多例子表明，外来移民比美国本土出生的人更有可能创业，办厂开公司，他特别指出，苹果、谷歌、英特尔、脸书、美国银行等许多著名的美国大公司的创建，都有外来移民的参与和贡献。美国财富 500 强的大公司中，有 40% 以上的公司是由移民与他们的后代发展起来的。[①] 2017 年，美国国家科学院曾在一份关于移民与美国经济增长的报告中指出："我们知道，我们国家 4200 万移民作为一个群体，勤奋工作，适应性强，资源丰富，勇于创新。他们发明的科技改善了我们的生活，他们在收割庄稼，打扫清洁卫生。他们创建新的公司，他们服役当兵，从事医疗卫生事业。""当美国本土出生的人口日益老化时，外来移民的积极贡献在未来数十年会更显重要"。该报告特别指出，从 2020—2030 年，美国劳动力人口的增加将"完全依赖与移民"与他们的下一代。[②]

回顾美国的建国历史，美国早期的建国之父与独立宣言都是欢迎移民的，相信人人生而平等并且都有自由均等机会。当时那些积极主张独立建国的爱国者们，反对英国国王三世对移民的限制与贸易封锁，要求

---

① John Engler, "Why Immigration Is Good for U. S. Growth", Washington Times, November 18, 2014.

② A Report of National Academies of Sciences, "The Economics and Fiscal Consequences of Immigration", 2017, https://www.nap.edu/catalog/23550/the-economic-and-fiscal-consequences-of-immigration.

在旧大陆与新大陆之间人员与货物进行自由流动。① 后来美国历届总统，除极个别人，大多对移民的作用与贡献表示肯定和支持。1783 年，美国总统华盛顿在会见刚抵达新大陆的爱尔兰移民时表示："美国不仅敞开大门接受富裕而受尊重的陌生人，而且还接受所有国家受压迫与受宗教迫害的人。"他欢迎新移民"通过体面和合适的行为，参与分享美国的"所有权利与特权"。美国政治评论家格乐西亚斯认为，"华盛顿制定了一个激进的战略，这个战略使美国成为地球上最富裕最强大的国家"。②

在 20 世纪 50 年代末和 60 年代初美国民权运动高涨时期，为了推动种族平等与移民改革，准备参选 1960 年总统大选，信奉天主教的民主党籍麻州参议员肯尼迪于 1958 年发表了《移民之国》一书，全面论述美国是一个移民国家。他就任总统后提出了一个全面的移民改革政策，后来成为《1965 年美国移民和国籍法案》。这个政策空前地将移民的来源地从北欧和西欧国家转移到拉丁美洲和亚洲国家，取消了对欧洲白人移民名额优惠，让欠发达国家的有色人种有更多机会移民美国，并且把挑选移民的条件转移到更人性化的"促进家庭团聚"以及拥有美国所需要技能的政策。肯尼迪与他的支持者把这项政策看作在国内对美国民权平等政策的延伸，和在国际上展现美国关心人权与种族平等的自由世界领袖形象。由于这项新的移民政策，从 20 世纪 60 年代中期开始，包括中国在内的许多亚洲国家特别是拉美国家移民大量涌入美国。从 1960—2016 年，中国在美移民人数达到 2130000 人，占美国移民人数 4.9%（不包括港台移民人数）；印度移民人数为 2435000 人，占美国移民人数 5.6%；菲律宾为 1943000 人，占 4.4%；越南为 1353000 人，占 3.1%；韩国为 1042000 人，占 2.4%。这些人大多是根据 1965 年移民法移民到美国的。③ 特别是进入 21 世纪后，来自第三世界国家的移民人口迅速增长。

① David Bier, "America's Founding Fathers Supported Immigration", *Huffpost*, November 20, 2012. 另见 Steven Pincus, "America's Declaration of Independence Was Pro-Immigrants", https://historynewsnetwork.org/article/164016。

② Mathew Yglesias, "Immigration Makes America Great-Current Policy could be Improved, but American Progress Depends on Welcoming Foreigners", *VOX*, September 3, 2017.

③ Migration Policy Institute, "Largest U. S. Immigration Groups over Time, 1960 – Present", https://www.migrationpolicy.org/program/data – hub.

至2014年，美国就增加了1870万新移民。即使在2008—2011年金融危机期间，仍有450万新移民定居美国。美国移民研究中心指出："显然，移民已经成为美国人口增长的决定性因素。"①

这个时期的美国总统，无论是共和党保守派总统或民主党自由派总统，对外来移民都是表示欢迎的。20世纪80年代初，当保守派的共和党籍加州州长里根竞选总统时，明确肯定美国是一个移民国家，赞扬移民对美国社会的贡献。1980年劳工节那天，里根在具有象征意义的自由女神像下发表竞选演说时指出："这些（移民）家庭来到这里工作，来到这里建设。他们从其他国家，在不同的甚至可怕的条件下，以不同的方式来到这里。"里根称赞"他们帮助建立起河对岸那座伟大的城市（指纽约——作者注）。他们遍布到美国各地修建起各个城市和村镇，以及令人不可思议的物产丰富的农庄。他们来到这里帮助美国生产。他们不要求这个国家为他们做什么，而是要帮助这个难民之地成为历史上最伟大的自由之家"。他宣称："我们的国家是移民国家。我们的力量来自我们自身的移民传统。与此同时，我们有能力欢迎来自其他土地上的人们。这个传统是没有任何其他国家能够相比的。"② 里根就任总统后，在国会的支持下与1986年签署了一项重大的移民改革法案，一方面加强边界安全，另一方面给在1982年前非法进入美国的移民提供大赦，允许他们改变身份合法移民美国。③

后来的民主党籍与共和党籍总统，都坚持美国是一个移民国家的信念和传统。民主党籍的克林顿总统多次强调说："对我们国家来说很重要的是要记住，我们是一个移民国家，也是一个法治国家。"④ 共和党籍的小布什总统在谈到移民问题时也明确表示："我们是一个法治国家，我们也是一个移民国家。我们必须坚持这个传统。这个传统使我们国家变得

---

① Steven A Camaroto and Karen Zeigler, "Immigrating in the United States-A profile of the foreign-born using 2014 – 2015 Censes Buras date", Center for Immigration Studies, October3, 016.

② Philip Klein, "Here is How Ronald Reagan Spoke of Immigrants when He Said He Wanted to 'Make America Great Again'", *Washington Examiner*, January 12, 2018.

③ Don Gonyea, "The GOP's Evolution on Immigration", *NPR Politics Broadcast*, January 25, 2018.

④ Bill Clinton, *Between Hope and History*, Random House, January, 1996, pp. 133 – 134.

更强大。”①

20世纪末，在美国准备迎接21世纪来临之际，针对美国移民人口不断增加和种族结构的迅速变化，克林顿提醒美国人民，外来移民为美国经济文化和社会发展做出了巨大贡献，美国人口和种族结构正在经历迅速变化，要认清这个趋势，做好心理准备，要一如既往地欢迎新移民。1998年夏天，他在波特兰州立大学为应届毕业生发表毕业典礼演说时指出：“与地球上任何国家相比，美国能够不断吸引一波波外来移民的力量与精神。每一代移民，都表明他们是最不知疲倦，最有探险精神，最有创造性，最勤劳的人。”“他们加强了我们的经济，丰富了我们的文化，复兴了我们要给所有人自由与机会的承诺。”他特别指出：“每一年，几乎有100万移民合法来到美国。今天，几乎每10个美国人中就有一个是外国出生的，每5个学龄儿童中就有一位是移民家庭的孩子。今天，由于移民的缘故，在夏威夷、休斯敦和纽约市，已没有占人口大多数的种族。5年之内，美国最大的州——加州，将没有占人口多数的族裔。在未来50年多一点时间里，在美国将看不到占人口多数的族裔。在人类历史上，没有任何国家在这么短的时间里经历如此巨大的人口变化。”克林顿特别强调：“这种人口变化既可以加强我们和团结我们，也可以削弱和分化我们。我们必须做出决定。”②

在克林顿的这个演说发表后不久，美国人口普查局在当年夏天初步预测，到21世纪中叶，美国人口将超过4.3亿，届时，人口的种族结构将进一步多元化，白人将会丧失占人口大多数的族裔地位，非白人的少数族裔将占全美人口的54%。美国移民研究所估计，这期间，西语裔人口将翻倍，亚裔人口将增加79%，有色人种将占美国人口的多数，而白人人口由于死亡率高和出生率低将不可避免地减少。③ 各种分析研究显示，这种外来移民人口的迅速增长与人口及种族结构的急剧变化，将对美国未来经济、政治与社会文化产生前所未有的影响。英国《卫报》认

① George W. Bush, *Decision Points*, Crown Publishers, November 2010, pp. 303 - 304.

② Bill Clinton, “Commencement Address at Portland State University”, June 13, 1998.

③ Jenifer Ortman and Christine Guane, “US Population Projections: 2000 - 2015”, http//: www. census. gov.

为，外来移民大量增加和美国白人人口滑向少数族裔的一个重大影响是白人基督教新教徒的人数在日益减少，而共和党的基础主要是由白人和基督教徒所组成。[①] 美国保守派的福克斯新闻网也报道分析了白人基督教徒日益减少的现象，白人基督徒曾是美国人口最大多数，占美国人口近70%，现在已经下降到50%以下，主要原因是外来移民的大量涌入和信奉基督新教的人在减少，其影响将是深远的。[②]

二　白人的危机感与特朗普在2016年总统大选中以反移民崛起

美国是一个移民国家，也是一个长期由白人占主导地位的盎格鲁—基督新教国家，白人始终处于美国社会的中心主导地位，控制着几乎一切政治、经济和文化资源。而且长久以来，绝大多数白人认为，他们在美国社会中的主导统治地位是天经地义的。在20世纪60年代民权运动之前，美国是个不折不扣的白人文化至上与种族歧视的社会。当外来移民不断涌入导致种族结构与文化多元化快速发展，当全球化导致美国基础产业工作机会转移到具有劳工优势的第三世界国家，使美国白人蓝领工人经济地位日益下降，特别是白人几十年内将丧失人口大多数位置的发展趋势，以及白人基督新教美国文化将会没落终结的情景，令美国白人及其保守精英分子惶恐不安，产生空前危机感。白人政治精英开始发出“我们是谁？谁是美国？我们还是这个国家的主人，西方文明还能持续下去吗?”的疑问。

最先代表白人大声发出这种疑问的是美国白人知识分子精英、哈佛大学政治学教授亨廷顿。他在2004年出版《我们是谁：对美国国家认同的挑战》一书中指出，是独特的美国文化造就了美国的强大，美国认同的核心，是盎格鲁—基督新教文化，主要包括基督教，新教价值观和工作伦理，说英语，英国法治传统，以及自由，平等和个人主义等。然而，

---

① Jason Wilson, “We Are at the End of White Christian America, What will That Mean?”, *The Guardian*, September 20, 2017.

② “White Christians Are No Longer the Majority in the US”, *Fox News*, September 7, 2017.

外来移民、有色人种对自己文化认同的强化，以及多元文化主义的兴起，对美国的国家特性构成挑战，让盎格鲁—撒克逊新教文化的核心地位饱受动摇。亨廷顿写作这部著作的目的，是要审视美国社会，特别是1965年新移民法取消欧洲白人移民名额优惠之后，蜂拥而来的南美洲移民，尤其是墨西哥移民对美国价值观与文化的忠诚度。他的结论是，大规模拉丁美洲移民特别是墨西哥移民以及美国社会的多元化，正在威胁美国主流的价值观与文化。亨廷顿指出，墨西哥移民大量涌入美国并保留他们的语言、文化和宗教信仰，“导致对美国认同感的削弱”。[①] 美国最大的挑战是墨西哥移民及其导致的美墨边界地区的“西班牙化”，结果会形成“两个美国”。亨廷顿呼吁，美国必须维护白人核心文化的同化能力和统治地位，外来移民要“参加美国的生活，学习美国的主要语言（英语），了解历史和风俗，吸收美国的盎格鲁—新教文化，认同美国而不是出生国。”[②] 亨廷顿预言，对于蜂拥而来的西语裔移民与日益盛行的多元文化主义，美国白人将会产生激烈反弹，反弹的形式是排外主义社会政治运动的兴起，这一运动的参与者主要是工人和中产中的白人男性，他们试图阻止甚至扭转自身社会经济地位的衰落、文化传统的歪曲，还有国家历史认同的饱受侵蚀甚至消失不见。

亨廷顿作为一位美国主流知识精英学者，在美国这样一个移民与多元化的社会中，将美国今天与未来的主要问题归罪于西语裔移民，视他们为对美国主流文化与价值观的威胁，难免有歧视某个特定族裔之嫌，触犯了美国主流学术精英一贯标榜的“政治正确”传统和良好感觉。美国保守的《国家利益》杂志认为，亨廷顿强调国家认同与爱国主义的思想在当时受到大多数主流媒体的批评，但他预见了“我们政治运动的兴起”，影响了特朗普自我标榜的“美国优先”的民族主义，以及他的限制移民和反贸易的竞选政纲。[③] 美国自由派主流大报《华盛顿邮报》发表文章指出：“亨廷顿预见 ——并直接地激活了——针对西语裔移民的白人排

---

① Samuel P. Huntington, “Who We Are? The Challenges to America’s National Identity”, Simon & Schuster, 2004, pp. 226 – 229.

② Ibid., p. 339.

③ Jason Willick, “How Samuel Huntington Predicted Our Political Movement”, *The National Interest*, July 4, 2016.

外主义的崛起。”《华盛顿邮报》甚至宣称，“亨廷顿预言了特朗普时代的来临。”①

纽约房地产商人特朗普在准备参选 2016 年总统大选时，敏锐地捕捉到美国白人中日益蔓延的对外来移民，特别是墨西哥移民以及对白人自己优越地位日渐丧失的恐惧愤怒与不满。他将移民问题作为他的竞选主题，将反移民和在美墨边界修筑阻挡非法移民的高墙作为他竞选的主要议题和获胜利器。2015 年 6 月 16 日，特朗普在纽约特朗普大厦发表参选演说中，特朗普将美国今天所面临的一切问题归结于不公平的贸易和非法移民，抱怨美国已成为世界上所有国家倾倒他们问题的垃圾场。他首先将火力对准美国的邻国墨西哥，指责墨西哥将毒品走私犯、罪犯和强奸犯送到美国来。特朗普极具煽动性地宣称：“墨西哥正在经济上打败我们。他们不是我们的朋友……当墨西哥派送它的人民来美国时，不是送最优秀的人来。它送有许多问题的人来，他们带来许多问题。他们带来毒品，带来罪犯。他们是强奸犯……他们不仅来自墨西哥，他们还来自南美和拉丁美洲。他们也许还来自中东。”特朗普表示，“这种情况必须制止，要马上制止。”为了阻止来自南方的墨西哥和拉丁美洲移民，特朗普强调：“我要建一道伟大的墙，没有人比我建墙建得更好，相信我，我会很经济地建这道墙，我会在我们的南部边界建一道很伟大很伟大的墙。我会要墨西哥付建墙的费用。”② 特朗普在参选演说中将墨西哥移民描绘成毒品走私犯、罪犯和强奸犯，并发誓要在美墨边界建墙，最后由墨西哥来埋单的惊世骇俗的反移民论调，不仅立即受到美国主流媒体与民主党的猛烈抨击，还受到共和党建制派与政治精英以及支持移民的各种民间团体的激烈反对。墨西哥政府更是予以愤怒的回击，谴责他是白人种族主义者。

面对外界铺天盖地指责他是种族主义者，排外主义者的批评，特朗普不为所动，继续坚持他强硬的反移民，特别是反墨西哥移民的主张。

---

① Jason Willick, "How Samuel Huntington Predicted Our Political Movement", *The National Interest*, July 4, 2016.

② https: //blogs. wsj. com/washwire/2015/06/16/donald – trump – transcript – our – country – needs – a – truly – great – leader/.

2015年7月6日，特朗普针对对他的批评，发表一份公开声明，坚持他在参选演说中对墨西哥移民的丑化仇视评论。该声明说："墨西哥政府正在逼迫他们最不想要的人进入美国。这些人在许多情况下，是罪犯、毒品交易犯、强奸犯。"[①]他并强硬表示会在美墨边界建一道伟大的高墙，阻挡来自南部的非法移民，由墨西哥政府付建墙的费用，还要将所有的墨西哥非法移民遣送回去。

特朗普敢于不顾媒体舆论和公众对他"种族歧视"和白人至上主义者的指责，毫无顾忌地挑战美国作为一个移民国家的多族群多元文化的主流价值观念，是因为他是一个狡诈的唯利是图、不择手段的投机商人，长期从商的经验让他懂得审时度势和捕捉民意。早在宣布参选总统之前，特朗普就一再指责非洲裔的黑人总统奥巴马不是在美国出生的，从根本上否定他做美国总统的合法性，以迎合共和党极右翼保守派和白人至上主义者抗拒奥巴马执政的心理，建立起他的核心支持基本盘。奥巴马竞选当上总统，白宫有史以来首次住进一家黑人家庭，令白人至上主义者与共和党保守派如丧考妣，感到白人美国正在褪色。特朗普对奥巴马和墨西哥移民肆无忌惮的攻击让他们看到了希望。共和党的基础主要由保守白人和基督教徒组成。特朗普反移民主张和承诺在美墨边界建墙反映了白人福音派的价值观，他们是对移民最敌意的群体，他们不仅主张要放缓移民，甚至要完全终止外来移民，维持白人与白人文化在美国的主导地位；他们将挽救白人保守基督教信仰，维持白人的权利和生活方式寄托在特朗普身上。特朗普看准了这一点，他在投入2016年总统大选后，敢于以简明直白又粗俗无礼的语言，攻击奥巴马，反精英，反贸易，反移民，反政治正确，宣传排外与极端的白人至上主义，煽起民粹主义，利用选民特别是广大白人选民的愤怒不满激起更大的愤怒不满，以引起共和党内保守右派与教育文化程度不高的白人工薪阶层的共鸣。同时，作为一个高明的电视真人秀节目主持人，特朗普深知如何向选民推销自己，越是耸人听闻，越是抓住眼球，越是踩红线语出惊人，就越有娱乐性，让媒体抓狂，令他的支持者热血沸腾，死心塌地地支持他。因此，

① Hunter Walker, "Donald Trump Just Release an Epic Statement Raging Against Mexican Immigrants and 'Disease'", Business Inside, July 6, 2016.

自从宣布参选以后，特朗普高举反移民和美国优先的大旗，在共和党初选一系列电视辩论和各种媒体采访，以及各种竞选集会甚至他的无休止的推特中，一再宣称移民特别是墨西哥移民是美国面临的最大问题，指责他的共和党内竞争对手对非法移民“同情”和“软弱”，只有他才重视并能够解决移民问题，使美国变得更伟大。

例如，在2015年8月6日举行的共和党参选人第一次电视辩论中，特朗普说：“如果不是我，你们甚至都不会谈论非法移民问题，直到我宣布参选提出这个问题，没有人考虑这个问题，事实上，自那以后，许多杀人、谋杀、犯罪、毒品走私，都一直在跨越边界泛滥到美国来，毒品进来了，我们的钱出去了，我说过，我们需要建一道墙，必须很快地建这道墙。”在这次电视辩论中他重弹墨西哥将罪犯、毒品犯和强奸犯送到美国来的老调，妖魔化墨西哥移民，批评华府政客特别是民主党对非法移民不作为。特朗普指责墨西哥将坏蛋都送到美国来，“因为他们不愿意付钱给这些坏蛋，不愿意照看这些坏蛋。当美国愚蠢的领导人为他们照顾这些人时，墨西哥政府为什么要照料这些坏蛋呢？”[①] 在这之前接受CNN的采访时，特朗普说：“我们有许多真正很坏的人在这个国家，我们得将他们驱逐出去，我们要将他们驱逐到他们来的地方，我不仅是说墨西哥，他们来自四面八方，我们有许多坏蛋在这里，他们在我们的监狱里，我们付钱照看他们。”[②]

美国著名思想智库布鲁经斯学会的研究人员指出：“特朗普在2016年总统大选中制造了一个关于非法移民的迷思。这个迷思被设计出来制造不信任和恐惧，为许多对当前现状不满的美国人找到一只‘替罪羊’。”“特朗普描述的非法移民和难民罪犯在美国猖狂横行的情景是一派胡言，这是为了煽动政治仇恨的最突出例子。事实上，很多是没有根据的。”布鲁经斯学会的研究人员在他们的研究报告中以事实举例说，“从2002—2016年的14年，被定为严重犯罪并被驱逐出境的移民人数仅为美国犯罪

① https：//ballotpedia. org/Fox_ News_ Republican_ debate_ （August_ 6，_ 2015）.

② http：//cnnpressroom. blogs. cnn. com/2015/07/26/donald - trump - calls - into - sotu - says - what - hillary - clinton - has - done - is - criminal/.

人数的7%。2017年被驱逐的移民中，只有1.7%的人被定为重罪。"①《大西洋月刊》发表的文章指出："特朗普描绘的美墨边界大门洞开，让墨西哥罪犯和恐怖主义分子自由地进出美国，是他的又一个谬论。""事实上，从布什政府到奥巴马政府，都一直在加强对边境的巡逻管理和筑墙，他们加强了边境，增加了人手，帮助墨西哥发展经济，这些都导致进入美国的非法移民一直在下降。"②

但特朗普为了煽动他的支持者对移民的恐惧和仇恨，赢得总统大选根本不管这些历史事实。他在各种场合一再炒作美墨边界无防开放，让罪犯和恐怖主义分子随意进入美国，危害美国的国家安全；他要建一道高墙阻挡蜂拥的非法移民，由墨西哥来埋单；他指责移民和难民是罪犯、恐怖主义分子，挑起种族恐惧，煽动种族仇恨；他抨击移民夺走美国人的工作，危害美国经济与就业，使美国的失业率居高不下；他攻击其竞争对手希拉里对非法移民软弱，只有他能够解决移民问题等。他根本不谈美国是移民国家的历史传统和外来移民对美国的贡献，激烈抨击"过去几十年来的贸易与移民政策摧毁了我们的中产阶级"，"我们的移民制度被用来攻击我们"。③ 特朗普喜欢谈论受共和党人喜爱的里根总统，一再吹嘘他会像里根一样使美国变得更伟大，但有美国媒体评论说，商人出身的特朗普与里根完全不同。里根不仅欢迎来自世界各地的移民，而且认为正是移民帮助建立了美国，是移民的梦想和勤奋工作使美国变得更伟大。里根对移民的认知是鼓励，充满希望与乐观主义，特朗普看到的却是一片黑暗与危险。特朗普与他的大多数白人支持者认为，外来移民跑到美国来是为了犯罪和抢走美国人的工作，享受美国的社会福利，令美国衰落，令白人的生活水平下降。④

俄克拉荷马大学的历史学教授斯蒂文·纪隆指出："直到20世纪60

① Elaine Kamarck, Christine Stenglein, "When Policy Is Cut Off from Reality: Donald Trump's Immigration Problem", *Brookings Report*, October 31, 2017.

② Reihen Salam, "Trump's 'Animals' Remark Explain Why He's Losing Immigration Debate", *The Atlantic*, May 16, 2018.

③ "Immigration Reform That will Make America Great Again", *The Three Core Principles of Donald Tramp's Immigration Plan*, https: //assets. donaldjtrump. com/Immigration - Reform - Trump. pdf.

④ Philip Klein, "Here Is How Ronald Reagan Spoke of Immigration When He Said He Wanted to 'Make America Great Again'", *Washington Examiner*, July 3, 2018.

年代，白人男性一直不受挑战地处于美国文化与经济金字塔的顶端。他们不需要在工作场所跟女性和非洲裔美国人竞争，法律和风俗习惯都是维护他们特权地位的。白人男性不仅统治工作场所，他们还主导控制美国的政治，肆意使用他们不受挑战的权力。”“但大批外国移民的涌入，使这一切都改变了。”纪隆教授论述说：“1965 年的移民法案，让‘家庭团聚’成为国家移民法的中心位置，戏剧性地让大批外国人移民到美国。这个移民法，根本上改变了美国移民的模式。1965 年该法通过后，绝大多数新移民来自亚洲、非洲和拉丁美洲。在白人男性看来，这些新来的移民不仅不同化于美国文化，还形成了一种庆祝不同文化，拒绝共同价值观的新的政治认同。”他们觉得白人的特权在丧失，白人文化在褪色。许多“没有受过大学教育的白人觉得他们被政府抛弃了，并担心他们的下一代会比他们更糟糕。他们对外来移民的不满和怨恨使他们相信，美国日益增强的种族和族裔多元化，将会把他们赶到社会的边缘”。一些愤怒的白人男性开始公开鼓吹针对外来移民的暴力，并参加“白人至上主义的边缘运动”。①

特朗普嗅到埋藏在美国社会中白人群体对外来移民的怨恨和对他们地位日益下降的不满，将他们视为自己赢得 2016 年总统大选的坚强支持群体和最后希望。2016 年 9 月，他在接受主要观众为白人基督教徒的基督教广播网的采访时向他们喊话说：“如果我们不赢得这次大选，你们将永远看不到另一个共和党（总统）。”他强调说，“我认为，这将是共和党能够赢得大选的最后一次机会，因为你们将会看到，有许多人（非法移民）涌过边界，你们将看到非法移民涌进来，他们将会成为合法移民，他们将能够投票，当这一切发生时，你们是不会忘让的。”② 特朗普以此激励鼓动广大白人选民出来投票支持他，作为阻止外来移民，阻止白人基督教美国衰落的最后一次机会。

特朗普在 2015 年夏天宣布参选总统时，在民意调查中排在共和党参

---

① Steven Gillon, “The Last Half-century Has Eroded Their Advantages, Leaving Them Fuming”, The Washington Post, August 29, 2017.

② Robert Jones, “Trump Can't Reverse the Decline of White Christian America”, *The Atlantic*, July 4, 2017.

选人第10名。当时，没有人看好他的竞选。但令人跌破眼镜的是，特朗普杀入初选后，一路过关斩将，所向披靡，先后击败了共和党内竞争对手，在2016年夏天获得共和党总统候选人提名，并在当年秋天的总统大选中一举击败民主党竞争对手希拉里，赢得白宫宝座。美国媒体舆论和政治观察家普遍认为，特朗普以反移民为竞选主题，他强硬的反移民立场，他要在美墨边界建墙阻挡非法移民，并将所有在美非法移民驱逐出美国，以及拒绝中东穆斯林难民的主张，是他在2016年总统大选中逆势崛起，获得总统大选的主要原因之一。

布鲁经斯学会的研究学者认为："特朗普抓住移民问题，赢得共和党总统候选人提名，并在认为移民是美国面临最大问题的选民中不断赢得他们的支持。最终，他靠炒作移民问题进入白宫。"① 《纽约时报》说，特朗普的竞选"回应了美国白人中的种族焦虑与不满"。"许多研究表明，种族焦虑，或称文化不适应，是特朗普的支持者投票支持他的动机因素。"②《华盛顿邮报》根据大选后的民调结果指出，白人福音基督教徒有80%投票支持特朗普，只有16%投票支持希拉里。"他们对特朗普的支持显示，为什么共和党参选人在周二的大选中表现得出乎人意料的好"。③ 有美国政治观察家强调指出，在2016年大选中，"相当清楚的是，种族主义推动特朗普获得提名。是种族主义，而不是经济焦虑，使大批白人选民投票支持特朗普。""身份认同成为美国政治的中心战场"。④ 美国著名的网络数字媒体 *VOX* 引用各种研究宣称，有"证据显示，特朗普的崛起是由种族主义和种族怨恨所推动的"，"特朗普的胜利是因为种族怨恨"。⑤

---

① Elaine Kamarck, Christine Stenglein, "When Policy Is Cut Off from Reality: Donald Trump's Immigration Problem", *Brookings Report*, October 31, 2017.

② Steve Phillip, "Trump Wants to Make America White Again", *The New York Times*, February 15, 2018.

③ Sarah Pulliam Bailey, "White Evangelicals Voted Overwhelmingly for Donald Trump, Exit Poll Show", *Washington Post*, November 9, 2016.

④ Sean McElwee and Jason McDaniel, "Economic Anxiety didn't Make People Vote for Trump, Racism Did", *The Nation*, May 8, 2017.

⑤ German Lopes, "The Past Year of Research Has Made It Very Clear: Trump Won Because of Racial Resentment", *VOX* December 15, 2017.

英国《卫报》的文章认为："一个共同观点是，特朗普的胜利是美国社会弥漫的种族主义的结果。"因为特朗普在2016年总统大选中，在不同场合不断向他的白人支持者强调灌输，外来移民（非白人）是对白人美国的巨大威胁——移民抢走他们的工作，降低他们的生活水平；移民不工作却享受各种社会福利；移民不认同白人文化不融入美国社会；移民抢劫强奸杀人犯罪，危害社会安全等。只有他才能够帮助他们消除这个威胁。他天天讲，不停地讲，在他的白人支持者中煽动起一种空前的威胁感，让他们对外来移民产生敌视、恐惧，产生一种强烈的要保护他们群体的愿望，并将他们的希望寄托在特朗普身上。哥伦比亚大学政治学教授伯曼发表在《卫报》的这篇文章中引用一位心理学家的话说，这就像某个人在一群人的额头上安了一个按钮，按一次就让他们共同感觉受到威胁，不停地按，就会使他们产生集体防卫条件反射，觉得需要采取行动捍卫自己的权利。① 美国堪萨斯大学的社会学家史密斯和汉莉根据分析2016年美国国家选举研究的数据，得出结论说："我们发现，特朗普的支持者投票选他，主要是因为他们分享他的（种族）偏见，而不是因为在财政上的压力。"②《大西洋月刊》在大选后进行的调查研究发现，"保守的白人将他们的信仰寄托在特朗普身上，视他为白人的伟大希望。他们相信，这次大选，是这个国家在人口和文化变化时期——这种变化被他们视为是美国的衰落——挽救白人保守基督教，维持白人权力和白人生活方式的最后一次机会。"③ 著有《白人基督教美国终结》一书的罗伯特·琼斯引用大选后的民调指出："几乎三分之二（66%）投票支持特朗普的选民同意，2016年的总统大选，代表着阻止美国衰落的最后一次机会。"④

---

① Sheri Berman, "Why Identity Politics Benefits the Right More Than the Left", *The Guardian*,

② David Norman Smith and Eric Hanley, "The Anger Games: Who Voted for Donald Trump in the 2016 Election, and Why?", *Critical Sociology*, 2018, Vol. 44 (2).

③ David Love, "The End of America's White Majority Is near: What Are the Implications?", *The Atlantic*, September 12, 2017.

④ Robert Jones, "Trump can't Reverse the Decline of White Christian America", *The Atlantic*, July 4, 2017.

三 特朗普反移民政策的主要内涵与动机

特朗普强硬的移民主张和政策有一个提出、形成、发展和完善的过程，主要分为两个阶段：第一阶段是2016年总统大选期间为煽动共和党基层选民出来投票支持他所提出的反移民主张和政策；第二阶段是就任总统后首先以发布总统行政命令的方式，实施极其严厉的反移民政策，加强移民执法，同时推动新的移民立改革法，以实现其严格限制移民的主张和政策。

特朗普在2016年大选初选阶段，根据竞选形势的需要，在不同场合鼓吹他的反移民主张和政策，但都是一些凌乱碎片化的极端仇视反对墨西哥移民的言论，以激起长期沉默的底层白人和共和党基层选民对他的关注和狂热支持。他比较系统的移民政策和主张，是在他获得共和党总统候选人提名并出访墨西哥与墨西哥总统会谈后，于2016年8月31日在亚利桑那州凤凰城发表移民政策演讲时提出来的。亚利桑那州是全美反移民最积极的一个州。特朗普选择在该州发表移民问题演说，其动机一目了然。特朗普在这次演说中所宣示的移民政策基本上可以归纳为10项重点计划与行动步骤：

（1）在美墨边界修建高墙，由墨西哥政府埋单；

（2）终结对非法移民抓住又放的政策，对非法移民与犯罪分子实行“零容忍”；

（3）加强驱逐非法移民的执法力量，逮捕驱逐所有的非法移民与犯罪分子；

（4）停止对“非法移民庇护城市”的拨款；

（5）取消奥巴马政府有关移民的行政命令；

（6）实行极端审查制度，堵住来自某些国家的移民（主要是伊斯兰国家）；

（7）迫使其他国家接受美国驱逐的非法移民；

（8）建立完善生物识别签证追踪体系；

（9）加强电子审查制度，不给非法移民工作机会；

（10）限制移民，大幅减少移民数额，设定新的移民标准。[①]

美国独立的非党派和非营利的移民政策思想库“移民政策研究所”认为，这是特朗普在2016年总统大选中罗列得最详细的移民政策清单，如果他成为总统，这10项移民政策计划，为他未来的施政提供了“十分清晰的路线图”。美国“移民政策研究所”特别强调，特朗普的移民政策，与他历届前任政府的移民政策完全不同，[②] 并称他“将移民视为对美国经济和国家安全的主要威胁”。“过去，历届总统大多将移民看作美国的传统和对美国经济的正面力量。”[③]

特朗普入主白宫后，立即从如下几个方面大张旗鼓地推动他的强硬移民施政纲领，严厉打击非法移民，严格限制合法移民，毫不犹豫地兑现他对移民问题的承诺。

第一，他一上台，就以加强美国的安全和保障美国人民利益的名义，签署了7项有关移民的总统行政命令，包括通过美墨边界修建隔离墙；大力增加美国移民和海关执法力量，大肆逮捕非法移民予以监禁并迅速遣返；要求各州和市配合严格执行移民法；对外国人进出入境实行生物技术监控追踪；废除梦想生计划（DACA）；禁止8个伊斯兰国家公民进入美国等。[④] 特朗普企图通过这些极其严厉的打击与限制的移民政策和措施，一方面让他的支持者看到，他正在百分之百地兑现他的竞选诺言；另一方面威胁在美国的非法移民赶快离开美国，同时阻吓想要移民美国的外国人。

第二，特朗普就任总统后，继续不断地发出外来移民和难民是罪犯，是恐怖主义分子的充满种族主义的言论。他尤其敌视反对第三世界国家移民与难民，以恶毒的语言攻击他们。例如。他在会见加州执法人员时说：“有人正在进入这个国家，或者企图进来。我们在阻止许多人

---

① Transcript, “Donald Trump's Full Immigration Speech, Annotated”, *The Los Angeles Times*, August 31, 2016.

② Sarah Pierce, Jessica Bolter, and Andrew Selee, “Tramp's First Year on Immigration Policy-Rhetoric v. Reality”, Migration Policy Institute, January, 2018.

③ Sarah Pierce, Andrew Selee, “Immigration Under Trump: A Review of Policy Shifts in the Year Since the Election”, Migration Policy Institute, December 2017.

④ Muzaffar Chrishti, Jessica Bolter, “The Trump Administration at Six Months: A Sea Change in Immigration Enforcement”, Migration Policy Institute, July 19, 2017.

进——而且我们正在将许多人驱逐出去。我们难以相信，这些人是多么坏。他们不是人，他们是畜生。我们正在以前所未有的水平和比例将这些人驱逐出美国。”① 他还将美国发生的枪击案政治化，指责参与枪击案的移民是恐怖主义分子。2018 年 1 月 11 日，特朗普在白宫与国会议员秘密会晤讨论移民改革法案时不满地说：“我们为什么会有这么多来自粪坑国家的人？”“我们为什么要这么多来自海地的人？把他们赶走？”他并问在座的议员，“为什么我们不欢迎更多来自像挪威这样国家的移民呢？”②《华盛顿邮报》评论说，特朗普的移民政策“只是要接纳白种人，对黑人与棕色人种关上美国大门。这是纯粹的种族主义”。③ 众议院少数党领袖，民主党国会议员佩洛希抨击特朗普的移民政策本质上是“要美国再次变成为白种人的国家”。④

第三，在特朗普反移民政策的指导下，美国公民与移民服务局（USCIS）将其官网上有关该局使命声明中“美国是个移民国家”的表述删除掉，改为“为美国人服务，确保国土安全”。⑤ 这一改动，不仅改变了移民局长期以来为移民服务的使命与功能，也从根本上否定了美国是个移民国家的历史传统。特朗普政府就此向全世界宣布，美国不再是一个移民国家。

第四，推动移民改革立法，限制并大规模减少合法移民。特朗普就任总统后不久，即在 2017 年 2 月 28 日对国会联席会议的演说中宣布，美国应实行一种“以才能为基础的移民制度”。⑥ 以其作为移民改革立法的重点。随后，他在各种场合开始大肆推销其“以人才为基础”的移民改

① Reihen Salam, “Trump's ‘Animals’ Remark Explain Why He's Losing Immigration Debate”, The Atlantic, May 16, 2018.

② Eugene Robison, “With A White-Only Immigration Approach, Trump Rejects American Ideas of Diversity”, *Washington Post*, January 15, 2018.

③ Ibid.

④ Susan Davis, “White House Outlines Trump's Immigration Proposal”, NPR, *January* 25, 2018.

⑤ “America No Longer A ‘Nation of Immigrants’, USCIS Says”, *NPR*, February 22, 2018; See also Linda Trope, “Why A US Government Agency Deleted the Words ‘Nation of Immigration’”, *The Guardian*, March 2, 2017.

⑥ Dan Mangan, “Trump Calls for ‘Merit-Based’ Immigration System in Address to Congress”, *NBC*, March 1, 2017.

革立法。2017 年 8 月 2 日，特朗普在两位共和党保守国会议员的陪同下，在白宫公布了他称之为半个世纪以来最重要的移民改革法案——《改革美国移民强化就业法案》（The RAISE Act），其主要内容为：①废除 20 世纪 90 年代开始的以“多样化移民”为目的绿卡抽签政策；②大幅减少难民接受名额；③申请移民期间不得享受社会福利；④实施以“才能为基础的移民积分制度”；⑤终结“链式亲属移民制度”；⑥减少合法移民人数，每年减少 50%，今后 10 年，将绿卡的发放总数从如今的每年约 100 万下降到 50 万左右。[①] 2018 年 1 月 30 日，特朗普在他上任后的首次向国会发表的国情咨文演说中，再次强调要改革美国破碎的移民制度，结束绿卡抽签制度，终结“链式移民”，实施“以才能为基础”的移民制度。他并呼吁国会采取行动，尽快通过他的移民改革立法。[②]

美国有线电视新闻网（CNN）在报道评论特朗普的国情咨文演说和移民改革法案时指出，特朗普关于移民改革的提议将对美国移民制度带来巨大的改变冲击。他的计划将戏剧性地重塑美国的合法移民制度。但 CNN 认为，“民主党看起来不会接受对合法移民的大规模缩减”。[③]《华盛顿邮报》发表文章评论说：“当特朗普和他的同盟者说他们要终结‘链式移民’制度时——该政策允许家庭成员可以帮助家庭成员移民美国——他们实际上是要终止来自墨西哥和其他拉丁美洲国家的移民。当特朗普说他要禁止海地和非洲移民时，他的目的是要接受更少的黑人移民。当他说欢迎挪威移民时，他是要欢迎更多的白人移民。”[④]《纽约时报》发表的文章指出，特朗普“推进的移民政策，将减少有色人种移民到美国的人数”。“通过大规模减少西语裔和非洲黑人移民进入美国，这个移民

① David Nakamura, “Trump, GOP Senators Introduce Bill to Legal Immigration Levels”, *The Washington Post*, August 3, 2017.

② “President Donald Trump's State of the Union Address”, Issued on January 30, 2018 www. whitehouse. gov.

③ Tal Kopan, “Forget the Way, Trump's Plan would Reshape US Legal Immigration Dramatically”, *CNN*, January 26, 2018.

④ Eugene Robison, “With A White-Only Immigration Approach, Trump Rejects American Ideas of Diversity”, *Washington Post*, January 15, 2018.

政策将重塑美国的未来。”① 美国移民政策研究所认为，“特朗普主张的移民改革法案中一些最主要的改革将不可能行得通——从在美墨边境修墙到将合法移民人数锐减掉50%，都需要国会通过。国会本身就可以改变联邦政府法律，并且是唯一对年度联邦预算负责的机构。”② 美国移民政策研究所的报告指出，在美国目前两党党争异常激烈和民间种族对立严重的情况下，特朗普强硬的移民改革法案要在国会立法修改通过，几乎是不可能的。③

2018年2月15日，美国国会参议院以60：39的投票，拒绝了特朗普支持的移民改革法案。尽管特朗普在投票前要求参议员们“强烈考虑以才能为基础的移民制度”，但没有一位民主党参议员支持该法案，一些温和派的共和党参议员，也加入民主党参议员，否定了该法案。④ 2018年6月27日，国会众议院举行投票，辩论通过特朗普和共和党的移民改革法案。特朗普在投票前发推特说“众议院共和党人应该投票通过强大公平的移民改革法案”，但众议院仍以231：193的投票拒绝了这个要终结多元化抽签移民政策和家庭团聚制度的移民改革法案。一些共和党温和派议员与民主党议员一起，否定了该法案。⑤《华盛顿邮报》在众议院投票后评论说，特朗普在投票前发推特督促共和党议员们投票支持该法案，“展现我们要坚强的边界与安全”，但众议院“拒绝了他在最后一分钟发推特推动的法案”。⑥

---

① Steve Phillips, “Trump Wants to Make America White Again”, *The New York Times*, February 15, 2018.

② “Trumps First year on Immigration Policy: Rhetoric vs Reality”, Migration Policy Institute January, 2018.

③ Sarah Pierce, Andrew Selee, “Immigration under trump: A Review of Policy Shifts in the Year Since the Election”, MIP, December 2017.

④ Jordain Carney, “Senate Rejects Trump Immigration Plan”, *The Hill*, 2/15/18.

⑤ Juliegrace Brufke, Rafael Bernal, “House Rejects Second GOP Immigration Bill”, The Hill, 6/27/18.

⑥ Mike DeBonis, John Wagner, “House rejects immigration bill pushed by Trump in last minute Tweet”, June 27, 2018.

四 特朗普反移民政策的思想根源、目的及其后果

特朗普强硬的反移民政策不是凭空产生的，而是有深刻的思想与理论根源。本文前面论述过，哈佛大学政治学教授亨廷顿关于文明冲突的理论，他对外来移民特别是西语裔移民对美国文化与价值观忠诚度的怀疑，以及他对美国人口与种族结构改变导致白人人口减少和对白人文化认同的消失并由此造成的美国国家地位衰落所表示的担心，在白人保守派中产生强烈共鸣，成为现代白人保守派反移民和排外运动的先声，同时预示了特朗普反移民反全球化时代的来临。除此之外，特朗普的反移民主张与政策还深受美国极右翼理论的影响。美国极右翼有一种边缘理论，认为美国白人正在系统地被比他们低一等的人（外来移民）“消灭掉”，他们要求减少移民，主张白人生更多的孩子，同时接受新的白人移民以使白人和白人文化能在美国继续生存发展下去（特朗普表示欢迎接受来自北欧国家挪威的移民而不是非洲国家的移民即是同理）。一些白人极右翼分子相信，白种美国人和白人文化因人口与种族结构变化而受到缓慢进行的“种族灭绝”威胁。特朗普在推特上表示要应对“白色种族清洗”。特朗普还在推特上宣称：“我们不要正在欧洲发生的情况发生在我们身上！”（意即大批中东难民涌入欧洲）。[①] 2018 年夏，特朗普在访英期间接受媒体采访时说，“容许移民在欧洲发生是一种羞耻”，“这改变了欧洲的结构，除非你们很快地采取行动”。他认为让数百万的人移民到欧洲对欧洲来说“是非常非常悲哀的事情”。他建议欧洲人最好关注自己，并说“你们正在丧失你们的文化”。在特朗普看来，外来移民正在摧毁欧洲的文化，10 年或十多年后，因外来移民，欧洲现在的文化就会不复存在。[②] 特朗普的这些论调，深刻地反映了白人种族主义对他世界观的影响

① Jane Coaston, “The Scary Ideology behind Trump's Immigration Instincts”, *VOX*, June 18, 2018.

② Paul Waldman, “Someday, Republicans May Reject Trump's White Nationalism-but Not Yet”, *The American Prospect*, July 15, 2018.

和他对移民的态度。

曾担任特朗普2016年总统大选战略执行官的斯蒂夫·班农是极右翼的代表和主要代言人。班农在2007年与人合办了极右翼的布莱巴特新闻网站，作为传播极右翼思想的平台。2016年8月他成为特朗普的首席战略执行官并在特朗普担任总统后成为其头号战略顾问，对特朗普影响极深，被认为是特朗普各项政策背后的操盘手。班农认为，非白人移民运动，不论是非法或合法，已对白人国家构成了“物质的、文化的、政治的和道德上的威胁”。2016年3月，他曾在一次电视节目中对特朗普的高级政治顾问和演说撰稿人米勒说：“当你看到6100万人，占美国人口20%是外来移民时，那不是一个巨大的问题吗？”米勒深表赞同。[①] 班农在2015年11月与特朗普的谈话中抱怨说：“在硅谷有太多来自南亚或是亚洲的人担任公司的执行长。”在班农心目中，即使是在美国的移民精英，因他们不是白人或是来自白人国家，也是一个大问题。[②]《华盛顿邮报》和《美国展望》杂志的政治专栏评论家瓦德曼指出，班农将特朗普作为他实现其发起“文明冲突”的理想人选——将“白人基督教为一方，来反对其他另类”。特朗普正在实现班农的黄粱美梦。[③]

特朗普的移民政策顾问与演说撰稿人米勒和司法部长萨信在移民问题上与班农持相同观点，并共同影响特朗普的移民主张和政策。米勒在高中时期就是激进的白人民族主义者。他认为外来移民在美国应该只庆祝一种文化——美国文化，他反对民权平等、多元文化主义和女权主义，与自由派思想势不两立，他在杜克大学读书时开始将一些极右翼分子当作偶像，信奉白人至上主义，反对外来移民。从杜克大学毕业后，米勒为共和党右翼保守派的国会参议员萨信工作，主要关注移民政策问题。2016年年初，米勒开始为特朗普的总统竞选工作，成为特朗普的移民政策顾问和演说撰稿人。特朗普的许多移民主张和政策都出自米勒之手。CNN认为，米勒对特朗普的移民政策有重大影响。是米勒、班农和萨信

---

① Jane Coaston, “The Scary Ideology behind Trump’s Immigration Instincts”, *VOX*, June 18, 2018.

② “Here is What to Expect on Immigration in 2018”, *Forbes*, January 2, 2018.

③ Paul Waldman, “Someday, Republicans May Reject Trump’s White Nationalism-but Not Yet”, *The American Prospect*, July 15, 2018.

一起，起草了触犯众怒的特朗普的“禁穆令”。[1] 受身边这些极右翼保守派顾问们强硬反移民态度的影响与推动，特朗普不仅在总统大选中将移民作为他竞选的主要议题，一再强调外来移民对美国的巨大威胁，并在就任总统后立马兑现其强硬的反移民主张和政策，将加强移民执法和推动限制外来移民的移民立法作为他优先施政目标。美国移民政策研究所在其2017年年度研究报告中指出：“在美国现代历史上，没有任何一届政府，将移民政策放在一个高度优先的施政位置，专注于限制非法和合法移民进入美国，并最大限度地加强了移民执法力度。”[2]

特朗普在2016年总统大选中大肆炒作移民问题，并主张以强硬的立场对待非法移民与难民，上任后他更是强力实施空前严厉的移民执法，并不遗余力地推动保守严格的移民政策立法，其主要是要达到如下几个目的：

第一，作为一个短期的现实目标，特朗普通过渲染强调外来移民和难民对美国的巨大威胁，激起广大沉默的底层白人和共和党的支持者对外来移民和难民的恐惧和敌视，将其支持者团结在他的周围，形成一个共同身份认同的群体，组建死忠粉丝，支持帮助他赢得总统大选，这个目的他达到了。而且他还“促使共和党日益转变到极右翼的反移民立场”，[3] 将共和党绑架成为一个特朗普的党。

第二，在美国社会造成强大的排外和反移民舆论环境，推动新的排外和反移民运动，对非法移民实行“零容忍”政策，将他们逮捕后全部驱逐出美国，向其支持者显示他在百分之百地实践他在竞选中承诺的反移民政策，希望他们继续支持他连任。

第三，在美国社会造成巨大恐慌和种族对立，让非法移民感到害怕而待不下去，最终不得不离开美国。

第四，向全世界宣布，美国不再是一个包容开放的移民国家，不欢

---

① Sophia Tatun, “How Stephen Miller, the Architect behind Trump’s Immigration Policies, Rose to Power?”, *CNN*, June 23, 2018.

② Sarah Pierce and Andrew Selee, “Immigration under Trump: A Review of Policy Shifts in the Year Since the Election”, *MIP*, December 2017.

③ Paul Waldman, “Someday, Republicans May Reject Trump’s White Nationalism-but Not Yet”, *The American Prospect*, July 15, 2018.

迎移民和难民，特别是第三世界国家的移民和难民。一方面让外国人放弃移民美国的梦想，另一方面让非法和合法移民进入美国变得更加困难，甚至不可能。

第五，通过加强严格执法驱逐所有非法移民，同时通过立法减少合法移民，继续维持美国白人人口和白人基督教文化的主导地位，以利于共和党永久执政。

然而现实情况是，美国主流媒体舆论，社会政治精英，民主党人和共和党的温和派，以及大多数选民并不认同特朗普强硬的反移民政策，并认为美国是一个移民国家的传统和现实是不可改变的。而且许多移民专家和政治观察家认为，特朗普根本不可能扭转白人人口减少和基督教白人美国文化衰落的趋势。《华盛顿邮报》指出，根据特朗普的反移民政策立法，在今后40年，美国将减少2000多万合法移民，这将深刻影响美国人口的规模，人口构成，对经济增长的预测，全国劳动年龄以及政治、文化和人口分布。但《华盛顿邮报》同时指出，特朗普企图减少合法移民数量，仅仅能够延缓白人人口成为美国少数族裔大约5年多时间。[①]《纽约时报》则指出，今天，美国出生的婴儿大多数是有色人种。在如今出生的所有5岁多年龄的儿童中，白人占少数。因白人死亡率高，出生率低，无法改变他们人口下降的趋势。即使在明天就终止移民，美国仍改变不了少数族裔最终将占人口多数的现实。[②] 美国《国家地理》杂志曾做过一次调查统计发现，自2000年以来，非白人的少数族裔人口增长率在美国的许多州的郡县已经超越白人人口的增长率，如马萨诸塞州的苏福克、马里兰州的蒙哥马利、北卡罗来纳州的麦克兰堡，以及加利福尼亚州、科罗拉多州、佛罗里达州、佐治亚州、新泽西州、得克萨斯州等郡县的白人人口。[③] 美国人口普查局在10年前（2008）的统计进一步预测，到2050年，美国少数族裔将占美国54%的人口，并且占美国劳动力

---

① Jeff Stein, Andrew Van Dan, "Trump Immigration Plan Would Keep Whites in U. S. Majority for up to Five More Years", *The Washington Post*, February 6, 2018.

② Steve Phillip, "Trump Wants to Make America White Again", *The New York Times*, February 15, 2018.

③ Michele Norris, "As America Changes, Some Anxious Whites Feel Left Behind", *National Geographic*, 2018 No. 4.

人口的55%。[①]

《纽约时报》2018年9月13日根据人口普查局的最新统计数据发文指出，美国的外国出生人口数量已经达到自1910年的新高。过去，新移民大多来自墨西哥和拉丁美洲。但自2010年以来，只有39%来自拉丁美洲，却有41%的新移民来自亚洲，他们主要来自中国和印度，并且拥有更高的学历。《纽约时报》强调说，外来移民最大幅的增加主要是在过去移民人口最少的州，这表明移民正在美国广泛扩散。例如，拥有大量移民人口的加州和纽约州，新移民的增加不到6%，但同时期田纳西州外国出生的人口增长率为20%，俄亥俄州为13%，南卡罗来纳州为12%，肯塔基州为20%。这些统计数据还显示，在拥有众多移民的州中存在一种政治模式，即在外国移民密度最高的15个州中，除了佛罗里达州、得克萨斯州和亚利桑那州以外，所有其他州在2016年总统大选中，都投票支持民主党的希拉里。[②] 而这正是特朗普和他的支持者最担心并力图阻止的现象与趋势。

美国"公共宗教研究所"的创建人和《基督教白人美国终结》一书的作者琼斯指出，特朗普胜选后组成的内阁与白宫顾问们都是华尔街或是白人基督教的捍卫者，但他的胜利，并不能阻挡他们所反对的文化和人口变化的趋势。[③] 随着白人人口的持续下降和白人基督教人口的减少，保守的白人基督教新教徒的文化和政治影响力，也将进一步下降。美国老年人口中2/3的人是白人基督教徒，现在，"千禧一代"的美国人中，不到1/4的是白人基督教徒。琼斯指出，现在最年轻的一代跟以前任何一代人相比，更多的人已不再与宗教相联系。[④]

特朗普企图通过强硬的反移民政策和严格限制移民立法来阻止非法与合法移民，阻挡美国种族多元化和文化多元化的趋势，维持白人人口

---

① David Goldman, "America 2050: Minorities in Majority", *CNN*, August 13, 2008.

② Sabrina Tavernise, "U. S. has highest share of foreign-born since 1910, with more coming from Asia", *The New York Times*, September 13, 2018.

③ Rober Jones, "Trump can't reverse the decline of White Christian America", *The Atlantic*, July 4, 2017.

④ Jeff Brumley, "White Christian America declining, but still packs punch", *Baptist News Global*, February 6, 2017.

与白人基督教文化的主导地位，但毫无疑问的是，这在美国这个以移民立国和移民传统根深蒂固的国家是完全行不通的。特朗普上任后大力推动的移民改革立法，已经被共和党控制的国会参众两院所拒绝。如今，他身陷各种丑闻，民意支持率一直低落，如果民主党在今年秋季的国会期中选举中赢得众议院的多数，控制众议院的主导权，他的不得人心的强硬保守的移民改革法案将会寿终正寝。特朗普将会作为美国现代史上最反移民最排外的一个总统而被载于史册。

中国新移民社区的比较研究：以日本、意大利的事例为中心

［日］田嶋淳子[①]著　周小明译

序

本报告的目的是比较意大利和日本的中国新移民社区的形成过程，分析其不同点。从前意大利和日本都向北美和南美输出过大量移民，两国都是第二次世界大战的战败国，战后经历了一段艰苦时期，之后又经历了快速的经济增长，20 世纪 70 年代以后两国都面临着劳动力不足的问题。

1980 年以后，在意大利和日本都出现了中国新移民的社区。在本报告中称其为中国新移民社区。现今意大利和日本都是 G7 的成员国，但经济发展也给两国带来了一系列社会问题。其中之一就是少子老龄化。意大利和日本都缺乏从事服务业的劳动者和年轻蓝领。为了解决这一问题两国都接受了移民。但很难说日本正式接受了外国劳动者，意大利也只是通过把非法入境者合法化来补充劳动力。现意大利也有一定规模的非法移民。

近 30 年的研究表明，移民这个社会现象通过建立一定的体系进行自我补充。笔者一直从这个角度研究日本的中国新移民体系。研究日本社会的移民现状时，不得不研究接受移民的社会有什么特点，有什么因素。

---

① 田嶋淳子：日本法政大学社会学部教授。

在第二次世界大战之前，日本和意大利都有过极少数的华侨社区。第二次世界大战之后这些旧移民社区和之后形成的新移民社区曾有过中断。从中国大陆来的新移民已经形成了新的跨越国境的社会空间。因接受的社会结构和出生地不同，这些新的社会空间之间也有很大的不同。

那么移民接受国和移民输出国——中国，在宏观（Macro）、中观（Mezo）、微观（Micro）上有什么区别。本报告想阐明这一点。以笔者一直都在研究比较传统移民接受国家为前提，考察中国新移民社区形成有什么区别的时候，本报告的研究会提供一些思路。

一　从宏观上看移民接受政策

（一）日本接受外国人的政策

本报告的移民政策是指出入境管理到社会统合的一系列政策。从这个角度来看日本没有上述概念的移民政策。日本的每个主管部门都有自己的管辖范围，如法务省管理出入境以及逗留，厚生劳动省管理接受劳动者。因此，日本没有总体性的移民政策。再比如文部科学省推行留学生政策，但它们没有权限管理出入境和留学生的逗留。有的人认为，出现这种政策方面的问题，是因为日本没有移民厅，但笔者认为也不全是这个原因。

首先，我们通过统计数据来看日本的人口变化和中国人的居留情况。从表1来看，2010年日本人口达到了顶峰，即1.28亿人，之后持续减少。在这里需要注意的一点是，除5年一次的人口普查以外其他年份的数据都是推算数据。但不管怎么样人口减少是少子老龄化的必然结果。其次，外国居留者占日本总人口的比重从1974年的0.7%增加到2015年的1.8%。外国居留者从74万人缓慢增加到223万人。2007年以后，外国人总数当中中国人所占的比例最多，登记人数为714570人（占外国人总数的32.2%）。

在日本的外国人居留者中，中国人最多，超过了韩国、朝鲜。其原因是从1983年开始实施的留学生政策，和中国的改革开放相呼应，在“国际化”下日本推行了以接受中国留学生为主的“留学生10万人计划”。这个政策的目的是到 2010 年为止接受 10 万名留学生。推行此项政策时，从 1983 年开始进入语言学校成为比较容易入境的方法。因此来日本的外国人增多。20 世纪 80 年代前半叶，中国以公派留学生为主，1987 年之后才开始有真正意义上的自费留学生。1988 年发生了假难民问题，因此，和正规入境者一样，来自福建省的非法入境者也随之增加。但经过多次强制遣送，到目前为止还有 8600 人，占中国人总数的 1.3%。2010 年达成“留学生 10 万人计划”目标时，中国大陆留学生占整体留学生的约 80%。日本又提出了到 2030 年为止接受 30 万名留学生的目标，如想达成这一目标必须要接受中国留学生。

表 1　　　　日本的人口总数

年份	日本人口总数	外国人人口比率（%）	外国人总数	中国人数	外国人当中中国人的比率（%）	人口总数当中中国人的比率（%）
1974	110573000	0.7	749094	46944	6.3	0.0
1984	120305000	0.7	840885	67895	8.1	0.1
1988	122745000	0.8	941005	129269	13.7	0.1
1990	123611167	0.9	1075317	150339	14.0	0.1
1995	125570246	1.1	1362371	222991	16.4	0.1
2000	126925832	1.3	1686444	335575	19.9	0.1
2005	127767994	1.6	2011555	519561	25.8	0.2
2010	128057352	1.7	2134151	687156	32.2	0.3
2011	127799000	1.6	2078508	674879	32.5	0.4
2012	127515000	1.6	2033656	675370	33.2	0.5
2013	127298000	1.6	2066446	682402	33.0	0.5
2014	127083000	1.7	2121831	694974	32.8	0.5
2015	127020000	1.8	2232189	714570	32.0	0.6

注：* 人口总数基本是根据国势调查人口推算出来的。

资料来源：Estat（政府统计局）。

除留学生之外，政府还积极地接纳了短期逗留（期限为 3 年）的技能实习生。什么是技能实习生。这个制度从1992年开始，有为期1年的进修期和为期2年的实习期，即在日本学习技术的名义下接受为期3年的熟练工人。2010年稍微变更了这项制度，那就是3年都作为实习期。

外国劳动者进入日本的正途只有高技术人才。日本用积分制接受来自中国的新移民，特别是接受了很多IT和尖端科学技术领域的人才。

（二）意大利接受外国人的政策

从20世纪80年代开始，意大利通过各种政策接受外国人。其中最重要的是数次的“大赦”（非法逗留者的合法化）。通过这一政策很多非法逗留者获得了合法的逗留资格。随着有逗留许可的人以及他们家人的增加，外国居留者人数也随之增多。在中国新移民中这一趋势尤为明显。

自从1982年实施过合法化以后，意大利在1986年、1990年、1995年、1998年、2002年、2007年、2012年，大概每5年实施过1次合法化。每次因合法化条件不同，能获得合法化的人数有很大的差异。合法化也导致了增加非法逗留者的恶性循环。

2003年以后才有意大利的外国居留者的人数以及比例的统计数据，见表2。

表2　　意大利的人口总数、外国人数、中国人数和中国人的比率

年份	意大利人口总数	外国人人口比率（%）	外国人总数	中国人数	外国人当中中国人的比率（%）	意大利人口总数里中国人所占比率（%）
2003	57888245	3.4	1990159	86738	4.4	0.1
2004	58462375	4.1	2402157	111712	4.7	0.2
2005	58751711	4.5	2670514	127822	4.8	0.2
2006	59131287	5.0	2938922	144885	4.9	0.2
2007	59619290	5.8	3432651	156519	4.6	0.3
2008	60045068	6.5	3891295	170265	4.4	0.3
2009	60340328	7.0	4235059	188352	4.4	0.3

续表

年份	意大利人口总数	外国人人口比率（%）	外国人总数	中国人数	外国人当中中国人的比率（%）	人口总数里占中国人的比率（%）
2010	60626442	7.5	4570317	209934	4.6	0.3
2011	59394207	6.8	4052081	197064	4.9	0.3
2012	59685227	7.4	4387721	223367	5.1	0.4
2013	60782668	8.1	4922085	256846	5.2	0.4
2014	60795612	8.2	5014437	265820	5.3	0.4
2015	60665551	8.3	5026153	271330	5.4	0.4

资料来源：Demo. Istat. it（2016 年 8 月 18 日检索），截至各年 12 月 31 日。

从表 2 来看，意大利的人口为约 6066 万人（2015 年 12 月 31 日）①，是日本人口的一半左右。意大利的国土面积是 31 万平方千米，和日本差不多。意大利的外国居留者为（登记人数）502 万人，是日本的 2.5 倍。意大利的中国人居留者为 271330 人，是日本的约 1/3。从中国人所占的比例来看，中国人在意大利的外国人中占 5.4%，这个比例并不高，在总人口中所占比例约为 0.4%，这与日本的 0.6% 相差不大。

（三）民族社区的形成因素

不管在什么社会，民族社区的形成需要以下两个因素：一个是语言以及文化的屏障，另一个是社会结构上的障碍屏障。因为语言和文化都有很大的差异，所以入境者没能充分地掌握入境国家的语言时，语言以及文化因素的作用会很大。入境者必须利用自身的资源，在接纳自己的社会中生活下去。入境者拥有的资源越少越要依存民族社区网络。已经充分获得移民所需的文化和社会资本的移民，基本上不需要民族社区网络。相反没有充分获得上述资本的人，只能通过各种形式依存民族社区网络来生活。在这里最典型的移民就是非法移民。他们受到语言、社会

① 一般情况下每年的 12 月末发表人口总数，每年的 1 月 1 日发表外国居住者数，但表 2 的数据以 12 月 31 日为准。因此和只统计外国人人口的数据有 1 年的差异。

方面的制约，只能依赖出国时利用的网络。

意大利的中国新移民就是通过这种方法形成了民族社区。1979 年中国实施对外开放政策之后，很多温州人通过各种渠道去了意大利。某些人以在自己亲戚开的餐馆工作为由入境，过一段时间之后获得逗留许可，再把家人带过去。有些人以非正规劳动者的身份在工厂工作、吃住，偿还债务并存下获得合法身份所需的费用，用雇主开具的证明，办理证明自己的身份手续。2009 年此项费用为 1 万欧元，部分非正规劳动者需要支付相当于自己一年收入的费用。对于想给家里寄钱的非法劳动者来说这是一笔不小的支出。① 这种情况一方面导致了地理上的隔离（segregation）和社会结构上的隔离，另一方面有的人认为这也有利于促进接纳社会的统合。

二　中观层次的结构

（一）日本

日本中观层次的结构性中重要的是与政策相呼应的各种中介机构。比如留学就有日语学校充当这样的角色，现在很多的日语学校都是由中国新移民经营。来日本之前有必要过语言这一关，也就应运而生了日语学校这个渠道。在现今这个网络时代很多国家的人向日本移民。

表 3 是日本的中国新移民社区的形成过程，由笔者总结。从 1972 年恢复邦交至今，最重要的是 1986 年开始不再禁止自费留学。以此为契机出现了短暂的出国高峰，1987 年年末至 1989 年年末的两年间约 2 万人来到日本。

1989 年，很多留学生通过就业、结婚、创业的方式延长了在日本的逗留时间。到 1998 年为止这些人成为占中国逗留者约两成的永久定

① 笔者采访过的东北男性认为没有必要花这个钱，他已经放弃了。2005 年他拿商业签证去了意大利，虽然在意大利待了 8 年，但他认为没有必要花这些费用拿签证。

居者。①

表3　日本中国新移民的各阶段的特征

年份	预备期（1972—1978）	民族网络的形成期（1979—1989）	民族社区的形成期（1990—1998）	民族社区的扩大期（1999—2011）	民族社区的成熟期（2012年至今）
中国系移住者的特点	中国归国者（残留孤儿以及残留妇女和他们的家属）	留学生就学	就业者、企业家和日本人的配偶就职者	留学生、技术/技能、IT技术者以及技能实习生	永久居留、技术/技能、投资/经营、教授、技能实习生
主要的出生地	主要从东北三省及福建	上海、北京、福建	从上海、北京等大城市开始，后来扩大到东北地区	东北三省、山东、江苏等	东北三省、山东、江苏等大城市
主要的居住地	农村地区（长野县、山形县、熊本县等）	东京、大阪、名古屋、福冈等大都市	以大城市为中心，一部分在农村地区也有居住	有关IT的技术者主要在大城市，技能实习生主要在大阪、爱知、岐阜等工	永久居留者主要在三大都市圈，技术技能主要在大城市，技能实习生主要在爱知、静冈等工业地区

资料来源：田嶋淳子：《国际移住的社会学：思考东亚全球化为主》，明石书店2010年版，第274页，部分修改。

这些人当中高学历的年轻人是20世纪70年代没能参加高考，或在大学学习期间想留学的人。他们大多出生于大城市，既优秀也很有能力，定居日本之后在新移民社区的形成中发挥了很大作用。1995年之后，也有中国政府参与的原因，形成了很多自发性的全国社团。除了学生团体以外，还有就业者、新华侨华人联合等多种形式的新移民社团。这些社团的活动多以地域为中心，但有的通过媒体、网络等形式，从20世纪90

① 想在日本取得永久定居权需要在日本逗留10年。除了现在的高人才积分制以外基本上都需要满足10年这个条件。

年代后期到21世纪前半叶展开了很多体育、文化交流。

现在企业家成了民族社区的核心，他们的主要服务对象是每年超过400万的中国游客。除了旅游公司，很多新移民都参与酒店经营、免税电器店等和以往的民族商业不同的领域。留学生毕业之后也在网络购物领域创业。为了更好地发展，在日本企业边工作边创业的人日益增多。

（二）意大利

博洛尼亚（Bologna）大学教授 A. Ceccagno 认为，在意大利中国民族商业以缝纫为主，还涉及传统的零售、贸易等行业。这些民族商业在意大利的外国人个体经营业中占据着很大比例。这一现象以纤维产业（服装、纺织、染色）为中心发展起来，中世纪之后就已经是工业城市的普拉托市尤为明显。关于这一地区的诸多研究都证明[①]，很多经营者当初作为非正规劳动者在意大利人的工厂工作，开始了在意大利的生活。如前所述，他们在非法逗留期间积蓄资本，获得合法身份之后便开始办家族经营的加工厂。但能以这种方式创业是在1998年以后。[②] 这与日本的中国人永久定居者比例超过两成的时期大体上相同。服装加工厂一般雇用1—2个住宿工人，他们逐步扩大规模，还通过同乡获得创业资金。

表4　　普拉托市的外国人数和中国人数（1990—2011年）

年份	居住人口总数（a）	外国人数（b）	中国人数（c）	b/a×100（%）	c/a×100（%）	c/b×100（%）	中国人的变化（人）
1990	166688	1314	520	0.8	0.3	39.6	
1991	167209	1949	1008	1.2	0.6	51.7	488
1992	167580	2252	1218	1.3	0.7	54.1	210
1993	167748	2534	1414	1.5	0.8	55.8	196

① 本报告的依据是 Ceccagno 2003年、2007年、2010年、2013年、2015年以及 Johanson 等编2009年和2015年，Daniele Cologna 的一系列著作和笔者的实际情况调查。

② 根据 Ceccagno 的研究，1990—1998年曾禁止中国人从事个体经营。

续表

年份	居住人口总数（a）	外国人数（b）	中国人数（c）	b/a×100（%）	c/a×100（%）	c/b×100（%）	中国人的变化（人）
1994	168043	2762	1483	1.6	0.9	53.7	69
1995	167991	3019	1525	1.8	0.9	50.5	42
1996	168892	3767	1761	2.2	1.0	46.7	236
1997	169927	4865	2457	2.9	1.4	50.5	696
1998	171135	6175	3162	3.6	1.8	51.2	705
1999	172473	7424	3625	4.3	2.1	48.8	463
2000	174513	9213	4354	5.3	2.5	47.3	729
2001	176023	10527	4806	6.0	2.7	45.7	452
2002	177643	12015	5335	6.8	3.0	44.4	529
2003	178023	13127	5457	7.4	3.1	41.6	122
2004	180674	16373	6813	9.1	3.8	41.6	1356
2005	183823	19771	8627	10.8	4.7	43.6	1814
2006	185660	22308	10077	12.0	5.4	45.2	1450
2007	185603	23658	10431	12.7	5.6	44.1	354
2008	185091	24153	9927	13.0	5.4	41.1	-504
2009	186798	26317	10877	14.1	5.8	41.3	950
2010	188011	28402	11882	15.1	6.3	41.8	1005
2011	188751	29457	12683	15.6	6.7	43.1	801

注：本表是 Fabio Braci 博士给作者提供的数字。

1998 年以后，中国新移民在很多领域通过创业，开创了自己的世界。负着债、没有技术、语言也不通的非法逗留者，除了在同一民族的人创办的工厂工作之外没有其他选择。包吃包住的前提下虽然给很低的工资，或者干脆不给工资，但只要能有一个容身的地方，他们也只能在那里工作。因为不需要给这些工人交税也不需要缴纳社会保险，所以雇用他们的成本比雇用签合同的劳动者更便宜。通过这种方法中国人的企业可以降低成本，提高竞争力。普拉托市的中国人办的企业，从 1997 年的 479 家激增到 2000 年的 1288 家（Ceccagno，2014 年，第 5 页）。

在意大利，普拉托市是中国人集中居住的地方，表 4 说明了这一点。根据表 4，2011 年普拉托市的人口约为 188751 人，中国人口为 12683 人，占全部人口的 6.7%。从意大利全国来看，普拉托市的中国人居住者所占比例最高。理所当然地这里没有包括未登记者，即非法逗留者。推测非法逗留者有 10%—15%。考虑到这一点，在普拉托市的中国人居住者所占的比例就更高了。

从表 3 中也可以看到，2002 年的合法化之后叫家人过来的人增加了，普拉托市的中国新移民在 2004—2006 年的 3 年中增加了很多。每年都有以千为单位的人口增长。人口减少是在 2008 年的金融危机影响世界经济时期。

Ceccagno 认为在 2003 年，第二代移民的成长在第一代移民的创业中起了决定性的作用，第二代的成长意味着民族社区进入了成熟阶段（Ceccagno，2003 年，第 207 页）。笔者研究的日本的中国新移民社团也有过相同的过程，他们以一定的速度、规模增长，并且在各个地方扎下了根。现在有居住许可的中国人有 320794 人，其中自己创业的有 42705 人（Ceccagno，2016 年，第 92 页）。换言之，6 人当中的 1 人要么在个体经营，要么自己创业。考虑家族逗留的情况多这一点的话，比率会更高。

三　微观结构上的不同点

本报告通过两个实例分析微观结构上的出国经验的不同。

（一）在东京的上海人——HYF

1. 原来的工作

HYF 自述：1988 年 3 月来到日本，现在已经有 22 年了。26 岁的时候来的。来日本之前是上海师范大学中文系的教师。当时留学生少。1984 年因为是师范大学，所以没有交学费。工资比普通的人高，但也不到 100 元。刚来（日本）看到自动售货机里的东西，马上换算成人民币，这一算就觉得贵，什么也买不了。

2. 来日本的经过

当时大家都想去美国，但美国很远，没有信息，费用也高。我也不是学英语出身。我的一个亲戚先来了日本。他是我父亲妹妹的儿子，也就是我的堂弟。他比我小 3 岁。到现在我也觉得很不可思议。我有逛书店的习惯。我在书店里发现了日语语法书，那时想虽然自己不是学英语出身的，但和日本也没有关系，就放下了。但后来不知道为什么我又买了那本书。虽然说不清，但这可能是暗示自己未来的一种东西吧。我把那本书带到日本学习日语。

当时堂弟给我出了全部费用，也借了一点。我家没有那么多钱。我们家有 3 个兄弟，我是老二。弟弟也来了日本。是我办过来的。

3. 在日本的生活

当了三年半的中文老师后辞职来了日本。第二年进了国立的 S 大学，在大学读了两年左右，之后在一家日本公司当中文老师。学生都是日本的上班族，他们白天都工作，所以我有很多空闲时间。我就想做点什么，做了一家中国报社的主编。后来我开始办自己的报纸，那也是在池袋，是台湾的一个中文新闻，没有名，叫 N 报。后来因为一些事我辞职了。干了一年之后我开始办中日交流的日文和中文的报纸。但那个也很不容易，后来通过一个朋友的介绍进了日本公司。办中日交流报纸的时候还是打字机时代，都是手工制版。虽然有几个人在帮忙，但全部都要自己做。总之很不容易。

4. 人生的一半在日本，一半在中国

我来日本有 22 年了，人生的一半在日本，一半在中国。我经历过社会主义社会，也经历过资本主义社会。我对现在媒体所说的很多理论都不能赞同。

来日本之后我打了很多零工。拉面店是最好的地方，因为管饭。计时工资是 600 日元。第一次拿工资的时候可高兴了。从 6 点到晚上 2 点，一周工作 6 天。日语学校在目白。日语学校中国大陆人很多，中国香港人和韩国人更多。除了在拉面店打过工之外，还在神田送过酒，还在 M 面包店里干过。第一次去面包店的时候那里有一个很和善的老头。但因为我是从社会主义国家来的，他就和我说不能搞政治活动。

5. 现在的工作

现在我是自由职业者。以前在广告代理公司工作了 14 年左右。现在做和这个相关的广告、PR、各种促销活动等。世博会已经结束，现在做以中国游客为对象的广告。有意思的是现在上海的超市里卖日本大米，有制造商还有大米质量的排名，但很贵。即使是这样也有人买就说明还是有需求。

20 世纪 80 年代 HYF 作为自费留学生来日本，他是一个典型的例子。HYF 当过大学教师（高学历），因为堂弟的资助出国。在日本打过很多零工，也在日本媒体等机构工作过，现在是自由职业者。在这里没有具体写，HYF 还担任华人社团的秘书长，是中国新移民的核心人物。

（二）在米兰的文成人——HGS

给笔者提供资料的 HGS，1979 年靠亲戚以工作签证来到意大利。HGS 有在小学和初中当校长的经历。HGS 有 8 个兄弟姐妹，他是长子。他妹妹的公公是老华侨。因为这层关系 1976 年妹妹先出国。得到妹妹的帮助，HGS 带着妹妹的孩子来到了意大利。1981 年的合法化中他把全家人都带到了意大利。[①] 1985 年开始在米兰开中餐厅，到 2006 年关店为止的 20 年里，为了把孩子们养大他一直在餐馆工作。兄弟姐妹都在意大利，第三个妹妹有荷兰国籍，女儿在法国。HGS 的全家人在欧洲形成了超过 500 名的亲属网络。第二代移民的孩子大学毕业后，有的成了会计师，有的成了律师，活跃在专业技术人员的行列里。经过两辈人他们进入了主流社会，但孩子们都在华侨、华人的社区中开展工作。4 个孩子能大学毕业获得高学历与父母是教育工作者有很密切的关系。

20 世纪 80 年代，在文成出国的有 5253 人，1984 年年末逗留在意大利的人数为 884 人。HGS 以及他的家人 6 人也包括在里面。90 年代（1990—1998 年）有 22630 人出国。根据同一资料，1998 年年末逗留在意大利的文成人为 25084 人，文成的几乎所有出国人员都在意大利。但是，这些温州新移民中很多都是以非法或者偷渡的方法来到欧洲。意大利国内的正规登记中没有体现这些数据。

留学生也一样，有亲近的人来日本。20 世纪 80 年代，民族社区网络

---

① 1981 年并没有实施“大赦”。1982 年劳动省没有承认从欧洲境外来的移民，反而发布了承认雇主提供税和旅费的非法逗留者和再入境者，即承认合法的通知。

的作用促进了日本的中国移民。但90年代以后，中介公司或者日语学校的作用使移民维持着一定规模。换言之，以自我补充的方式进行移民。2010年以后，因中国国内工资水平的提高和外交上的问题，移民规模在缩减。

20世纪80—90年代意大利中国移民集中在又苦又累的制造业，并在制造业中取得了一定成果，2000年以后通过团队旅行在意大利超期逗留，就是说形式上发生了变化。这背后有中国的出国自由化和可以获得护照的时代变化。地区也从温州扩大到其他地区。

结 语

由于中国新移民的宏观结构上的不同点，政府如何制定接受外国劳动者的政策是我们应思考的。日本没有移民政策，在意大利作为政策发挥了最大作用的是“大赦”（非法逗留者的合法化）。日本接受移民的主要政策是留学生政策。除此之外，值得关注的是实习生和结婚移民，这两者基本上不承认非法逗留，一次也没有过“大赦”。与此相反，日本接受了一定规模的高学历中国新移民。

2009年以后，意大利普拉托市开始严苛对待中国新移民，加强了对偷税、非法逗留者的管理。中国国内的工资水平上涨，在中国加强了对偷渡等非法出国者的管理、处理的情况下，意大利获得廉价劳动力逐渐变得困难。

如马可波罗计划，意大利在政策层面上开始接受留学生。实施之后已经过去了10年，但成效不大。意大利的中国社区比日本活跃，他们的经济活动对意大利以及中国贡献很大。特别是在意大利的制造业、贸易等行业中，他们的贡献绝不小。

虽然存在出生地区的差异，但对于中国新移民来说，学历的差异和接受国家的政策的差异等因素，导致了他们在社会上的贡献差异和现在他们社会地位的差异。对于第二代人注重血统的日本社会和接受部分同乡观念给予18岁选择国籍权利的意大利存在着很大的差异。

今后是第二代人活跃的时代，在意大利他们有可以作为欧洲市民活跃的空间。可以说，获得高学历的意大利的中国移民可以作为意大利人展现自己的才华。

参考文献

Baldassar, R. Johanson, G. McAuliffe, N & M Bressan, 2015, *Chinese Migration to Europe: The Case of Prato and Italy*, Palgrave Macmillan.

Calavita, K. 2004, "Italy: Economic Realities, Political Fictions, and Policy Failures", Cornelius et al. eds, *Controlling Immigration: A Global perspective*, Stanford University Press.

Ceccagno, A. 2003, "New Chinese Migrants in Italy", *International Migration*, 41 (3): pp. 187 –213.

——2012, "The Hidden Crisis: The Prato Industrial District an the Once Thriving Chinese Garment Industry", *Revue Europeenne des Migrations Internationales*, 28 (4): pp. 43 –65.

——2015, "The Mobile Emplacement: Chinese Migrants in Italian Industrial Districts", *Journal of Ethnic and Migration Studies*, 41: 1111 –1130, Routledge, (http: //dx. doi. org/10. 1080/1369183X. 2014. 967755).

Ceccagno, 2016, "Compressing Diversity: Ethnicization of the Workforce and Outsourcing of Social Reproduction as Assets for the Italian Fashion Industry", *Journal of Population and Social Studies* (JPSS), 2 (1): pp. 92 –111.

Ceccagno, A. Rastrelli, R. & Salvati, A. 2010, "Exploitation of Chinese Immigrants in Italy", Gao Yun ed., *Concealed Chains: Labour Exploitation and Chinese Migrants in Europe*, ILO.

Cologna, D. 2005, "Chinese Immigrant Entrepreneurs In Italy: Strengths And Weaknesses of An Ethnic Enclave Economy", in *Asian Migrants in European Labour Market*, London, Routledge.

Johanson, G. &Smyth, R., &French, R. des., 2009, *Living Outside The Wall; The Chinese in Prato*, Cambridge Scholars Publishing.

［日］田嶋淳子：《国际移住的社会学—思考东亚全球化（国際移住の社会学—東アジアのグローバル化を考える）》，明石书店2010年版。

——《围绕中国新移民和民族社区网络形成过程（中国系ニューカ

マーズとエスニック・コミュニティの形成プロセスをめぐって)》，《应用言语学研究（応用言語学研究)》2015 年第 17 期。

浙江省文成县外事侨务办公室编：《文成华侨志》，中国华侨出版社 2002 年版。

《青田华侨史》编纂委员会编：《青田华侨史》，浙江人民出版社 2011 年版。

新西兰华人的回流移民：比较视角下的数量分析

［新西兰］刘良妮[①]著　周小明译

内容提要：1997年以后，中国成为新西兰第二大移民国。数量庞大的移民也引发大量中国回流移民。本文研究了韩国、印度、中国大陆、中国台湾、三个太平岛国——斐济、汤加和萨摩亚在新西兰定居和回流移民人数数据。该研究以比较的方式研究新西兰的中国大陆移民回流移民在数量、年龄和性别方面的特征。结果显示中国大陆移民和回流移民的特点不仅凸显最近中国经济近期的高速发展，也折射出新西兰在全球移民体系中的相应地位。对来自新西兰的中国大陆回流移民的研究可以发现移民来源国和移民接收国之间的政治地缘化对比。

关键词：回流移民；跨国移民；经济；新移民；新西兰；中国

一　前言

20世纪90年代中期以来，来自中国大陆的新西兰移民是新西兰新移民重要组成部分，也在新西兰华人比例中占据重要位置（Liu，2011年）。新西兰移民局最新数据显示从1997—2015年中国大陆成为新西兰八大移民来源国之一（包括中国、印度、菲律宾、韩国、英国、南非、斐济和

---

① 刘良妮：新西兰梅西大学博士。

萨摩亚群岛）。表 1 显示，这段时间在《新西兰居留方案》下批准的永久移民定居的人口共计为 765179 人，其中约 13.7% 是中国大陆移民。这个比例使中国成为新西兰第二大移民来源国，仅次于英国（17.8%，共计 13638 人）。印度名列第三，占批准永久移民定居人口的 10.6%，共计 80950 人。

新西兰中国大陆移民的现状主要是基于移民输出国（中国）和移民接收国（新西兰）社会和政治情况，以及输出国和接收国对出入境控制政策的变化决定的。20 世纪 90 年代早期中国的改革开放政策放松了对国际移民和边境管理的控制（Xiang，2003）使中国人移民新西兰成为可能。在新西兰，1986 年的移民政策评估取消了对移民种族和来源国的限制，对亚太地区的高级人才和投资移民实施积极引进政策。移民政策采取打分制，这为中国人依靠技术和商业投资移民新西兰提供了机会。政策变化导致新西兰的移民来源地发生了重大变化（Trlin，1992），也对新西兰华人的数量和特点产生了重大影响。

中国大陆移民通过多种途径到达新西兰。表 1 显示，在 1997—2015 年间的八大移民来源国中，技术移民最可观的是南非和英国。新西兰移民局签发给该两国的技术移民占该两国总移民批注数的比例分别是：南非 78.8%、英国 65.3%，中国技术移民次之，其技术移民占中国移民批准总量的 35.3%。然而，中国商业投资移民所占其移民批准总量的比例十分高——达到了移民批准总量的 10.3%，仅次于韩国（22.6%）。中国的父母团聚移民所占比例也很高，占总移民批准数的 22.8%，共计 23799 人。总之，中国移民中最重要的是技术移民和父母团聚移民，但商业投资移民人数也不可小觑。要知道在所有移民途径中，投资移民的资金门槛要求是最高的。这表明中国经济增长增强了中国人投资移民的信心。而父母团聚移民则显示中国人的孝道和家庭团聚的文化传统，此传统也被海外华人奉行（Liu，2016）。

大规模中国移民也同时造成大规模的回流移民以及移民第三国的现象。在新西兰案例中，再移民到澳大利亚是十分流行的趋势和选择（Liu and Lu，2015）。商业、创新和就业部 2013 年的报告显示，有 20% 的新西兰中国移民并不常住新西兰，此移民缺席比例居于新西兰所有移民来源国的第六（见表 1）。这是中国跨国移民国的一个具体数量体现。中国

表 1　以移民原居地及移民类别划分的移民批准数额和比例，1997/1998—2014/2015

国籍	移民批准总人数	家庭类别移民总人数	家庭移民子类别					技术移民	投资移民	国际人道主义移民	其他特殊类别	
			配偶	父母	未成年子女	兄弟姐妹及成年子女	人道主义家庭配额移民				太平洋通道	萨摩亚配额
亚洲国家												
中国	90979	42214 46.4%	15578 17.1%	18885 20.8%	1802 2.0%	4384 4.8%	1565 1.7%	36874 40.5%	10712 11.8%	1179 1.3%		
印度	67106	22743 33.9%	10192 15.2%	8803 13.1%	872 1.3%	2469 3.7%	407 0.6%	43348 64.6%	346 0.5%	669 1.0%		
韩国	22702	5107 22.5%	2858 12.6%	1195 5.3%	360 1.6%	353 1.6%	341 1.5%	11967 52.7%	5421 23.9%	207 0.9%		
菲律宾	32694	7431 22.7%	4945 15.1%	975 3.0%	1001 3.1%	390 1.2%	120 0.4%	24865 76.1%	39 0.1%	359 1.1%		
太平洋岛国												
斐济	41994	18385 43.8%	7357 17.5%	5755 13.7%	985 2.3%	3027 7.2%	1261 3.0%	19672 46.8%	691 1.6%	3246 7.7%	2019	9
萨摩亚	31477	13149 41.8%	6046 19.2%	2001 6.4%	4088 13.0%	640 2.0%	374 1.2%	553 1.8%	0 0.0%	17775 56.5%	6	15544

续表

国籍	移民批准总人数	家庭类别移民总人数	家庭移民子类别					技术移民	投资移民	国际人道主义移民	其他特殊类别	
			配偶	父母	未成年子女	兄弟姐妹及成年子女	人道主义家庭配额移民				太平洋通道	萨摩亚配额
汤加	16623	8739 52.6%	4627 27.8%	2001 12.0%	931 5.6%	817 4.9%	363 2.2%	1570 9.4%	18 0.1%	6296 37.9%	3701	13
其他国家												
英国	127156	33927 26.7%	22828 18.0%	8585 6.8%	899 0.7%	1348 1.1%	267 0.2%	89035 70.0%	3008 2.4%	1186 0.9%		
南非	58551	8966 15.3%	3103 5.3%	4074 7.0%	722 1.2%	879 1.5%	188 0.3%	48621 83.0%	444 0.8%	520 0.9%		
美国	19207	7395 38.5%	6404 33.3%	411 2.1%	388 2.0%	150 0.8%	42 0.2%	10381 54.0%	867 4.5%	564 2.9%		
给所有国家移民批准总数	699295 100%	238842 34.2%	130428 18.7%	63273 9.0%	16268 2.3%	18255 2.6%	10618 1.5%	373599 53.4%	28050 4.0%	58403 8.4%	7503 1.1%	14966 2.1%

资料来源：New Zealand Immigration，2016。

移民跨越了地理、文化、语言和国家政治界限而生活在两个或多个地方，体验不同国家和地区的生活。（Castells，1996；Faist，2000a，2000b；Pries，2001）。回流移民（return migration）和再次移民（step-migration or re-migration）是中国大陆跨国移动的典型体现（Liu，2011；Liu and Lu，2015）。

虽然在传统上中国被看成是移民来源国（Skeldon，1996；Skeldon，2004），但该观点现在需要被重新审视，因为最近几年越来越多的外国人和华侨华人来到中国成为一种重要的社会现象。工作机会、贸易、投资和教育在其中起主要作用（Pieke，2012）。有学者认为中国的回流移民是中国移民全球化的重要组成部分，是中国经济地位在全球的提高以及中国快速融入全球社区的一大表现（Cheng，2005；Ho and Ley，2013）。华侨华人回国也是中国跨国移民灵活性的一大体现（Liu，2011），这与其他形式的跨国移民流动联系在一起（例如太空人"astronauting"及再次移民策略"re-migration"）构成了所谓的"transnational circulatory migration"（Ip，2011：6）这一现象。这一现象彰显了中国移民在祖籍国和移民国之间的不可间断的循环往复式的移动。在这样循环往复的移动中，回流不是返回祖籍国的永久定居，移民第三国也并不是永久性的。

本文重点关注移民新西兰的中国移民的回流现象。这些海归定居在新西兰多年，有些加入了新西兰国籍，有的则取得了新西兰永久居民的身份。虽然传统意义上的移民是指定居某国并取得该国永久居民身份或加入了该国国籍的人，但本文所指的新西兰中国移民则不仅指那些取得了新西兰永久居民身份或加入了国籍的中国移民，也指那些由于工作、学习或其他原因长期或中长期居住在新西兰的中国人。为何采取如此广泛的概念，笔者将在研究方法部分加以详细说明。为了反映新西兰中国移民回流现象的全貌，本文将基于来自新西兰移民局对永久和长期出国旅居人数的统计数据对新西兰中国回流移民与其他四大来自亚太地区的移民群体的回流的人数、回流方式和返回祖籍国的时间进行比较，从而凸显中国回流移民的特点，通过量化的比较从而揭示回流的原因及深层社会含义。

本文下一个部分是与本文主旨相关的文献综述，该文献综述为该文提供理论背景。主要目的是把中国回流移民放置在两个相互区别但又密切相关的理论模式中：第一是移民“流散”理论（Diaspora studies），第二是跨国移民理论（transnational migration）。该文献综述将讨论这两种理论应用在研究中国回流移民现象上的交叉和重叠。接着文献综述就是对移民局数据的量化分析和讨论。本文总结部分将把数据分析的结果和相关理论文献结合在一起论述该研究在移民研究领域上的理论影响。也将讨论中国回流移民与中国现代化进程及以中国移民为导向下的全球移民架构的联系。

二　文献综述："流散"（diaspora）与跨国移民（transnational migration）理论架构下的中国回流移民

对华人回流移民的研究，主要有两种理论流派。第一种源于移民“流散”（diaspora）理论。此理论认为很多移民回流的最基本原因是源于他们对家的向往和憧憬，因此回流移民被贴上“幻想回归”（Imagined return）及“回归的神秘”（myth of return）等形容性标签（Muggeridge and Dona，2006；Ni Laoire，2008；Oxfeld and Long，2004）。该理论提出很多侨居国外的移民终生定居在侨居国，但一直希望回归祖籍国。NiLaoire（2008）认为回归祖籍国是移民长期持续的愿望，他们总是在想象中美化回归的情景。近年对回流移民的研究则着重强调祖籍国政策对移民回归后对祖籍国经济上所作贡献。这些理论在“人才流失”（brain drain）的概念上发展出“人才回流”（brain gain）或者“人才交换”（brain exchange）等概念。移民人才不再是从发展中国家向发达国家的单向流动。像中国和印度，之前都是人力资源流失的国家，但现在因为看到祖籍国职业发展和商业机会，移民们纷纷回国。

第二种理论流派则将回流移民纳入跨国移民的视野中（Guarnizo，1997；King and Newbold，2008；Ley and Kobayashi，2005；Moore，2003；Salaff，2008；Tollefsen and Lindgren，2006）。该理论对回流移民的阐述，特别是对那些从高技能高收入发达移民接收国自愿回归故土的跨国移民的阐述更与众不同。此理论将回流移民视为不间断的跨国移民过程中的一部分。之前的“流散”理论则将回流移民视为终点。跨国移民派的研究者认为“流散”理论是将回流看成一个单向的线性移民迁徙，但现实情况并非如此。对许多跨国移民而言，回归祖籍国是暂时的，可能并不是终点，却是新的起点（Ley and Kobayashi，2005；Zulueta，2008）。Ley 和 Kabayashi 提出了“双次回归”（double return）的策略，即很多香港人移民到加拿大后再回香港，这是他们的第一次“回归”，回归目的是为了工作和职业发展。稍后很多香港人又回到加拿大，这是第二次回归，回归目的则是为了子女教育或退休。学者们进一步认为对于如今高度流动的跨国移民而言，回归已经不是一个能准确反映现实的字眼（Ley and Kobayashi，2005）。

跨国移民理论还特别关注移民与其祖籍国之间保持的深层联系及其中原因以及这种联系所产生的在社会层面的影响。这方面的问题特别受到移民接收国的政策制定者的关注，因为移民回归祖籍国往往说明移民接收国的移民政策的缺点。利用跨国移民理论，研究者承认移民的跨国流动性对归侨概念产生了巨大冲击。归侨不再是简单和单向的回归移民原居地（Gmelch，1980）。一些人认为“归侨”在理论架构上就有问题（Xiang 2008），另一些人则认为归侨仅仅是跨国移民的其中一个环节（King and Newbold，2008；Ley and Kobayashi，2005；Plaza，2008）。最近 Ho 和 Ley 在研究加拿大华人回流移民的时候认为，一旦这些回流移民获得外国国籍，则华侨回归应被看成是另一次移民，因为尽管他们与中国有文化上的密切关系，但毕竟回国将出现新的法律地位问题并因此遭遇新的困难。

就理论而言，“流散”理论和跨国移民理论存在差异，但是现在很多研究者认为两者在很多方面可以相互代替（Ho and Ley，2008）。例如，Saxenian（2006）的研究显示，当侨民多次跨国移民的时候，侨民作为人力资本促进了经济发展。另外一些证据显示越来越多的移民输出国视本国的海外移民为移民输出国的海外侨民，这些侨民拥有巨大的经济和政治资源（Levitt，2001；Larner，2007；Ho，2011）。Ho 和 Ley（2013）明确指出跨国移民理论和“流散”理论在不断的发展中如同两条河流开始汇合。但是在现阶段，将它们看成两种有不同特点的理论更为科学，至少现在还看不到两者会彻底融合。

两种理论都对中国回流移民的研究提供了理论参考。“流散”理论为研究中国移民为何回归提供了完美的背景原因分析。另外，将回流移民置于跨国移民框架中，会使我们更好地理解回流移民在当今全球化社会的地位。

三　比较视野下的中国回流移民

（一）研究方法概况

为了研究中国大陆移民的回流现象，笔者将其放在比较的视野中考察。因此，除了考察中国大陆回流移民，不管有无加入新西兰国籍，本文还考察其他四个新西兰的重要移民群体，包括韩国、中国台湾、印度和三大太平洋岛国（斐济、汤加和萨摩亚群岛）。如前所述，韩国、印度、三个太平洋岛国和中国一样都是新西兰移民的八大来源国，这些国家与新西兰关系密切，并且都在环亚太地区（Brady，2008）。除此之外，来自这些地区的移民都有显著的种族特征，是构成新西兰少数族群的重要成分，所以基于这四个移民群体与中国大陆华人群体的比较是可行的。虽然中国台湾地区不是新西兰八大主要移民来源地，但在20世纪90年代和21世纪开始却成为新西兰重要的华人移民来源地。在各个国家和地区中，就离开新西兰的移民人数比例而言，中国台湾地区占第四位（参见附表1）。因为中国香港已经回归，所以中国台湾地区成为研究新西兰华人移民非常好的比较对象。通过这样的比较，这五大移民来源地的回流移民的相同点和不同点就可以显示出来。

在实际数据分析中，笔者把新西兰统计局收集的在2001—2015年的永久和长期居留的新西兰移民的年龄、性别、国籍、出生国和居住国等信息（PLT data）进行比较分析，从这些数据可以看出来自这些地区的侨民的净增长总量及流动方向。本文将从以下两个方面考察：一是考察已经加入了新西兰国籍的五大国家（地区）回流移民模式；二是考察没有入籍新西兰但已经获得新西兰永久或者其他长期签证的归侨的回流移民模式。这些长期签证包括学生签证、工作签证、工作转永久居留签证、求职签证和工作假期签证。

新西兰移民政策主要分为两类：居留类和临时类。居留类包括技术移民、投资移民、家庭团聚和国际人道主义移民。临时类包括学生签证、技术工作签证、工作转永久居留签证、求职签证和工作假期签证。这些临时类移民不计算在新西兰永久居民范围内，但是如果他们在新西兰停留 12 个月以上，则被计入“通常新西兰居民（usual resident in New Zealand)”中。

笔者将这些持中长期签证的人员纳入本文研究的范畴内是因为这些中长期的临时类签证为他们提供了获得永久居留签证的通道。2009 年以来，新西兰移民局推出的临时签证项目是新西兰政府为了通过吸引人力资源而补充市场人才短缺，从而促进经济发展的一项重要举措。除了通常的获得永久居留的方式（如通过商务或技术移民）外，一些非传统的过渡性的签证方式也出现了，并且逐渐被人知晓和广泛利用。从 2003—2008 年，获得永久居留权的人中有 69% 的人曾经获得临时工作签证、22% 的人有过访问签证、9% 的人有学生签证（Bedford Ho，and Bedford，2010)。在传统的移民研究中，移民仅指获得永久居留权或者因出生而获得居住国国籍的人，而近年来出现的以过渡性签证获得永久居民权的方式成了传统移民方式的补充，改变了传统定义的“移民”这一概念。在过去 20 年中，移民研究者和政策制定者都已经承认临时居留和永久居留之间的关系密切，越来越多的人在移民目的国以一种临时性签证转成永久居民身份。作为移民研究的学者，为了更好地理解移民的经验和行为，我们必须采取更加全面的方法：在研究中必须包括从临时性签证转变成永久居留的人口。

（二）入籍新西兰的华人移民回流现象比较分析

本节内容考察出生于国外，但在新西兰居住了较长时间并获得新西兰国籍的移民的回流现象。2001 年 4 月—2015 年 4 月，在新西兰和中国之间流动的中长期移民人数是 7216 人，其中 4132 人从中国迁徙到新西兰，3084 人从新西兰迁徙到中国，因此可以看出新西兰从中国获得了 1048 净人口增长（见表 2）。如果细看每一个年龄段可以发现除了 20—24 岁和 25—29 岁的人口之外，其他年龄段的人群在新西兰都为净增长，说明华人人口流向是从中国到新西兰。20—29 岁年龄段的人中，净流出新西兰的人数是 611 人，其他年龄段的人则净流入 1659 人。

表2　　2001年4月—2015年4月出生在中国并入籍了新西兰的中国（含中国香港地区）移民在中国和新西兰之间的迁徙

年龄（岁）	流入新西兰人数	回中国人数	新西兰从中国得到的净移民人口数
<5	341	38	-303
5—9	193	62	-131
10—14	182	57	-125
15—19	167	67	-100
20—24	140	557	417
25—29	413	607	194
30—34	474	336	-138
35—39	466	274	-192
40—44	472	232	-240
45—49	388	205	-183
50—54	287	196	-91
55—59	232	175	-57
60—64	178	121	-57
65—69	89	79	-10
70—74	58	40	-18
75—79	34	25	-9
80—84	15	9	-6
85—89	2	3	1
90—94	1	1	0
95+	0	0	0
总数	4132	3084	-1048

资料来源：Immigration New Zealand，2016。

运用跨国移民理论可以对以上移民流动现象加以解释。Portes（1999，2001）研究认为掌握更多经济资源和人力资本的人往往会频繁地涉入跨国移民流动中。人力资本包括年龄优势，因为年轻人热衷于进行跨国迁徙。Ip（2000）在一项对新西兰中国移民的研究中认为，对年龄小、学历高、技能强的专业人士、科技人才和企业家来说，不仅新西兰急需他们，许多其他国家也对这样的人才求贤若渴，其中也包括这些人士的祖籍国。20—29 岁年龄段的人大多完成了高等教育，具有大学学历，同时往往具有相关工作经验。更重要的是，这个年龄段的人更有冒险精神，希望发展自己的职业和提高自己的经济水平。此外，此年龄段的人没有多少家庭负担。这些因素都是促使他们移民迁徙的主要因素。他们回国也与中国崛起（Li，Sleigh and Nunes，2008）以及中国对高技能人才的需求有关。

其他四个来自亚太地区的移民的回流移民现象与中国有相似之处，也有很多不同的地方。分析结果列在表 3、表 4、表 5、表 6，表 3 显示中国台湾地区与中国大陆相似，台湾 20—29 岁人口净流出新西兰，其他年龄段中除了 85—89 岁的人士外全部净流入新西兰，共有 674 人。该相似性说明经济考量是台湾在外的人回归台湾的拉动力。从 20 世纪 90 年代到 21 世纪，中国台湾地区被称为“亚洲四小龙”之一，除此还包括韩国、新加坡和中国香港地区。即使经过 1997 年亚洲金融危机和 2008 年国际经济危机，中国台湾地区作为“亚洲四小龙”的地位依然不变。另外，加上中国台湾地区参与中国大陆经济发展，中国台湾地区经济持续看好（The Economist，2015），这就吸引了许多中国台湾地区移民回流返台，因为中国台湾地区有更好的就业和商业机会。

表 3　2001 年 4 月—2015 年 4 月出生于中国台湾地区并入籍了新西兰的移民在中国台湾地区和新西兰之间的迁徙

年龄（岁）	流入新西兰人数	回中国台湾地区人数	新西兰从中国台湾地区得到的净移民人口数
<5	102	15	-87
5—9	70	65	-5
10—14	132	63	-69
15—19	96	49	-47
20—24	115	417	302
25—29	257	382	125
30—34	192	127	-65
35—39	125	85	-40

续表

年龄（岁）	流入新西兰人数	回中国台湾地区人数	新西兰从中国台湾地区得到的净移民人口数
40—44	101	78	-23
45—49	125	104	-21
50—54	190	148	-42
55—59	209	124	-85
60—64	170	45	-125
65—69	45	12	-33
70—74	22	7	-15
75—79	12	2	-10
80—84	8	1	-7
85—89	2	3	1
90—94	2	2	0
95 +	0	0	0
总数	1975	1729	-246

资料来源：Immigration New Zealand，2016。

韩国是新西兰的另一个东亚移民来源国。2013 年人口统计显示居留在新西兰的韩国通常居民共计 30171 人，其中 26171 人出生于韩国（Statistics New Zealand，2014）。与中国台湾地区和中国大陆移民相比，表 4 数据显示韩国移民并没有形成净流入新西兰的趋势。韩国人移民新西兰是近几年的事，总体来说，他们居留在新西兰的时间比较短，要经过一段时间才会逐渐有人转变成新西兰公民。在这段时间内，韩裔进入新西兰的公民呈负增长，新西兰失去了 204 个韩国移民。韩国的回流移民的年龄状况也与中国大陆和中国台湾地区有很大的不同。对于中国台湾地区和中国大陆，净流出的是 20—24 岁以及 25—29 岁的人群，但是韩裔净流出则出现在 15—29 岁以及 45—49 岁年龄段，其中年轻人流出最多，以 20—24 岁年龄回流的人最多，净流出新西兰人数为 51 人，15—19 岁人群净流出新西兰返回韩国人数为 35 人。

表4　2001年4月—2015年4月出生于韩国并入籍了新西兰的移民在韩国和新西兰之间迁徙

年龄（岁）	流入新西兰人数	回韩国人数	新西兰从韩国得到的净移民人口数
<5	60	7	-53
5—9	25	11	-14
10—14	18	14	-4
15—19	18	53	35
20—24	82	267	185
25—29	154	205	51
30—34	69	59	-10
35—39	40	27	-13
40—44	43	39	-4
45—49	46	64	18
50—54	45	57	12
55—59	27	39	12
60—64	21	16	-5
65—69	8	4	-4
70—74	0	2	2
75—79	5	1	-4
80—84	0	0	0
85—89	1	1	0
90—94	0	0	0
95+	0	0	0
总数	662	866	204

资料来源：Immigration New Zealand，2016。

印度是新西兰另一重要亚洲移民来源国（Statistics New Zealand 2014）。根据统计数字，印度的新西兰移民有三个特点：第一，印度移民的跨国流动性没有中国大陆移民那么高。印度和中国的总人口非常接近。印度有12.88亿人口，是世界第二大人口大国，仅次于中国（中国有13.55亿人口）（Worldmeter，2015）。新西兰的华人和印度人数量差不多，印度人为155178人，华人为171411人。但是，印度移民在印度与新西兰之间流动的人是1855人（其中803人来到新西兰、1052人离开新西兰回了印度），相对于7216人流动的华人移民数量，印度移民的流动比例只占华人移民流动人口的1/4（见表5）。

第二，就回流移民而言，在新西兰的印度出生的新西兰公民为净增长，人数是249人，回流移民的人数为1052。相对于中国回流的人数（3084），印度的回流人数要少得多（见表5）。而且在新西兰以外出生的印度移民是新西兰第二大亚裔移民群体（67171），与中国移民人数相差不大（89121），但是印度移民的回流比例就相对很低（Statistics New Zealand，2014）。

表5　2001年4月—2015年4月出生于印度并入籍了新西兰的移民在印度和新西兰之间迁徙

年龄（岁）	流入新西兰人数	回印度人数	新西兰从印度得到的净移民人口数
<5	64	17	-47
5—9	27	52	25
10—14	72	70	-2
15—19	60	44	-16
20—24	37	71	34
25—29	53	82	29
30—34	64	169	105
35—39	103	194	91
40—44	69	83	14
45—49	51	68	17
50—54	51	57	6
55—59	50	57	7
60—64	44	35	-9
65—69	25	17	-8
70—74	9	19	10
75—79	13	8	-5
80—84	10	6	-4

续表

年龄（岁）	流入新西兰人数	回印度人数	新西兰从印度得到的净移民人口数
85—89	1	3	2
90—94	0	0	0
95 +	0	0	0
总数	803	1，052	249

资料来源：Immigration New Zealand，2016。

第三，就回流模式而言，印度移民和中国大陆以及中国台湾地区移民非常不同，却与韩国有很多相同点。首先，印度和韩国移民都是净流出，而不是净流入。其中韩国移民净流出204人，印度移民净流出249人（见表4和表5）。其次，印度回流移民的年龄和韩国移民也相似，而与中国大陆和中国台湾地区移民不同。20—29岁的中国大陆和中国台湾地区移民的回流比例最高。但是印度和韩国移民回流现象则普遍存在于各个年龄段，包括5—9岁、20—59岁和70—74岁。印度移民回流现象出现得最多的是30—39岁这个年龄段，其净流回印度人数为196人。可以看出，印度移民回流现象比较多地出现在年龄稍大的人群中，部分原因是经济方面的。与中国大陆和中国台湾地区一样，印度也是一个亚洲地区经济高速发展的地区（Zhao，2013）。印度的经济成就，特别是电信业（Xiang，2004，2006）的发展给年轻人和技术工人提供了就业和事业发展机会，这促使他们返回祖籍国。

表6　2001年4月—2015年4月出生于斐济、汤加、萨摩亚并入籍新西兰的移民在祖籍国和新西兰之间的迁徙

年龄（岁）	流入新西兰人数	回祖籍国人数	新西兰从三个太平洋岛国得到的净移民人数
<5	169	24	-145
5—9	259	51	-208
10—14	485	94	-391
15—19	546	116	-430

续表

年龄（岁）	流入新西兰人数	回祖籍国人数	新西兰从三个太平洋岛国得到的净移民人数
20—24	264	108	-156
25—29	204	89	-115
30—34	200	86	-114
35—39	166	103	-63
40—44	167	92	-75
45—49	179	116	-63
50—54	184	130	-54
55—59	173	95	-78
60—64	162	62	-100
65—69	92	108	16
70—74	84	48	-36
75—79	76	52	-24
80—84	36	20	-16
85—89	10	11	1
90—94	5	2	-3
95+	0	1	1
总数	3，461	1，408	-2，053

资料来源：Immigration New Zealand，2016。

造成这种差别的另一个关键因素之一是潜在的移民人口：居住在新西兰的具有新西兰国籍的印度移民要比返回印度的人数多。在所有移民情况中这个因素都必须考虑，特别是考虑太平洋国家移民的时候。

斐济、汤加、萨摩亚群岛这几个太平洋岛国的历史、人口资源和社会经济潜力都与上述几个国家完全不同。几乎所有岛国出生但已经加入新西兰国籍的各年龄段的人口都是净流入新西兰，包括20—39岁这个具有巨大跨国移民流动性的年龄段（见表6）。这种单向流动与南太平洋岛国的经济以及往返费用有关。这些国家与新西兰相比经济发展落后、市场规模小。这些国家是典型的“侨汇社会”（remittance societires）（Barber，2000）。这些国家比发达经济体更需要外国侨汇支持国家经济和地方经济转型（Vertovec，2004）。留在后方的移民家庭也更需要侨汇来提高他们的生活水平（Brown，1994—1995）。从这些侨汇国来的移民也主要是在较为富裕的移民目的国工作谋生，这些移民很难回国发展，因为祖籍国给予个人的经济发展机会太少了。

（三）未入籍新西兰的华人移民回流现象比较分析

在这部分内容中，我对加入新西兰国籍的五个移民群体和未入新西兰国籍的移民群体的回流现象进行比较。没有加入新西兰国籍的中国移民回流模式与加入新西兰国籍的中国移民的模式不同（见表7）。下文中没有加入新西兰国籍的中国移民为中国新西兰居民，他们的主要流向是从中国流向新西兰。他们在2001—2015年的净流入新西兰的总人数是77910，即使是在20—39岁这个高回流的年龄段也是净流入新西兰。这个趋势并不会让人惊讶，只要看看新西兰接受大量中国来的国际留学生（New Zealand Herald，2015）以及大量技术和投资移民就可以发现原因了。而且，在本文的研究方法部分中谈到过从临时移民转变成永久移民的问题，这也是促使移民单向流动的原因之一。

表7 2001年4月—2015年4月未入新西兰籍的中国新西兰居民在中国和新西兰之间的迁徙

年龄（岁）	流入新西兰人数	回中国人数	新西兰从中国得到的净移民人数
<5	1750	82	-1668
5—9	2195	221	-1974
10—14	3736	173	-3563
15—19	29300	1768	-27532
20—24	26382	9621	-16761
25—29	10157	7924	-2233
30—34	7324	2348	-4976
35—39	5677	960	-4717
40—44	4071	743	-3328
45—49	2466	711	-1755

续表

年龄（岁）	流入新西兰人数	回中国人数	新西兰从中国得到的净移民人数
50—54	2021	642	-1379
55—59	3314	741	-2573
60—64	3219	646	-2573
65—69	2186	621	-1565
70—74	1315	412	-903
75—79	524	199	-325
80—84	134	62	-72
85—89	21	14	-7
90—94	6	1	-5
95 +	1	0	-1
总数	105799	27889	-77910

资料来源：Immigration New Zealand，2016。

有趣的是，表7如果按照性别区分（表8则指中国男性，表9则指中国女性），就可以发现不同性别和年龄有很大的不同。根据表8，25—29岁的男性中国新西兰居民是净流出新西兰的，其他年龄段都是净流入。这与之前的研究结果一致：二十几岁和三十几岁处于职业生涯早期的人群更倾向于向海外发展事业。25—29岁的未入籍的男性中国新西兰居民往往获得大学学位，并加入职场或者处在他们职业生涯的早期，因此职业发展和财务独立问题是其首先考虑的问题。中国经济高速发展以及富有活力的就业市场都促使他们回国发展。另外，对于很多富裕中国家庭而言，儿子在新西兰学习毕业后，因为中国的家族传统文化缘故，父母都希望他们回国继承家族事业。

非常明显的是，2001年4月—2015年4月，对于中国新西兰居民来回迁徙的总数，男性和女性相差无几（女性是65663人，男性是68025人）。然而，任何年龄段的女性都没有净流回中国，这说明性别和年龄结构是决定是否回流的重要因素。

表8　2001年4月—2015年4月未入籍新西兰的中国男性新西兰居民（含中国香港地区）在中国和新西兰之间的迁徙

年龄（岁）	流入新西兰人数	回中国人数	新西兰从中国得到的净移民人数
<5	897	46	-851
5—9	1164	137	-1027
10—14	1957	100	-1857
15—19	15，898	1003	-14895
20—24	13485	5513	-7972
25—29	4，257	4461	204
30—34	3191	1234	-1957
35—39	2760	508	-2252
40—44	2025	391	-1634
45—49	1244	335	-909
50—54	870	296	-574
55—59	1247	262	-985
60—64	1627	254	-1373
65—69	1123	291	-832
70—74	707	210	-497
75—79	313	99	-214
80—84	65	35	-30
85—89	12	3	-9
90—94	5	0	-5
95+	0	0	0
总数	52847	15178	-37669

资料来源：Immigration New Zealand，2016。

对于来自中国大陆的新西兰长期男性居民而言，特别是那些二十多岁和三十多岁的人，他们人生的中心在于职业，中国传统文化也要求他们养家糊口。他们回国的主要动因毋庸置疑是经济因素。相比较而言，女性的迁徙则较少受职业或经济因素的影响，因此回流移民的倾向也很低。但这并不意味着女性没有职业发展抱负，也不意味她们回国就没有职业发展机会。事实是女性移民更能够在工作、生活、家庭和个人财富之间做出平衡。另外，不同性别的人生发展重点也影响他们的回流移民倾向。25—34 岁的女性移民正处于落户和组建家庭的时候，并且很多女性中国移民在新西兰找到生活伴侣并在当地组建了自己的家庭（Liu，2004）。这些因素都影响了他们的回流移民动机。

表 9　2001 年 4 月—2015 年 4 月未入新西兰籍的中国女性新西兰居民（含中国香港地区）在中国和新西兰之间的迁徙

年龄（岁）	流入新西兰人数	回中国人数	新西兰从中国得到的净移民人数
<5	853	36	-817
5—9	1031	84	-947
10—14	1779	73	-1706
15—19	13402	765	-12637
20—24	12897	4108	-8789
25—29	5900	3463	-2437
30—34	4133	1114	-3019
35—39	2917	452	-2465
40—44	2046	352	-1694
45—49	1222	376	-846
50—54	1151	346	-805
55—59	2067	479	-1588
60—64	1592	392	-1200
65—69	1063	330	-733
70—74	608	202	-406
75—79	211	100	-111
80—84	69	27	-42
85—89	9	11	2
90—94	1	1	0
95 +	1	0	-1
总数	52952	12711	-40241

资料来源：Immigration New Zealand，2016。

未入籍的中国台湾地区新西兰居民与入籍的中国大陆移民和中国台

湾地区移民非常不同，他们没有很强的回流倾向（见表10）。在全部年龄组中，入籍的中国台湾地区移民中是净流入新西兰的。对年轻男性而言，一个可能的原因是为了躲避中国台湾地区的强制兵役制度。中国台湾地区允许双重国籍，18—22岁拥有中国台湾地区和外国护照的台湾人必须服一年兵役（Chiang，2011）。

表10　2001年4月—2015年4月末入新西兰籍的中国台湾地区新西兰居民在新西兰和中国台湾地区之间的迁徙

年龄（岁）	流入新西兰人数	回中国台湾地区人数	新西兰从中国台湾地区得到的净移民人数
<5	91	16	-75
5—9	187	40	-147
10—14	532	61	-471
15—19	887	234	-653
20—24	1024	562	-462
25—29	2206	650	-1556
30—34	660	307	-353
35—39	253	82	-171
40—44	367	56	-311
45—49	297	51	-246
50—54	263	70	-193
55—59	162	44	-118
60—64	106	10	-96
65—69	44	4	-40
70—74	21	1	-20
75—79	20	2	-18
80—84	15	3	-12
85—89	3	2	-1
90—94	1	0	-1
95+	0	0	0
总数	7139	2195	-4944

资料来源：Immigration New Zealand，2016。

与入籍新西兰的斐济、汤加、萨摩亚的移民相似，来自这些国家的未入籍新西兰的永久居民则基本是净流入新西兰。返回祖籍国的人数相比流入新西兰的人数微不足道，净流入新西兰的人数是37476人（见表11）。这也反映了这些岛国是侨汇社会，因此回流移民现象少之又少。

表11　2001年4月—2015年4月未入新西兰籍的斐济、汤加、萨摩亚新西兰居民在祖籍国和新西兰之间的迁徙

年龄（岁）	流入新西兰人数	回太平洋祖籍国人数	新西兰从三大太平洋岛国得到的净移民人数
<5	4147	213	-3934
5—9	4339	521	-3818
10—14	4457	547	-3910
15—19	6931	778	-6153
20—24	5863	1595	-4268
25—29	5518	1244	-4274
30—34	4296	1003	-3293
35—39	3394	821	-2573
40—44	2900	671	-2229
45—49	1711	589	-1122
50—54	1188	529	-659
55—59	1040	406	-634
60—64	714	331	-383
65—69	490	283	-207
70—74	252	215	-37
75—79	134	131	-3
80—84	52	65	13
85—89	17	28	11
90—94	7	4	-3
95+	0	0	0
总数	47450	9974	-37476

资料来源：Immigration New Zealand，2016。

没有入籍的印度新西兰居民在各个年龄段都是净流入新西兰（见表

12）。这种情况与南太平洋岛国情况差不多，但与入籍了新西兰的印度移民则不同。入籍的印度移民回流人数（1052 人）要比流入新西兰（803人）的人数多（见表5）。对于入籍新西兰的印度移民而言，移民输出国（即印度）和移民接收国（新西兰）的潜在移民数量对产生这种流向有很大的影响。

表12　2001 年 4 月—2015 年 4 月未入新西兰籍的印度新西兰居民在印度和新西兰之间的迁徙

年龄（岁）	流入新西兰人数	回印度人数	新西兰从印度得到的净移民人数
<5	3082	174	-2908
5—9	2510	196	-2314
10—14	2055	128	-1927
15—19	10708	220	-10488
20—24	25993	1887	-24106
25—29	15493	2546	-12947
30—34	7247	1194	-6053
35—39	3870	586	-3284
40—44	2264	304	-1960
45—49	1459	205	-1254
50—54	1094	197	-897
55—59	1120	252	-868
60—64	1183	261	-922
65—69	859	234	-625
70—74	519	162	-357
75—79	275	74	-201
80—84	90	36	-54
85—89	22	11	-11
90—94	6	3	-3
95 +	3	3	0
总数	79852	8673	-71179

资料来源：Immigration New Zealand，2016。

我们可以看到韩国移民的类似情况。入籍新西兰的韩国移民离开新西兰（866 人）比流入新西兰的人数（662 人）要多，而未入籍的韩国新西兰居民流入新西兰比离开新西兰的人数要多（25446 人流入新西兰，21382 人流出新西兰，净流出为 4064 人）（见表 13）。虽然未入籍的韩国新西兰居民是净流入新西兰，但是 10—14 岁、45—49 岁、80—84 岁、85—89 岁以及 90—94 岁的年龄段的人口则是净流出新西兰返回韩国的。上述净流出新西兰的年龄段中，主要是回国读中学以及照料小孩的父母或祖父母。这样的回流移民特点与入籍新西兰的韩国移民不同。入籍了的韩国移民回国最多的年龄段是 20—24 岁（267 人返韩）、25—29 岁（205 人返韩）、45—49 岁（64 人返韩）。20—24 岁以及 25—29 岁回流人数可以和中国大陆、中国台湾地区、印度这些国家（地区）入籍侨民回流数量相媲美，这说明二十几岁和三十几岁刚好是回国寻找工作机会动机最强烈的年龄段，祖籍国能为这些人提供诸多的工作机会。

表 13　2001 年 4 月—2015 年 4 月未入新西兰籍的韩国新西兰居民在韩国和新西兰之间的迁徙

年龄（岁）	流入新西兰人数	回韩国人数	新西兰从韩国得到的净移民人数
<5	599	251	-348
5—9	2026	1604	-422
10—14	4451	4730	279
15—19	3135	3091	-44
20—24	4647	2681	-1966
25—29	3197	2293	-904
30—34	1410	1207	-203
35—39	1843	1792	-51
4044	1798	1706	-92
45—49	914	932	18
50—54	470	497	27
55—59	338	232	-106
60—64	202	111	-91

续表

年龄（岁）	流入新西兰人数	回韩国人数	新西兰从韩国得到的净移民人数
65—69	173	86	-87
70—74	141	77	-64
75—79	66	44	-22
80—84	24	32	8
85—89	9	13	4
90—94	1	2	1
95 +	2	1	-1
总数	25446	21382	-4064

资料来源：Immigration New Zealand，2016。

和中国台湾地区相似，韩国兵役制度也对其移民回流产生一定影响。对于韩国人来说，加入新西兰国籍就不需要在韩国服兵役。这对入籍和未入籍韩国移民回国就产生很大的影响。韩国不承认双重国籍，所以18—25岁男性义务服兵役的法律就不适用于入籍新西兰的韩国移民。这样入了新西兰国籍的韩国人回国就不必担心强制服兵役。这就可以解释为什么20—39岁没有入新西兰国籍的韩国人回流移民的数量并不大的原因。其他不需要服兵役的年龄段人群就有很多人回国，这说明国家管理制度的确影响他们的回流。

10—14岁人口的回流的数量很有趣但不容易解释其原因。其中一个原因估计是教育，因为这群人正处在初中阶段，韩国父母一般都愿意将小孩送回韩国在韩语学校就读，特别是对那些在新西兰已经掌握良好英语水准的小孩。45—49岁和50—54岁年龄段的人群净流出新西兰有可能包括了为了回国照顾小孩的人群，但也包括一些想从事新职业或者准备回国退休的人群。这两个年龄段的人群回国相对比较简单，因为他们的子女已经接近成年且独立了。80岁及以上的年龄段的人也属于净流出的人群，但规模不大。对于回流移民的问题，年龄是个比较复杂的因素，特别是那些跨国移动的人群（Heikkinen and Lumme-Sandt，2013）。但韩国人有强烈的落叶归根的文化传统，希望在死亡前回到祖籍国。这种文化也或多或少存在于来自太平洋岛国的移民中。有的人在终老病死之前希望回归故土（Blakely et al.，2009）。

表 14　　　　长期缺席新西兰的移民列表

移民来源国家和地区	Number approved for residence *1	Long-term absent (No.) *2	长期缺席（%）
美国	8892	2364	27
加拿大	3139	809	26
新加坡	1460	366	25
中国台湾	1019	227	22
荷兰	2415	522	22
中国大陆	41577	8450	20
中国香港	1004	201	20
法国	1632	320	20
马来西亚	4506	877	19
德国	4700	898	19

资料来源：*Migration Trend and Outlook*，2012/2013 by Ministry of Business，Innovation and Employment，2013：106。

结　论

总之，从统计分析得出四个重要发现。第一，也是最重要的一个发现是入籍新西兰的中国大陆的移民有强烈的回流移民趋势，同时也影响到整个中国移民回归的比例。另外，20—29 岁之间年龄段人群的回归趋势非常明显。但是即使这个年龄段的人群的回流也无法影响从中国流向新西兰的移民总趋势。虽然中国永久移民新西兰的人数占所有移民的重要比例，但是临时移民（包括学生签证、工作签证、工作转居住签证、求职签证和带薪休假签证）也占据相当比例。很多中国大陆移民到达新西兰时并没有永久居留身份，但到达之后就开始申请永久居留身份。这显示 2009 年新西兰移民立法规定的多渠道移民通道已经发生作用。新立法带来的中国大陆移民也给回流移民提供了平台。这也同样适用于没有入新西兰籍的中国台湾地区、印度和韩国新西兰居民。该研究显示了在全球范围内存在两种互为竞争的策略旨在吸引和留住技术移民。一方面是一些传统移民输出国借助其发展的经济地位来吸引海外移民回国；另一方面是传统移民接收国，一般而言是经济发达国家以创新的移民政策吸引并留住已经移民的人士，同时积极吸引潜在新移民。笔者需要特别强调的是除了中国的经济发展带来的机会以及中国政府推行吸引海外华侨华人回国的政策之外，我们必须承认其他非经济因素也影响华人移民的回流。笔者的定性分析发现故乡情怀、追求更富活力的生活方式、家庭文化、语言环境、家乡人脉网络以及在新西兰缺乏的归属感和遭遇歧视，都促进了移民回流（Liu，2009；2011）。

第二，中国大陆移民在回流移民中显示的年龄特点（其中，20—29岁回流人数比例最高）在东亚和南亚的三个主要移民来源国家（地区）中也得到体现。入新西兰籍的中国台湾地区移民回流特点与中国大陆相同，入籍新西兰的印度和韩国移民也有相似特点，主要原因是年轻人回流祖籍国的动机非常强烈。然而，其中也有一些不同点：印度和韩国移民不仅是二三十岁年轻人有很强的回流倾向，所有年龄段的人群都有相对比较强的回流倾向。就总体人数而言，他们是净流出新西兰。对未入籍新西兰印度移民而言，离开新西兰回到印度的人数更多地集中在较年长的移民中（不是20—29岁，而是30—39岁人群）。

上述不同点体现了在不同的移民输出国的经济背景下，不同移民群体所采纳的不同的回流移民策略。韩国不同年龄段的移民的回流特点与韩国的侨民政策有关，这些政策为回流的韩国移民提供了全面的回归定居的服务（Lee，Friesen and Kearns，2015）。中国吸引移民回流的政策是在20世纪90年代之后启动的，这相对于韩国和中国台湾地区都要晚。中国实行的中央政府支持的“百人计划”和“千人计划”分别开始于1994年和2008年，但主要是吸引高端科学家和工程技术人员。这些政策主要针对年龄较大有更多工作经验的人。吸引年轻企业家和在私营企业工作的高级专业人士，特别是针对高科技和金融领域的人才的政策是2000年之后才开始的，专门吸引企业家的大多数高新技术园区建设则主要是地方政策推动的（Zhu，2013；Zweig，2006）。这些吸引华侨华人的政策主要针对一小部分有世界眼光的年轻人。这可能是促使20—29岁新西兰华人移民回国的重要原因。这些回流人群是在中国的外资企业以及高科技创新企业需要争夺的人才。中国劳动市场正在变化中——私营企业、外资企业、合资企业已经占据相当比例。在这样的经济环境下有外国学历和经历的年轻人能获得很好的待遇，他们成为中国专业人力资源市场的重要力量，市场对他们也有强烈的需求。

第三，来自太平洋岛国的移民没有强烈的回流移民趋向，不管是入新西兰籍的还是没有入新西兰籍的人群。这与来自中国大陆、中国台湾地区、韩国和印度这些经济发展较快的经济体的移民形成很大的反差，这些国家和地区为移民提供了一条“替代性适应通道”（Portes，Guarnizo and Landolt ，1999：228），为这些移民的事业成功提供了一条非传统路径。移民成功的传统路径是指他们融入居住国的主流社会，而非传统路径则是建立一个跨国界的社会经济人脉圈，在这个跨国界的地带中移民能够较为容易地获得经济安全的保障。而经济的保障则为移民在移民接收国的社会地位的提升起到了举足轻重的作用（Portes，Guarnizo and Landolt，1999）。从三个太平洋岛国来的移民的主要移民途径是通过国家间特别双边协议，例如“萨摩亚配额”和“太平洋通道”等协议实现移民的。这些移民政策是专门为太平洋岛国制定的。来自这些国家的移民属于国际或者人道主义移民项目，目的是向那些经济能力差通过其他途径无法实现移民的人提供便利。这些人既不属于技术移民也不属于投资移民。这些移民的经济条件比较差，没有足够的资源和能力实施再次移民，包括回流移民。作为祖籍国，这些国家也无法为其回流移民提供“非传统适应通道”，这些因素阻止了这些国家的移民的回流。

第四，虽然未入新西兰籍的中国新西兰居民人数总体上仍是净流入新西兰，即使 20—20 岁也是如此。但其中有明显的性别和年龄差异：25—29 岁男性中国新西兰居民有强烈的回流趋势，但女性则没有这样的趋势。这显示不同性别所定义的社会家庭角色。这些不同的角色从而影响了男性和女性不同的回流移民动力。中国经济的快速发展以及中国在世界上地位的提升增强了华人移民在推动中国现代化进程中作用的信心。这个现代化进程业已在移民以及移民回流中得到体现。但是在中国现代化进程中，性别的差异仍然存在，并反映在移民上。以经济原因为主导的回流移民与中国女性的性别角色定义不相吻合。

总而言之，本文对宏观的回流移民研究作出了学术上的贡献，提出了以综合的视角做回流移民研究的途径。这种研究途径可以全面地展示移民输出国和移民接收国之间不断变化的政治经济力量抗衡。这样的政治经济力量抗衡也影响了全球的移民体系。国家权力变化影响了移民、移民回流、再迁徙以及循环性迁徙。最重要的一点是，移民回流问题显示了在国家层面、移民政策层面和侨务政策层面对高技术人才的竞争。移民输出国和接收国的竞争性的政策体现了全球性环境下世界移民体系的新面貌，也显示出人力资本在国家经济社会发展中的重要地位。这重塑了民族国家和人群边界的概念，并将地点、空间和归属等新思想纳入这些概念中。

就中国大陆移民而言，中国在国际事务和地缘政治中地位的提升导致了世界移民体系的变化。华人回流移民将成为移入中国的国际移民的重要组成部分。中国经济地位不仅会拉动华人移民回归中国，也促使双边甚至多边跨国移民流动。这会带来国际劳动力市场的新平衡以及改变传统移民输出与输入的路径。例如，传统的路径是中心—边缘路线，也就是移民从世界南部等经济落后地区（Global South）向世界北部经济发达地区（Global North）迁徙（Massey et al.，1993；Massey，goldring and Durand，1994；Massey et al.，1997）。但这种传统移民路线已经无法解释现在为什么许多发达国家的人才向发展中国家或者新兴经济体国家的移民迁徙的现象，例如中国和印度（Xiang，2006；Zeweig，2006）。这说明传统移民输出国和移民接收国的地位在世界移民体系中都在发生变化。许多经济相对比较好的传统移民输出国正大力投资于吸引本国移民回国，与此同时，很多传统移民接收国现在却努力开创创新移民政策以争夺人力资源。这些移民接收国在争夺高技术人才以填补国内技术工人短缺方面遭遇双重挑战。一是这些移民接收国之间不得不展开对技术投资移民的争夺（Bedford et al.，2002；Luo，Guo and Huang，2003）；二是移民接收和输出国之间的竞争，两者都利用其经济实力和采取有效政策以吸引和留住国际移民。

新西兰移民中的研究结论有广阔的应用性，可以超越国界的限制。本研究主题——从新西兰回流的大陆华人移民其实是“国际公民”的一部分，他们积极地参与到国际跨国流动中（Liu，2014；2015）。谈及他们的跨国移民行为，他们一方面与自己的祖籍国保持密切联系，同时又拥有其他国家的国籍或者永久居留权。华人回流移民现象对华侨华人研究提出了很多有趣的问题。接收中国移民的其他白人社会与新西兰雷同。这些接收中国移民的白人国家（如澳大利亚、加拿大、美国）面临采取有效政策吸纳和留住中国移民的挑战。因为中国作为祖籍国制定了积极的侨务政策以此争夺华人移民回流得以吸收人才资源。中国政府实施这些积极侨务政策的主要原因是华人在连接中国和世界中扮演着重要角色。中国侨务政策体现了中国作为新兴世界性大国与世界北部经济发达地区之间多层次和复杂的关系。中国如何通过华侨华人这个媒介来提升其国际地位和国际声誉反映了中国希望在世界治理体系中作出更多贡献的决心（Zhu，2013）。

参考文献

Barber, Pauline Gardiner, "Agency in Philippine Women's Labour Migration and Provisional Diaspora", *Women's Studies International Forum*, 2000, 23 (4): 399 - 411.

Bedford, Richard, Charlotte Bedford, Elsie Ho, and Jacqueline Lidgard, "The Globalisation of International Migration in New Zealand: Contribution to a Debate", *New Zealand Population Review*, 2002, 28: 69 - 97.

Bedford, Richard, Elsie Ho, and Charlotte Bedford, "Pathways to Residence in New Zealand, 2003 - 2010", In *New Zealand and International Migration: A Digest and Bibliography, Number* 5, ed. A. Trlin, P. Spoonley, and R. Bedford, 1 - 49. Palmerston North, NZ: Massey University Printery, 2010.

Blakely, T., K. Richardson, J. Young, P. Callister, and R. Didham, "Does Mortality Vary between Pacific Groups in New Zealand? Estimating Samoan, Cook Island Maori, Tongan and Niuean Mortality Rates Using Hierarchical Bayesian Methods", *New Zealand Medical Journal*, 2009, 122: 1 - 13.

Brady, A., "New Zealand-China Relations: Common Points and Differences", *New Zealand Journal of Asian Studies*, 2008, 10: 1 - 20.

Brown, Richard P. C., "Migrants' Remittances, Savings and Investment in the South Pacific", *International Labour Review* , 1994, 133: 347 -367.

Brown, Richard P. C. , "Hidden Foreign Exchange Flows: Estimating Unofficial Remittances to Tonga and Western Samoa", *Asian and Pacific Migration Journal*, 1995, 4 (1): 35 -54.

Castells, M. , "The Reconstruction of Social Meaning in the Space of Flows", In *The City Reader*, ed. R. T. LeGates and F. Stout, 493 - 498. London: Routledge, 1996.

Cheng, X. , *Zhongguo fangqi "shuangchong guoji" de huigu yu fansi.* Beijing: Zhongguo huaqiaochuban she, 2005.

Chiang, L. N. , "Return Migration: The Case of the 1. 5 Generation of Taiwanese in Canada and New Zealand", *China Review*, 2011, 11: 91 -124.

The Economist, "Taiwan's Economy: Straitened Circumstances", *The Economist*, 2015, 14 November. Retrieved from http: //www. economist. com/news/finance - and - economics/21678276 - weaker - growth - exposes - downsideties - china - straitened - circumstances.

Faist, Thomas, "Transnationalization in International Migration: Implications for the Study of Citizenship and Culture", *Ethnic and Racial Studies*, 2000a, 23 (2): 189 -222.

Faist, Thomas, *The Volume and Dynamics of International Migration*, Oxford: Oxford University Press, 2000b.

Gmelch, George, "Return Migration", *Annual Review of Anthropology*, 1980, 9 (1): 135 -159.

Guarnizo, Luis Eduardo, "The Emergence of a Transnational Social Formation and the Mirage of Return Migration among Dominican Transmigrants", *Identities*, 1997, 4 (2): 281 -322.

Heikkinen, Sari Johanna, and Kirsi Lumme-Sandt, "Transnational Connections of Later-Life Migrants", *Journal of Aging Studies*, 2013, 27 (2): 198 -206.

Ho, Elaine Lynn-Ee. , " 'Claiming' the Diaspora: Elite Mobility, Sending State Strategies and the Spatialities of Citizenship", *Progress in Human Geography*, 2011, 35 (6): 757 -772.

Ho, Elaine Lynn-Ee, and David Ley, " 'Middling' Chinese Returnees or Immigrants from Canada? The Ambiguity of Return Migration and Claims to Modernity", *Asian Studies Review*, 2013, 38 (1): 36 – 52.

Immigration New Zealand, " Statistics ", *New Zealand Government*, 2016. Retrieved from https: //www. immigration. govt. nz/about – us/research – and – statistics/statistics.

Ip, M. , "Beyond the 'Settler' and 'Astronaut' Paradigms: A New Approach to the Study of New Chinese Immigrants to New Zealand", In *Migration and Travel between Asia and New Zealand*, *Aotearoa/New Zealand*, ed. M. Ip, K. M. Kang, and S. Pages, 2000, 3 – 17. Albany, NZ: Asia-Pacific MigrationResearch Network and School of Sociology and Women's Studies, Massey University.

Ip, M. , "Rethinking Contemporary Chinese Circulatory Transmigration: The New Zealand Case", In *Transmigration and the New Chinese: Theories and Practices from the New Zealand Experience*, ed. M. Ip, 2011, 21 – 56. Hong Kong: Centre of Asian Studies of the University of Hong Kong.

Iredale, R. , F. Guo, and S. Rozario, "Introduction", In *Return Skilled and Business Migration and Social Transformation*, ed. R. Iredale, F. Guo, and S. Rozario, 2002, 1 – 19. Wollongong, Australia: Centre for Asia Pacific Social Transformation Studies.

King, Karen M. , and K. Bruce Newbold, "Return Immigration: The Chronic Migration of Canadian Immigrants, 1991, 1996 and 2001", *Population Space and Place*, 2008, 14 (2): 85 – 100.

Larner, Wendy, "Expatriate Experts and Globalising Governmentalities: The New Zealand Diaspora Strategy", *Transactions of the Institute of British Geographers*, 2007, 32 (3): 331 – 345.

Lee, Jane Yeonjae, Wardlow Friesen, and Robin A. Kearns, "Return Migration of 1. 5 Generation Korean New Zealanders: Short-Term and Long-Term Motives", *New Zealand Geographer*, 2015, 71 (1): 34 – 44.

Levitt, Peggy, "Transnational Migration: Taking Stock and Future Directions", *Global Networks*, 2001, 1 (3): 195 – 216.

Ley, David, and Audrey Kobayashi, "Back to Hong Kong: Return Migration or Transnational Sojourn?", *Global Networks*, 2005, 5 (2): 111 - 127.

Li, Gong, Andrew Sleigh, and Paul F. Nunes, "China Rising." *Outlook: The Journal of High-Performance Business*2, 2008. Retrieved from http: //www. criticaleye. com/insights - servfile. cfm? id = 395.

Liu, Liangni, "The Changing Status of Chinese Women Migrants in New Zealand", *Asian and Pacific Migration Journal*, 2004, 13 (4): 511 - 522.

Liu, Liangni, "Home is Calling? Or Home is on the Move? Return Chinese Immigrants of New Zealand as Transnationals", *New Zealand Journal of Asian Studies*, 2009, 11: 164 - 171.

Liu, Liangni, "New Zealand Case Study of PRC Transnational Migration: Returnees and Trans-Tasman Migrants", In *Transmigration and the new Chinese: Theories and Practices from the New Zealand Experience*, ed. M. Ip, 2011, 57 - 101. Hong Kong: Centre of Asian Studies of the University of Hong Kong.

Liu, Liangni, "PRC Chinese Transnational Migration in the Case of New Zealand: Returnees and Trans-Tasman Migrants", *International Journal of Diasporic Chinese Studies*, 2014, 6: 41 - 71.

Liu, Liangni Sally, "Examining Trans-Tasman Migration of New Immigrants to New Zealand from the People's Republic of China: A Quantitative Approach", *Asia Pacific Viewpoint*, 2015, 56 (2): 297 - 314.

Liu, Liangni Sally, "Intergenerational Dimensions of Transnational Chinese Migrant Families in New Zealand", (《新西兰跨国华人移民家庭的代际维度研究》) *Journal of Chinese Overseas*, 2016, 12 (2): 216 - 250.

Liu, Liangni Sally, Jun Lu, "Contesting Transnational Mobility among New Zealand's Chinese Migrants from an Economic Perspective" (《新西兰中国跨国移民的跨界经济活动及成因》), *Journal of Chinese Overseas*, 2015, 11 (2): 146 - 173.

Luo, K., F. Guo, P. Huang, "China: Government Policies and Emerging Trends of Reversal of the Brain Drain", In *Return Migration in the Asia*

Pacific, ed. R. Iredale, F. Guo, S. Rozario, 2003: 88 – 111. Cheltenham, UK: Edward Elgar.

Massey, Douglas S., Joaquin Arango, Graeme Hugo, Ali Kouaouci, Adela Pellegrino, J. Edward Taylor, "Theories of International Migration: A Review and Appraisal", *Population and Development Review*, 1993, 19 (3): 431 – 466.

Massey, Douglas S., Joaquin Arango, Graeme Hugo, Ali Kouaouci, Adela Pellegrino, J. Edward Taylor, "Migration Theory, Ethnic Mobilization and Globalization", *In The Ethnicity Reader: Nationalism, Multiculturalism and Migration*, ed. M. Guibernau and J. Rex, 1997: 257 – 269. London: Polity Press.

Massey, Douglas S., Luin Goldring, and Jorge Durand, "Continuities in Transnational Migration: An Analysis of Nineteen Mexican Communities", *American Journal of Sociology*, 1994, 99 (6): 1492 – 1533.

Moore, Geoffrey, "Return Migration of Vietnamese Aucklanders", *New Zealand Journal of History*, 2003, 37 (2): 189 – 209.

Muggeridge, Helen, and Giorgia Doná, "Back Home? Refugees' Experiences of Their First Visit back to Their Country of Origin", *Journal of Refugee Studies*, 2006, 19 (4): 415 – 432.

New Zealand Herald, "NZ Reputation at Risk from Indian Student Exploitation", *New Zealand Herald*, 2015, 20 November. Retrieved from http://www.nzherald.co.nz/business/news/article.cfm?c_id=3&objectid=1548482.

New Zealand Ministry of Business, Innovation and Employment, *Migration Trend and Outlook* 2012/2013. Wellington, NZ: New Zealand Ministry of Business, Innovation and Employment, 2013.

Ní Laoire, Caitríona, "'Settling Back'? A Biographical and Life-Course Perspective on Ireland's Recent Return Migration", *Irish Geography*, 2008, 41 (2): 195 – 210.

Oxfeld, Ellen, Lynellyn D. Long, "Introduction: An Ethnography of Return", In *Coming Home? Refugees, Migrants, and Those Who Stayed Behind*, ed. L. D. Long and E. Oxfeld, 2004: 1 – 15. Philadelphia: University of Pennsylvania Press.

Pieke, Frank N., "Immigrant China", *Modern China*, 2012, 38 (1): 40 – 77.

Plaza, Dwaine, "Transnational Return Migration to the English-Speaking Caribbean", *Revue Européenne des Migrations Internationales*, 2008, 24 (1): 115 – 137.

Portes, Alejando, "Immigration Theory for a New Century: Some Problems and Opportunities", *International Migration Review*, 1997, 31 (4): 799 – 825.

Portes, Alejando, "Conclusion: Towards a New World—The Origins and Effects of Transnational Activities", *Ethnic and Racial Studies*, 1999, 22 (2): 463 – 477.

Portes, Alejando, "Introduction: The Debates and Significance of Immigrant Transnationalism", *Global Networks*, 2001, 1 (3): 181 – 194.

Portes, Alejando, Luis E. Guarnizo, and Patricia Landolt, "The Study of Transnationalism: Pitfalls and Promise of an Emergent Research Field", *Ethnic and Racial Studies*, 1999, 22 (2): 217 – 237.

Pries, L., "The Approach of Transnational Social Spaces: Responding to New Configurations of the Social and the Spatial", In *New Transnational Social Spaces*, ed. L. Pries, 2001: 3 – 33. London: Routledge.

Salaff, J. W., "Return Migration: The Role of Social Networks and Family Relations", Paper presented at the Conference on Globalisation and Chinese Culture: History and Challenges, Nanjing University, Nanjing, China, 2008: 24 – 26 October.

Saxenian, A., *The New Argonauts: Regional Advantage in a Global Economy*, Cambridge, MA: Harvard University Press, 2006.

Skeldon, Ronald, "Migration from China", *Journal of International Affairs*, 1996, 49: 434 – 455.

Skeldon, Ronald, "China: From Exceptional Case to Global Participants", Migration Policy Institute, 2004, Retrieved from http://

www. migrationpolicy. org/article/china – exceptional – case – globalparticipant.

Statistics New Zealand, "2013 Census QuickStats about Culture and Identity", 2014, Retrieved from http: //www. stats. govt. nz/Census/2013 – census/profile – and – summary – reports/quickstats – culture – identity/asian. aspx.

Tollefsen, Aina, and Urban Lindgren, "Transnational Citizens or Circulating Semi-Proletarians? A Study of Migration Circulation between Sweden and Asia, Latin America and Africa between 1968 and 2002", *Population Space and Place*, 2006, 12 (6): 517 –527.

Trlin, A., "Change and Continuity: New Zealand's Immigration Policy in the Late 1980s", In *New Zealand and International Migration: A Digest and Bibliography*, *Number* 2, ed. A. Trlin and P. Spoonley, 1992: 1 – 28. Palmerston North, NZ: Department of Sociology, Massey University.

Vertovec, Steven, "Migrant Transnationalism and Modes of Transformation", *International Migration Review*, 2004, 38 (3): 970 –1001.

Wang, Cangbai, Siu-Lun Wong, and Wenbin Sun, "Haigui: A New Area in China's Policy toward the Chinese Diaspora?", *Journal of Chinese Overseas*, 2006, 2 (2): 294 –309.

Worldometers, "India Population (Live)", 2015, Retrieved from http: //www. worldometers. info/world – population/india – population/.

Xiang, Biao, "Emigration from China: A Sending Country Perspective", *International Migration*, 2003, 41 (3): 21 –48.

Xiang, Biao, "Indian Information Technology Professionals ' World System: The Nation and the Transnation in Individuals ' Migration Strategies", In*State/Nation/Transnation: Perspectives on Transnationalism in the Asia-Pacific*, ed. B. S. A. Yeoh and K. Willis, 2004: 161 –178. London: Routlege.

Xiang, Biao, "*Body Shopping*": *An Indian International Labour System in the Information Technology Industry*, Princeton, NJ: Princeton University Press, 2004.

Xiang, Biao, "Back in Place? Return and a New Order of Mobility in Asia", Paper presented at the Conference on Return Migration in Asia: Experiences, Ideologies and Politics, National University of Singapore, Singapore, 2008, 31 July – 1 August.

Zhao, H., "China and India: The World is Big Enough for Both", In *China: Development and Governance*, ed. G. Wang and Y. Zheng, 2013: 415 – 422. Singapore: World Scientific Publishing.

Zhu, J., "China Attracting Global Top Talent: Central and Local Government Initiatives", In *China: Development and Governance*, ed. G. Wang and Y. Zheng, 2013: 361 – 368. Singapore: World Scientific Publishing.

Zulueta, J. O., " 'Home' Is where the Heart Is? The 'Return' Migration of Okinawan-Filipino to Okinawa", Paper presented at the Conference on Return Migration in Asia: Experiences, Ideologies and Politics, National University of Singapore, Singapore, 2008, 31 July – 1 August.

Zweig, David, "To Return or Not to Return? Politics vs. Economics in China's Brain Drain", *Studies in Comparative International Development*, 1997, 32 (1): 92 – 125.

Zweig, David, "Competing for Talent: China's Strategies to Reverse the Brain Drain", *International Labour Review*, 2006, 145 (1 – 2): 65 – 90.

西班牙新华人华侨组织的形成与特征

［日］山本须美子著　徐　辉　姜秀玲[①]译

序　言

目前，英国和法国华人华侨比较多，各约60万人，荷兰约12.5万人。[②] 英国、法国、荷兰的华人华侨社区，20世纪60—70年代，从中国香港地区和印度尼西亚流入的人占主流，20世纪80年代以后，随着中国大陆出生的人的流入，既存的华人华侨社区出现了新的变化。笔者从20世纪80年代开始着手英国中国移民的调查研究，从2005年开始对法国、2009年开始对荷兰中国移民的研究，从教育人类学视角对以上三个国家的第二代华人华侨的教育和认同进行了比较研究（山本，2014a）。

此外，特别是从20世纪90年代开始，在几乎没有中国移民的南欧洲和东欧洲，中国大陆的新移民急剧增加，在这20年间逐渐形成了一个“新”的华人华侨社区。笔者以1990年以后新华人华侨急剧增加的意大利、匈牙利和德国为研究对象，分析了欧洲新华人华侨组织的特征（山本，2014a）。结果如下：新华人华侨的共同特征是，海外经济活动与中国经济的发展相互依存，变化较快，而且能够灵活运用民族网络资源，

---

① 山本须美子：日本东洋大学社会学部教授、博士生导师；徐辉：留日博士，温州大学人文学院翻译系讲师；姜秀玲：自由职业（日语翻译）。

② 根据2011年国势调查英国的华人华侨人口约有43万人（Office for National Statistics，2011）。法国的华人华侨人口约有60万人（Beraha，2012：11）。荷兰的华人华侨人口约为12.5万人（Luk，2008：43）。

具有一定的地理流动性以及女性移民比例较高（山本，2014b）。

本文主要探讨前稿（山本，2014b）没有提及的西班牙新华人华侨组织的形成与特征。2000 年以来，西班牙来自中国大陆的华人华侨激增，2016 年超过了 16 万人，作为欧洲的新华人华侨组织备受关注。

但是，关于西班牙华人华侨的研究的文献资料不多。Beltrán（1998）就西班牙华人华侨的历史背景与概要进行了研究；Nieto（2003）论述了华人华侨组织的形成与国家认同的关系以及华人华侨的媒体表象研究；为女性从事各种活动而设立的中国社团的研究（Sáiz，2014）；Masdeu（2015）以马德利的清真寺为案例，进行了关于国际宗教惯例的研究以及从文化人类学的视角，针对浙江省青田县移民动向研究（Masdeu，2014）。

不同的学者从不同的视角对西班牙移民儿童教育问题进行了研究，比如有江，2014、Pérez-Mians and Patiño-Santos，2013 和 Alarcón，2013 等。但是，关于华人华侨儿童教育的文章寥寥。Pérez-Mians（2006）对在马德里的公立学校和中文补习班就读的华人华侨儿童的老师的作用进行了调查研究；此外，Pérez-Mians（2010）从微观的视角，对在马德里高中就读、学习西班牙语的新华人华侨儿童学习状况进行了调研。Yiu（2013a，2013b）做了关于西班牙华人华侨儿童学习欲望低及原因的研究。笔者的关注点与 Yiu（2013a，2013b）的研究非常相似，因此，笔者认为西班牙华人华侨儿童的教育以及认知的形成问题的调研是一项非常重要的研究课题。

Yiu（2013a，2013b）的调研数据主要来自马德里和巴塞罗那的 176 个公立和私立学校的 12—17 岁的 6884 名移民儿童。本次的数据来源于 2008 年实施的继续共同调查（Longitudinal Study of the Second Generation in Spain：ILSEG）的第一次调查结果。Yiu 的研究中，华人华侨子弟占全体调查对象 4.2%，共计 266 人，其中 40% 的儿童认为初中毕业就可以了，与其他国家二代移民（如摩洛哥、厄瓜多尔、多米卡、罗马尼亚等）相比愿意接受高等教育的华人华侨儿童相对较少（Yiu，2013a：587 Table1）。其原因在于：第一，华人华侨儿童的父母大多数从事自营业的比例比较高，未来继承父母事业的儿童比较多；第二，强烈地认识到在西班牙晋升的障碍重重（Yiu，2013a）。除西班牙之外，Yiu 还对意大利和美国的华人华侨儿童的学习欲望进行了调研，利用以上 3 个国家华人华侨儿童的共同研究的结果与通过采访在米兰和马德里 29 名华人华侨儿童进行了比较。结果表明，意大利和西班牙的华人华侨儿童的学习欲望比美国的华人华侨儿童的学习欲望要低，并用框架（frame）这一概念说明了两者的差异。Yiu（2013a）指出意大利和西班牙华人华侨主要通过创业框架获得成功，而美国华人华侨主要通过学习框架取得成功。换言之，与美国华人华侨相比西班牙华人华侨教育程度不高而且通过创业改变生活状况的人居多，这种现象不仅包括第一代华人华侨，而且第二代同样。Yiu（2013a）还指出由于家族式经营，西班牙华人华侨父辈希望晚辈继承他们的事业，从而造成了创业优先学业滞后的现象。

笔者一直以来从人类教育学的视角对英国、法国和荷兰的华人华侨进行研究，但是，对 Yiu 所提出的与美国华人华侨相比西班牙华人华侨学习欲望不高或低学历这一观点持有疑问。Yiu（2013a）指出，西班牙的华人华侨就业者 40%—45% 是自营业，与其他移民和西班牙人相比，自营者的比例最高。而美国华人华侨自营业者比例是 10%—15%，因此，为西班牙华人华侨作为“创业框架”获得成功提供了有力证据。但是，英国、法国和荷兰的第一代华人华侨自营业者的比例高，而第二代基本上没有继承父母的职业的人不少，而且这一部分人接受高等教育，不断地向西班牙高层人群进发。以上三个国家的华人华侨第二代人不想继承父母的职业，而且教育程度比较低的华人华侨父母也不想让孩子们做和自己同样的工作的人也不少，因此，想通过“学业框架”获得成功（山本，2014a）。换言之，西班牙的华人华侨的孩子的学习欲望不高的原因并不需要与美国相比，而是应该与英国、法国、荷兰，或者 20 世纪 90 年代以后新移民的流入急剧增加的意大利、德国、匈牙利等华人华侨自营业者相比更具有意义。

因此，本文目的在于研究西班牙的中国移民的历史背景和其多样性，以及探讨对第二代的学习欲望产生影响的（Yiu，2013，a：584）经济活动的模式以及明确西班牙华人华侨组织的特点。同时也验证（Yiu，2013a，2013b）论文中所提及观点的必要的步骤。本文通过笔者 2017 年 9 月在马德里和巴塞罗那的田野调查进行分析。研究对象采用了不限定出身地和年龄，拥有多样背景的 2010 年以后出生的到 60 岁左右的华人华侨19名，其中在西班牙出生拥有浙江省青田籍的2010年以后出生的第二代华人华侨3名、中国台湾地区出生的30岁第二代华人华侨男性1名。除此之外，全部是第一代华人华侨，通过采访的形式完成调研。

本文的构成如下：一，介绍西班牙的中国移民的历史背景；二，探讨西班牙华人华侨经济活动的模式；三，根据笔者针对西班牙华人华侨的采访结果讨论其组织的多样性；四，与英国、法国、荷兰、意大利的华人华侨组织相比，分析西班牙华人华侨组织的特征。

一 历史背景:20世纪初到2000年以后

（一）1980年以前

除了西班牙有少数的佣人、商人、修道女外，中国人开始正式居住在西班牙是在20世纪开始的。在第一次世界大战前，在港口城市巴塞罗那已经有中国的船员和商人以及专门从事与东洋交易的公司，因此，巴塞罗那被称为中国人在西班牙居住的第一个城市。在第一次世界大战期间，被法国政府召集的一部分中国工人在战后移至西班牙。20世纪20—30年代，浙江温州市和青田出生的商人已经遍布整个欧洲，其中也有前往西班牙的。特别是起初的青田人，之后不断从青田移民到欧洲各地（Tunes，1999）。

随着1949年中华人民共和国的成立，有几位中国的基督教会人士经由香港来到了西班牙。1961年在西班牙的中国人为167人（Beltrán，2005：287）。随着西班牙和中国台湾地区的相互交流，中国台湾人来西班牙留学。1973年中国和西班牙的外交关系正式确立后，也有从中国大陆来到西班牙的中国人（Nieto，2003：219）。然而，到20世纪70年代为止，西班牙的中国人并不多。

（二）20世纪80—90年代

到了20世纪80年代初，中国和西班牙两国的经济有了显著的变化。1975年西班牙结束弗兰克独裁的政权，1986年加入欧洲联盟（EC），实现了经济上的快速增长，但是西班牙人不喜欢从事低技能和低工资的职业，从而产生了对低技能和低工资职业的外国劳动者的需求。20 世纪 90 年代前期特别是以摩洛哥人为中心的大批非洲大陆的外国劳动者流入西班牙（有江，2016：121）。从 20 世纪 80 年代开始，南欧洲各国从 20 世纪 80 年代开始转向移民国家，其理由如下：移民政策没有落实从而形成了入国比较容易，与移民输出国的地理比较接近，与旧殖民地的文化、语言有一定的联系，出入境管理困难和秘密入境活动比较容易。而且，为了发展旅游业，制定了一系列不严格的出入境管理制度。最重要的要素是在允许在非正式经济中从事就业和非法滞留（中岛，2007：157）。

另外，中国从 1978 年实施改革开放政策以后，人口流动的限制有所缓和，无论在城市还是在农村，人们期待提高日常生活水平，中国人出国变得容易了。但是在 20 世纪 80 年代初，在西班牙的华人华侨比较少，人数不到 1000 人。1985 年 7 月西班牙政府首次正式实施正规化①的法律制度，1986 年以后，华人华侨人口逐渐增加了（Nieto，2003：219—220）。根据 1986 年和 1991 年两次的正规化统计，华人华侨人口比前一年增加了 50%。1991 年正规化之前，为了不错过去欧洲的最后一次机会，从邻近诸国流入西班牙（Beltrán，1998：219），西班牙有约 8000 名华人华侨是非法移民，从 20 世纪 80 年代开始，西班牙的旅游业发展迅速，随着中华料理店增多便出现了人手不足现象，因此，在西班牙的华人华侨便召唤国内的亲戚朋友去帮忙。另外，以前浙江青田和温州所设立的组织再次重建使用，这也促进了西班牙华人华侨人数的增加（Nieto，2003：219—220）。中国人在马德里和巴塞罗那的特定地区集中居住是在 20 世纪 90 年代前半期，20 世纪 90 年代后期，这种倾向愈加明显（Beltrán，2005：286）。

（三）2000 年以后

到了 2000 年华人华侨人口激增。1991 年华人华侨人口为 6500 人，2001 年达到了 36000 人，仅次于莫洛科、厄瓜多尔和哥伦比亚，之后，

---

① 所谓正规化是指对在西班牙国内没有居住或居住劳动许可书而非法滞留的移民，如果满足一定的条件，就给予居住或居住劳动许可书的制度（森田，2006：115）。

成为西班牙第四大非EU移民群体。到2002年华人华侨人口为42000人，这个数字没有包括归化的1800人和非法滞留移民。据相关报道，非法移民达到35000人以上，2002年时华人华侨总人数大约为8万人。非法滞留移民的数量除华人华侨外，还包括摩洛哥系、厄瓜多尔系和哥伦比亚等。进入西班牙的几乎所有的非法移民都是坐船入境的，但是华人华侨有所不同，以留学或旅游签证入境后非法滞留的比较多（Nieto，2003：221—222）。

2000年以后西班牙人华人华侨增加的主要原因与20世纪90年代的中国东北部的国有企业的重组造成的失业者的增加，中国成为外国资本的重要投资地，成为世界上最大的制造大国有关。2001年12月，中国加入了世界贸易组织后，从20世纪90年代开始，欧洲和中国间的进出口贸易愈演愈烈。根据最新的统计，2016年西班牙的华人华侨人口为163727人，马德里的华人华侨人口为58212人（INE，Comunidad de Madrid），巴塞罗那为47764人，加泰罗尼亚为58036人（Idescat）。

二 经济活动的开展

（一）从餐饮业走向新领域

至20世纪80年代西班牙华人华侨主要从事餐饮业（Yiu，2013，a：579）。最早的中华料理店于20世纪50年代开业，20世纪70—90年代初随着西班牙地中海海岸地区旅游业的发展，中华料理店遍布西班牙全国。到2000年年初为止，华人华侨最重要的经济活动主要是从事餐饮业，20世纪90年代后半期达到了饱和状态。在此状况之下，西班牙华人华侨不得不开拓其他产业维持生计，于是便出现了裁缝业（服装）、批发业、零售业、杂货店等新的职业领域。被称为Todo a cien[①]的土特产商和廉价生活杂货商店，几乎都是中国人在经营。由于初期投资很少，所以短时间内倒闭的店也不少（Beltrán，2005）。

随着以上新职业领域的发展，中国人开始集中居住在马德里和巴塞

① Todo a cien是所有东西都可以用100贝斯（60日元）购买的意思。现在这种便宜的杂货店几乎都是中国人经营的（Yiu，2013 a：580）。商品全部来自中国。

罗那及郊外的一些人们不常去的街巷里（Beltrán，2005：290）。主要从事在法国和意大利生产的皮革制品和包的批发，以及15年以前开始在意大利和法国开展的裁缝业（服装）。在马德里的拉巴皮耶斯[①]（Lavapies）地区衣类和包批发店大约有150家，在巴塞罗那的艾普尔地区（Eixample）有60家（Beltrán，2005：299）。因此，在较短时间内从未有过华人华侨的地方出现了很多华人华侨和他们经营的店铺，从而引起了众多关注。

此外，起初因为华人华侨集中居住在地价或房租比较便宜的地区，所以居住地区也不断向郊外扩展（Beltrán，2005：299）。马德里南部的乌泽拉地区（Usera）是收入比较低的地区，但是马德里市成为华人华侨最大的集中居住地。乌塞拉地区与其他地区相比，外国人口比较多，其中华人华侨最多，占外国人口的20.7%（Nieto，2013：74）。

巴塞罗那郊外圣科罗马地区（Santa koloma）的方多（Fondo）在以前是传统的纤维产业比较发达的城市，在纤维产业废弃的20世纪90年代，华人华侨进入该地区，目前大约有300个家庭经营的裁缝店。在此地，因为还有西班牙人、摩洛哥人的开设的裁缝店，因此有时候摩洛哥人帮派和华人华侨帮派会发生一些误会。该地区也不断出现了华人华侨经营的种种店铺，2002年成为西班牙最大的华人华侨居住地区，同时此地也成立了若干华人华侨团体与机构，如教会、汉语补习学校等。圣科罗马地区的许多华人华侨经营者来到这个地区之前住在荷兰、葡萄牙、法国、意大利，也有部分住在西班牙的其他地区（Beltrán，2005）。尼埃特聚集了各种不同国籍和地区，拥有不同民族背景的外国人，其中华人华侨在此发挥着重要作用，因此此地便成为华人华侨居住和经济活动的中心，此地也被称为“华人街”（Nieto，2013：76）。

由于华人华侨以及其所经营的店铺在尼埃特地区越来越多，当地相关媒体称华人华侨的存在对西班牙社会具有一定的威胁性，从而出现排挤华人华侨和讨厌外国人的现象（Nieto，2013：75）。

---

① 在拉巴皮耶斯地区，2006年由华人华侨组织设立的一个比较大的中国购物中心（Nieto，2013）。

(二) 职业特征

西班牙华人华侨大部分是以家庭经营为主。经营者除雇用自己家族和亲属成员以外，还雇用一些自己家乡比较熟悉的人，这种雇佣形式有一定通融性。另外，投资最典型的模式是同乡的亲属和熟人互相融资。若投资成功，其所得利润与投资者共同分享或共同投资其他领域或扩大业务。如果家族中有人想开拓或从事新的领域业务，家族成员（包括中国国内）都会给予大力的资金等支持。西班牙的华人华侨就是通过这种投资模式，持续不断地从中国流入西班牙（Nieto，2003）。

笔者采访了一位温州出生的40 多岁男性，他经同乡介绍单身来到罗马，首先在华人华侨经营的一家内衣批发公司工作，他的家人都在中国。该公司有 3 名华人华侨员工，这 3 名员工是通过网络招聘而来的，不是同乡人。该公司也不是家族式经营，主要依靠中国国内的朋友和国内的一家内衣企业。国内这家企业有 300—400 名员工。业务主要是把在中国制作的内衣出口到西班牙后销售。顾客群体 60% 是摩洛哥人，20%—30% 是华人华侨，10%—20% 是西班牙人。

接下来，是一位青田出生的 30 岁女性的一个案例，1991 年她 4 岁的时候父母移民到了巴塞罗那。她和祖母在青田生活了 6 年，由于祖母要照顾刚刚出生的妹妹，从 7 岁到 16 岁她与外祖母一起在杭州生活，16 岁时去了巴塞罗那。她的父母到达西班牙后在一家青田华人华侨经营的中国料理店工作，之后在裁缝店工作。几年后自己经营了一家主要从事中国进口商品的杂货店。10 多年后的今天，又经营了一家从中国进口的造花批发店。从这个案例可以看出，西班牙华人华侨的职业具有从中华料理店到裁缝店，再到中国进口的杂货店和批发店的经营的特征。另外，从杂货店和批发店的经营也可以看出，中国制造的商品已经进入西班牙社会，而西班牙的华人华侨成为连接中国与西班牙贸易的一个桥梁。而且最初西班牙华人华侨群体主要通过同乡间的交流而发展壮大。

另外，近年来在西班牙就职的留学生越来越多，其中很多就职于华人华侨创办的企业，从事中国和西班牙之间的贸易工作。比起西班牙本地的公司，华人华侨经营的公司的工作比较辛苦但工资较高。

三　华人华侨组织的多样性

（一）浙江出生者

在西班牙的华人华侨移民体系当中最大的团体是青田籍华人（Nieto，2003：219），包括温州市在内的浙江省籍华人占总人数的70%，他们当中大多数人文化水平较低（Masdeu，2014：6）。根据 Li（1994）在温州的调查结果显示，只要移民到欧洲就能过上富裕的生活的想法的所谓“移民文化”在温州相当普遍，这也是在欧洲能够不间断地移民的一个重要因素（Li，1999）。

笔者对 2 名温州籍华人进行了采访。其中一位是上一部分所提到的那位 40 多岁的男性。他在温州高中毕业后曾在家具店帮过忙，但是因为当时经济不景气，1999 年 23 岁的他只身一人投奔到罗马移民的老乡那里。他在家排行老二，在当时家里的第二个儿子移民国外并不稀奇。他一开始到华人经营的服装店工作了几个月，然后在高中辍学后靠贩卖内衣创业的老乡的公司工作了 9 年。在此之后，他曾因为日本妻子去中国留学而短暂回国，2013 年为了在罗马拓展内衣贸易生意，就定居西班牙。

马德里的一家汉语补习学校的校长是一位 60 多岁的女性，她大学毕业后，曾在温州从事相对稳定的教师工作，但是经常会听到那些国外移民回国探亲时说国外的生活是如何的好，于是自己也向往国外的生活了。于是在 1993 年年末，她便去了有温州好友所在的西班牙。但是，现实与传说毕竟不一样，在西班牙的一切都是从零开始。无论是服务员还是什么工作，她都做过。1997 年在马德里她创建了一所汉语补习学校，并一边经营着学校一边授课。2002 年在马德里华人居住比较集中的乌塞拉地区设立了基督教会，该教会的负责人希望在教会里可以建立汉语补习学校，于是 2005 年在教会里正式设立了汉语补习学校。现在也构建了新的校舍，发展成拥有 600 名学生规模的补习学校。像这位女士一样，浙江省出生拥有高学历的华人成为华人体系当中的领导者的例子在巴塞罗那也可以发现。有一名 20 世纪 80 年代移民到西班牙的青田籍的 70 多岁的男性，他是在中国大学毕业后曾作为政府的公务员工作过一段时间，现在的他是拥有 2500 名学生和 100 多名教师的欧洲最大的汉语补习学校的校长。

此外，笔者还采访了父母是青田籍华人3名在西班牙土生土长的未满20岁的大学生。其中2个人是姐妹，她们的祖父母战后在鹿特丹开了中华料理店，父亲是为了去西班牙的摩洛哥的大伯身边工作，中学退学，在20世纪80年代就移民到西班牙，当时他只有13岁。母亲是温州籍。父亲在2007年和大伯一起转移到巴塞罗那，开起了兄弟档的餐厅。这对姐妹分别在4岁和6岁的时候也搬到巴塞罗那，并在每天放学后学习2个小时的加泰罗尼亚语。采访的另一个大学生的父母也是青田籍，父亲是在1920年20岁的时候来到巴塞罗那的，目前经营着中华料理店。

（二）其他地区出生者

有少数西班牙华人华侨来自上海、广东、天津、山东、厦门、广西、云南等省市。20世纪80年代从上海流入西班牙的人最多（Beltrán，1998：222）。笔者采访了一位上海出生，现任马德里的一所中文补习学校校长、60多岁的女性。她出生在一个知识分子家庭，1991年带领13岁的儿子移民西班牙，丈夫留在国内。她一开始在一家商店工作，十分辛苦，后从事批发业务。2000年设立了汉语补习学校，直到现在。

20世纪90年代后期从黑龙江省、吉林省、中国东北部和山东省移民欧洲的人也不少。20世纪80年代以后，随着中国经济的改革、国有企业的重建，很多民营化和半民营化企业被撤销，从而导致了（特别是从1997年到1998年）大约2000万人失业。其中一部分失业者移民欧洲，被浙江省出生的华人华侨企业和欧洲一些企业雇用。部分中国东北部都市出生的人，因为缺少对西班牙华人华侨现状的了解，所以个人或孩子一人移民的较多（Sáiz，2013：167）。

笔者采访另外一位陕西省西安出生的50多岁的女性，她以离婚为契机，为了寻求新的生活，把孩子留在了（中国的）丈夫的身边，2003年只身一人移民西班牙，在针灸院做助理的工作。还有一位被采访者是2000年从吉林省长春与父母和哥哥一起移民到加那利群岛的30多岁的朝鲜族男性，在英国的一所大学毕业后，2017年来到巴塞罗那后在本地开了一家酒吧。笔者还采访了一位2010年从苏州与父母一起移民到巴塞罗那的19岁的学生，他说他们移民西班牙的理由是他父亲工作的国营企业倒闭，父亲失业。目前他父亲在西班牙人经营的餐厅工作。近10年来，福建省和中国东北部的移民者也在增加（Masdeu，2014：6）。

（三）新流入者

近年，西班牙的大学或研究生中中国留学生人数呈增加趋势。他们中的很多人在西班牙的大学取得博士学位后，回国在中国国内大学任职，或研究生毕业后在西班牙当地华人华侨企业就职。有一位11年前大学毕业后，以留学签证从长春到西班牙留学的30多岁的女性说，她在西班牙取得硕士学位后，成功地在西班牙就职，目前有一个3岁的女儿。她还表示因为没有顺利前往英语圈国家留学，所以选择去西班牙留学。由于中国大城市房价太高不能回国。目前中国的房价是2000年初次留学时房价的10倍以上。

另外，根据西班牙政府的相关政策，如果在西班牙投资50万欧元购房，可以取得在西班牙的永住权，因此，近年来约有1000名中国人流入西班牙。笔者采访了一位2007年2月与妻子和7岁的儿子一起移民西班牙的30多岁的苏州籍男性，他们的最终移民国是美国。为了成功移民美国，他们首先希望能够取得在西班牙的永住权。2000年年初他们在苏州购买了公寓，现在的房价是当时的10倍以上，打算出售后在西班牙购买房子。

四　考察

（一）英国、法国和荷兰的比较

1991年在西班牙的华人有6500人，至2001年增长到36000人，根据2016年最新的统计数据显示已经超过了160000人之多。到了21世纪初期，15岁以下少年占急增的华人人口的1/4成为一个典型的特点。如英国、法国以及荷兰等国家，在20世纪六七十年代迎来了从中国香港地区、印度等地流入者的高峰，这与20世纪80年代以后从大陆本土流入者为主的现象作比较，从中国大陆华人人口、人口增加的时期、籍贯、人口构成等方面有较大的差异。在英国、法国和荷兰的第一批流入者现在迎来了隐退的时期。这些在异国他乡多年经营着餐饮业者，卖掉餐馆，告老还乡回香港的人也大有人在。西班牙与这三个国家不同，在英国、法国、荷兰这三个国家里已步入以学龄儿童为第三代的时期，而西班牙正处于在当地出生的第二代才刚刚长大成人阶段。

在流入到英国和荷兰的第一代创业人数中20世纪60年代的人数最多，这些首批创业者有一半的人都在从事以家族经营为模式的中式餐饮业，并分散在全国各地。而在法国却并不是以餐饮业为主，而是更多地分散在工厂务工或是缝制业等行业。但是，家族经营的自主经营方式依旧普遍，形成了以巴黎和巴黎郊外居住的地区特点。20世纪80年代以后，从中国大陆来的新移民打破了英国、法国、荷兰各国原有的华人华侨体系。来自中国东北地区的移民者流入到这三个国家中。除此之外，在英国还流入了福建籍的移民者。他们有的渗透到餐饮领域，也有的涉猎到当时华人从未涉猎过的建筑业和农业领域中。在法国，从20世纪90年代到21世纪初流入者以温州籍的缝制业和皮革制品贩卖为主，在荷兰，从20世纪80年代开始流入的温州籍华人多以餐饮业为主。但是，从中国大陆流入了新移民之后，原本在法国和荷兰华人华侨多以餐饮业为主并且居住分散和在法国的华人华侨职业多样性和居住地集中在巴黎和巴黎郊外的特点并没有发生改变（山本，2014a）。

在西班牙，最大的华人华侨集团是来自浙江省青田籍的人们（Nieto，2003：219），他们大约占所有浙江省华人华侨总数的70%（Masdeu，2014：6）。他们大部分文化程度不高。正如在上一章中阐述的那样，在20世纪60—70年代流入人口高峰时期，中国香港籍和印度尼西亚籍的华人华侨成为流入华人华侨的主体，对中国大陆移民到英国、法国、荷兰的华人华侨的籍贯、文化程度和母语的多样性进行比较，就会发现大量浙江省籍的华人流入的西班牙所形成的华人华侨体系与之有着同样的特征。

从居住形态的角度看，西班牙与截至20世纪80年代华人华侨以从事餐饮业为主并分散居住为特点的英国和荷兰极为相似。在英国的伦敦和曼彻斯特以及荷兰的阿姆斯特丹和鹿特丹等城市，由众多中餐馆而聚集起来的华人街纵横交错，从而形成了华人街，但是在西班牙却没有被称作华人街的地方。换言之，西班牙没有正式的华人街。在法国巴黎的第3区和第13区，近年来围绕塞纳河地区居住而形成了华人街。

在西班牙，从20世纪90年代后期，中国人从餐饮业转型到缝制业和贩卖业等新的领域，在马德里和巴塞罗那出现了较集中的缝制所和贩卖店铺地区，同时加上新流入者而带来的对租金便宜的郊外住所的需求，到21世纪初，形成了全新的华人街。这与20世纪90年代至21世纪初，在巴黎的塞纳河地区由流入的温州籍华人华侨建立缝制所很相似。实际上，从法国的缝制所到西班牙的缝制所，温州籍华人完成了国境的跨越。在三个国家当中，与西班牙的华人华侨移民关系最紧密的是法国20世纪90年代到21世纪初期流入的温州籍华人华侨。在荷兰20世纪80年代开始也有温州籍华人华侨流入并从事与饮食相关的行业，在西班牙也出现了与温州商人有着家属关系的华人华侨。此外，2000年以后留学生人数增加，这三个国家也与西班牙有相似之处，这些留学生当中有学成归国就业的，也有留在欧洲就业的。

并且，在这三个国家的华人华侨，纵观历史，无论是华人华侨移民与主流社会并无交恶就被欣然接纳，还是从2000年以后西班牙的华人华侨移民的短时间的效果来看，我们都可以肯定地指出事实并都不像西班牙媒体报道的那么具有威胁性。

（二）与意大利的比较

20世纪90年代以后新移民的大潮更加汹涌澎湃，在形成新的华人华侨体系已经变得越来越明显的意大利、德国和匈牙利等拥有华人华侨体系的国家中，与西班牙的华人华侨体系最为相似的是意大利。在20世纪80年代中叶，在意大利登记的华人华侨人数有1500人左右，到1996年持有滞留许可的华人华侨数达到29000人，2003年增至100109人，2006年达到186522人（Ceccagno，Rastrelliand Salvati，2010：108），截至2017年总人数达到300000人以上。特别是21世纪初的几年时间之内华人华侨人口激增，是西班牙和意大利的共同点。

意大利最早于1986年颁布了第一份关于外国人务工者的法律，该法律通过对不法滞留者和不法务工者的合法化的同时，也使合法的外国务工者享有意大利本国务工者相同的权利和保障，在此之后，意大利还连续实施了宽容的移民政策，这也是华人华侨移民人口大幅度增加的主要因素（Ceccagno，Rsatrelliand Salvati，2010：93）。在这一点上，意大利与西班牙是相似的。此外，由于通过中介的斡旋等不正当方式得以出国者有一半以上的人都是文化水平很低的，这其中以浙江籍居多，这一点也是和西班牙相同。在意大利浙江省的温州籍人居多，而在西班牙是以浙江省青田县籍人居多。

从经济活动角度看，20 世纪 80—90 年代，来意大利的华人华侨几乎全部都在制作服装和皮革制品缝制所工作。并且在经历了短时间的雇佣之后，这些人都以建立自己的缝制所或西餐店为奋斗目标。这些曾为华人华侨提供就业的服务领域也日新月异地发展起来。90 年代后期虽然子女移民的人数在增加，但是，从 90 年代末开始，以意大利为经济中心的衣料品产业开始萧条，华人华侨经营的缝制所被迫陷入关门的境况，由此欲将目光转向欧洲其他国家的商人也增多了（Ceggagno，Rastrelli and Salvati，2010：120—123）。从意大利转移到西班牙缝制所来的也大有人在。从 20 世纪 90 年代末开始，从中国进口的衣物成品的外贸业以及零售业逐渐增多。在意大利，拥有熟练掌握缝制的技术和衣料品行业经验的华人华侨们开始从中国进口服装成品然后转卖给意大利以及其他的外国的市场。在华人华侨进口经销商较集中的罗马，2003 年由华人华侨经营的外贸店或零售店铺达到 400 个以上。在生产成本较低的中国也出现了向欧洲诸国提供衣服成品的出口经销商。在这个时期，由于承包意大利人的订单而逐渐兴起的成衣制品进口业和物流行业也变得有吸引力起来，经济活动的中心由原来的生产活动向商业活动发生转移（Ceggagno，Rastrelli and Salvati，2010）。

从居住形式上看，华人华侨经营者在普拉托所在的特斯卡纳州、在米兰所在的罗巴迪亚州、艾米利亚罗马尼亚州和维托州等特定的地域聚集，这与在西班牙的马德里和巴塞罗那聚集是同样的（Ceccagno，2009：48—49）。但是在与西班牙马德里和巴塞罗那活动的华人华侨有着相似经济活动的同时，意大利的华人华侨的经济活动更侧重于在城市地区活动。

特斯卡纳州的普拉托，是华人华侨经营的缝制所比较集中的地方，是出口高级服装的生产地（Denison，Arunachalam，Johansonand Smyth，2007：4—7）。从 20 世纪 90 年代开始，大量华人华侨流入带给当地经济相当大的冲击，短时间内从欧洲各地赶来买衣服成品的客人络绎不绝，这些客人使普拉托成为引领时代潮流的城市。在米兰的华人华侨大多从事从缝制业到中国菜外卖店或小的餐馆和经营着小规模的进出口公司。经营饭店是华人华侨当中最保守的可以保住面子的职业，然后才是大规模的进出口贸易公司和连锁超市的经营。现在几乎所有的华人华侨都被华人华侨经营的饭店、服装厂所雇用，或者自己做着小生意（Cologna，2005）。

2007 年，米兰和普拉托的华人华侨和当地意大利人之间的矛盾逐渐浮出水面，虽然在西班牙并没有发生类似于米兰暴动的大规模暴乱，但是，这两座城市的华人华侨都不被西班牙社会肯定接受的事实也存在。

综上所述，西班牙和意大利的华人华侨体系的共同点虽然很多，但是西班牙的人口增加比意大利要早 10 年之久，而且西班牙国内的华人华侨人口众多，集中居住在城市地区而产生的经济活动也与意大利不同。此外，到 20 世纪 80 年代西班牙的华人华侨已经完成了从餐饮业到制衣业和贸易业以及零售业的转型，但是直至今天意大利的华人华侨还处在担心着初期投资的着落，憧憬着开立饭店的强烈愿望阶段。甚至我们看到的正是如普拉托的情况一样，华人华侨的加入并没有影响到西班牙当地经济的发展，乃至与当地主流社会发生矛盾冲突的情况。

结 尾

本文对西班牙的华人华侨移民的经济活动特征，对华人华侨在短时间内完成了从饮食业到制衣业以及贸易业和零售业的转型，对贩卖由中国和其他欧洲国家生产的产品贸易公司和经营贩卖从中国进口来的杂货店的经营情况进行了分析。这些分析的结果与下一代在西班牙华人华侨的创业欲望和学习欲望息息相关。本文明确了西班牙的华人华侨体系的特征和各国移民教育政策的不同点，并从探讨英国、法国、荷兰以及共通点最多的意大利等国在华人华侨体系上不同点的视角进行了分析。

附记：本文为科研费用基础研究（b）（海外学术调查）“欧盟对华人华侨新移民儿童关于转型主义的教育人类学研究”（研究代表人：山本须美子，2017—2020 年度）的研究成果。

参考文献

有江ディエナ

2014「スペインにおける移民の子どもに対する教育施策の現状と課題——

Castilla y León 自治州を事例に」『未来共生学』1：211—245。

中島晶子

2007「スペイン福祉国家と移民政策」『ソシオサイエンス』13：157—171。森田有貴

2006「スペインにおける移民政策——ヨーロッパ諸国との比較において」『法学研究』8：107—128。山本須美子

2014a『EU における中国系移民の教育エスノグラフィ』東信堂。

2014b「ヨーロッパにおける「新しい」中国系コミュニティの特徴——イタリア・ハンガリー・ドイツの場合」『東洋大学社会学部紀要』52（2）：87—101。

Alarcón，AmendoAlarcón

2013 "Linguistic Integration of the Descendants of Foreign Immigrants in Catalonia"，*Migrations Internationales* 7－1：101－130.

Beltrán Antolín，Joaquín

1998 "The Chinesein Spain"，in Benon，Gregorand Frank N. Pieke (eds.)，*The Chinesein Europe*，London：Macmillan Press，pp. 211－237.

2005 "Chinese Entrepreneurshipin Spain：The Seeds of Chinatown"，in Spaan，Ernst，Felisitas Hillman，and Ton van Naerssen T. (eds.)，*Asian Migrantsand European Labour Markets*，London：Routlege，pp. 285－308.

Beraha，Richard

2012 *La Chine à Paris*：*Enquête au Cœur d'un Monde Méconnu*，Paris：Robert Laffont.

Ceccagno，Antonella

2009 "Chinese Migrantsas Apparel Manufacturesinan Eraof Perishable Global Fashion：New Fashion Scenarios in Prato"，in Johanson，Graeme，Russell Smyth and Rebecca French (eds.)，*Living Outside the Walls*：*The*

Chi- nesein Prato, Newcastleupon Tyne: Cambridge Scholars Publishing, pp. 42 – 74.

Ceccagno, Antonella, Renzo Rastrelli and Alessandra Salvati

2010 "Exploitation of Chinese ImmigrantsinItaly", in Yun, Gao (ed.), *Concealed Chains: Labour Exploitationand Chinese Migrants in Europe*, Geneva: International Labour Organization, pp. 89 – 138.

Cologna, Daniel

2005 "Chinese Immigrant Entrepreneursin Italy: Strengthsand Weaknessofan Ethnic Enclave Economy", in Spaan, Ernst, Felicitas Hillannand Ton Van Naerssen, *Asian Migrants and European Labour Markets*, London: Routledge, pp. 262 – 284.

Denison, Tom, Dharmalingam Arunachalam, Graeme Johanson and Russell Smyth

2007 "The Chinese Communityin Prato", *Asian Businessand Economics Research Unit Discussion Paper* 45. Luk, Wai-kiE.

2008 *Chinatown in Britain: Diffusions and Concentrations of the British New Wave Chinese Immigration*, New York: Cambria Press.

Li, Minghuan

1999 "To Get Rich Quicklyin Europe: Reflectionson Migration Motivationin Europe", Peike, Frank N. and Hein Malle (eds), *Internaland International Migration: Chinese Perspectives*, Richmond, UK: Curzon, pp. 181 – 198.

Masdeu Torruella, Irene

2014 *Mobilities and Embodied Transnational Practices: An Ethnography of Return (s) and Other Intersections tween Chinaand Spain.* Phd Thesissubmittedto Autonomous University of Barcelona, Faculty of Translation and Interpretation.

2015 "Transnational Ritual Practicesamong the Chinese Migrantsin Spain", In Tang, Chee-Beng (ed), *After Mi-gration Religious Affiliation: Religions, Chinese Identities and Transnational Networks*, World Scientific Publishing Company, pp. 329 – 349.

Nieto, Gladys

2003 "The Chinese in Spain", *International Migration* 41 - 43: 215 - 237.

2013 "The Nearby Travel: Discourses on Exoticism and Competition in the Chinatown of Madrid", *Zhongquo Yany-iu* 9: 69 - 88.

Office for National Statistics

2011 March, *Census 2011*, *Ethnic Group*, *Local Authoritiesin the United-Kingdom* (Table KS201UK) . Official Statistics Website od Catalonia (Idescat)

2016 Foreigners with Residence Permit, by Country of Nationality.

Pérez-Mians, Miguel

2006 "Spanish Educationand Chinese Immigrantsina New Multicultural Context: Cross-Culturaland Interactive Perspectivesinthe Study of Language Teaching Methods", *Journal of Multicultural Discourses* 1 - 1: 60 - 85.

2010 "Beinga Chinese Newcomerin Madrid Compulsory Education: Ideological Constructionsin Language Education Practice", *Journal of Pragmatics*, doi: 10, 1016/j. prágma.

Pérez-Mians, Miguel and Adriana Patiño-Santos

2013 "Language Educationand Institutional Changeina Madrid Multilingual School", *Tilburg Papersin Culture Studies Paper* 85: 1 - 27.

Sáiz Lópey, Ameliá

2013 "Gender, Developmentand Asian Migrationin Spain: the Chinese Case", Oso, Lauraand Natalia Ribas-Mateos (eds.), *The Internationa Handbookon Gender*, *Migrationand Transnationalism*, Cheltenham: Edward Elgar, pp. 165 - 184.

2014 "Women and Civil Society in the Chinese Diaspora: The Spanish Case", *Inter Asia Papers* 38: 1 - 31.

ThunØ, Mette

1999 "Moving Stonesfrom Chinato Europe: The Dynamicsof Emigrationfrom Zhejiangto Europe", Pieke, Frank N. and Hein Mallee (eds.), *Internaland International Migration*: *Chinese Perspectives*, Richmond: Curzon Press, pp. 159 – 180.

Yiu, Jessica

2013a "Calibrated Ambitions: Low Education Ambitionasa Form of Strategic Adaptation among Chinese Youthin Spain", *International Migration Review* 47 – 3: 573 – 611.

2013b "Tiger Childrenin 'Old' versus 'New' Destination Countries: Higher Versus Low Educational Expectations among Chinese Youthin Spain, Italy, andthe United States," presentedin Session182: *Immigrant Assimila-tion in the US and Europe* at the 2013 Annual Meeting of the Population Association of America in New Orleans, Louisianaon 13 April 2013.

网络资料

Instituto Nacional de Estadístia (INE).

2016 Demography and Pupulation Population figures and Demographic Censuses/ Population figures at/ Seriesdetailed from 2002 (http://www.ine.es/jaxiT3/Tabla.htm?t=9674&L=1, 2017 年 11 月 24 日阅览).

Instituto Nacional de Estadístia de Catalunya (Idescat).

2016 Foreigners with residence permit. By country of nationality. Provinces. (https://www.idescat.cat/pub/?id=aec&n=272&lang=en, 2017 年 11 月 23 日阅览) Instituto Nacionalde Estadístia (INE), Comunidadde Madrid

2017 Observatoriode Inmigración-Centrode Estudiosy Datos (http://www.madrid.org/cs/Satellite?c=CM_ InfPractica_ FA&cid=1354273641612&language=es&pagename=ComunidadMadrid% 2FEstructura&pv=1354273649335, 2017 年 11 月 24 日阅览).

高技术移民：华人移民法国的第四次浪潮

[法] 王思萌①

内容提要：本文主要关注法国华人社群中的高技术移民（skilled migrants，migrants qualifiés）这一次群体。2000 年以来，来法求学的中国人数快速上升，其中一大部分在高等教育毕业后，选择换取不同移民身份（“配偶”“职员”“商人”“科学工作者”等），并定居法国。他们拥有一些共同的社会特征：出生于改革开放后的中国，有着硕士或以上学历，从事知识或技术密集型工作，跨境频繁，经济资本、文化资本和社会资本三项综合水平较高。基于 2010 年以来在巴黎针对几十位该类受访者的田野调查资料，本文从他们的职业选择、婚恋行为和政治参与谈起，并探讨他们与其他华人次群体（如浙江华商、底层劳工）之间的社会互动，以及他们与法国本土社会（包括其他族群移民）的互动。

关键词：高技术移民；法国；华人移民

中国经济的蓬勃发展，中欧之间的流动也随之变化。中国移民不仅在地域来源上更加多样，而且在职业和移民动机方面也变得更加多样化。越来越多的中国学生完成学业后继续留在欧洲展开他们的职业生涯。本

① 王思萌：法国国家科学研究中心终身研究员，医学、科学健康、心理健康与社会研究所教职员，社会学博士，硕士生导师。

文重点关注来自中国年轻的第一代移民，他们于2000年来到法国，居住在大巴黎地区，拥有相对较高的教育资本和文化资本。出生于受独生子女政策影响下的中国并在那里受过部分教育，这个社会群体来到法国的目的是追求高等教育。毕业后，当他们选择改变在法国的身份时，他们就变成了移民：告别“学生”身份，申请成为“工作移民”“技术人才移民”，或者是“私人和家庭生活类移民”。他们是具有经济、社会和文化资源的中国第一代移民。与移入法国的其他类别中国移民相比，比如非法移民、非技术类经济移民及政治难民，这群年轻的高技术移民数量迅速增长，但尚未得到充分研究（Wang，2017b）。

自2010年以来，笔者在巴黎地区对几十名来自中国的年轻高技术移民展开了实地调查。本文介绍法国华人移民的历史以及这群高技术移民的社会特征（数量、构成），主要围绕三个主题展开：职业选择（Wang，2017d）、婚姻行为（Wang，2015；2017c）、政治表达和参与（Wang，2017a）。通过这三方面分析，本文旨在描绘这个群体生活状况的多样化景观；探讨这些高技术移民如何在法国社会与来自中国的其他移民（如浙江籍的店主和零售商，无证非法移民等）以及其他法国民众互动（包括其他族裔群体）；同时讨论这些高技术移民如何在海外为中国本土社会做出贡献。

一　巴黎的中国人口：移民潮和历史文献回顾

大多数历史学家都认为，中国移民到法国有三次大的浪潮（Poisson，2006）。第一次流动可以追溯到20世纪初，来自浙江的140000名工人（主要是温州人），在第一次世界大战期间被招募到欧洲成为劳动力（Ma，2012）。1936年的人口普查统计显示巴黎当时有2000多名中国人，其中一些人受雇于皮革行业（Guillon and Ma Mung，1991）；1949年中华人民共和国成立后，人口流出减缓；直到1979年中国改革开放后，外出移民在20世纪80年代逐渐恢复。

第二次中国移民到法国的浪潮始于1975年，与前印度支那（柬埔寨、老挝和越南）爆发的民族主义运动有关。根据现有数据，移入法国的亚洲难民在1975—1980年飙升：从1975年的20000亚洲人到1982年的104000，许多首批移民取得了法国国籍。自20世纪90年代末以来，出现了第三次移民流动浪潮，他们大多来自中国东北地区。在推行改革开放政策之后，这个以重工业闻名的地区经历了社会变迁和体制改革。在国有企业破产和私有化之后，大批员工下岗失业。为了赚钱养家糊口，他们中的许多人，尤其是中年妇女，决定留下家人，只身去国外打工（Cattelain et al.，2005）。

在巴黎的中国人口异质化程度极高。从原籍地区、性别分布、社会经济地位等方面来看，华人群体远非一个同质社区。所谓的巴黎温州人，他们的移民史可以追溯到20世纪初，随后在20世纪80年代重新恢复。这些温州移民绝大多数来自浙江农村地区，文化资本相对较低，主要是出于经济原因举家来到法国打工挣钱，受益于延伸的亲属关系与同乡关系的社会网络，刚到法国的温州人往往在熟人开的店里打工，直到自己有一天可能通过乡亲互助集资方式开立自己的店铺。温州人多投资三个行业：餐饮业、制衣业和建筑业。大多数温州一代移民在中国没有完成小学教育，其中一些从未上过学，所以他们既不会识字也不会书写中文，甚至有些温州人连普通话也听不懂，更不会说普通话。

尽管关于第一代华人移民的研究不少，但知识分子和高技术移民的社会轨迹却很少受到关注。同时，与非洲裔及其后裔的大量研究相比，目前关注在法华人后代的研究相对较少（Wang，2012）。在本文中，我们将着重关注21世纪初移入法国的中国高技术移民。

二 中国高技术移民在法国的简短历史

自1912年中华民国成立以来，中国学生到法国的跨国流动可以分为三个时期。第一次可以追溯到勤工俭学运动，旨在鼓励年轻的中国学生去法国深造（1912—1925年）（Barman et Dulioust，1981）。在第二次世界大战、1945—1949年内战、“文化大革命”（1966—1976年）期间，中国留学生前往欧洲的流动停止了。由于战争，以及对修正主义和资本主义文化的禁止，在此期间很少有人离开中国。被允许出国的主要目的地是苏联，特别是在20世纪50年代。第二波中国学生向西方国家的流动发生在20世纪80年代初，受到1979年推出的改革开放政策的影响。

第三次中国学生向西方的跨国流动浪潮在21世纪初展开。2001年加入世界贸易组织后，中国希望促进国际经济合作。因此，中国政府寻求在全球范围内开展文化和学术合作，例如中法文化年项目。该项目分两个阶段：2003年10月—2004年7月在法国举办的“中国年”，以及2004年10月—2005年7月在中国举办的“法国年”。“法国大学校项目”是“法国年”交流的一项开创性举措：每年在全中国范围选拔50名高中生，获助五年奖学金赴法国工程师学院联盟学习。随着中法大学交流的民主化，越来越多的中国学生选择到法国深造。2010年，在胡锦涛主席访问法国期间，法国总统证实，在法国有30000多名中国学生。2011年，在法国，中国成为仅次于摩洛哥的第二个留学生来源国。2013年8月5日，在France Diplomatie发表的一篇文章显示，在10年的时间里，在法国的中国学生人数增加了10倍，并且还在不断增加。根据他们的学习计划和研究项目，这些学生的移民轨迹也不尽相同。在他们的学习或研究合同结束时，他们选择将身份从“学生”改为“雇员”“临时工”或“私人和家庭生活类移民”。

在中国学生大量流入法国的同时，非技术类的经济移民（比如温州移民和东北移民）越来越少。法国是中国学生出国留学的首选目的地之一。根据“2013年出国留学趋势报告”①，40万中国学生留学海外，中国是世界领先的跨国学生来源国。2012—2013年，中国自助留学生的前八个目的地国家/地区分别是美国（30%）、英国（21%）、澳大利亚（13%）、加拿大（10%）、中国香港地区（7%）、日本（5%）、法国（4%）和德国（2%）。根据同一份报告，留学费用是目的地选择的主要原因。与英语国家相比，法国学费较低的事实，以及法国丰富的文化历史遗产，成为这些学生及其父母选择法国的主要原因。中国驻法国大使馆的内部统计数据显示，尽管各学科之间存在严重的不平衡，但中国留学生选择的前三个领域分别是：自然科学（理论和应用科学，包括工程科学）、商学、社会科学和人文科学。

---

① 载http：//www.eol.cn/html/lx/baogao2013/page1.shtml。

(一)从“学生”到“移民”:行政身份的转变

在萨科齐担任总统期间，外国人从“学生”到“雇员”的行政身份转变受到限制。在2012年的一次演讲中，他表示：“移民是一种资源，但也可能是一个问题。”① 因此，他彻底改革了法国的移民政策，更加重视公民身份，并优先接受高技术移民。这种政策限制使得在法国的外国学生更难转变身份，从而成为移民。因为申请人面临两难困境：一方面，雇主要求来应聘的学生持有有效的居留许可，作为签订永久工作合同的先决条件；另一方面，警察局要求毕业学生出具已签订的永久工作合同，以发放工作类型居留许可。

在本研究的受访者中，女性高技术移民比同类男性更多。同时也有更多女性受访者持有“私人和家庭生活”类的居留许可。这与他们的婚姻状况密切相关：相比起男性，更多的女性受访者与法国人结婚或签订了法国民事互助契约（Pacte civil de solidarité）。是否持有“私人和家庭生活”类居留卡确实反映了在法国的中国高技术移民婚姻命运的性别差异。相比男性，女性似乎更多地从基于婚姻关系的行政资源中获益，这是她们移民轨迹中不可或缺的一部分。作为法国人的配偶，这一身份可以在劳动力市场上对她们产生积极影响，比如更容易签订永久性工作合同。比较起来，较少有来自中国的男性高技术移民成为法国女性的配偶。

(二)中国高技术移民的社会出身和他们在巴黎的社会交往

在法国的中国高技术移民，他们的社会出身和来法国前在中国的受教育背景迥异。有些人在中学期间来到法国，考入预科班②，之后进入大学校学习。这些人多来自城市地区——通常是省会城市。他们没有在中国参加高考，因此从未进入中国大学。其他一些人在通过高考后被录取进入中国大学，但却在本科毕业前决定放弃国内文凭，来法国重新从本

① 载 http://www.lemonde.fr/politique/article/2012/03/03/en-direct-nicolas-sarkozy-en-meeting-a-bordeaux_1651572_823448.html。

② 预科课程是法国高等教育体系的一部分，包括两个非常密集的学年（可延长至3年或4年）。预备课程的主要目的是培训本科生，以便其进入大学校深造。

科读起，这些来自大城市的年轻人，通常对他们之前所在的中国大学不满，称其“质量太差”。最后，还有一些人，先毕业于中国的大学，拥有学士、硕士，甚至博士文凭，然后来到法国继续深造，攻读硕士博士学位或者进行博士后研究。总而言之，在法国生活的年轻的高技术中国移民，有些人出生在中国大都市，有些则来自农村。尽管如此，农村户籍的年轻人在他们前往法国之前，也已经习惯了大城市生活：通过求学，他们已经在国内经历了从农村向城市的社会流动。

无论他们学习什么学科，这些年轻的高技术中国移民通过校际网络相识集合，并在校友会网络进行社交。这些校友会既包括中国大学，也有法国学校。在这些协会内部，存在各种形式的校友活动，其中一个目的在于建立校友间的相互支持网络。另外，也存在一些跨校的专业协会，比如与法国国家农业研究院（INRA）、生物环境科学工业研究院（Agro Paris Tech）密切合作的“法国中国农学家协会”（AACF），还有集合多个法国工程学院和中国大学的“法国中国科学家和工程师协会”等。此外，这些年轻的高技术中国移民的社交网络还包括一些文化兴趣协会（比如烹饪、艺术、体育等），经济类兴趣团体（旨在分享关于移民生活经济方面的务实信息，例如如何在法国投资买房），或者基于政治利益的团体（致力于政治新闻的讨论）。这些社交网络有些是实体的，有些存在于虚拟平台上。受访的中国高技术移民认为参加这些校友会和兴趣协会的活动让他们更有集体归属感，同时也扩大了他们的社会网，方便他们通过同一个协会的朋友认识参与其他协会的朋友。在法国，目前存在20多个类似的协会，集合着大多数年轻的高技术中国移民。这种社交模式具有精英主义的成分，因为它对中国移民的其他子群体是封闭的，例如第二代移民（即便那些受过高等教育的子代），或者从事非脑力劳动的经济移民。

三　中国高技术移民的职业选择

商学院的毕业生多在经济和金融领域工作，从事银行员工、投资人、销售顾问等工作。那些学习社会科学和人文科学的中国学生——历史、法律、社会学和政治科学——往往从事教学、研究、艺术专业和媒体工作。而自然科学和工程科学的毕业生，有些在公共部门工作（比如做教授、公务员），有些则在私营部门工作，投身于金融、信息技术、环境等领域。还有一些人选择自己创业：当旅游、成为奢侈品进出口贸易商、投资葡萄酒庄园……这些全球化时代的新兴职业直接为法国经济做出了贡献。他们中的一些人选择加入法国国籍，因此也参加法国政治生活。这些年青一代的海外华人可谓跨国精英，积极参与中法间的跨国流动。对他们的社会轨迹的研究，有助于从微观层面理解全球化进程，加深对中法外交关系的分析。

在本文中，笔者将着重分析海外商业代理商这个行业：旅居海外的华人如何通过在线交易平台或软件向在国内的中国消费者销售外国产品。这些人俗称“代购”，定居法国，扮演着法国制造商与中国消费者之间的媒介角色。我们的质性调查旨在描绘这些代购的社会特征和社会轨迹：每个个体如何选择进入该行业，并从中观和宏观层面分析海外代购行业所产生的社会条件。

（一）海外代购行业产生的社会条件：中国经济在全球生产链中的角色转变，新媒体在经济交易中的作用，以及中国背景下的消费社会

几个世纪以前，来自温州的移民开始从事中法之间的劳动密集型产品贸易。这些中国制造的产品瞄准法国市场，多是从义乌地区出口。那时的中国，被称为世界工厂，还提供着非常廉价的劳动力。因此，这些温州贸易商极少贩卖法国产品到中国，也并不经营电子商务。但随着时间的推移，中国经济的发展大大提高了中产阶级的购买力（可参见商务部的统计数据）。因此，中法间经贸流动的方向和结构都得到了深刻重组。

除了中国经济在全球生产链中的地位发生变化之外，新媒体在远程经济交易领域的使用也越来越广泛。各种社交网络平台，比如 2011 年创建的微信，均提供多功能通信支持。由于有了支付宝（2004 年创建）和微信（“钱包”功能）等支付应用程序，在线的货币交易变得更容易操作：即时且无须在商家和客户之间共享银行数据。凭借这些技术支持，2013 年通过代购的网上交易总量达到 700 亿元（89 亿欧元），2014 年达

到1500亿元（190亿欧元）以上。[①] 根据Exane BNP Paribas对5500名居住在48个城市的中国电子消费者所进行的调查，35%的消费者通过代购购买奢侈品，相比之下，通过中国网站在线购买的顾客占45%，通过国外网站购买的占13%，而只有7%的消费者通过奢侈品牌的自有网站直接订购。[②]

（二）成为代购：不同的社会轨迹和相对同质的社会特征

雷奇决定在2013年成为代购，这是在她进入一家广告公司工作两年后，当时她已经与公司签订了永久合同。她解释说当时是她成为代购的"好时机"：一方面，她已经将居留许可从"学生"身份转成了"雇员"；另一方面，她在广告公司的工作也得心应手。据她说，公司的工作更多是"例行公事"，"在时间和精力方面要求不多"。这些因素确实为她开展代购的活动提供了条件。雷奇的例子很典型，代表了大多数受访者的工作情况：他们大多已经有了一份稳定的永久合同，受雇于不同行业（工程、计算机、销售[③]等），而兼职做代购主要是出于经济利益的考虑。

根据投入代购工作的时间和精力不同，以及销售产品的不同类型和佣金（5%—15%，可以协商），受访者们每个月通过代购的收入高达1200—5000欧元。这个行业高报酬的性质也吸引了另一些自雇和自主创业者：他们多活跃于艺术和文化领域，是演员、艺术家、博主等。由于缺乏稳定的固定收入，这些受访者兼职代购，为的是养活自己。

"十年前，我来到法国攻读学士学位，多年来做过不少兼职：在餐馆洗碗，在咖啡馆做服务生，在诺曼底的农场里摘苹果……对我而言，代购跟这些职业很类似，因为不需要任何学历。所有的年轻人，甚至是老年人，只要有时间，有一部智能手机，一个微信账号和一点启动资金，都可以做代购。当然，如果想要做好，这需要时间和精力，但优势在于它比其他兼职的回报要高得多。我们真的感谢中国经济的发展和国内消

---

① 载http://www.sohu.com/a/27762820_216836。

② 可参见Solca L.，*Digital China Leaving Ostrich Brands Behind*，Business of Fashion，16 avril 2015（https://www.businessoffashion.com/articles/opinion/digital-china-leaving-ostrich-brandsbehind）。

③ 他们都是奢侈品或化妆品行业的带薪销售员，但决定在主业之外兼职做代购。

费者，养活了我们［笑］!”（爱秋，歌手，28 岁，采访于 2015 年 5 月）

第三种类型的代购是处在特殊生命周期中的女性：年轻的母亲或待产的孕妇。她们因为怀孕或照顾幼儿，暂时或永久离开了工作岗位。因为花了很多时间浏览中文的新生儿和围产期护理论坛，她们逐渐发现国内消费者对母婴产品（奶粉、婴儿推车、尿布、玩具等）需求极大，因此决定成为该领域的代购。36 岁的岳，毕业于工程师学校，是一家法国公司的前雇员，她有两个孩子，辞职后全职做代购。

“我是通过偶然机会成为代购的。4 年前，当我浏览一些中文的孕妈论坛时，我意识到这些母亲非常重视婴儿食品的安全，因为 2004 年和 2008 年在国内有好多对毒奶粉事件的报道。有一些朋友，因为知道我在法国，就请我通过邮政系统给她们寄一些法国奶粉。然后周围的人口口相传，需求增长很快。所以我就想，‘为什么不在这个领域做代购呢?’相比起奢侈品，母婴商品的消费时间相对较长，也不易腐烂。随着婴儿长大，牛奶、玩具也都会更新换代，因此需求不断。再加上，中国父母嘛，为孩子花钱，都毫不犹豫……”（采访于 2013 年 4 月）

自 2016 年以来，岳的销售额一度创新高：这必然与 2015 年 12 月独生子女政策的废除有关，因为她的一些老客户怀了“二胎”。同时，在中上层阶层的城市家庭中，孩子占据家庭消费的中心位置。

总的来说，很难估计在法国的中国代购的数量。一些法国记者说在巴黎有“数百名”① 代购。我在访谈期间针对不同类型的受访者所收集的数据，也为中国代购的数量提供了一些额外信息。

“平均而言，我每天在店里接大约 100 名中国客户，其中 2/3 是代购。”（Elsa，中国人，32 岁，老佛爷百货爱马仕专柜的售货员，采访于 2014 年 12 月）

“据我所知，成千的年轻中国人，往往是女性，都在做代购。他们不是我公司的竞争者……”（刘先生，温州人，41 岁，一家跨境电子商务公司的首席执行官，采访于 2015 年 4 月）

简言之，以上的访谈材料证实了高技术移民“同时生活在此处和彼

---

① 载 https：//asialyst. com/fr/2017/08/02/paris - daigou - assistants - shopping - 2 - 0 - chinois/。

处”（Santelli，2010）的能力，以及他们“从微观层面参与全球化进程”的作用（Tarrius，2002）。通过对代购行业内部和跨行业研究，也能看出高技术移民和传统温州进出口贸易商之间的互动。这些高技术移民，拥有丰富的社会资本和文化资源，他们促进着中法间商品、资本、服务、生活方式和文化的流通（Wang，2017d）。

四　跨国背景下婚姻市场的失常：巴黎高技术移民的婚恋行为

在国外定居的高技术移民面临着与国内截然不同的婚姻市场，无论是婚恋观还是求偶者。要谈论婚姻市场，首先必须将其置于这些高技术移民的一般社会交往框架内。如上文所述，他们的社会交往同质性较强，也就是说，多在高技术移民的圈子中交友。语言障碍（有些人虽然在法国求学，但选择英语课程，因此并非所有人都会说法语）使他们的社会交往被限制在中文圈子中。当然，语言显然不是决定未来配偶是否是中国人的唯一因素。首先，我们将分析男性高技术移民的婚恋状况。

（一）“我遇不到［我想要的］人”：男性高技术移民如何面临婚姻市场的重新配置

李白于1978年出生在一个北京的公务员家庭。从北京大学某理科专业毕业后，他首先在国内工作了三年，并于2003年来到巴黎攻读商学院硕士学位。毕业后，他与巴黎地区的一家日本公司签订了永久工作合同。李白精通法语、英语，并且具有日语中级水平，但他坦言对未来配偶的期望：“无论如何，我会选择一个中国女人。”

“我是独生子，也是我这一辈人中最年长的男孩。这个‘长子长孙’的角色是很沉重的。每次回国，家人们总会问我什么时候会给他们添一个小李，并且问我什么时候彻底回国。看着父母一天天变老，我不知道该怎么做……（叹气）为了让事情在未来不那么复杂，我要找一个未来能够和我一起去中国永久生活的人，所以中国女孩可能性最大。如果她是外国人，那她必须得做好有一天离开法国的心理准备，这肯定不是那么容易的事！况且，如果我娶一个西方女人，生一个混血儿，不知道我父母会怎么想，估计他们比较吃惊吧（笑）。”

在中国式家庭里，“长子长孙”的角色暗示着“传宗接代”的责任。李白的父母和祖父母不断地向他传递这种期待。考虑到彻底回国的长远打算，李白的择偶观自然也受到了影响。在访谈中，他也谈到父母对混血儿的看法，这可能与“种族”观点有关。对于他们来说，李白36岁仍然单身，是一个“剩男”。因此，他们通过Skype安排了数次相亲。李白的婚姻大事成为他和父母之间关系紧张的根源：“我父母帮我相中的这些中国女孩，与我对伴侣的期望不符。我给你举个例子，比如我曾经在巴黎街上遭到过一次袭击。有一次，和一名介绍认识的女孩谈到这个话题，她说：‘你为什么要留在法国？那里到处都是黑人和阿拉伯人！’我一听就生气了，她从来没来过法国，怎么就妄加评论？而且她满脑子都是购物、奢侈品……可惜的是，她不是特例，我见过的其他女孩都跟她差不多，非常物质和肤浅（叹气）。这就是为什么在多次相亲后，我认为自己未来的伴侣应该是一个生活在巴黎的中国女性，她们和我一样有生活在国外的经历，眼界也更开阔。”

可是当李白瞄准在巴黎的高技术移民女性时，他却意识到那些既不“种族主义”也不“物质主义”的中国女孩要么宁愿独身，要么已经处于一段婚恋关系中，再或者，她们并不符合李白的审美标准。李白因为找不到符合自己标准的配偶而感到孤独沮丧：“晚上，当我躺在床上时，我总在想自己是怎么走到这一步的。如果我没有出国，可能我在择偶方面不会这么挑剔，那么事情就会简单得多。我感到自己被困在不同的择偶文化和择偶心态之间。”

他的寂寞不仅来自单身这个事实，还更深刻地体现了他所面临的两难境地：一方面李白试图适应中国社会文化里“独生子女”和“长子长孙”的角色与社会规范；另一方面他融入法国社会文化，内化了一些新的社会参照和社会规范，因此对于婚恋有着自己独特的见解，这是他跨国流动与移民的后果。

这样看来，性别差异的视角对于理解中国高技术移民的婚恋行为很有必要。相比起女性，男性更被家人期待彻底回国，以照顾年迈的父母。在中国传统的婚恋观中，女方离开她的原生家庭，她的父母“失去”了女儿；而男方则为他的原生家庭“添丁”（Xu，2003）。两个亲家之间的彩礼，也多是由男方家庭送至女方家庭。这份彩礼被认为是在她离开父母后的物质补偿：她的父母不仅失去了女儿这个劳动力，而且在他们年迈需要人照顾时，也不再能完全“指望”女儿。从这个意义上说，我们更清楚地了解为什么在法国的高技术女性移民比男性更能够“自由”地嫁给外国人，她们的外国配偶也并非有未来定居中国的计划。从中期甚至长期角度来看，她们相对于男性，较少承担永久回国以照顾父母的义务（Wang，2013；2015）。因此她们更多接受种族间的亲密关系，婚恋行为和关系更多样化。下文将从社会流动视角分析这些女性在跨国背景下的婚恋行为。

（二）中国高技术移民女性的婚姻实践：亲密关系中的跨国社会化

婚姻生活中金钱关系（“谁付钱？付什么？”）可能成为双方之间紧张关系的根源，并迫使中国女性适应新的婚姻规范。受访者阐娜，30 岁，心理咨询师，说到自己在婚恋关系中的再社会化过程：

“在中国，一对男女关系中的一切费用都是男方支付。社会规范是：‘如果你爱你的妻子，你必须支付所有的费用’。起初，让我感到不安的是，我和我丈夫（一位法国建筑师）各有各的银行账户。第一次我们约会晚餐，他希望我们 AA 制，当时我对自己说：‘该死，看来他并不是多喜欢你。’之后，我也和一些法国朋友聊这个话题，很长时间后，我终于理解法国人的思维模式，金钱不是爱的唯一信号。不过我花了好一段时间才想通……（笑）”

并非所有中国女性都能在婚内经济模式上做出这种调整。如果女性坚持认为“该由男方为一切埋单”，那么夫妻关系中必然会引入“经济利益 vs 性资源”的社会交换模式。换句话说，一方通过身体和性资源来交换亲密关系中的经济资源。毕业于商学院的杰翠是售货员，她的例子在这一点上很典型。

1. 亲密关系中的经济——性交换

“只要是我俩的消费，都是托马斯（杰翠的伴侣，一家夜总会的经理）埋单。有时，他还专门给我钱供我个人消费。他给我提供了物质上的舒适和留在法国的可能性。如果我和他分手，我什么都不会。所以我担心他跟我分手，尤其是在他的工作场所，有很多女孩。”

除了经济利益，杰翠还从亲密关系中获得了行政资源：据她说，她与托马斯签订的民事联盟（PACS）使她较快地签订了第一份永久工作合同。

“在求职时，‘法国人配偶’这个身份给了我很大帮助。一方面，它让我显得可信和稳定；另一方面，我的雇主也知道我签这份永久工作合同，并不是要利用它来换移民身份！”

为了保持这段感情关系，杰翠不断投资她的身体资本：节食、瘦身、美容、买新衣服，一切都是为了让自己在伴侣眼中保持魅力。至于托马斯，他坦言自己从这种亲密关系中获得了象征利益：“说自己有一个中国女朋友，别人都羡慕”。同时，维持和杰翠的关系，对他的职业生涯来说也是一个很好的“赌注”：因为“未来的夜生活和奢侈品市场将是在中国”。

如果说杰翠大部分时间都是在利用自己的身体资源，那是因为在这个阶段，她没有其他类型资源可供使用，但对于未来的期盼（托马斯未来去中国发展职业生涯时，杰翠将提供语言、社会网络，甚至是经济利益支持）也有助于亲密关系的加固。从这个意义上来说，跨国夫妻之间经济—性交换的范围既是跨地域的（跨越国家界限），又是跨时的：一切都取决于会随时间而变迁的移民计划。

2. 婚恋契约模式与年龄差距

除了经济问题，受访者表示，她们和法国配偶在婚恋观的其他方面也可能存在差异，例如婚恋契约模式、是否有生育孩子的计划或者夫妻间的年龄差距。

“我的前任跟我提出分手，是因为……我无法接受婚前性行为。在发生关系前，我想先确认这是一段严肃的关系；但在他无法理解这种想法。”（韩，27 岁，记者）

像一些与她同龄的中国女孩一样，韩面临着对婚前性行为的禁忌，保持童贞仍是主流的社会规范。尽管如此，她对于亲密关系的“进程表”在她前任（一位法国作家）眼中仍然显得“难以理解”甚至“荒谬”。

在米露的例子中，她伴侣的高龄和他们的婚恋契约模式（民事联盟）成为他们恋爱关系中的主要冲突。米露于 1982 年出生在中国一个南方城市的商人家庭。她在 21 岁时抵达法国。教育科学硕士毕业后，她在一所语言学校做中文老师。她的伴侣，蒂姆，荷兰籍法国人，70多岁，是一位精神分析师。

第一次米露向父母介绍蒂姆是通过Skype在线聊天功能，当时蒂姆不在。据米露说，她的父母对蒂姆的年龄极为“震惊”。收到蒂姆的照片两秒后，她的父亲说：“这真的是你男朋友吗？他看起来比我年纪还大！你好好想想再跟我们联系！”随后她的父母就下线了。

米露倒认为蒂姆的高龄是一个“优点”，这说明他有阅历。但这种差距四十岁以上的老夫少妻关系在中国却常被称作“老牛吃嫩草”。

除了年龄差异，米露的父母还认为他们的契约方式（民事联盟，中国社会中没有类似制度）是“不可接受的”。他们希望她“走进真正的婚姻关系”。得知他们的女儿和蒂姆住在一起后，米露的父母非常不满。

父亲：既然现在他想要的一切都有了，他为什么还要考虑娶你？

母亲：你父亲的意思是，有些东西，你应该只有在嫁给他之后才给他。另外，在家应该不只是你一个人做家务吧。

首先，米露父母表达了他们对未婚同居的看法。与中国传统观念不同，在法国，婚前同居是一对夫妻决定是否终身相守的第一步（Derfouli，1996）。而大多数年轻的中国女性仍然得面对婚前同居的压力（Wang，2007）。另外，鉴于蒂姆年事已高，米露的父母也担心她成为蒂姆的保姆。

面对父母对她恋爱关系的担忧，米露试图用各种理由说服他们。[①] 其中对他们来说最有说服力的论点是蒂姆为她所提供的物质支持。

“我了解我的父母，他们非常物质化。所以我直言不讳地告诉他们：‘你们知道我是怎么能在法国留下来的吗？是得亏我的私人和家庭生活居留许可，因为是法国人配偶。这个身份也让我更顺利地签订了长期工作合同。’”

有趣的是，尽管她自己纯粹是为了感情和蒂姆在一起，但为了说服父母自己这段“越轨”的婚恋关系，米露给出的却都是最物质化的论据。她的做法显示出两套婚恋社会规范体系之间的差距。在父母面前，为了向他们证明这是一段“好”的婚恋关系，她必须强调这段感情在经济、

① 比如在中国离婚率的增加。

行政、社会关系等方面的“工具化”功能。换句话说，蒂姆在跨国移民背景下带给她的一切。

米露的父母花了三年时间才最终接受这段关系。同时，米露从未将蒂姆介绍给她国内的朋友，甚至也不提他的年龄，因为害怕“被评论”。她做出这个选择，是因为即便在法国，她也得时不时面对路人、移民局工作人员，甚至是同事的评头论足。

“有些人看到像我们这样的夫妇，很快就会下结论说男方图色女方图钱。这种言论很侮辱人，也很伤害感情。现在，当我们外出时，蒂姆总爱穿色彩鲜艳的衬衫，加一件皮夹克，打扮得好像一个年轻的摇滚歌手!”

作为一名年轻的高技术移民，米露因为这段老少恋，却不得不面对旁人的冷嘲热讽。人们多质疑她的动机和她自己的能力。就像她说的一样：“有时候，他们审视我的目光，就好像是在看一个美丽城的中国站街女，似乎只有她们才会跟法国老男人为伍!”

3. 使用婚恋关系来实现移民计划的不同方式

尽管杰翠和米露都从她们的婚恋关系中得到了物质保障和行政资源，但她们处理恋爱关系的方式是截然不同的。杰翠主要靠外貌来吸引托马斯，通过身体资源换取经济利益和行政资源。与此相反，米露则更重视自身文化资本和社会资源的积累。和来自其他国家的女性移民一样，这些中国女孩会根据自身不同条件和已有的经济、社会、文化资源来和伴侣在亲密关系中进行社会交换。我们由此可以看出社会阶层对婚恋关系中象征资本的影响：这些女性根据她们的移民计划来经营不同的婚恋关系。

在本节中，通过性别差异视角，我们研究了在巴黎地区中国高技术移民在跨国背景下的婚姻轨迹。中国男性在寻找未来配偶方面比中国女性面临更多困难，这主要是因为传统文化中对男性社会角色以及由此产生的压力所致：父母更希望他们有一天彻底回国，因此影响了他们的择偶观，而中国女性则更多运用婚恋关系以此来实现她们的移民计划。同时，因为和配偶存在观念上的差异，她们也面临更多婚恋关系中的冲突，比如关于同居的看法、经济管理方式、契约模式等。为了维持感情关系，她们通过不同方式来运用已掌握的各种资源（包括象征资本）：其中一些资源在法国社会具有即时价值，而另一些只有未来在中国社会中才具有价值。

五 高技术移民的政治再社会化及其政治表达

在本文的最后一部分，我们将分析在巴黎的中国高技术移民的政治再社会化进程及其他们的政治表达。与在法国的其他类型中国移民相比（比如非法移民），研究这群年轻人更能揭示出不同政治背景下的个体政治再社会化进程。因为他们更善于公开表达自己的观点（Poliak，2002），也更倾向于谈论政治。

（一）政治表达的民族志

通过田野研究方法，我们研究受访者在日常社交活动中的政治表达。这些表达形式既包括在线小组讨论，又包括离线活动，比如对法国和中国新闻的评论，公开讲座等。三年来，我们跟踪了三个职业社团和七个兴趣小组的活动，并以三种方式参与观察了这些活动：亲自参加线下活动，通过电子邮件或论坛发布收集交流材料，观察聊天组中的即时讨论。值得指出的是，每个社团都有自己的邮件列表及聊天群——比如每次在组织线下活动之前，会有一个新建的主题在线群。这些在线的新建组使我们能够观察线下活动之前和之后的集体讨论。受访者们在这些社团和小组的网络中讨论各种实事新闻：欧盟的未来和货币政策，中欧之间的外交关系，法国移民政策，对查理周刊的恐怖袭击，11 月 13 日的巴黎的恐袭，法国的选举和政党政策……

另外，我们在所有这些在线和线下的社交场所中一共访谈了 48 位受访者，并对他们进行了共计200 小时以上的参与观察。我们发现，受访人在日常普通生活中（比如用餐时、运动时、旅游参观时）也不忘谈论政治。因此，日常生活这一非正式场所，正是研究政治表达的最佳田野。换言之，“第三场所”（Oldenburg，1999）和“第三空间”（Wright，2012），都有利于个体对公民权的学习，也是观察政治再社会化进程的最佳田野。

(二) 对公民权的学习

随着在法国生活时间的加长，这些高技术移民越来越了解法国政治生活的组织方式。更广泛地说，在这些国家的生活经历，有助于他们“政治意识的发展”（Gamson，1992），以及对公民权的学习。例如，很多受访者主动提及罢工、示威、游行等政治参与形式。一定程度上是因为这些罢工游行（比如法国铁路系统的罢工）对他们的日常生活有直接影响。此外，受访者们也通过这种方式来比较中法不同的政治制度。

1. 致力于全球公民社会：中法两国政治新闻的媒介

有一些受访者，在本职工作之外，还利用业余时间为中国媒体撰稿，评论法国及欧洲实事。他们扮演着中法政治生活中的新闻跨境的媒介角色（Min et al.，2016）。过去三年中，最受这些兼职评论员关注的政治事件是2016年7月14日在尼斯发生的恐怖袭击，以及2015年1月7日和11月13日在巴黎发生的恐怖袭击事件。由海外华人撰写并直接评论这三次事件的中文社会评论达15篇。不同作者所选择的分析角度也各不相同：穆斯林文明、自十字军东征以来法国与伊斯兰国家之间的关系、法国社区隔离政策、法国国家紧急状态、法国政党和选举、受害者及家属安置、法国移民政策、法国对叙利亚难民的接待政策等。与国内专家对这些事件的评论不同，这些社评较少使用“安全/不安全”“恐怖主义/恐怖分子”等词汇。

至于为什么身在海外用中文撰写法国及欧洲新闻评论，一位被视为法国新闻评论专家的受访者称：一方面他居住在法国，因此方便收集一些相关事件的第一手资料；另一方面，他本职是社会科学研究员，因此他认为在时事评论上，也应该采取公正科学的方法和态度。他努力将自己与居住在国内的中国专家和记者区别开来。他的所有社评都发表于上海的一家数字媒体。该媒体成立于2014年，非常鼓励海外年轻华人，尤其是那些受过人文社会科学培养的年轻人，投稿评论海外实事。

这类数字媒体的存在和发展有助于境外的高技术华人移民的政治表达。对于另一位受访者天极来说，客观地传达跨境新闻是一种“社会责任”“公民态度”（Chen et al.，2015），也是一种独特的连接两国媒体和两个政治空间的身份认同（Gamson，1992）。一位受访者，雪莉，通过对法国国家紧急状态的讨论，对中国和法国的政治治理工具进行了比较。如果说雪莉能够以法国政治时事为出发点来评论中国政治治理，那一定与她的法学博士研究有关：她对法律和政治观念都很了解，并熟悉跨国比较分析，对理论和研究方法的驾驭使她能够成为跨境政治新闻的媒介。

相反，很少有受过教育的中国移民在法国媒体上用法语发表对中国实事和政治政策的评论。通过访谈，这其中有两个主要原因：第一，这对法语语言能力的要求太高；第二，中文发表对这些受访者来说比法文发表更有分量。因此，研究政治表达，尤其是跨国移民在不同政治空间中的表达，必须考虑到表达的场合和情境（Cardon，1995）。

2. 政治再社会化的差异化

在高技术移民中，那些扮演中法两国政治新闻媒介的人同时也在法国组织一些中文的时事辩论，他们多是人文社会科学出身，文化资本较多。与他们相比，那些商校毕业、经济资本多而文化资本较少的高技术移民则似乎对公民社会等议题不太感兴趣，不过他们花更多的时间阅读与“安全议题”相关的法国新闻。

在一次关于 2015 年 11 月 13 日袭击事件的时事辩论中，五位嘉宾均是人文社会科学背景。在 68 名参与者中，超过一半的人出身于商校，并在银行、保险、咨询、时装、奢侈品、进出口、酒店、贸易等领域工作。他们参加活动的原因很简单：“安全问题关系到我们的日常生活!”

可以看出，在高技术移民群体中存在不同的次群体，政治再社会化也存在着差异化现象。由于其独特的社会属性，这些受访者重建了他们与政治的关系，并对政治主题有不同的看法。那些接受人文社会科学培训的受访者，扮演着中法两国政治新闻的媒介角色，并积极参与中国社会的民主化进程。而那些出身商校，在经济领域工作的移民则对中国政治生活兴趣不高，他们更关注法国的安全问题。

受访者受教育的平均水平是硕士毕业，他们的政治表达和政治再社会化既具有空间性又具有时间性。他们在改变生活环境时（从中国到法国），这些受访者逐渐内化公民权的意义。同时，跨国精英的政治表达也极具复杂性：各种文化、专业、情感因素均会影响政治表达的情境和对象。

六 结语

对在法中国高技术移民进行历史性的介绍后，本文从三个角度对该群体开展了深度研究：职业选择，婚恋行为，政治表达。这些拥有经济资本、文化资本和社会资本的年轻移民，通过跨国经济活动（比如代购），促进中法经济贸易和全球化进程。在婚恋行为方面，面对跨国背景下婚姻市场的失常，女性和男性有着不同的婚恋轨迹。对男性而言，他们更多单身，因为通常难以遇到心仪的配偶，而对女性而言，她们的异国恋比率更高，并且其婚姻选择和移民计划密切结合。因此，她们更多地面临一些跨国恋中因为社会规范和文化不同而产生的矛盾。在政治表达上，受访者随着时间的推移重建着他们与政治的关系。不同学科背景、不同专业的高技术移民对政治主题有不同的看法，人文社会科学出身的受访者政治化的程度最高。

通过这三方面的分析，本文不仅描绘了中国高技术移民群体的生活状况，还探讨了这些新移民如何与其他中国传统经济移民（如浙江籍的贸易商和零售商）互动，如何与法国本土社区包括其他族裔移民共生。最后，由于笔者自身也是高技术移民中的一员，这拉近了访谈关系中调研者和受访者之间的距离，使田野调查成为可能。

参考文献

Barman, Geneviève et Dulioust, Nicole, "Étudiants-ouvriers chinois en France, 1920 - 1940", in P. Caspard (dir.), *Histoire de l' éducation*, Paris, EHESS, Vol. 21, 1981, pp. 139 - 140.

Cardon Dominique, Heurtin Jean-Philippe, Lemieux Cyril. Parler en public. Politix, Vol. 8, No. 31, 1995, pp. 5 - 19.

Cattelain, Chloé, Lieber, Marylène, Saillard, Claire et Ngugen, Sébastien, "Les déclassés du Nord", *Revue européenne des migrations internationales*, No 21, 2005, pp. 27 - 52.

Chen, Hsuan-Ting, Sun Ping, and Gan Chen. "Far from reach but near at hand: The role of social media for cross-national mobilization", *Computers in Human Behavior* 53 (2015): pp. 443 – 451.

Derfouli, Noah, "La voie du compromis: le concubinage européano-maghrébin en Lorraine", *Environnement et Société*, No. 17, 1996, pp. 33 – 44.

Gamson, William, *Talking Politics*, Cambridge, Cambridge University Press, 1992.

Guillon, Michelle et Ma Mung, Emmanuel, "La diaspora chinoise en France", *Administration*, No. 150, 1991, pp. 108 – 113.

Jiang, Min, Richard W. Leeman, and King-wa Fu, "Networked framing: Chinese Microbloggers' framing of the political discourse at the 2012 Democratic National Convention", *Communication Reports* 29. 2 (2016): 87 – 99.

Ma, Li, ed. *Les travailleurs chinois en France dans la Première Guerre mondiale*. CNRS éditions, 2012.

Oldenburg, Ray, *Great Good Place*, New York, Marlow, 1999.

Poisson, Véronique, "Des réseaux transnationaux: le cas des Chinois du Zhejiang", *Outre-Terre*, Vol. 17, No. 4, 2006, pp. 421 – 430.

Poliak, Claude, "Manières profanes de 'parler de soi'", *Genèses*, 2002 (47), pp. 4 – 20.

Santelli, Emmanuelle, "Entre ici et là-bas: les parcours d'entrepreneurs transnationaux. Investissement économique en Algérie des descendants de l'immigration algérienne de France", *Sociologie*, Vol. 1, No. 3, 2010, pp. 393 – 411.

Tarrius, Alain, *La Mondialisation par le bas. Les nouveaux nomades des économies souterraines*, Paris, Balland, 2002, p. 169.

Wang, Simeng, "Une vie qui est ailleurs": Une sociologie des troubles mentaux à travers le parcours d' un adolescent d' origine chinoise à Paris. ("Life is elsewhere": contribution to a sociology of mental health through the analysis of the trajectory of a second-generation Chinese teenager in Paris) *Lien social et politiques*. No. 67, 2012, pp. 233 – 248.

Wang, Simeng, "Des 'soucis matrimoniaux' dans le contexte transnational: Le cas des migrant-e-s chinois-es qualifié-e-s à Paris" ["Concerns about marriage" in the transnational context: The case of qualified Chinese migrants, women and men, in Paris), *Migrations Société*, Vol. 27. No. 157, 2015, pp. 149 – 166.

Wang, Simeng, "La resocialisation politique de migrants internationaux et leurs prises de parole politiques: Le cas de jeunes Chinois qualifiés à Paris" (The Political Resocialization of International Migrants and their Political talk: The Case of Young Qualified Chinese in Paris), *Participations*, No. 17, 2017a, pp. 155 – 176.

Wang, Simeng, *Illusions et souffrances. Les migrants chinois à Paris* (*Illusions and suffering. Chinese migrants in Paris*) Paris, Editions rue d' Ulm (Presses of École Normale Supérieure), 2017b, p. 220.

Wang, Simeng, "La transformation des normes matrimoniales et familiales dans le contexte de migrations internationales. Le cas des Chinois ' conjoints de Français' résidant en région parisienne" (Transformation of family and matrimonial norms in an international migration context. The case of Chinese women and men spouses of French living in Paris region), *Revue européenne des migrations internationales*, Vol. 33, No. 2&3, 2017c, pp. 273 – 300.

Wang, Simeng, "Une mondialisation par le bas. Les*daigous* à Paris, des agents commerciaux intermédiaires entre producteurs français et consommateurs chinois", (A Globalization from below. The daigous in Paris, intermediate sales agents between French producers and Chinese consumers), *Cultures & Conflits*, Vol. 108, 2017d, pp. 107 – 128.

王思萌:《大学生同居:为性还是为爱》,载《要性商不要性伤》,武汉大学出版社2007年版,第24—40页。

Wright Scott, "From 'third place' to 'third space': Everyday political talk in non-political online spaces", *Javnost-The Public*, Vol. 19, No. 3, 2012, pp. 5 – 20.

徐安琪:《夫妻权力和妇女家庭地位的评价指标反思与检讨》,载《社会学研究》(Xu, Anqi, "Indices d' évaluation des rapports de forces au sein du couple et statut de la femme en famille: réflexions et critiques", Sociological Studies, 4, 2005, pp. 134 – 152).

郑丹丹、杨善华:《夫妻关系"定势"与权力策略》,载《社会学研究》(Zheng, Dandan et Yang, Shanhua, "Interactions, jeux de pouvoir et stratégies dans la vie conjugale", Sociological Studies, 4, 2003, pp. 96 – 105).

移民汇款对南亚地区经济增长的作用机制和路径选择研究

——基于两部门经济增长模型

卢雨婷　林　勇①

内容提要：本文通过构建经济增长模型，采用均衡增长路径分析法探究移民汇款促进经济增长的机制并得到相关命题，随后运用联立方程组模型，选取印度、孟加拉国、斯里兰卡、尼泊尔、巴基斯坦这五个南亚国家为研究对象，实证检验了移民汇款对南亚及其各国经济增长的影响路径。结果显示，在人力资本的中介作用下，移民汇款能显著促进南亚五国整体的经济增长，但物质资本和金融发展程度的中介作用不显著。同时，物质资本累积路径对移民汇款促进经济增长的有效运作是保证金融发展路径起作用的基础，且物质资本累积路径的作用不构成人力资本激发移民汇款对经济增长促进作用的基础。

关键词：移民汇款；经济增长；南亚地区；经济增长模型

---

①　卢雨婷：福建社会科学院华侨华人研究所助理研究员；林勇：福建社会科学院华侨华人研究所所长，研究员。

一　引言

近年来，移民汇款已逐渐成为南亚地区发展经济、摆脱贫困的重要外汇来源。据世界银行专题报告称，2011—2015 年，南亚地区的资本流入量总体呈增长态势，其中外国直接投资和外来援助的总体增长率达到 0.812%，上下波幅最高达到 14%，但 2011—2015 年移民汇款流入量的平均增长率达到 2%，上下波动不足 8%。因此，不仅移民汇款的平均增长规模超过外国直接投资和外来援助，而且移民汇款具有较强的稳定性，有助于通过平稳地区商品或服务的消费和投资水平，防止经济出现大幅波动，对地区的经济增长起到重要推动作用。同时，移民汇款的用途较为广泛，从消费到教育投资，再到金融投资，这一特性使得移民汇款对经济增长的影响较复杂。为此，结合南亚地区的增长现状，探索移民汇款能够显著影响经济增长的路径，对提高南亚地区的资本流动效率并改善移民汇款的开支结构具有重大的现实意义。

在南亚发生移民的初期阶段，学者主要关注的是不同的移民汇款渠道通过提高资本累积水平对南亚地区贫困问题的影响，即将汇款渠道分为官方与非官方两类，发现前者对南亚地区摆脱贫困无显著影响，但两类汇款的总和通过提高农用土地资本累积水平，能够解决贫困问题，而通过提高非农资产累积水平，则没有显著效果。[①] 随着南亚地区的移民流逐渐进入中后期阶段，非农资产累积的作用逐渐凸显，学者开始围绕资本投资、教育投资等路径探究其对经济增长的影响，并致力于探寻通过移民汇款改善南亚地区贫困问题的路径。Wahab 等[②]考察了移民汇款投入教育领域的增长效应，研究发现南亚汇款流入量越多，婴儿死亡率、小学总入学率和实际人均国内生产总值则越小，而南亚汇款流入会通过提高高等学校入学率和使用金融工具的频率，促进地区的经济增长。这些

---

① Maimbo S. M., Adams R. H. Jr., Aggarwal R., et al., Migrant Labor Remittances in South Asia, Washington D. C.: World Bank Publications, 2005.

② Wahab M. A., Ahmed V., Mahmood H., Human Resource Development and Foreign Remittances, World Economics, 2014, 14: 29 - 56.

研究反映的是南亚地区移民汇款对经济增长影响的整体概况，但不同国家接收的移民汇款对经济增长的影响存在差异。如 Siddique 等[①]的研究表明印度接收的移民汇款与经济增长之间无显著因果关系，孟加拉国的移民汇款对经济增长存在单向影响，斯里兰卡的汇款与经济增长之间则存在双向影响。因此 Maimbo 等和 Wahab 等的研究结论或建议并不都适用于南亚地区所有国家的当前环境。

有学者以国别为研究对象来展开研究。Waheed 和 Aleem[②] 以巴基斯坦为研究对象，研究表明移民汇款对经济增长的显著促进作用具有短期效应，但两者长期相互作用机制仍很不完善。为探寻该国汇款开支机制不佳的根源，Gilani 等[③]从汇款开支的分配顺序入手，研究发现巴基斯坦的移民家庭将大部分移民汇款首先用于生活消费支出，其次是住宅支出，因此进入投资领域的移民汇款极少，对经济增长的影响也不显著。Adams[④] 则持不同的观点，认为移民汇款通过增加移民家庭的边际投资倾向，有助于增加巴基斯坦国的投资水平。Yasmeen 等[⑤]考察了移民汇款对巴基斯坦总消费和私人投资的影响，也发现移民汇款与私人投资和总消费之间存在显著正相关关系。Aijaz[⑥] 以印度为研究对象，提出汇款资金流入规模越大，移民汇款对投资和经济增长潜力的刺激作用则越明显，同时，外来汇款通过增加消费和投资对财富的创造和累积产生了积极影响。根据 Siddique 的“印度接收的移民汇款与经济增长之间无显著因果

---

① Siddique A., Selvanathan E. A., Selvanathan S., Remittances and Economic Growth: Empirical evidence from Bangladesh, India and Sri Lanka, *Journal of Development Studies*, 2012, 48 (8): 1045 - 1062.

② Waheed A., Aleem A., Workers' Remittances and Economic Growth: Empirical Evidence from Pakistan, *Journal of Social Science and Humanities*, 2008, 47 (1): 1 - 12.

③ GilaniI, Khan M. F., Iqbal M., *Labor Migration from Pakistan to the Middle East and Its Impact on the Domestic Economy*, Islamabad: Pakistan Institute of Development Economics, 1981.

④ Adams R. Jr., Remittances, Investment and Rural Asset Accumulation in Pakistan, *Economic Development and Cultural Change*, 1998, 47 (1): 155 - 173.

⑤ Yasmeen K., Anjum A., Yasmeen K., et al., The Impact of Workers' Remittances on Private Investment and Total Consumption in Pakistan, *International Journal of Accounting & Financial Reporting*, 2011, 1 (1): 152.

⑥ Aijaz M., An Assessment of Developmental Potential of Remittances Inflow in India, *Indian Journal of Economics and Development*, 2015, 3 (1): 137 - 141.

关系”研究结论，Delpierre 等[①]从印度移民汇款的教育动机视角研究了这一现象。他们发现富裕家庭将教育看作一种投资，希望自己对子女的投资回报能够达到最大化；而贫困家庭所接收到的移民汇款能够无私地促进教育事业的发展。Nepal[②] 以尼泊尔为研究对象，探究了国际汇款大量流入与尼泊尔的子女教育、童工和家庭教育之间的关系，发现国际汇款对子女教育或童工无显著影响，但对非物质消费有显著影响。但随着国际汇款对孩子教育投资的增加，教育产出并没有显著改善。Acharya[③] 分析了汇款对国家贫困和收入不平等的影响，发现移民汇款会改善贫困状况，但会加剧收入不平等问题，且这些影响的大小很大程度上取决于移民过程的区域成熟度和下层社会的参与率。

学者对移民汇款与南亚地区经济增长之间的关系及其作用路径展开了丰富的讨论，但随着各国经济的不断发展，金融产业不断完善，金融发展程度逐渐成为影响移民汇款促进经济增长的重要因素。Dahal[④] 研究发现汇款流入对尼泊尔金融发展和人力资本累积均有积极影响，但抑制了国际贸易；但是汇款流入量越多，国内生产总值越少。但 Dahal 并没有进一步就移民汇款促进经济增长的“物质资本投资、人力资本投资和金融发展”这三种路径置于同一研究框架内展开对比，分析通过不同路径提升移民汇款对经济增长促进作用的所需条件。

同时，移民汇款对经济增长的影响机制还具有地区差异性。目前，有学者构建了不同模型来探究含有移民汇款的资产分配问题，但并未理论探究移民汇款与经济增长的机制。Schiopu 和 Siegfried[⑤] 以代表性移民的行为为研究对象，构建了两期移民汇款决定模型，其中，第一期通过

---

① Delpierre M. , Dupuy A. , Tenikué M. , et al. , The Education Motive for Migrant Remittances: Theory and evidence from India, *Iza Discussion Papers*, 2017.

② Nepal A. K. , The Impact of International Remittances on Child Outcomes and Household Expenditures in Nepal, *Journal of Development Studies*, 2015 (6): 1 – 16.

③ Acharya C. P. , The Impact of Remittance on Poverty and Inequality: A micro-simulation Study for Nepal, *Grips Discussion Papers*, 2013, 11: 1061 – 1080.

④ Dahal P. , The Impact of Remittances on Economic Growth in Nepal: An Analysis of a Significant Basis of Development, *Asia Pacific Journal of Public Administration*, 2014, 36 (4): 261 – 282.

⑤ Schiopu I, Siegfried N. , Determinants of Workers' Remittance and Evidence from the European Neighboringregion, *Working Paper*, 2006.

分配其收入最大化消费效用，第二期代表性移民要考虑资产分配问题，即考虑前期的储蓄如何在母国与东道国间进行投资。Francisco 和Racquel① 以接受移民汇款的家庭为研究对象，构建了汇率与移民汇款之间关系的理论框架。但这些成果并未结合理论模型以探讨移民汇款作用于经济增长的机制。

本文则以代表性移民的家庭为研究对象，构建了新的经济增长模型。本研究的主要目的是通过对增长模型进行均衡增长路径分析，得到与“移民汇款对经济增长的作用机制和路径选择”相关的命题，并采用巴基斯坦、印度、孟加拉国、斯里兰卡和尼泊尔这五个南亚国家的面板数据来检验这些命题，从而重新审视移民汇款与经济增长之间的关系。

二 理论模型构建

为深入探究南亚地区经济增长受移民汇款影响的内在机制，本文将移民汇款引入经济增长模型，结合南亚地区的经济发展现状，构建了新的经济增长模型。假定一个国家接受移民汇款总量 X 保持不变，劳动力总数 L 保持不变，单一代表性移民家庭可将移民汇款 x 用于消费和投资两种途径。首先，在现有收入水平约束下，为提升一般生活品质，移民家庭会将一部分移民汇款用于直接消费，由此提高消费者效用和社会福利水平。其次，为提升移民家庭资产的可延续性，移民家庭会将剩余的移民汇款通过生产投资或教育投资的方式来增加家庭的资本累积水平，分别将投资份额设定为 $\gamma_1 x$ 和 $\gamma_2 x$。其中，用于生产投资的移民汇款，一方面能提高国内收入水平，另一方面会削弱人们的劳动积极性，减少国内产量；用于教育投资的移民汇款，一方面能够提高人力资本的累积水平，另一方面用于消费和生产方面的投资也会削弱人们在提高人力资本累积水平过程中的积极性。

① Francisco G. D., Racquel A. C., Identifying the Determinants of Overseas Filipinos' Remittances: Which Exchange Rate Measure is Most Relevant?, *Working Paper*, 2007.

（一）个人

资本累积率 $\dot{k}$ 不仅由移民家庭的个人收入水平 w 和移民汇款水平 x 决定，还由教育投资水平和消费水平 c 决定。资本累积方程为：

$$\dot{k} = (1-e)\ w + (1-\gamma_2\tau_1)\ x - c \tag{1}$$

式中，e 为移民家庭个人收入中用于教育投资的比例；γ_2 为移民家庭移民汇款中用于教育投资的比例；τ_1 为金融发展程度，即金融发展程度越大，移民汇款所产生的成本越小。

人力资本累积率 $\dot{h}$ 主要受教育投资水平（ew 和 $\gamma_2 x$）以及现有的人力资本 h 影响。人力资本累积方程为：

$$\dot{h} = \zeta\ (ew)^{\delta}\ (\gamma_2\tau_1 x)^{\eta-\omega} h^{1-\delta-\eta} \tag{2}$$

式中，ζ 为人力资本累积效率；δ 为个人收入中用于教育投资的份额对人力资本累积的贡献；η 为移民汇款中用于教育投资的份额对人力资本累积的贡献；ω 为移民汇款的投资对人力资本累积存在的抑制效应。

（二）企业

假设市场上存在 N 个完全竞争的同质企业，生产函数为柯布—道格拉斯形式，社会总生产函数为 $Y = AK^{\theta}\ (Lh)^{1-\theta}$，其中，$A$ 为生产效率参数；K 为总物质资本；h 为人力资本；θ 衡量了物质资本投入对产出的贡献。

考虑到移民汇款的引入会对产出存在两方面影响，将生产函数扩展为：

$$Y = AK^{\theta_1}(\gamma_1\tau_1 X)^{\theta_2-\omega}(Lh)^{1-\theta_1-\theta_2} \tag{3}$$

式中，θ_2 为用于生产投资的移民汇款份额对产出的贡献；ω 为用于生产投资的移民汇款对产出的抑制效应。

假设物质资本折旧率为 1，所以企业利润最大化的一阶最优条件为：

$$w = \frac{\partial\ Y}{\partial\ (Lh)} = (1-\theta_1-\theta_2)\ \frac{Y}{Lh} = A\ (1-\theta_1-\theta_2)$$

$$(\gamma_1\tau_1 X)^{-\omega}(\gamma_1\tau_1 x)^{\theta_2}k^{\theta_1} \tag{4}$$

式中，k 为每单位有效劳动的资本，$k = K/(Lh)$。

整个规划可以表述成：

$$\max_{c,\gamma_2,e}\int_0^{\infty}\frac{c^{1-\sigma}-1}{1-\sigma}e^{-\rho t}\mathrm{d}t$$

$$\text{s. t.}\begin{cases}\dot{k} = (1-e)w + (1-\gamma_2\tau_1)x - c \\ \dot{h} = B(ew)^{\delta}(\gamma_2\tau_1 x)^{\eta-\omega}h^{1-\delta-\eta}\end{cases} \tag{5}$$

其中，c 为消费水平。

三　均衡增长路径分析

为求解规划问题，定义现值 Hamilton 函数为：

$$J = \ln c + \lambda_1\left[\begin{array}{l}A\ (1-e)\ (1-\theta_1-\theta_2)\ (\gamma_1\tau_1 X)^{-\omega} \\ (\gamma_1\tau_1 x)^{\theta_2}k^{\theta_1} + \ (1-\gamma_2\tau_1)\ x - c\end{array}\right] + \lambda_2\left\{\begin{array}{l}B\ [eA\ (1-\theta_1-\theta_2)\ (\gamma_1\tau_1 X)^{-\omega}(\gamma_1\tau_1 x)^{\theta_2}k^{\theta_1}]^{\delta} \\ (\gamma_2\tau_1 x)^{\eta-\omega}h^{1-\delta-\eta}\end{array}\right\} \tag{6}$$

依据现值 Hamilton 函数的一阶条件、欧拉方程和横截性条件，求得以下等式：

$$\frac{\partial\ g_h}{\partial\ x} = \frac{\delta\theta_1\tau_1\gamma_2}{(1-\delta-\eta)\ (\eta-\omega)\ ek} \tag{7}$$

$$\frac{\partial\ g_w}{\partial\ x} = \frac{\partial\ g_e}{\partial\ x} = \frac{(\delta+\eta)\ \delta\tau_1\gamma_2}{(1-\delta-\eta)\ (\eta-\omega)\ (\upsilon+1)\ ek} \tag{8}$$

结合式（7）和式（8），本文将从人力资本投资、物质资本投资和其他外部环境支持这三个途径分别探究移民汇款对经济增长的影响机制。

从人力资本投资角度看，由$\partial\ (\partial\ g_h/\partial\ x)\ /\partial\ e<0$ 可知，移民家庭投入教育的个人收入会抑制移民汇款对人力资本均衡累积率的积极影响。但在移民汇款促进人力资本和经济均衡增长的过程中，移民汇款又会产生积极的收入效应，尤其是当汇款能够补偿移民带来的收入损失时，通

过减缓移民家庭中下一代成员接受教育时面临的预算约束，促进人力资本累积，提高经济增长水平。这一点可以从$\partial(\partial g_h/\partial x)/\partial\gamma_2>0$，$\partial(\partial g_w/\partial x)/\partial\gamma_2>0$中反映出来，即投入教育的移民汇款份额$\gamma_2$起到重要的推动经济增长作用。

南亚地区移民家庭的收入分配会产生两种不同效应，主要是由以下两方面原因引起：一方面，受限于南亚地区目前的教育资源，教育对经济增长的贡献有限，个人收入对教育的投资会“挤出”移民汇款对教育的投资，收入整体的不合理配置降低了家庭的生活质量，由此阻碍经济长期增长；另一方面，南亚地区收入水平一般较低，若移民家庭将个人收入投入教育领域，高入学成本和接受教育的机会成本等预算约束会“挤出”消费支出，降低家庭的福利效应，在移民家庭没有实现基本生活需求情况下，这种情况不利于移民汇款促进经济增长（Mckenzie et al.，2006）。[①] 以上两方面原因导致投入教育的移民汇款效率对经济增长的影响会产生两种不同结果，因此$\partial(\partial g_h/\partial x)/\partial\eta$的符号取决于效应的偏差程度。

命题1：移民汇款通过教育投资对经济增长产生的影响存在双重效应，且其最终效应取决于效应的偏差程度。

从物质资本累积角度分析，由$\partial(\partial g_w/\partial x)/\partial\gamma_2>0$，$\partial(\partial g_h/\partial x)/\partial e<0$和$\partial(\partial w/\partial x)/\partial k<0$可知，在移民汇款促进经济均衡增长的过程中，投入教育的移民汇款份额和移民家庭个人收入份额的作用存在反差，且这两者的共同作用所产生的资本累积越少，经济增长速度越快。进一步说，扣除这两方面开支所产生的资本累积，要想通过生产投资来促进经济增长，首先要均衡消费、教育投资和生产投资之间的开支份额，并使资本累积维持在合适的门槛区间。南亚作为较落后地区，目前国内投资项目的收益仍较低，投入生产的移民汇款将会约束汇款接收者施展更多的管理才能，因此，汇款动机更多的是出于利他性的，汇款的目的是维持国内家庭成员的生活支出和教育开支，而不是生产性投资。

---

① McKenzie D.，Rapoport H.，Can Migration Reduce Educational Attainment? Evidence form Mexico，*World Bank Policy Research Working Paper*，2006，No. 3952.

虽然物质资本累积不利于移民汇款对经济增长的作用，但由$\partial(\partial w/\partial x)/\partial\theta_1>0$可知，物质资本累积效率的提高则有利于推动这一积极影响。有研究反映，移民汇款并不仅仅是通过简单的收入转移促进接收国的消费，同样可以通过投资渠道为接收国经济发展提供金融支持。在这种情形下，移民汇款在商业动机的增加与补偿动机的增长方面是一样的，尤其是，如果期望收益足够高，移民会对母国进行更多的投资。

命题2：移民汇款通过物质资本累积并不能保证一定会对经济增长产生正效应，而是要提升物质资本的累积效率。

从移民汇款的其他外部环境来看，$\partial(\partial g_w/\partial x)/\partial\tau_1>0$，$\partial(\partial g_h/\partial x)/\partial\tau_1>0$，即$\tau_1$越大，$w$和$g_h$对$x$的促进作用均越大。移民汇款的流入，会增加移民家庭对银行等金融机构的负债需求，促进金融机构规模的扩大；随着金融机构规模的扩大，金融机构会进一步要求政府进行金融改革，提高国内金融系统的效率，由此吸引更多的汇款投资于国内的金融资产，促进国内金融发展和经济增长。

命题3：金融发展程度是移民汇款对经济增长影响的重要因素，且其越高，移民汇款对经济增长的积极影响越强。

四　实证分析

（一）模型与数据

依据命题1、命题2、命题3，南亚地区的移民汇款对经济增长的影响可能会受人力资本累积、物质资本累积以及国内金融发展程度影响。为实证检验移民汇款作用于经济增长的不同路径的显著性，本文构建联立方程组模型，如下所示。

$$\begin{cases}\ln Y_{i,t}=\alpha_{11}\ln Y_{i,t-1}+\alpha_{12}\ln INV_{i,t}+\alpha_{13}\ln SCH_{i,t}\\ \qquad +\alpha_{14}\ln CRE_{i,t}+\alpha_{14}\ln control_{1,i,t}+C_1+u_1\\ \ln X_{i,t}=\alpha_{21}\ln REM_{i,t-j}+\alpha_{22}\ln control_{2,i,t}+C_2+u_2\end{cases}\tag{9}$$

其中，i为国家；t为时间；lnY为人均GDP水平；lnX为内生变量，可能包括lnINV、lnSCH、lnCRE和lnREM，其中，lnINV为移民地区的物质资本存量，采用固定资本形成总额为替代指标；lnSCH 为移民地区的人力资本存量，采用高等院校入学率为替代指标；lnCRE 为移民地区的金融发展程度，采用银行为私营部门提供的贷款额为替代指标；[①] lnREM 为移民汇款流入量，由国际劳工汇款和个人转移两部分数据构成。[②] lncontrol 为外生变量，包括 R、lnJYGGKZ、DKLL、lnGJQX 等，其中，选取银行实际利率 R 为影响变量 lnINV 的外生变量；选取教育公共开支总额 lnJYGGKZ 为影响变量 lnSCH 的外生变量；选取贷款利率 DKLL 为影响变量 lnCRE 的外生变量；选取移民国家的国际迁徙者数量 lnGJQX 为影响变量 lnREM 的外生变量。u_1、u_2 为随机干扰项。

本文使用 1981—2014 年孟加拉国、巴基斯坦、印度、尼泊尔和斯里兰卡这五个南亚国家的面板数据，所有变量数据均来自世界银行的官方数据库（World Development Indicators）。

（二）实证结果

从整体上看，移民汇款对南亚五国经济增长的直接影响均不显著。这一点可以由表 1、表 2、表 3 得到。因此，移民家庭需要对移民汇款进行有效配置，才能促进经济的快速增长。作为移民家庭消费开支的补充，移民汇款仅能提升家庭的生活质量，并不能实现资本升值。虽然人力资本、物质资本、金融发展是实现移民汇款资本升值的重要途径，但对于南亚五国而言，这些路径并不都能促进经济的快速增长。

由表 1、表 2、表 3 中可以看出，在移民汇款作用于经济增长的过程中，物质资本投资的中介作用不显著，同时金融发展的中介作用更不显著。由于南亚五国的自然资源稀缺，因此其产业发展主要依靠劳动力成本低的优势，以轻工业、种植业、农产品行业等劳动密集型产业为主，如进口替代用机械备件、机器及零部件、小型工具、玩具、消费品、纸产品、自行车等，而钢铁、有色金属、建材、船舶等重工业主要依赖进口。近年来，随着经济的不断发展，劳动力成本不断提高，“人口红利”

---

① 张宇：《移民汇款对母国经济增长影响的研究》，硕士学位论文，厦门大学，2014 年。

② 崔兆财、张志新、高小龙：《国际移民汇款的经济增长效应——基于发展中国家的系统 GMM 分析》，载《首都经济贸易大学学报》2015 年第 5 期，第 20—28 页。

已逐渐消失，产业发展的增长效应逐渐达到饱和，但实体经济的发展仍较落后，由此将移民汇款投入生产性领域已难以显著促进一国经济的长期增长。正是由于南亚五国目前的实体经济已实现饱和且仍较不发达，第三产业在此约束下，其金融资本的投入将阻碍南亚五国经济的长期增长。这一点从表2和表3中可以反映出来。对于南亚五国而言，金融市场的发展仍不成熟，金融服务成本和沉没成本较高，若将移民汇款投入金融市场，势必在某种程度上生产性投入或教育投入会被挤出。

因此，为进一步挖掘经济发展潜力，南亚国家需要发展技术密集型产业，从而人力资本累积尤显重要。由表1和表3中可得，在人力资本的中介作用下，移民汇款能显著促进南亚五国的经济增长。特别是南亚国家不断发展起来的医药行业，更需要人力资本的累积来提升技术创新能力。进一步看，国内物质资本投资和人力资本投入也会反过来促进移民汇款的增加。

表1　移民汇款通过物质资本、人力资本作用于经济增长的联立方程组估计结果

估计法	OLS	2SLS	SUR
GDP			
GDP_{t-1}	1.044（0.000）	1.017（0.000）	1.045（0.000）
INV	-0.041（0.193）	-0.069（0.094）	-0.048（0.018）
SCH	0.028（0.004）	0.036（0.009）	0.025（0.000）
CRE	-0.005（0.034）	-0.006（0.033）	-0.004（0.008）
REM	0.008（0.812）	0.033（0.461）	0.016（0.487）
_cons	0.507（0.058）	0.687（0.051）	0.478（0.008）
INV			
REM	0.870（0.000）	0.876（0.000）	0.894（0.000）
R	0.045（0.041）	0.045（0.041）	0.036（0.008）
_cons	1.921（0.246）	1.783（0.283）	1.347（0.325）

续表

估计法	OLS	2SLS	SUR
REM			
INV	0.962 (0.000)	0.994 (0.000)	0.959 (0.000)
SCH	0.088 (0.086)	0.077 (0.166)	0.079 (0.002)
GJQX	-0.103 (0.565)	-0.133 (0.479)	-0.015 (0.862)
_ cons	2.765 (0.171)	2.523 (0.222)	1.678 (0.231)
SCH			
REM	2.222 (0.074)	2.183 (0.089)	3.456 (0.000)
ZXSCH	4.862 (0.026)	4.898 (0.026)	4.338 (0.005)
JYGGKZ	-1.379 (0.259)	-1.342 (0.285)	-2.660 (0.003)
_ cons	-28.736 (0.011)	-28.830 (0.010)	-24.291 (0.004)

表 2　移民汇款通过物质资本、金融发展作用于经济增长的联立方程组估计结果

估计法	OLS	2SLS	SUR
GDP			
GDP_{t-1}	1.031 (0.000)	1.045 (0.000)	1.047 (0.000)
INV	-0.031 (0.382)	-0.027 (0.615)	-0.053 (0.036)
SCH	0.014 (0.187)	0.019 (0.122)	0.007 (0.392)
CRE	-0.002 (0.383)	-0.004 (0.268)	-0.001 (0.771)
REM	0.026 (0.530)	0.019 (0.761)	0.047 (0.110)
_ cons	-0.044 (0.876)	-0.042 (0.889)	-0.127 (0.555)
INV			
REM	0.906 (0.000)	0.920 (0.000)	0.928 (0.000)
R	0.062 (0.005)	0.062 (0.005)	0.050 (0.000)
_ cons	1.173 (0.408)	0.824 (0.566)	0.668 (0.593)

续表

估计法	OLS	2SLS	SUR
REM			
INV	1.068 (0.000)	0.987 (0.000)	1.077 (0.000)
CRE	0.018 (0.107)	0.028 (0.033)	0.018 (0.001)
GJQX	-0.217 (0.184)	-0.108 (0.552)	-0.209 (0.004)
_cons	1.987 (0.148)	2.075 (0.144)	1.655 (0.137)
CRE			
REM	2.307 (0.034)	2.556 (0.021)	2.644 (0.004)
DKLL	-42.983 (0.000)	-42.508 (0.000)	-40.728 (0.000)
OPEN	-0.117 (0.662)	-0.110 (0.680)	-0.261 (0.082)
_cons	81.854 (0.045)	66.096 (0.078)	75.165 (0.021)

下面，本文分别针对移民汇款对这五个国家经济增长的影响展开研究。

(1) 对印度而言，两者之间的关系及其路径影响较为乐观（如表4所示）。首先，物质资本投资是提升移民汇款对经济增长影响的快速且稳定路径；其次是人力资本投资，但通过该路径，移民汇款与经济增长之间呈显著负相关关系。最不稳定的影响路径则是金融发展程度。近年来，为发展优势产业（如电影业、软件业、医疗业、农产品业、矿业等），印度的许多企业进行了大量的固定资产投资来提高生产效率。在此过程中，印度收到的移民汇款总额占GDP比重也较高，其中部分的移民汇款投入了固定资产。但印度实体经济的发展尚不成熟，还不能稳步推进金融业的发展，特别是银行给予私人部门的贷款，因此，金融发展还不能成为移民汇款促进经济增长的主要路径。同时，人力资本投资对经济增长的促进作用也很关键。一方面，印度的很多产业都存在职缺问题，这些产业的流动率极高，抑制了产业发展；另一方面，钢铁、有色金属、建材、汽车、船舶等产业主要依赖进口，这些产业的人才缺乏致使人力资本路径投资阻碍了移民汇款对经济增长的促进作用。

表 3　　移民汇款通过人力资本、金融发展作用于经济增长的联立方程组估计结果

估计法	OLS	2SLS	SUR
GDP			
GDP_{t-1}	1.044 (0.000)	1.037 (0.000)	1.043 (0.000)
INV	-0.041 (0.193)	-0.117 (0.119)	-0.041 (0.056)
SCH	0.028 (0.004)	0.027 (0.158)	0.027 (0.000)
CRE	-0.005 (0.034)	-0.007 (0.092)	-0.004 (0.003)
REM	0.008 (0.812)	0.092 (0.274)	0.008 (0.739)
_ cons	0.507 (0.058)	0.369 (0.465)	0.508 (0.004)
SCH			
REM	2.223 (0.074)	2.717 (0.053)	2.573 (0.000)
ZXSCH	4.862 (0.026)	4.424 (0.049)	3.793 (0.005)
JYGGKZ	-1.379 (0.259)	-1.835 (0.176)	-1.332 (0.052)
_ cons	-28.736 (0.011)	-27.574 (0.015)	-34.566 (0.000)
REM			
CRE	-0.045 (0.356)	-0.050 (0.393)	-0.066 (0.020)
SCH	0.469 (0.004)	0.512 (0.008)	0.569 (0.000)
GJQX	0.712 (0.008)	0.708 (0.011)	0.581 (0.001)
_ cons	12.036 (0.003)	11.858 (0.004)	13.635 (0.000)
CRE			
REM	3.079 (0.046)	3.320 (0.034)	3.034 (0.018)
DKLL	-47.449 (0.005)	-46.861 (0.006)	-47.695 (0.000)
_ cons	67.027 (0.254)	59.696 (0.312)	68.703 (0.155)

（2）对孟加拉国而言，三大路径（物质资本投资路径、人力资本投资路径和金融发展路径）对汇款与经济增长之间的关系也较为有利（如表 5 所示）。物质资本投资能快速提升移民汇款对经济增长的促进作用，且金融发展程度的提高在提升移民汇款对经济增长方面具有稳定性。目前，孟国的优势产业以服装业、黄麻业、冷冻食品业、皮制品业、医药业等劳动密集型轻工业为主，固定资本的大量投入通过提高劳动生产率

促进了实体经济，即资本密集型产业的发展。同时，在大规模实体经济驱动下，孟国的金融业也不断得到完善，因此，金融发展程度的提高能够提升孟国的移民汇款对经济增长的促进作用。

（3）对尼泊尔而言，物质资本投资和人力资本投资能显著激发移民汇款对经济增长的促进作用，而金融发展的作用则较不显著（如表6所示）。目前，尼国的经济以农业为主，制造业以轻工业为主，门类很少，因此，要发展相关制造业，有效促进经济增长，就急需大量的资本累积和人才培养。

表4　移民汇款通过物质资本、人力资本和金融发展作用于经济增长的联立方程组估计结果（印度）

	OLS 估计法	SUR 估计法
GDP		
INV	0.488（0.000）	0.504（0.000）
SCH	0.019（0.000）	0.021（0.000）
CRE	0.003（0.079）	0.001（0.324）
_cons	-6.642（0.000）	-7.041（0.000）
INV		
REM	0.407（0.000）	0.417（0.000）
R	-0.044（0.105）	-0.037（0.043）
_cons	15.464（0.000）	15.161（0.000）
SCH		
REM	-1.633（0.022）	-2.426（0.000）
JYGGKZ	14.063（0.000）	16.056（0.000）
_cons	-345.5850.000）	-381.0（00.000）
CRE		
REM	10.298（0.002）	9.559（0.000）
DKLL	27.401（0.434）	14.341（0.517）
_cons	-311.07（0.059）	-259.21（0.015）

表5　移民汇款通过物质资本、人力资本和金融发展作用于经济增长的联立方程组估计结果（孟加拉国）

	OLS 估计法	SUR 估计法
GDP		
INV	0.322（0.000）	0.313（0.000）
SCH	0.018（0.086）	0.019（0.031）
CRE	0.007（0.019）	0.007（0.001）
_ cons	-1.7410.029）	-1.554（0.017）
INV		
REM	0.599（0.000）	0.602（0.000）
R	0.033（0.021）	0.032（0.005）
_ cons	8.290（0.000）	8.224（0.000）
SCH		
REM	1.873（0.000）	2.160（0.000）
ZXSCH	-0.4210.734）	-1.405（0.130）
_ cons	-37.567（0.000）	-41.088（0.000）
CRE		
REM	11.104（0.000）	11.168（0.000）
DKLL	1.855（0.856）	8.112（0.254）
_ cons	-47.522（0.000）	-265.024（0.000）

（4）对斯里兰卡而言，三大路径的影响则较为严峻（如表7所示）。汇款通过物质资本投入、人力资本累积、金融发展程度均未能实现有效且稳定的经济增长。我们据此判断，斯里兰卡的移民汇款可能主要用于家庭生活开支，很少用于投资和借贷的资本。

（5）巴基斯坦的情形与以上国家存在很大差异。移民汇款对巴基斯坦的物质资本、人力资本累积存在抑制现象，由此反映移民汇款可能通过提高劳动者的生活质量、降低原有劳动者的劳动积极性的路径，降低了巴基斯坦的移民家庭累积资本的积极性。同时，巴基斯坦的物质资本和人力资本累积对经济增长的影响存在差异。当前，巴基斯坦国轻工业较为发达，如毛纺织、制糖、造纸、烟草、水泥、制革等，其中最大的工业部门为棉纺织业，而这些行业的生产效率仍较低，需要大量的固定资产设备投入来提高生产效率。再者，由于该国的移民汇款绝大多数用于家庭消费，而较少投入大规模生产，缺少资本累积路径，因此，移民汇款尚不能对金融发展程度有显著促进作用，对经济增长的影响不显著。

表6　　移民汇款通过物质资本、人力资本和金融发展作用于经济增长的联立方程组估计结果（尼泊尔）

	OLS 估计法	SUR 估计法
GDP		
INV	0.335 (0.000)	0.325 (0.000)
SCH	0.035 (0.000)	0.035 (0.000)
CRE	0.003 (0.133)	0.004 (0.019)
_cons	-1.811 (0.049)	-1.626 (0.029)
INV		
REM	0.581 (0.000)	0.625 (0.000)
R	-0.002 (0.943)	0.021 (0.214)
_cons	8.182 (0.000)	7.162 (0.000)
SCH		
REM	2.134 (0.000)	2.227 (0.000)
ZXSCH	-0.086 (0.949)	-0.495 (0.646)
_cons	-39.901 (0.000)	-40.488 (0.000)
CRE		
REM	8.462 (0.000)	8.431 (0.000)
DKLL	-10.336 (0.146)	-10.577 (0.019)
_cons	-135.614 (0.009)	-134.376 (0.000)

表7　　移民汇款通过物质资本、人力资本和金融发展作用于经济增长的联立方程组估计结果（斯里兰卡）

	OLS 估计法	SUR 估计法
GDP		
INV	0.395 (0.168)	0.480 (0.000)
SCH	0.002 (0.972)	-0.003 (0.886)
CRE	0.015 (0.668)	0.016 (0.080)

续表

	OLS 估计法	SUR 估计法
_ cons	-2.165 (0.722)	-4.171 (0.061)
INV		
REM	-1.929 (0.013)	-1.671 (0.000)
R	0.050 (0.001)	0.047 (0.000)
_ cons	73.546 (0.002)	66.898 (0.000)
SCH		
REM	-7.774 (0.288)	-6.405 (0.124)
JYGGKZ	8.009 (0.118)	6.894 (0.005)
_ cons	13.734 (0.938)	6.845 (0.948)
CRE		
REM	-1.616 (0.924)	2.083 (0.834)
DKLL	-7.521 (0.286)	-10.068 (0.003)
_ cons	115.512 (0.789)	25.928 (0.919)

综上所述，从物质资本累积促进汇款对经济增长影响来看，印度、孟加拉国和尼泊尔均较为显著；从人力资本投资激发移民汇款促进经济增长来看，孟加拉国和尼泊尔较为稳定。而斯里兰卡和巴基斯坦这两个国家在这两方面表现都较弱。一般地，物质资本累积路径对移民汇款促进经济增长的有效运作是保证金融发展路径起作用的基础，而金融发展在一定程度上也会影响物质资本累积路径对移民汇款促进经济增长的过程，如印度和孟加拉国。但物质资本累积路径的作用不构成人力资本激发移民汇款对经济增长促进作用的基础，如印度。

五　结论

目前，许多学者对移民汇款在南亚地区产生的经济增长渠道进行探讨，并且研究的结果也因选取的方法和样本国的不同而存在着差异，从而得出不同的结论。本文则通过构建新的经济增长模型，采用均衡增长路径分析法探究了移民汇款促进经济增长的机制并得到相关命题，随后运用联立方程组模型的实证方法，选取了包括印度、孟加拉国、斯里兰卡、尼泊尔、巴基斯坦在内的五个南亚国家作为研究对象，实证检验了国际移民汇款对南亚及其各国经济增长的影响路径。

实证结果显示，移民汇款对南亚地区的经济增长效应的确存在，但具体对经济影响的方向在不同区域间存在差异。在人力资本的中介作用下，移民汇款能从整体上显著促进南亚五国的经济增长，但物质资本和金融发展程度的中介作用不显著。具体地，从物质资本累积促进移民汇款对经济增长影响来看，印度、孟加拉国和尼泊尔均较为显著；从人力资本投资激发移民汇款促进经济增长来看，孟加拉国和尼泊尔较为稳定。依据对各国的实证分析结果，不同国家中移民汇款的经济效应呈现出一定的差异，保证物质资本累积路径对移民汇款促进经济增长的有效运作是金融发展路径起作用促进经济增长的基础，而金融发展在一定程度上也会影响物质资本累积路径对移民汇款促进经济增长的过程，如印度和孟加拉国。物质资本累积路径的作用不构成人力资本激发移民汇款对经济增长促进作用的基础，如印度。

第 二 编

华商企业与跨境电商

海外华商企业的变革途径*

[新加坡] 刘　宏①、范　昕②著　李　琴译

内容提要：本文希望达到两个目的：一是对有关海外华商企业和创业的研究进行批判性评估。除了分析这些文献中所谓的“修正主义转向”的关键主题之外，我们也将为这种转向引入一些新的概念和理论框架。同时，我们还将找出与修正主义方法论相关的误区。二是通过研究新加坡和日本的实证案例来强调海外华人跨国网络与国家之间的多层次互动，从而提出超越修正主义论点的方法和未来的研究议题。我们认为，这种互动受到了中国崛起和亚太地区快速经济区域化的极大影响，而这种区域化反过来又助推了内在网络的跨国发展和新型跨国华商企业家的兴起。

关键词：海外华商；网络；中国；东南亚；日本

一　导论

过去35年来，有关海外华商企业的研究发生了重大变化。20世纪70年代后期以前，研究的重点主要是中国的文化和制度如何成为经济增长

---

* 本文原文为英文，由李琴老师翻译为中文，特此致谢。本文的研究获得南洋理工大学科研项目（#M4081020）的资助。

① 刘宏，南洋理工大学社会科学学院陈嘉庚讲座教授。

② 范昕，南洋理工大学人文学院博士研究生。

的障碍。①但是，随着东亚地区经济在20世纪70年代后期的迅速成长，研究范式逐渐转变为了解文化和制度在经济发展中的积极作用。有关亚太地区的海外华人企业和创业出现了两种主要的解释路径，分别强调文化主义范式和结构主义观念。1997—1998年的亚洲经济危机使人们注意到了华人资本主义的脆弱性，并促使人们重新审视海外华人企业所获"经济成功"的既定范式。过去20年中出版的有关在亚洲和其他地区的华商创业和跨国网络的一系列著作中，有意识地进行了这种批判性的反思。②虽然其中的某些论点在此前也曾阐明过，但是由不同学科和国家背景的作者所写的这些文章共同宣示了新趋势的到来，我们称为"修正主义转向"，其特点是解构有关海外华商创业的旧的神话，努力构建新方法，进而分析中国对华商的影响。

本文并非仅仅对近期文献的全面检索，而是旨在考察这些研究的中心议题及其局限性，并提出供进一步分析的主题。作为一种初步尝试，思索"后修正主义"的综合性研究，本文的研究范围有限，只是其中结合了两方面的内容，一方面是对亚洲和中国崛起背景下有关华商创业

① 参看 Jamie Mackie, "Overseas Chinese Entrepreneurship", *Asia - Pacific Economic Literature*, Vol. 6, No. 1 (1992), pp. 41 - 64; and Henry Yeung and Chris Olds, "Globalizing Chinese Business Firms: Where are They Coming From, Where are They Heading?" in Idem, eds., *Globalization of Chinese Business Firms* (London: Macmillan, 2000), pp. 1 - 27; Martin King Whyte, "Paradoxes of China's Economic Boom", *Annual Review of Sociology*, Vol. 35 (2009), pp. 371 - 392; 刘宏：《海外华人研究的谱系：主题的变化与方法的演进》，载《华人研究国际学报》2009年第2期，第1—28页; Min Zhou and Hong Liu, "Transnational Entrepreneurship and Immigration Integration: New Chinese Immigrants in Singapore and the United States" (with Min Zhou), in Jody Agius Vallejo ed., *Immigration and Work* (*Research in the Sociology of Work*, *Volume 27* (London: Emerald Group Publishing, 2015), pp. 169 - 201.

② Chan Kwok Bun, ed., *Chinese Business Networks: State, Economy and Culture.* (Singapore: Prentice Hall, 2000); Edmund Terence Gomez and Hsin - Huang Michael Hsiao, eds., *Chinese Business in South - East Asia: Contesting Cultural Explanations, Researching Entrepreneurship* (Surry: Curzon Press, 2001) and *Chinese Enterprise, Transnationalism, and Identity* (London: Routledge Curzon, 2004); Thomas Menkhoff and Solvay Gerke, eds., *Chinese Entrepreneurship and Asian Business Networks* (London: Routledge Curzon, 2002); Eric Fong and Chiu Luk, eds., *Chinese Ethnic Business: Global and Local Perspectives* (London: Routledge, 2007); Tan Chee - Beng, ed., *Chinese Transnational Networks* (London: Routledge, 2007); Raymond Wong, ed., *Chinese Entrepreneurship in a Global Era* (London: Routledge, 2008); Gregor Benton, Hong Liu, and Zhang Huimei, eds., *The Qiaopi Trade and Transnational Networks in the Chinese Diaspora* (London: Routledge, 2018).

文献的批判性讨论；另一方面是对未来研究方向的初步思考。本文也不是实证研究，但是为了说明在本文提出的论点，选取了新加坡、日本和中国的几个案例，并以其他学者研究的几个具有可比性的实例作为补充。

在本文中，“离散”被宽泛地定义为“被国家边界分隔开来的移民族群共同体”①，虽然如后所述，国家在移民社群及其企业的发展中依然是一股不可或缺的力量。据估计，目前有大约6000万海外华人在中国大陆、香港、台湾和澳门境外居住，其中超过80%在东南亚居住；而截至2015年，20世纪70年代末之后来自中国的新移民数量大约为900万。②

二　有关（华商）族群的研究取向

有关华商的研究受到族裔企业家社会学的影响。相关文献可分为供给侧观点和需求侧观点。③前者强调“有适当的人来扮演企业家的角色”，并重点关注企业家的个人特点，来考察创业。对于族群性与创业之间的相互关系，学者考虑了群体特点的作用，包括“各种诱发性因素，例如选择性迁移、文化、期望水平等”。④供给侧观点似乎类似用于华商企业的文化主义方法。该方法认为，华商创业成功的关键在于其文化特点，例如儒家价值观、勤奋工作、纪律性、家庭主义和关系。这些价值观使一种与众不同的合作形式合法化，即商业、社会和政治组织之间的合作。⑤

与供给侧强调静态和个人相反，需求侧观点考察企业家实际做些什么——他们在社会环境中做出的决定随着时间的推移而变化。它更加感

① Stéphane Dufoix, *Diasporas*（Berkeley: University of California Press, 2008）, p. 30.

② http://world.people.com.cn/n/2015/0319/c1002-26719369.html. 刘宏：《海外华人与崛起的中国：历史性、国家与国际关系》，载《开放时代》2010年第8期；Tan Chee-Beng, ed., *Routledge Handbook of the Chinese Diaspora*（London: Routledge, 2013）.

③ Patricia Thornton, "The Sociology of Entrepreneurship", *Annual Review of Sociology*, Vol. 25（1999）, pp. 19-46.

④ Howard Aldrich and Roger Waldinger, "Ethnicity and Entrepreneurship", *Annual Review of Sociology*, Vol. 16（1990）, pp. 111-135.

⑤ Yeung and Olds, "Globalizing Chinese Business Firms".

兴趣的是“环境的推拉效应”，例如国家政策、市场发展和技术变革的出现。族裔企业的学者密切关注机会结构（可能有利于面向共同种族的产品或服务的市场状况和服务于更加广泛的、非种族市场的情形）和种族策略（源自机会和群体特点的相互作用）。在不断增加的市场社会学文献中，存在一种共识，即市场以企业、员工、供应商、客户和政府之间的广泛社会关系为特征的社会结构。①

需求侧观点可等同于结构主义对海外华商企业创业的认知。这种认知主要涉及海外华人经营业务的外部（通常是敌对的）环境，以及他们与政治精英建立的各种联盟。换句话说，这种方法强调东亚政治经济的结构性要素，与国家战略、国际分工及其体制框架相联系。虽然包括阿里夫·德利克、王爱华和唐纳德·诺尼尼在内的学者此前对华商企业发展的文化主义解释提出批评②，但是1997—1998年的亚洲金融危机为结构主义的论点提供了更多证据。批评家认为正是华商企业的黑暗面，例如缺乏透明度和政治任人唯亲，导致了危机的发生。托马斯·门霍夫和道格拉斯·斯考斯基声称亚洲经济危机提供了“一个及时的机会，来重新审视全球化时代被视为理所当然的各种假设，即‘华人’资本主义的优点和独特性，及建立在各种关系和组织行为基础上的儒家家族价值体系的特殊网络”。③

总之，以上两种主要解释方法一方面有助于更好地理解亚太地区的华人经济，以开展建设性对话和全球比较；另一方面，随着东亚迅速变化和社会经济环境，以及中国成为世界第二大经济体，我们对海外华人的研究范式亦需要新的转向。

---

① Neil Fligstein and Luke Dauter, “The Sociology of Markets”, *Annual Review of Sociology*, Vol. 33 (2007), pp. 129 – 156.

② Arif Dirlik, *The Postcolonial Aura: Third World Criticism in the Age of Global Capitalism* (Boulder: Westview Press, 1997); Aihwa Ong and Donald Nonini, eds., *Ungrounded Empires: The Cultural Politics of Modern Chinese Transnationalism* (New York: Routledge, 1997); Michiel Verver and Heidi Dahles, “The Anthropology of Chinese Capitalism in Southeast Asia: From Culture to Institution?” *Journal of Business Anthropology*, Vol. 2, No. 1 (2013), pp. 93 – 114.

③ Menkhoff, Sikorski, “Asia's Chinese Entrepreneurs between Myth – Making and Renewal”, in Menkhoff and Gerke, eds., *Chinese Entrepreneurship and Asian Business Networks*, pp. 23 – 25.

三　“修正主义转向”及其不足

在有关海外华商的研究中，这种“修正主义转向”集中反映在本文开头所列的一些研究中。虽然学者对所讨论的问题没有一致的看法（事实上，即便是在同一期刊中也有不同的解释），但某些共识已经显现。修正主义方法论的特点是解构海外华人企业并将之去神秘化，认为除了族裔和文化共同性之外，还有更加复杂的因素，且族裔内部的竞争而不是合作成为华人企业的一个典型特点。鉴于修正主义论点甚为复杂，远非本文所能够充分说明的，因此以下内容仅为粗略概述。

首先，修正主义研究者对于有关华人创业的文化主义解释均持批评态度。戈麦斯和曹所编辑的著作开篇伊始就做出了总括性陈述：“第一，我们对这种流行的观点提出质疑，即华人的制度、规范和实践是其企业发展的原因。第二，对于华人企业家是否主要依赖基于共同身份的商业网络来发展其公司基础，我们有疑问。”①李胜生认为有关海外华人网络的讨论依然“混乱并有争议”；“就此类网络所做的说明往往是基于文化方面的陈词滥调或轶事证据。”②

其次，在将有关华商的神话解构之后，修正主义作者将注意力转到华商的内在的和结构性的脆弱性上。对于陈国贲和黄玫瑰来说，华人家族企业的“结构弱点”在于所有权和管理权不分。他们呼吁人们注意关系的“黑暗面”，它可能造成“任人唯亲、腐败和裙带关系”。③马来西亚的案例研究显示“关于所有权模式，公司结构、商业战略、多样化形式、资金来源以及种族内部商业合作程度的信息非常少”。这个说法得到了凯文·休伊森的响应。他在有关泰国的案例研究中指出：“几乎没有证据表明华人企业正在开展国内甚至是区域内的合作，来应对当

---

① “Preface”, in Gomez and Hsiao, eds., *Chinese Business in South - East Asia*, p. xi.

② Peter Li, “Overseas Chinese Networks: A Reassessment”, in Chan, ed., *Chinese Business Networks*, pp. 5, 261.

③ Chan and Ng, “Singapore”, in Gomez and Hsiao, eds., *Chinese Business in South - East Asia*, pp. 38 - 61.

前的危机。"①

再次，修正主义观点意识到有必要在广泛的理论概念化和实证研究之间形成创造性的结合。戈麦斯和萧新煌提出，可被用于创建长久商业联系的"最有用的概念"是互联的股份所有权和互联的董事职务；而三个广泛的主题，即国家、社会和资本有必要被纳入分析之中。② 陈国贲呼吁使华人商业网络的研究回归主流社会科学研究之中。③ 杨伟聪提出海外华人资本主义是一种混合资本主义形式，其"性质是开放和流动的"；它既趋同于"英美资本主义的某些规范和规则，但同时又不同于其关键制度和结构，反映了特定环境的动态和资本、信息、论述和技术的全球流动所产生的不平衡影响"。龙登高和韩其明认为，"华人创业的特点应当被视为某种形式的个性化交易，可采用制度经济学理论来加以说明。"④

最后，就地理范围而言，最近的研究超出了此前的重点，即海外华人对中国的投资⑤，更加系统地将中国纳入其分析之中，不仅将中国作为一个巨大市场和强大的政治实体来考察，而且还审视其与离散华人企业的多层次互动及其影响。吴维平主张："这两个（分别有关海外华人和中国大陆的研究）流派应当整合起来，以便找到一种解释华商网络的通用

---

① Gomez, Loh Wei Leng and Lee Kam Hing, "Malaysia", in Gomez and Hsiao, eds., *Chinese Business in South - East Asia*, pp. 62 - 84; Hewison, "Pathways to Recovery: Bankers, Business, and Nationalism in Thailand", in Gomez and Hsiao, eds., *Chinese Enterprise*, *Transnationalism*, *and Identity*, p. 256. 相关的案例亦参看刘宏《跨界亚洲的理念与实践：中国模式、华人网络、国际关系》，南京大学出版社 2013 年版。

② Gomez and Hsiao, "Introduction: Chinese Business Research in Southeast Asia", in idem, eds., *Chinese Business in South - East Asia*, pp. 1 - 37.

③ Chan, "Preface", in Menkhoff and Gerke, eds., *Chinese Entrepreneurship and Asian Business Networks* p. xiii.

④ Henry Yeung, "Hybrid Capitalism: A New Breed of Chinese Entrepreneurship in a Global Era", in Wong, ed., *Chinese Entrepreneurship in a Global Era*, pp. 29 - 51; Denggao Long and Qiming Han, "Beyond Culture: Economic Analysis of the Characteristics of Overseas Chinese Business", in Wong, ed., *Chinese Entrepreneurship in a Global Era*, pp. 52 - 65.

⑤ Paul Bolt, *China and Southeast Asia's Ethnic Chinese*: *State and Diaspora in Contemporary Asia* (Westport: Praeger, 2000); Glen Peterson, *Overseas Chinese in the People's Republic of China* (London: Routledge, 2013); Yasheng Huang, Li Jin, and Yi Qian, "Does Ethnicity Pay? Evidence from Overseas Chinese FDI in China", *Review of Economics and Statistics*, Vol. 95, No. 3 (2013), pp. 868 - 883.

方法，无论其具体地点在哪里。”[①]方和卢所编辑的著作重点关注经济全球化的影响和跨国联系如何影响华人企业的运营。许多篇章研究了与中国的海外联系的复杂模式和对北美及澳大利亚华人企业所产生的影响。[②]陈志明的著作还包含关注中国的社会经济转型及其对中国跨国网络的影响的章节。[③] 边燕杰巧妙地将香港和珠三角创业实证数据与对网络的社会学探究结合起来。[④]

这种整合式方法不仅反映了海外华人在中国日益扩大的商业活动，也体现了国家在前者的增长中不可或缺的作用。扩大了的地理范围和较新的政治要素包括进来，为早期文献中所缺乏的比较视角提供了机会。对华人创业的研究引发文化及其与社会经济结构的相互作用提出了我们所熟悉的问题。有人认为，“中国的现代化和企业发展与深植于家庭、亲属关系和族群之中的传统价值观和社团主义结构有紧密的联系，而所有这些都是形成中国现代性的重要力量。”[⑤]华人企业家进入亚洲以外地区，例如银行业进军洛杉矶和马来西亚华人对英国的投资，凸显了华人创业过程中内部联系的相关性。[⑥]

---

① Wei – ping Wu，“Transaction Cost，Cultural Values and Chinese Business Networks：An Integrated Approach”，in Chan，ed.，*Chinese Business Networks*，pp. 35 – 56.

② Janet Salaff，Arent Greve，and Siu – Lun Wong，“Business Social Networks and Immigrant Entrepreneurs from China”，in Fong and Luk，eds.，*Chinese Ethnic Business*，pp. 99 – 119；David Ip，“From Battlers to Transnational Ethnic Entrepreneurs? Immigrants from the People's Republic of China in Australia”，pp. 120 – 131.

③ Graham Johnson，“Comings and Goings：Pearl River Delta Identities in an era of Change and Transformation”，and Yow Cheun Hoe，“Transforming an Old Qiaoxiang：Impacts of the Chinese Diaspora on Panyu，1978 – 2000”，in Tan，ed.，*Chinese Transnational Networks*，pp. 23 – 48；49 – 70.

④ Bian，“Born out of Networks：A Sociological Analysis of the Emergence of the Firm”，in Wong，ed.，*Chinese Entrepreneurship in a Global Era*，pp. 166 – 182.

⑤ Julia Tao and Wai – Nang Ho，“Chinese Entrepreneurship：Culture，Structure and Economic Actors”，in Alan Scott，ed.，*The Limits of Globalization*：*Cases and Arguments*（London：Routledge，1997），pp. 143 – 177；Yasheng Huang，*Capitalism with Chinese Characteristics*：*Entrepreneurship and the State*（*Cambridge*：Cambridge University Press，2008）.

⑥ Wei Li and Gary Dymski，“Globally Connected and Locally Embedded Financial Institutions：Analyzing the Ethnic Chinese Banking Sector”，in Fong and Luk，eds.，*Chinese Ethnic Business*，pp. 35 – 63；Gomez，“Intra – Ethnic Cooperation in Transnational Perspective：Malaysian Chinese Investments in the United Kingdom”，in Gomez and Hsiao，eds.，*Chinese Enterprise*，*Transnationalism*，*and Identity*，pp. 109 – 147.

毫无疑问，修正主义观点为理解华人创业的动态变化提供了宝贵的视角。进一步探索未来研究方向，我们需要仔细研究促使海外华人创业的基本因素，包括家庭主义和企业治理的角色转变、国家与网络之间的多层次相互作用、跨国主义和中国崛起的影响等。

四 海外华人企业中的联合所有权问题

如上所述，一些修正主义作者将联合所有权和董事职务视为华人创业中的关键要素。这两者的缺乏往往意味着共同族裔网络的不足。表明他们不加批判地接受了阿尔弗莱德·钱德勒在其颇具影响的《看得见的手：美国商业管理革命》一书中所提出的模式，该理论将管理权与所有权分开作为从家族企业向现代公司进行的历史性转变中的准则。[①]钱德勒模式更加关心“谁控制企业”的问题，而不是“为什么华人企业仍然主要由家族控制的?”正如末广昭所指出的，这种模式无法回答以下关键问题，即“为什么东亚地区的家族企业能够在其母国中保持并巩固其地位?”[②]

以上问题应当构成一枚硬币的两面，不必相互排斥，而将它们之间的关系视为一种零和游戏。钱德勒的论点虽然解释力很强，但是因为它对于人际关系、国家和公共政策的作用不够重视，因此其在非美国背景下的适用性有限。[③] 玛丽·罗斯认为，“真的很难将他的（钱德勒）看法适用于美国以外地区以及竞争优势更多依赖于信息流的质量，而不仅仅

① Alfred Chandler, Jr. *The Visible Hand*: *The Managerial Revolution in American Business* (Cambridge: Harvard University Press, 1977).

② Akira Suehiro, *Catch – Up Industrialization*: *The Trajectory and Prospects of East Asian Economies* (Singapore: National University of Singapore Press, 2008), p. 202.

③ Robert Gardella, Jane Leonard, and Andrea McElderry, eds., *Chinese Business History*: *Interpretative Trends and Priorities for the Future* (Armonk: M. E. Sharpe, 1998); Mark Carson and Mary Rose, "Institutions and the Evolution of Modern Business: Introduction", in idem, eds., *Institutions and the Evolution of Modern Business* (London: Frank Cass, 1998), pp. 1 – 8.

是依赖技术的资本密集型的行业”。①

更广泛地说，西方和亚洲的现代转型的不同轨迹需要在解读亚洲企业经验时采用其他分析工具。②例如，自19世纪初以来，西方已经很好地建立了私有财产的法律保护，从而导致了“对制度的信任”的制度化。正式制度的存在和基于正式规则的非正式制约对工业化西方的经济增长做出了巨大贡献。③但是，对私有财产的这种制度化的保护在很多亚洲国家基本上是缺乏的，而在西方对社会资本的理论化当中基本上是缺失的，政治资本的积累对于获取并保留个人财富却发挥了更为重要的作用。④海外华人不得不通过各种类型的正式和非正式的关系网来克服制度性障碍。正是在这种背景下，本身不断发展的华人价值观和实践在全球化的世界里仍然具有相关性。⑤

修正主义作者执迷于以西方经验为楷模的华人企业的所有制模式，导致他们轻视其他商业网络模式的作用。例如，虽然戈麦斯对于几乎没有什么证据来证明华人企业家的联合董事职位与相互联系合作表示遗憾，

---

① Mary Rose, *Firms, Networks and Business Values: The British and American Cotton Industries since* 1750 (Cambridge: Cambridge University Press, 2000), p. 7; Trevinyo – Rodríguez, “From a Family – owned to a Family – controlled Business: Applying Chandler's Insights to Explain Family Business Transitional Stages”, *Journal of Management History*, Vol. 15, no. 3 (2009), pp. 284 – 298.

② R. Bin Wong, *China Transformed: Historical Change and the Limits of European Experience* (Ithaca: Cornell University Press, 1997); Wang Gungwu, *The Chinese Overseas: From Earthbound China to the Quest for Autonomy* (Cambridge: Harvard University Press, 2000); Giovanni Arrighi, Takeshi Hamashita, and Mark Selden, eds., *The Resurgence of East Asia: 500, 150 and 50 Year Perspectives* (London: Routledge, 2003), pp. 259 – 333; Hong Liu, “Introduction: Toward a Multi – dimensional Exploration of the Chinese Overseas”, in Liu, ed., *The Chinese Overseas, Vol. 1: Conceptualizing and Historicizing Chinese International Migration* (London and New York: Routledge, 2006), pp. 1 – 30; Takeshi Hamashita, *China, East Asia and the Global Economy: Regional and Historical Perspectives* (London: Routledge, 2008).

③ Douglass North, *Institutions, Institutional Change and Economic Performance* (Cambridge: Cambridge University Press, 1990); Jintong Tang, “How Entrepreneurs Discover Opportunity in China: An Institutional View”, *Asia Pacific Journal of Management*, Vol. 27, No. 3 (2010), pp. 461 – 479.

④ 刘宏：《社会资本与商业网络的建构：当代华人跨国主义的个案研究》，载《华侨华人历史研究》2000年第1期。

⑤ 廖赤阳、刘宏：《网络、国家与亚洲地域秩序：华人研究之批判性反思》，载《华侨华人历史研究》2008年第1期；Hong Liu and Gregor Benton, “The Qiaopi Trade and Its Role in Modern China and the Chinese Diaspora: Toward an Alternative Explanation of ‘Transnational Capitalism’”, *Journal of Asian Studies*, Vol. 75, No. 3 (2016), pp. 575 – 594。

但是他合编的著作的其他撰稿人提供了有关网络存在的令人信服的证据，因为他们并没有将自己的研究局限于所有权领域。[①]相反，他们扩大了搜索范围，包括供应商和买家关系等其他形式的网络，这更加与华人网络的灵活性和多维性以及整体经济网络的特征相结合。正如马修·杰克森提醒我们的那样，在研究社会网络经济学时，“企业有各种方法来形成影响市场结果的关系。它们可以携手开展研发；它们可以合并；它们可以生产联合产品；它们可以签订特定的供应商关系；它们可以共谋等。”[②]

五　家族企业的生命力

对于了解海外华人企业家来说，文化是否如某些修正主义作者所说的那样已经成了一个不相关的因素？把这个问题放入在中国经济增长和区域转型背景下文化、社会和国家之间不断变化的相互作用的环境中，而不是回到早期的基于文化与制度两分法的争论中去，会更有成效。如马丁·怀特所证明的那样，在某些方面，“中国的传统文化遗产为近期的经济发展和市场竞争提供了沃土”，例如促进社会流动、强力推动家庭经济改善、熟悉市场营销和私人商业活动、缔结合作伙伴关系和商业合同以及现代市场经济的其他做法。[③]

在海外华人企业的背景下，研究表明家族主义作为华语世界中的中心文化和社会制度之一，已被证明是有弹性的和适应性的。杨伟聪认为，家族企业是“组织华人资本主义的核心要素”，并且“可能继续作为关键组织平台或‘组织模式’”。[④]新加坡华人企业家蓝伟光的案例，有助于强调商业家庭主义仍然是华人企业中的一个关键要素，包括那些在科技领

---

① Tain - Jy Chen and Ying - Hua Ku, “Networking Strategies of Taiwanese Firms in Southeast Asia and China”, in Gomez and Hsiao, eds., *Chinese Enterprise, Transnationalism, and Identity*, pp. 151 - 171.

② Mathew Jackson, “The Economics of Social Network”, in Richard Blundell, Whitney Newey, and Torsten Persson, eds., *Advances in Economics and Econometrics: Theory and Applications, Ninth World Congress* (Cambridge: Cambridge University Press, 2006), Vol. 1, pp. 1 - 56.

③ Whyte, “Paradoxes of China's Economic Boom”, p. 386.

④ Henry Yeung, “Change and Continuity in Southeast Asian Ethnic Chinese Business”, *Asia Pacific Journal of Management*, Vol. 23, No. 3 (2006), pp. 229 - 254.

域上市的跨国公司。①

蓝伟光，1964 年出生于福建农村，大学毕业并获得化学学位，后赴新加坡攻读博士学位。1995 年加入凯发集团（新加坡最大的水处理公司），担任其在中国的技术与销售总监。次年离开凯发集团，成立了厦门三达公司。该公司与他后来成立的其他公司一起成为在新加坡组建的三达膜技术集团的一部分，专门从事膜系统的生产和安装。Sinomem 于 2003 年首次公开募股，并在新加坡证券交易所上市，由蓝家族持有 75% 的直接股份。在 2003 年福布斯中国 100 富豪榜上，蓝位居第 75 位，资产达到 1.37 亿美元。一年后，Sinomem 收购了位于山东的瑞丰生物，一家生产能够提高作物产量的化学制品的公司，于 2007 年在新加坡证券交易所上市。②

对于这样一个由新一代企业家在高技术行业建立的跨国公司，人们期待它走一条常规路线，将所有权与管理权分开，但是，商业家族主义（和相关的文化价值观）依然是该企业的核心。据蓝先生所说，为了能够进入中国市场，有必要深刻了解中国文化："这一点之所以重要，主要是因为儒家思想对华人的思维方式依然有很大影响。" Sinomem 公司的内部治理结构反映了家庭主义的重要影响。作为创始人和董事总经理，蓝先生控制了公司 67.5% 的股权，并"负责制定集团的战略方向，监督总体管理和运营；此外，还牵头实施并监督所有研发活动"。他的妻子"作为联合创始人和执行董事，负责集团的总体行政工作和日常管理"，持有

① 详见 Hong Liu，"Immigrant Transnational Entrepreneurship and Linkages with the State/Network：Sino – Singaporean Experience in a Comparative Perspective"，in Wong，ed.，*Chinese Entrepreneurship in a Global Era*，pp. 117 – 148；任娜、刘宏：《本土化与跨国性——新加坡华人新移民企业家的双重嵌入》，载《世界民族》2016 年第 2 期。

② Simeon Djankov，Yingyi Qian，Gérard Roland and Ekaterina Zhuravskaya，"Who Are China's Entrepreneurs?"，*American Economic Review*，Vol. 96，No. 2（2006），pp. 348 – 352；Ma Weihong and Joseph Cheng，"The Evolution of Entrepreneurs' Social Networks in China：Patterns and Significance"，*Journal of Contemporary China*，Vol. 19，No. 67（2010），pp. 891 – 911；Zhang Ying and André Van Stel，"Who Should Be Running Ahead? The Roles of Two Types of Entrepreneurship in China's Contemporary Economy"，*The Roles of Two Types of Entrepreneurship in China's Contemporary Economy*（February 4，2016）. *Harvard Business School Research Paper Series*（2016），pp. 16 – 86；and Johanna Waters，"Transnational Family Strategies and Education in the Contemporary Chinese Diaspora"，*Global Networks*，Vol. 4，No. 4（2005），pp. 359 – 377.

7.5%的股权。弟弟蓝新光担任Sinomem公司副总裁，并且从2009年开始兼任瑞丰生物首席执行官，负责“瑞丰公司及其子公司的总体管理和战略发展”。另一个弟弟担任Sinomem公司副总裁和集团技术部总经理。

这种以商业家族主义为中心的案例并非独一无二。一些有关海外华人企业家的研究表明，家庭和亲属关系在经济活动中仍然具有相关性(以及与专业化相关的各种陷阱)。有些人认为，亲属团结和信任在保护财产权过程中发挥了重要作用。① 包括家庭联系在内的社会网络是形成(海外)华人创业的一个重要因素，而通过把跨国家庭作为积累经济和文化资本的策略使华人家庭主义得以持续和扩大。②因此，显而易见，文化价值观和制度依然是华人企业创建与管理中不可或缺的因素，应当更加关注它们在改变国家、地区和全球环境过程中是如何演变的，这是否会导致所有权与管理权的分离。

六 朝向后修正主义的整合

在社会科学学科中对网络的研究已经取得了相当大的进展。在过去30年，两大顶尖社会学期刊发表的将“网络”列为关键词的论文所占份额激增：1.2%（1980年）、2.2%（1990年）、7.8%（2000年）、

① Yusheng Peng, “Kinship Networks and Entrepreneurs in China's Transitional Economy”, *American Journal of Sociology*, Vol. 109, No. 5 (2004), pp. 1045 – 74; Jianjun Zhang and Hao Ma, “Adoption of Professional Management in Chinese Family Business: A Multilevel Analysis of Impetuses and Impediments”, *Asia Pacific Journal of Management*, Vol. 26, No. 1 (2009), pp. 119 – 139; Suehiro, *Catch – up Industrialization*, pp. 200 – 230；周敏、刘宏：《海外华人跨国主义实践的模式及其差异——基于美国和新加坡的比较分析》，载《华侨华人历史研究》2013年第1期。

② Simeon Djankov, Yingyi Qian, Gérard Roland, Ekaterina Zhuravskaya, “Who Are China's Entrepreneurs?”, *American Economic Review*, Vol. 96, No. 2 (2006), pp. 348 – 352; Ma Weihong and Joseph Cheng, “The Evolution of Entrepreneurs' Social Networks in China: Patterns and Significance”, *Journal of Contemporary China*, Vol. 19, No. 67 (2010), pp. 891 – 911; Zhang Ying and André Van Stel, “Who Should Be Running Ahead? The Roles of Two Types of Entrepreneurship in China's Contemporary Economy”, *The Roles of Two Types of Entrepreneurship in China's Contemporary Economy* (February 4, 2016). *Harvard Business School Research Paper Series* (2016), pp. 16 – 86; and Johanna Waters, “Transnational Family Strategies and Education in the Contemporary Chinese Diaspora”, *Global Networks*, Vol. 4, No. 4 (2005), pp. 359 – 377.

11.6%（2005 年）。[①]经济学家马修·杰克森写道："有关网络的文献正在快速增加。由于其多学科的性质，因此它成为一个令人兴奋的领域。很难想出还有其他研究领域能够如此自然而然地借鉴并适用于很多学科。"[②]

自从加里·汉密尔顿及其同事发表了开拓性的著作以来[③]，亚洲经济活动中商业网络的重要性就受到极大的关注。即便对于商业网络的相关性还存在分歧，修正主义文献中也反映出同样的兴趣。海外华人社交和商业网络的新动态和不断变化的重组是什么，尤其正值中国的经济和政治崛起之时？国家和种族渊源在这个新的社会政治和经济环境中的作用是什么？初步尝试去回答这些问题将有助于思考，不仅可以进一步推进某些关键性的修正主义议题的可能性，而且还可以在未来搜寻后修正主义整合的可行性。

七　游走于国家和社会之间的网络

修正主义的支持者认为应当更加关注国家、社会和资本在华人企业中的作用，这一观点是正确的。但是有些作者喜欢将华人商业网络看成"无法量化和具有文化独特性的"，或者看成"没有家庭基础的"，主要是"创业关系网络"。[④]不要将网络视为基于文化和种族共性的关系，而是必须在国家和社会之间配置网络，并将其概念化为一种关系，无论是在国内还是跨界地区，不只是发展海外华人商业，更广泛地说，关乎东亚政治经济。[⑤]

如本文开头所述，有关海外华商的研究在 20 世纪 70 年代后期经历了

---

① Mark Rivera, Sara Soderstrom and Brian Uzzi, "Dynamics of Dyads in Social Networks: Assortative, Relational, and Proximity Mechanisms", *Annual Review of Sociology*, Vol. 36 (2010), pp. 91 – 115.

② Matthew O. Jackson, "Networks and Economic Behavior", *Annual Review of Economics*, Vol. 1 (2009), pp. 489 – 511.

③ Gary Hamilton, ed., *Asian Business Networks* (Berlin: Walter de Gruyter, 1996).

④ Annabelle Gambe, *Overseas Chinese Entrepreneurship and Capitalist Development in Southeast Asia* (Munster: Lit Verlag, 1999), p. 121.

⑤ Hong Liu, "Transnational Asia and Regional Networks: Toward a New Political Economy of East Asia", *East Asian Community Review*, Vol. 1, No. 1 (2018).

一次巨变，逐渐从关注不发达的原因转向探索东亚（包括海外华人）各经济体所获成功背后的因素。这一变化符合当时有关东亚政治经济的不同研究方法。结构主义观点强调历史的、综合性的和结构式的方法，来解释东亚政治经济的动态，包括国家在引导成功的产业转型和市场干预中的关键作用。另外，制度主义关注点较为狭隘，侧重于地区政治经济的利益集团和制度性方法，包括私营部门与公众的协作及其对经济增长的贡献。①但是，随着“冷战”结束和无国界资本主义的扩散，国家面临“自上以全球经济力量的形式出现的和自下以各种国家或民族复兴形式出现的”挑战。全球化导致了这一进程中“国家权威出现了向上、侧面和向下的泄露”。东亚发展型国家的中心地位受到持不同观点的批评家们的质疑。②

正是在全球化带来不断改变的国际环境和国家作用面临与日俱增的挑战的关头，刚刚进入有关东亚政治经济辩论之中的网络能够在社会经济中发挥越来越重要的作用。本文试图将网络的三个不同方面结合起来：历史构建的关系实体、空间互联的节点、层结构与市场之间的综合。经济网络被定义为：“追求彼此之间重复、持久的交换关系的一群代理人，同时缺乏合法的组织权威来仲裁和解决在交换过程中可能发生的争议。”③虽然经济学家特别热衷于网络是如何形成并影响行为的，但是社会学家则把网络看作“层级与市场的综合”。曼纽尔认为，在跨国和社会背景下，“网络是一组相互关联的节点。节点是曲线与自身相交的点。网络是开放式结构，能够无限扩展，集成新的节点，只要这些节点能够在网络

---

① Gary Hawes, Hong Liu, “Explaining the Dynamics of the Southeast Asian Political Economy: State, Society and the Search for Economic Growth”, *World Politics*, Vol. 45, No. 4 (1993), pp. 629 – 660; Richard Stubbs, “What ever Happened to the East Asian Developmental State? The Unfolding Debate”, *The Pacific Review*, Vol. 22, No. 1 (2009), pp. 1 – 22; and Andrew MacIntyre, “Business, Government and Development: Northeast and Southeast Asian Comparisons”, in A. Hicken ed, *Politics of Southeast Asia* (London: Routledge, 2010).

② John Hall, “Nation – states in History”, in T. V. Paul, John Ikenberry, and John Hall, eds., *The Nation – State in Question* (Princeton: Princeton University Press, 2003), pp. 1 – 28.

③ James Rauch and Gary Hamilton, “Networks and Markets: Concepts for Bridging Disciplines”, in James Rauch and Alessandra Casella, eds., *Networks and Markets* (New York: Russell Sage Foundation, 2001), pp. 1 – 29.

内进行沟通，也就是说只要它们共享相同的沟通代码"。[①]

在国家和社会之间建立多维度和弹性网络，有助于更好地理解海外华商网络。首先，社会的控制机制已经在很大程度上实现了多元化，国家不再是治理社会与市场的唯一中心实体，它必须与国家和其他跨国力量有效配合。例如，以官方为中心的网络对于华商交易制度化的重要性一直在下降，而集团内部网络和市场化网络却变得更加重要了。[②]跨国界的商业运营和社会网络有助于克服各种非正式贸易壁垒，例如国际合约执行不力，难以获得市场信息等。[③]

其次，作为一个动态和开放的结构，网络能够轻而易举地在国家和社会力量之间建立起沟通代码。这对于国家统治集团来说是一种优势。而在一个正式的组织中，这种高层集团处在一种由最高层占据的看门人的地位。这类组织的"构件内部连接一般比构件之间的连接更加牢固"。[④]

最后，市场既没有边界，又被无情追求利润所破坏，因此成为破坏国家—社会关系平衡的潜在的不稳定因素。与市场相比，网络更加具有组织性并以组织原则为中心，从原始纽带到现代联系，并通过既定的行为准则或制度安排受到各种限制。

总之，通过有意识和积极的努力使网络理论化和背景化以及它们与国家和社会的多层次相互作用，网络可以被用作解释海外华商动态变化的有力工具。

---

① Manuel Castells, *The Rise of the Network Society* (Malden: Blackwell Publishers, 2000), pp. 501 – 502. David Grewel, *Network Power: The Social Dynamics of Globalization* (New Haven: Yale University Press, 2008), p. 20.

② 刘宏：《跨国网络与全球治理：东亚政治经济发展的趋势和挑战》，载《当代亚太》2013 年第 6 期；Els Van Dongen and Hong Liu, "Diaspora and Migration: History of the Chinese in Southeast Asia", in Gracia Farrer – Liu and Brenda Yeoh eds., *Routledge Handbook of Migration* (London: Routledge, 2018), pp. 33 – 48.

③ James Rauch, "Business and Social Networks in International Trade", *Journal of Economic Literature*, Vol. 39, No. 4 (2001), pp. 1177 – 1203.

④ Blatter, "Beyond Hierarchies and Networks", Mark Considine and Jenny Lewis, "Innovation and Innovators inside Government: From Institutions to Networks", *Governance: An International Journal of Policy, Administration, and Institutions*, Vol. 20, No. 4 (2007), pp. 581 – 607.

八 国家与跨国企业家

有关海外华商的最新研究所面临的基本问题之一就是跨国主义的作用。跨国主义及其对华商的应用被某些修正主义作者视为“危险地近于使种族本质化”，因为它基于“一致行动的某个特定族群中个人之间的凝聚意识，而该行动通常是为了社区和‘祖国’的经济进步。但该祖国并非他们出生时所在的国家，而是他们祖先的祖籍国”。① 但是，有关华人跨国企业家与国家的战略合作的各种案例都不断强调的是，新一代跨国华人企业家正在兴起，为重塑东亚政治经济做出贡献。②

跨国主义被定义为“移民形成和维持多元社会关系的过程，将他们的祖籍国与定居地连接起来”。③跨国主义在包括海外华人在内的海外研究中取得了重大进展。对跨国主义的重新阐述准确地指出了这一事实，即“这里”和“那里”之间的连接是受到多重政治约束的偶然结果；而且国家形成了移民和民族跨国社会行动的选择。国家正在重新回到新兴的跨国主义领域，重点是“移民与出发国和接收国的国家和民间社会行为者的互动”。“跨国移民发生在不断变化的流动社会空间内”通过移民在一个以上的社会中同时嵌入。

社会嵌入的跨国化已经成为新一代华人企业家的一个决定性特征，他们的商业网络是受两个关键因素影响：他们自己的跨国教育和经验，与中国和移居国进行的大量协作。正如在别处根据对新加坡和中国的若干新兴企业家进行的详尽个案研究证明④，他们的跨国教育和全球经历决

---

① Gomez, “Intra - Ethnic Cooperation in Transnational Perspective”, p. 111.

② 刘宏：《中国崛起时代的东南亚华侨华人社会：变迁与挑战》，载《东南亚研究》2012年第6期；刘宏、张慧梅、范昕：《东南亚跨界华商组织与“一带一路”战略的建构和实施》，载《南洋问题研究》2016年第4期。

③ Linda Basch, Nina Glick - Schillier, and Christina Blanc - Szanton, *Nations Unbound: Transnational Projects, Post - colonial Predicaments, and De - terrirorialized Nation - States* (Langhorne, PA: Gordon and Breach, 1994), p. 6.

④ 刘宏：《跨国华人社会场域的动力与变迁：新加坡的个案分析》，载《东南亚研究》2013年第4期；任娜、刘宏：《本土化与跨国性——新加坡华人新移民企业家的双重嵌入》，载《世界民族》2016年第2期。

定了他们的公司治理策略和管理文化。换句话说，在相当数量的华人企业家当中，跨国性构成了一个内在特征，而不是通过与外国公司的交往和国际运作来获得该特性的。让我们来看新加坡和日本的几个实例。

就像蓝伟光一样，林玉程也是在20世纪60年代出生于福建。曾就读于南京大学和伦敦帝国理工学院。1991年获物理学博士学位后，受聘于新加坡政府部门，担任一个研究中心的负责人。在此期间开始与中国国有企业的人员有联系。林先生开始创业，最初是和政府合作，后来是和新加坡本地出生的企业家合作。他们收购了几家公司来扩展企业，并于2003年成立了联合环境技术公司（以下简称“UE”），由林担任董事长和首席执行官。UE的两项主要业务是环境工程解决方案和环境咨询解决方案。像Sinomem公司一样，中国是UE的主要市场关注对象。2004年，UE在新加坡证券交易所上市，首次公开发行了6380万股。林把自己的部分股票出售后获得520万美元。他当时持有的公司29%的股份估值为3400万美元。

有关华人企业家跨国网络的极为类似的案例也可在日本找到。日本有越来越多的新移民，特别是高技术移民。日本于1999年成立了日本中华总商会（以下简称“CCCJ”），在其理事会的27名成员中，21名是在中国大陆出生的新移民，其中17名在日本和中国各地（和其他国家）拥有企业。[①] CCCJ总裁严浩1962年出生于苏州，在中国和日本接受教育。1991年，他创立了EPS公司，为医药产品和医疗设备提供全方位专业服务。公司于2001年在纳斯达克上市，5年后在日本证券交易所上市。该公司在北京、上海、广州、台湾、新加坡和首尔都开展运营，拥有3000名员工和18.7525亿日元的资本。严浩在2010年宣布，公司“广泛的中国网络和技术”使其能够在中国快速扩展，从而导致“日本制药公司正在扩展到中国和合作的商业模式的创建CRO（合同研究组织）。”[②]

---

① *Straits Times*, Sept. 14, 2009.

② CCCJ board members who served between 2006 and 2008 (on – line, cited on November 10, 2010), available from http://www.cccj.jp/PDFdisp.aspx? id = 121. Liang Morita, “A Comparison of Co – ethnic Migrants in Japan and Singapore”, *Cogent Social Sciences*, Vol. 2 (2016), pp. 1 – 17.

像蓝、林、严这样的企业家的成功不仅表明了他们的商业敏锐和将技术知识转移至工业和服务行业的能力，而且还强调了中国在跨国华人网络的形成过程中的关键作用。朱镕基于2001年在南京举行的第六届世界华商大会上致辞时，专门向具有专业资格和经验的海外华人呼吁："遍布世界的华商朋友，有各领域的专业人才，既精通国际市场惯例，又熟悉中国传统文化，具有在中国发展业务的独特优势。不论是已经在中国投资的，还是正在寻找商机的华商朋友，都可以在中国这片热土上找到众多的发展机会，大展宏图。"过去10年间，地方和中央政府制定并实施了一系列奖励和优惠政策，不仅是为了吸引高技术中国移民回来"为国服务"，而且还积极与新一代华人企业家合作，实现共同发展。①

林玉程就因为他与若干中国国企巨头紧密的个人和专业联系而受益匪浅，包括中国石化总公司（中石化，世界500强公司之一）、中国石油天然气集团公司、中国海洋石油总公司以及多个大型工业园区，例如惠州大亚湾、广州南沙和天津经济开发区。单单中石化一家就占据UE公司2003年收入的49%（近1100万美元）。2009年，UE公司获得了一份价值2.45亿元（5009万新元）的合同（显然是从当地政府那里），以便在辽宁省建造并运营一个饮用水供水和废水处理厂。

移居国的移民政策有利于跨国华人创业的显著增长。新加坡总理李显龙2006年国庆节讲话明确表明政府决心吸引全球人才，特别是来自华语世界的人才。他说："如果我们想要我们的经济能够增长，如果我们想要在国际上变得强大，那么我们需要新加坡的人口增长，不仅是人数增加，而且还有每个领域中人才的增加。"他强调，"我们必须物色各类人才。不仅仅是数量。我们在物色有能力、有闯劲、有主动性、有创意的人，不仅仅是一种类别毕业生或专业人员、银行家和律师，而是所有类别"。②为了帮助新移民融入当地经济，政府实施了广泛的计划，例如为高技术行业企业家提供最高1300万新元的启动资金。

---

① Liu Hong and Els Van Dongen, "China's Diaspora Policies as a New Mode of Transnational Governance", (co - author with Els Van Dongen), *Journal of Contemporary China*, Vol. 25, Nov 2016.

② 刘宏、王辉耀:《新加坡人才战略与实践》，党建读物出版社2015年版。

在过去10年，日本对移民的态度更加开放。据法务省2009年7月公布的统计数据，有70多万华人合法居住在日本，构成该国最大的外国出生人口。在2007年题为“追逐日本梦”的封面故事中，《时代》杂志称“高技术中国劳动力的涌入正在改变日本。”①

总之，由于人口和资本的跨国流动和国家在华人商业网络形成过程中的直接参与，社会嵌入实践相应地走出了国家边界的范围，促进了新一代华人企业家的发展。我们的案例可与杨伟聪所定义的跨国华人企业家相比，后者被定义为“一个学习过程，因为跨国企业家是从通过逐渐参与外国经营而获得的经验和学习逐步发展起来的”。②新一代跨国华人企业家的独特之处是他们通过持续的和制度化的跨境活动在移居国和祖籍国的广泛参与和运营。他们从经济上和精神上都能够融入地理、文化、经济和政治领域中。这不仅体现在严浩有意识地建立“日本和中国之间协作的商业模式”，也体现在他们多重身份的形成上。蓝伟光把自己的时间几乎平均地分配于新加坡、中国和其他地方。2003年，已经成为新加坡公民六年，他说在中国设立企业是想“用我的能力为我的国家（中国）做些事情”。与此同时，他也想新加坡人知道“我们是一家新加坡公司，但是以中国作为重点开展业务”。③

这种双重身份为跨国企业家提供了巨大的比较优势，包括在祖籍国和移居国都能够获得资本、市场和政策激励，从而使他们能够有与只能够在一个国家获得资源的其他企业家进行有力竞争。我们的案例可能使某些修正主义作者重新思考这样的论点，即“共同的民族认同和种族内部的商业网络对于此类企业的发展方式至关重要”。④如同我们在其他地方所证明的那样，甚至在20世纪50年代以前，华人文化和制度对于跨国华人资本主义的形成和发展具有关键性作用。商业家庭主义、社会网络及其相关的文化价值观至少在某些时期和背景下已被证明通过提高社会流动性、促进家庭利益、建立合作伙伴关系、为合约提供便利、促进适应

① *Time* (Asian edition), December 6, 2007.

② Henry Yeung, *Chinese Capitalism in a Global Era: Towards Hybrid Capitalism* (London: Routledge, 2004), p. 118.

③ *Straits Times*, Sept. 14, 2009.

④ Gomez, Benton, “Introduction”, p. 3.

现代市场经济的其他做法而协助了中国国内外华人社会的经济发展，远不是经济增长和技术创新的一个障碍。①

九 中国崛起及其影响

过去10年亚太地区最重要的变化无疑是中国作为世界第二大经济体的强劲崛起。这不仅影响了地区政治和安全环境，而且还影响了海外华人的创业。

我们已经提到，此前有关海外华商与中国之间的联系的研究往往将重点放在中国的外国直接投资上（在中国改革开放初期，这是主要集中在华人的祖籍家乡的常态）。有些修正主义作者开始呼吁通过扩大其创业研究中的地理范围和主题相关性，将中国更加系统地纳入他们的分析中。中国崛起产生了巨大的连锁效应，近来变得更加明显，但是尚未被大多数修正主义作者所充分解释。因此，在解读海外华人创业的动态变化方面能够做的工作有很多很多 。

第一个值得注意的研究领域是，中国发挥主导作用的亚洲区内贸易的制度化将如何对跨国华人创业产生影响。目前，亚洲区域内贸易和经济活动占东亚贸易总额的50%以上，与20世纪70年代后期相比大幅增加，当时亚洲各经济体之间出口贸易进展总额的20%。②在21世纪的头几年中，中国与东盟的贸易以每年超过30%的速度增长。中国在2008年成为东盟第三大贸易伙伴，占其贸易总额的11.3%。同年，双方之间的贸易占全球贸易的13.3%，亚洲贸易总额的一半。于2010年1月成立的中国—东盟自由贸易区形成了6.6万亿美元的总GDP、19亿的总人口和4.3

---

① Hong Liu, Gregor Benton, "The *Qiaopi* Trade and Its role in Modern China and the Chinese Diaspora: Toward an Alternative Explanation of 'Transnational Capitalism'", *Journal of Asian Studies*, Vol. 75, No. 3 (2016), pp. 1 - 20.

② Dilip K. Das, "A Chinese Renaissance in an Unremittingly Integrating Asian Economy", *Journal of Contemporary China*, Vol. 18, No. 59 (2009), pp. 321 - 338; Hidetaka Yoshimatsu, "The Rise of China and the Vision for an East Asian Community", *Journal of Contemporary China*, Vol. 18, No. 62 (2009), pp. 745 - 765; 刘宏:「越境アジアと地域ガバナンス：東アジアにおける歴史・政治経済の発展の新たな分析」，载田中仁主编『21世紀の東アジアと歴史問題：思索と対話のための政治史論』(京都：法律文化出版社2017年版)。

万亿美元的总贸易额。[①] 亚洲区内经济活动的制度化体现了货币区域主义，例如清迈倡议和自由贸易协定的扩散，后者得到正式的跨国机制的补充。中国和东盟已经建立了46个不同级别的对话机制，包括12个部级的。[②] 随着东南亚成为主要目标地区之一和贸易/服务的一个集中地，中国政府也成为外向型对外贸易不断升级的主要推动力，从而为跨国民族网络提供了更大潜力和场所。[③]

研究证明商业和社会网络对国际贸易有“很大的量化影响”。詹姆斯·劳赫和维托·特林达迪在详尽的统计分析中得出结论：“对于那些华裔人口比例达到东南亚地区普遍水平的国家之间开展的差异化产品贸易，我们的最低估计（1990年的保守总计数）是华人网络使双边贸易增加了近60%。”[④]华人将如何对前所未有的巨大机遇做出反应并重新配置其社会和商业网络是未来的研究课题。

第二个值得注意的研究领域是，海外华人在华直接投资对其融入中国经济和社会的影响。当然，海外华人在华投资的问题并非新的研究课题，但最近外商对中国直接投资的变化值得学术界重新关注，尤其是对中国经济一体化的潜在影响。最近的一项研究表明学者们可能低估了外国直接投资对中国最近的经济快速增长起到的作用。在2003年和2004年，外资企业占中国出口的50%、进口的60%，为中国经济增长的贡献可能超过了40%（如果没有这些外国直接投资，中国的总GDP增长率可能会下降3.4%左右）。[⑤]另外，随着“一带一路”倡议的全面实施和中国企业大规模“走出去”，新兴的华商模式如何与东南亚政治经济结构相联

---

① ASEAN Secretariat, “ASEAN – China Free Trade Area: Not a Zero – sum Game”, (Jan. 7, 2010) http://www.aseansec.org/24161.htm.

② David C. Kang, *China Rising: Peace, Power and Order in East Asia* (New York: Columbia University Press, 2007), pp. 132 – 33; Urata Shujiro, “The Emergence and Proliferation of FTAs in East Asia”, in Abe Shigeyuki and Bhanupong Nidhipraba, eds., *East Asian Economies and New Regionalism* (Kyoto: Kyoto University Press, 2008), pp. 39 – 81.

③ Stephen Hoadley, Jian Yang, “China's Cross – Regional FTA Initiatives: Towards Comprehensive National Power”, *Pacific Affairs*, Vol. 80, no 2 (2007), pp. 327 – 348.

④ James Rauch and Vitor Trindade, “Ethnic Chinese in International Trade”, *Review of Economics and Statistics*, Vol. 84, No. 1 (2002), pp. 116 – 130.

⑤ John Whalley, Xian Xin, “China's FDI and non – FDI Economies and the Sustainability of Future High Chinese Growth”, *China Economic Review*, Vol. 21, No. 1 (2010), pp. 123 – 135.

系，也是一个重要的研究领域。①

这些新发展具有深远的影响，它们不仅将进一步整合海外华商与大陆市场，降低两者之间的地理与心理鸿沟，而且还有利于海外华人和中国创业两种学术研究的相互促进，因为这些课题迄今为止大多是被分开对待的，即便在某些课题上日渐趋同，例如文化与制度之间的关系、商业与国家之间的互动等。作为对这种整合的部分反映，中国政治和外交中有关海外华人的制度化陈述近年来不断增加，这种陈述也与华商的全球扩展有内在联系，反过来又通过海外华人政策的实施促进了新型跨国治理的兴起。

总而言之，全球视野、跨文化敏感性和技术优势的整合为新一代海外华人跨国企业家提供了巨大优势，他们的企业由于国家与族群网络的多层次互动而受益。中国崛起为海外华商的发展及其与中国的协同增长提供了另一个重要的制度性框架。因此，在中国崛起背景下，权力、技术和网络在跨国领域的交会与整合，是一个值得关注且成果丰硕的领域。

十 结语

本文观察到在过去 15 年中，有关海外华商研究的范式发生了转变。从比较的视角来看，修正主义长期以来一直是追求学术知识的必不可少的要素。例如，在美国“冷战”史学中，自 20 世纪 50 年代初以来连续涌现了三种解读，从正统的解读（将“冷战”的开始归咎于苏联）到 60 年代中期的修正主义论点（美国作为“冷战”的原因）到 70 年代的后修正主义（超越了对任何一方的指责，而是提出误解与误判导致冷战开始）。这些方法的转变部分由于政治、外交和意识形态以及新档案的开放

① Liu Hong and Guanie Lim, “The Political Economy of a Rising China in Southeast Asia: Malaysia's Response to the Belt and Road Initiative”, *Journal of Contemporary China*, forthcoming; Liu Hong and Yishu Zhou, “New Chinese Capitalism and ASEAN Economic Community”, in Yos Santasombat, ed., *The Sociology of Chinese Capitalism in Southeast Asia: Challenges and Prospects* (New York: Springer, 2019), pp. 55 – 75.

而加速发生。① 相比之下，虽然在70年代之前有一些关于海外华商的重要著作，但是，只是在东亚经济起飞之后，这个领域才引起重视，并受到海外华人的人口结构和地区/国家/全球环境的影响而不断发展。现在谈论后修正主义的可能性还为时过早。但是，我们能够通过分析修正主义方法及其贡献和不足的过程中受益。文化、种族渊源与制度仍然与海外华商的活动相关，而多重身份被用作创业的创造力来源。作为新兴的海外华商创业产生过程中的关键要素，家族主义构成跨国商业组织的重要结构基础，它对钱德勒关于现代企业转型的论点提出质疑。

更加重要的是，跨国主义在塑造新一代华人企业家过程中发挥了关键作用。这些企业家的跨国教育和视野已被融入他们的商业活动中，无论是在移居国，还是在中国。中国政府与多层网络的积极互动以及社会嵌入的跨国化促进了这种整合。在跨国环境下，国家与海外华人企业家的互动不仅对双方都有利，也是东亚地区不断变化的政治经济的产物。东亚地区已经开始脱离20世纪70年代和80年代的发展型国家的模式。虽然发展型国家的“市场友好战略”及其介入主义立场的特点是将经济技术官僚与政治影响隔绝开来，以及高效率的公共治理机构通过公私联营来管理各项政策，而新兴的跨国主义不仅通过政治激励措施直接与族群网络直接接触，而且也与跨境企业本身交织在一起。

中国和东亚新兴经济区域主义的崛起是一种新现象，在30年前，对于大多数作者来说或许是不可想象的。未来的研究议程应当仔细研究新的制度框架，例如中国—东盟自由贸易区的转型经济、“一带一路”倡议对海外华商的影响及其后者的反响等。此外，对海外华商在中国直接投资中角色转变的研究，也将有助于更好地了解在快速变化的地区和全球环境中文化、种族渊源和商业之间的相互作用。归根结

① John Lewis Gaddis, *We Now Know*: *Rethinking Cold War History* (New York: Oxford University Press, 19970; Michael Szonyi and Hong Liu, “Introduction: New Approaches to the Study of the Cold War in Asia”, in Yangwen Zheng, Hong Liu, Michael Szonyi, eds., *The Cold War in Asia*: *The Battle for Hearts and Minds* (Boston and Leiden: Brill, 2010), pp. 1–11.

底，所有这些努力将不仅帮助海外华商研究更加贴近中国和移居国社会，而且还将促进它与国际主流学术界有关少数族群企业家研究展开建设性的对话。

海外华人、留学生与跨境电商

[澳大利亚] 高　佳①

内容提要：近年来，华人参与的跨境电商经济迅速发展，成为世界范围内有规模的商业活动。然而，现有的公共话语及分析文献仍然停留在相对初级的水平。现有的分析大多片面地认为与中国有关的跨境电商的快速发展，主要是因为部分中国消费者对中国产品缺乏信心，以及一些国外消费者对中国制造廉价产品的追求。本文根据近年澳大利亚华人、在澳大利亚的中国留学生活跃的代购活动，对华人参与的跨境电商提供一种新的深层分析。本文认为华人、留学生参与的跨境电商活动主要与海外居住的华人、华侨及留学生在各国的分布与数量有关。其次是中国外向型经济，以及由此形成的外向型社会所产生的中国中产阶级消费的世界主义倾向的必然产物。基于上述分析角度，本文还将探讨海外华人、留学生在跨境电商经济中的作用及新特征，并对其可能的走向提出一种评估。

关键词：海外华人；留学生；跨境电商；代购；中产消费

一　历史与现有研究

跨境电商又称为跨境电子商务，指的是分属于不同国家的交易主体，通过电子商务平台达成进出口交易、完成支付结算，并通过跨境物流及

① 高佳：墨尔本大学亚洲研究所教授。

异地仓储送达商品、完成交易的一种国际商业活动。①但一般消费者又简单概括跨境电商为跨境网络零售。阿里巴巴 1999 年的成立，是我国出口跨境电商正式起步的标志。2007 年淘宝上线了“全球购”使跨境电商的发展进入了探索期。如图 1 所示，2008 年的三鹿奶粉事件使国内消费者对国产奶粉信任程度降至零点，纷纷转向购买进口产品。淘宝全球购海外奶粉品牌订单量曾同比上涨高达 118%，从反面推动了国内消费者积极参与跨境电子商务活动。②但也因此使很多人认为中国跨境电商的发展，主要与消费者对中国产品缺乏信心有关。③

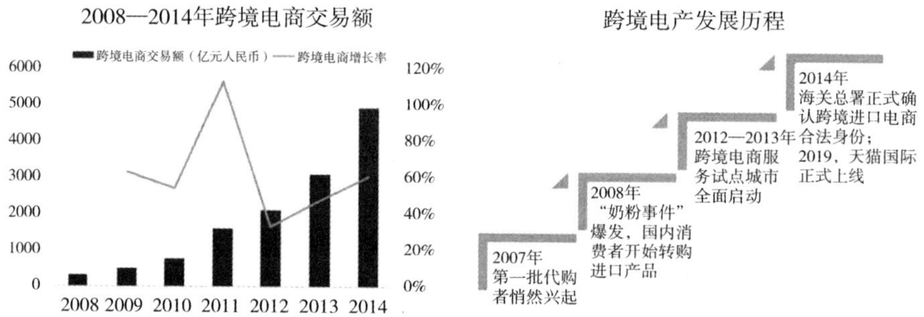

图 1　2008—2014 年跨境电商交易额与发展历程

资料来源：http：//cbndata. com/report/73。

成立于 2007 年的中国首家专门追踪、分析电子商务方数据的权威研究机构，艾媒咨询（iiMedia Research），在其《2016—2017 中国跨境电商

---

① Chen N.，Yang J. Z.，“Mechanism of Government Policies in Cross – border e – commerce on Firm Performance and Implications on M – commerce”，*International Journal of Mobile Communications* 15（1），2017，pp. 69 – 84. Wang Y.，Wang Y.，Lee S. H.，“The Effect of Cross – border e – commerce on China's International Trade”，*Sustainability* 9（11），2017，pp. 20 – 28.

② 第一财经商业数据中心：《进口消费洞察报告》，https：//cbndata. com/report/92？isReading = report&page = 10. 2017.

③ Chandran N. 2015，“Food fight！The next battle for China e – commerce”，*CNBC Economy*. www. cnbc. com/2015/06/30/food – fight – the – next – battle – for – china – e – commerce. html. Fu L. 2016.“What China's food safety challenges mean for consumers，regulators，and the global economy”，www. brookings. edu/blog/order – from – chaos/2016/04/21/what – chinas – food – safety – challenges – mean – for – consumers – regulators – and – the – global – economy/.

市场研究报告》中指出："2016 年中国进出口跨境电商（含零售及 B2B[①]）整体交易规模达到 6.3 万亿元。至 2018 年，中国进出口跨境电商整体交易规模预计将达到 8.8 万亿元。"[②]

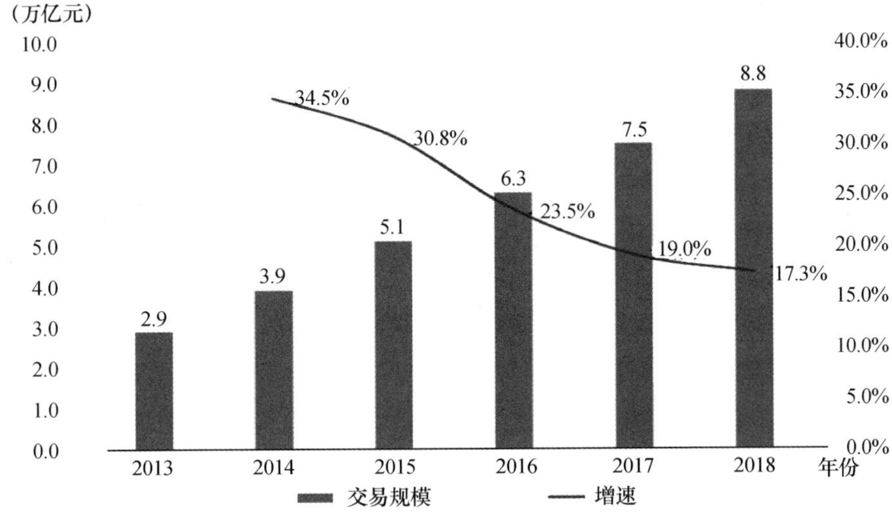

图 2　2013—2018 年中国跨境电商交易规模及预测

资料来源：http：//www. iimedia. cn/148462403974098690. pdf。

中国另一家以阿里巴巴的商业数据库为基础，从事产业经济全景分析和行业数据分析出名的第一财经商业数据中心（CBNData）数据表明，2012—2017 年进口电商增速一直保持在 30% 以上，市场进入高速增长期。[③]

然而，跨境电商如此惊人的发展速度，以及如此大金额的交易数据，并未反映到学术分析文献中，因而也并未改变人们对跨境电商的初级认识。现有的文献大多出自大公司，或市场调查、大数据公司之手，而学

---

① B2B 指企业与企业之间营销活动的平台，是现代互联网市场领域的一种商业形式。

② 艾媒咨询：《2016—2017 中国跨境电商市场研究报告》，www. iimedia. cn/47588. html，2017，第 13 页。

③ 赵巧敏：《出口跨境电商深度系列报告之国内篇》，www. sohu. com/a/132774392_354900，2017 年 4 月 8 日。

术分析文献则集中在与跨境电商有关的商业操作及法律方面。

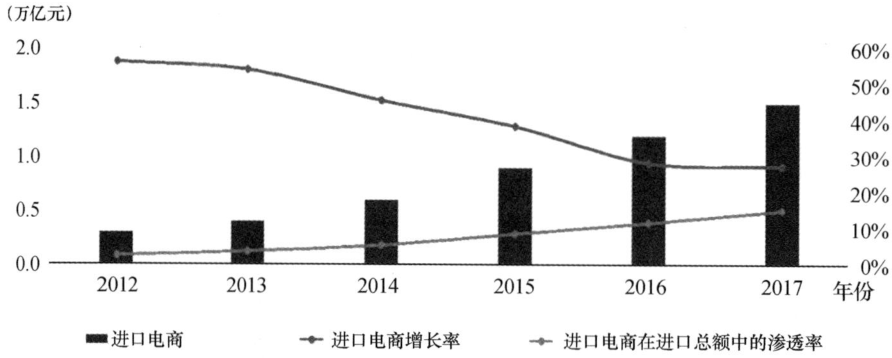

图3 2012—2017年中国进口电商交易规模

资料来源：http：//cbndata. com/report/92#92 -4。

因此，大多数人对跨境电商的了解仍相当片面，他们认为，中国跨境电商之所以能发展得如此迅猛，是由于消费者对国内产品没有信心，才会更多地选择外国商品，或从国外购入商品。其实不然。本文将讨论：事实上，跨境电商受人欢迎、发展迅猛首先和分布在海外的留学生有关；其次和中国的经济类型有关，具体地说，跨境电商是中国外向型经济，以及由此形成的外向型社会，所产生的中国中产阶级消费的世界主义倾向的必然产物。另外，本文还将探讨海外华人、留学生在跨境电商经济中的作用及新特征，并对其可能的走向及发展前景提出一种评估。

二 跨境电商与海外华人及留学生的分布

准确认识跨境电商的要点之一是，跨境电商最开始是由海外华人和留学生带动起来的。有学者认为，中国跨境电商的发展是由于消费者对国内产品的缺乏信心。其实不然。与此同时，随着出国留学的机会增加，中国每年去往海外留学的留学生数量日益壮大，于是海外留学生便成了沟通国内消费者和国外产品的桥梁。在国外的时尚品牌越来越受到年轻人喜爱的同时，时间、距离、价格等因素成了人们购买的主要障碍。于是才出现了从最初的“由出入境的熟人代购”向今天的“职业代购”的转变。[①] 而代购为后来更加复杂的跨境电商经济活动的形成和发展奠定了基础。[②]

第一财经商业数据中心的另一统计表明，在天猫国际市场，消费者对于产品原产地的选择有集中化的趋势，来自日、美、韩、德、澳的产品最受欢迎。

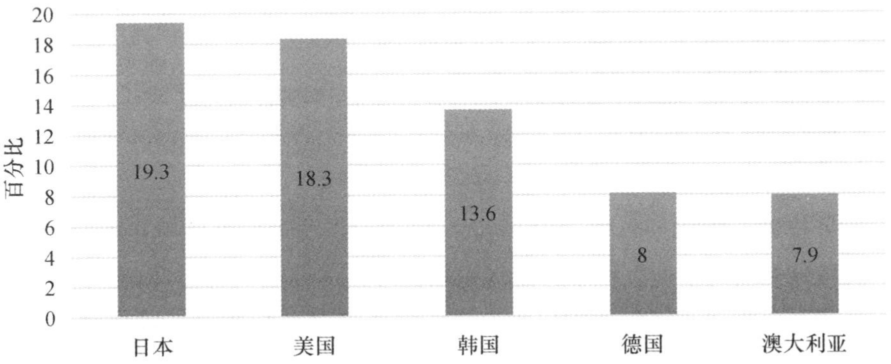

图 4　2016 年天猫国际选购产品产地分布及前五名销售额

资料来源：http：//cbndata. com/report/92#92 －4。

第一财经商业数据中心的另一统计表明，2015 年进驻中国市场的各大国际品牌也主要来自一些特定的国家。值得注意的是，这些最受中国消费者欢迎的产品原产地以及进驻中国市场的各大国际品牌，没有来自中国人最推崇的另外几个欧洲国家，即英国、法国、意大利和俄罗斯。[③]

---

① 汲秋宇、王铁：《大学生海外代购发展现状的研究》，载《理论观察》2017 年第 8 期。

② 易观国际：《中国网上零售市场海外代购专题分析 2009》，https：//www. analysys. cn/article/analysis/detail/10582.

③ Degen R. ， “Opportunity for luxury brands in China”， *IUP Journal of Brand Management* 3&4， 2009： 75 －85.

零售商	所属国家/地区	入驻时间
Costco	美国	2015.5.11
eMart	韩国	2015.5.11
Lottemart	韩国	2015.5.11
大润发	中国台湾	2015.5.11
Countdown	新西兰	2015.5.11
梅西百货	美国	2015.8
麦德龙	德国	2015.9
Chemist Warehouse	澳大利亚	2015.9
Woolworths	澳大利亚	2015.12

图 5　各大国际零售商进驻中国市场时间表

资料来源：http：//cbndata. com/report/73。

分析这一特殊分布的原因事实上与另一个重要的经济生活事实有关，即跨境电商受人欢迎、发展迅猛首先和分布在海外的新移民和留学生有关。而这两者之间的关系或作用机制，又主要是由于他们所去的移民国家另一个非常严酷的经济现实，即很多西方国家的经济出现重大结构型变化，工作机会逐步减少。图 6 展示了美国机械加工制造业萎缩的总趋势。

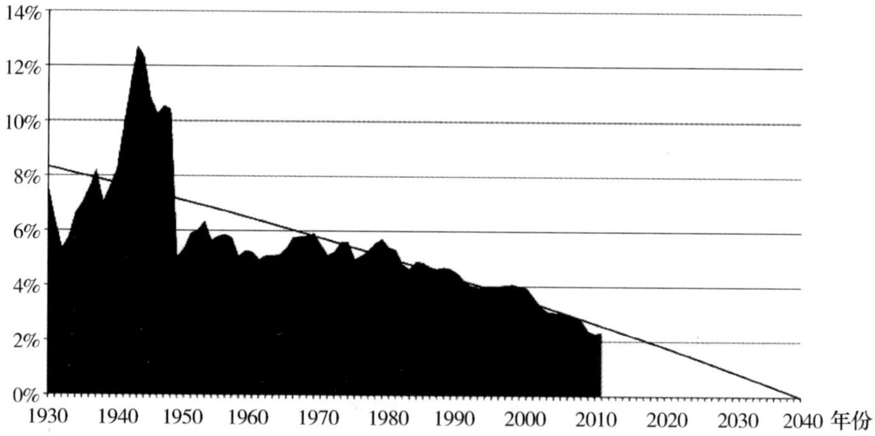

图 6　1930—2040 年美国制造业就业下降趋势

资料来源：https：//www. futuretimeline. net/21stcentury/2039. htm。

具体到中国改革开放后移民国外的新华人、华侨和留学生，他们在海外就业的机会一直面临着更加严酷的挑战。图6展示了美国机械加工制造业提供就业机会的下降趋势在华人大量移民美国的同时更加严重。而且美国制造业还受到中国于2001年进入世界贸易组织以及2008年开始的国际金融危机的挑战。

在澳大利亚，虽然其经济远不及美国的规模和科技附加水平，但也出现了一个同样的过程。如图7所示，最适合于非英语国家来的新移民就业的加工制造业一直在萎缩。与美国不同的是，澳大利亚是人口小国，其非加工制造业规模很小，就业机会有限，这对华人新移民以及中国留学生的生活、就业造成巨大挑战。

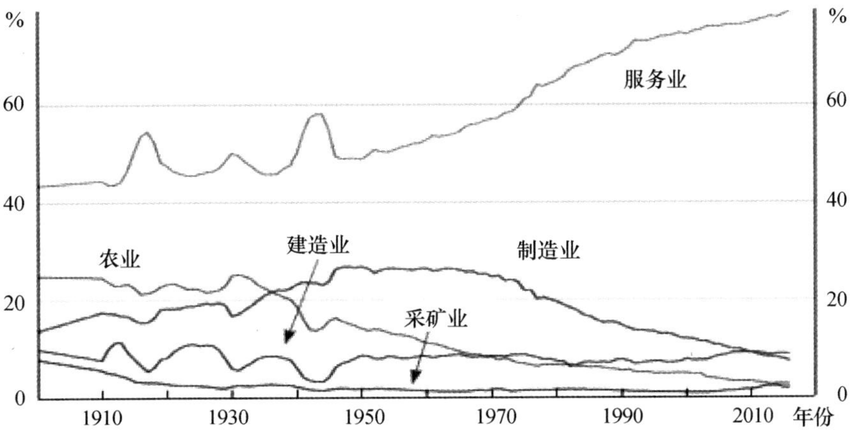

图7　澳大利亚制造业就业机会长期低于服务业

资料来源：http：//www. futuretimeline. net/。

如果仅仅从澳大利亚政府公布的失业、就业统计数字上看，澳洲的就业情况一直很好，近年来失业率很少高于6%。但实质上，如图7所示，新的就业机会大多都出现在一些对英语有一定要求的行业，对来自中国的移民不是非常有利。同时，这些新的就业机会也与留学后定居的年轻华人的就业期望有很大差距。近30年来，澳大利亚三大行业就业机会走向，清楚表明最适于非英语国家移民的机械加工制造业在澳大利亚一路下滑，零售业基本持平，健康及社会服务类工作机会增加。

因此，自从20世纪90年代以来，新移民就一直借助他们与经济活动异常活跃的祖籍国的联系，为自己寻求就业机会。代购就是在现代通信、交通技术环境下，新海外华人寻求自我就业过程的一个新阶段。①

与以前不同的是，中国留学生也成了海外代购的主力。由于这些留学生长期身处除了中国以外的其他国家和地区，这些留学生通常会通过国际快递或者直接携带运回等方式，将在其他国家购买到的商品运送到国内消费者手中，并收取一定比例的代购服务费。②留学生代购的优势主要在于，他们既可以掌握国内顾客需求和国内的价格信息，也熟悉国外产品的信息和价格，并与买卖双方进行无障碍沟通。这些时尚品牌和奢侈品主要发源于美国、日本和欧洲的一些国家。通常美国代购会以代购轻奢品、化妆品、护肤品为主；日本代购会以药妆、护肤品、数码电子产品为主；而意大利、法国等欧洲代购会以奢侈品品牌产品为主。③

澳洲华人社区最活跃的"今日传媒集团"的报纸今年曾发文评论社区的代购现象，其中提到如下评论：

> 本月初，澳洲一档名为"时事（A Current Affair）"④ 的电视节目做了一期热门话题——探讨中国代购，震惊了全澳洲。报道中引用了一组调研数据：全球代购的市场规模大概为150亿澳元，而在澳洲本地从事代购的人数约为20万，其中中国代购占大多数。
>
> 目前澳洲华人群体约100万人，其中至少约有5%（5万—6万人）从事代购行业，而最受澳洲代购推崇的商品就是乳制品与保健品。由于代购行业竞争加剧，单个代购的平均利润已由两年前的6

---

① Godey B., Manthiou A., Pederzoli D., Rokka J., Aiello G., Donvito R., Singh R., "Social media marketing efforts of luxury brands", *Journal of Business Research*, 2006 (69): 5833 - 5841.

② Rauch J., Trindade V., "Ethnic Chinese networks in international trade", *Review of Economics and Statistics*, 200384 (1): 116 - 130.

③ Ashok S and Blanckaert C (2015) *The road to luxury*. Singapore: Wiley. Bian Q., Forsythe S., Purchase intention for luxury brands, *Journal of Business Research*, 2012 (65): 1443 - 1451. Bonetti F., Italian luxury fashion brands in China: a retail perspective. *International Review of Retail, Distribution and Consumer Research*, 2014, 24 (4): 453 - 477.

④ "时事"为澳大利亚第九电视台的一档时事评论节目。

万美元下降至4万美元。①

澳洲另一家活跃的微信公众号“微悉尼”，2017年也曾在其“手机小报”上发送了一篇题为《曾经，澳洲代购这一“灰色市场”饱受争议，如今，澳洲代购行业正显示出强大的市场活力》的综合报道与分析，专门以大量篇幅评论到代购人群。他们发现：

> 悉尼数字营销公司 Think China 的数据显示，澳洲代购的人数仍然在扩大。2014年，澳洲有4万代购，到今年已发展到8万，人数足足翻了一倍。而这些代购的年收入，从数十万到数百万澳元不等。其中几家“顶级”的大型代购公司，每年的营业额能够达到3亿澳元。②

在各种报道、评论当中，留学生被认为是代购主力军。以上引用的两篇报道也都专门提到留学生。而且，这个人群的特点是不仅上学时打工，而且为将来在澳洲的发展做好创业准备。

三 新中产消费的世界主义倾向

准确认识跨境电商的另外一个要点是，跨境电商的发展曾受到过国内消费者对国内产品没有信心的推动，但绝对不是最重要的动力。跨境电商的兴起与发展和中国的外向型经济体系是分不开的，但更为重要的是与中国新生中产阶级消费的国际化有关。③

中国在改革开放初期面对外汇稀缺供给不足、企业竞争力弱等情况，采取了积极吸引外资、发展对外贸易的出口等一系列促进经济的措施。

---

① 《调研澳洲代购》，“今日悉尼”，https：//www. sydneytoday. com/content – 1466700。

② 《曾经，澳洲代购这一“灰色市场”饱受争议》，“微悉尼”，http：//www. wesydney. com. au/chinese – daigou – in – australia/。

③ Li G. X. , Li G. F. , Kambele Z. , “Luxury fashion brand Consumers in China”, *Journal of Business Research*2012（65）：1516 – 1522. Ashok S. 2018. *Chinese Consumers*. Singapore：Palgrave Macmillan.

而利用外资、出口导向和加工贸易这三大政策，是中国发展经济模式最主要的特征。陶金珏在《当代中国世界工厂问题研究》中提到，世界工厂是以全球为目标，以财富聚集为目的的制造业发展中的实践，世界工厂的形成总是伴随着国际产业和技术的转移而转移，这使某个国家或者某个地区在制造业领域的一些企业和产品在世界市场上有着相当重要的地位。[①] 中国就是典型的世界工厂的代表，世界各地大部分的产品都是“中国制造”，中国的经济总量达到世界第二，是仅次于美国的全球第二大经济体。世界各地的人们，包括中国人自己，甚至都会有“离开中国，世界无法生活”的说法。

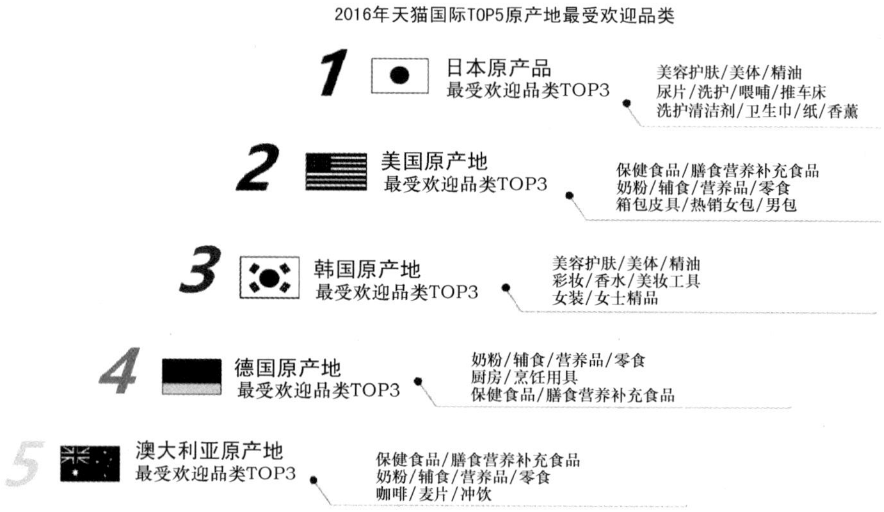

图8　国内消费进口产品产地标签化倾向

资料来源：http：//cbndata. com/report/92#92 －4。

然而，经济发展起来的中国也正在变成其他国家产品的消费者。不仅如此，根据天猫国际的统计，国内新中产消费外国产品“产地标签化十分显著”，[②]如日本、韩国的化妆品，美国、澳洲的保健品以及德国的

---

① 陶金珏：《当代中国世界工厂问题研究》，载《北方经济》2013 年第 21 期。

② 第一财经商业数据中心：《进口消费洞察报告》，https：//cbndata. com/report/92？is-Reading = report&page = 10. 2017，第 7 页。

厨具。

中国新中产阶级家庭长大的年轻人事实上是消费国际化的主要人群。天猫国际对网购前十类产品的统计清楚表明，对国内产品没有信心只是跨境电商活动中一个相对比较小的因素，而大量产品均与现代国际化的新中产生活方式、消费行为有关。

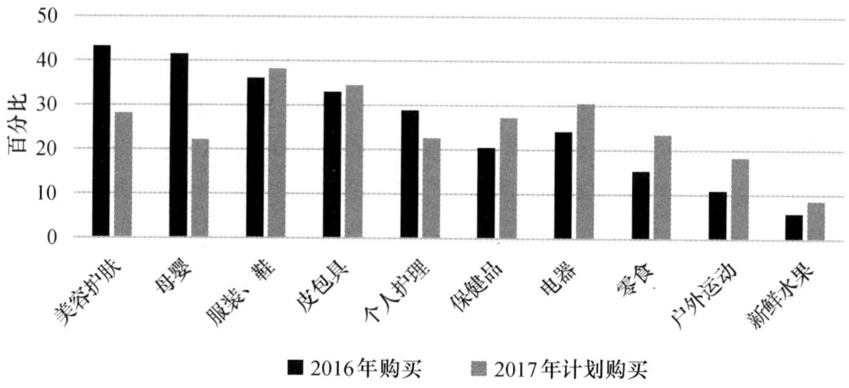

图9 2016—2017年天猫国际年轻人消费进口产品倾向

资料来源：http：//cbndata. com/report/92#92 -4。

艾媒咨询近期对网购前十类产品的统计也清楚表明，可能与对国内产品没有信心的母婴用品只是网购前十类产品之一。时尚消费，以及时尚消费国际化，也被证明为主要动力。

当然，上述国际化消费占主导地位是逐渐形成的，也是一个动态过程。天猫国际对网购化妆品、食品和母婴三大类产品的统计表明，新中产消费可以以很快的速度变化。天猫国际的统计表明，就在不到两年前，食品是天猫国际网购第一产品，而在2016年5月，化妆品一跃成为天猫国际网购第一大产品类别。前面两图还表明，可能与对国内产品没有信心的母婴用品在这一阶段之前就已经不再是第一大网购产品类别相关。

另外，跨境电商活动的活跃程度与中国各地的富裕程度，即消费者的购买力密切相关。中国最富裕的超大城市，即北京、上海，中国经济规模最大、最活跃的四个省份，即广东、江苏、山东和浙江，一直在跨境电商活动中表现活跃。图 10 显示中国四大强省及发展速度，以便更清楚地认识跨境电商活动与中国各地的富裕程度的关系。[①]

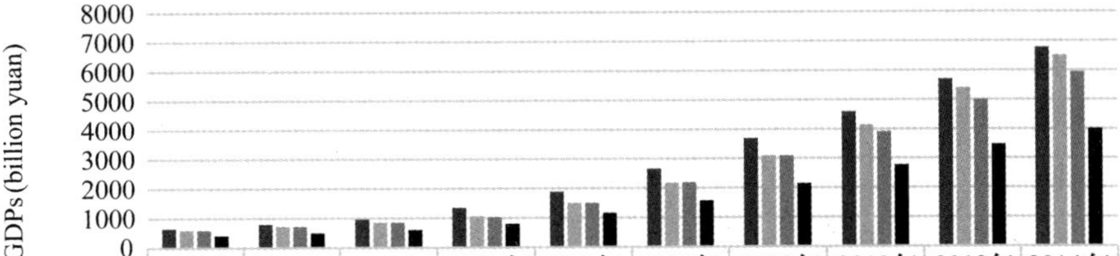

	1996年	1998年	2000年	2002年	2004年	2006年	2008年	2010年	2012年	2014年
■广东	652	792	966	1350	1886	2659	3680	4601	5707	6781
■江苏	600	720	858	1063	1500	2174	3098	4143	5406	6509
■山东	596	716	854	1026	1502	2190	3093	3917	5001	5943
■浙江	415	499	604	800	1165	1571	2146	2772	3467	4017

图 10　中国四大强省及发展速度

资料来源：http：//www. futuretimeline. net/。

总之，跨境电商的迅猛发展与中国新消费观中的世界主义有着密不可分的联系。在今天的市场中，消费主力更多的是“80 后”“90 后”甚至“00 后”。和上一代相比，他们是在网络环境下成长起来的，有着高度的网络依赖。另外，这一批人没有经历过物质短缺的年代，他们对价值的敏感度要远远高于价格敏感度。[②] 这种现象被称为消费升级，即追求品牌，或买价格较高的东西。上一代消费者的特点是追求所谓的高质量产品，即绿色食品、健康食品。但这只是对消费升级最浅显的理解。从购买的产品来看，近两年人们购买的更多的是标志地位的消费品，而非奶粉等安全必需品。

消费升级当然也并不等于只买价格昂贵的进口产品。新一代的年轻消费者更易受情感驱动。《工人日报》记者赵剑影认为，越来越多的人想要把人生过得更加充实，所以消费者开始为精神和文化埋单，他们更在意的是购买决策背后的用户标签。[③] 因此，把消费重心转向国外商品并不

---

① 国家统计局，http：//www. stats. gov. cn/tjsj/ndsj/。

② 高之良：《了解新生代消费者》，载《中国质量万里行》2017 年第 10 期。

③ 赵剑影：《消费升级不是只买贵的》，载《工人日报》2017 年 8 月 16 日。

是偶然，而是必然。还有人认为，以消费升级为前提，国内的电商平台改变了自己原先的路线，从低价格、低质量转变为个性化、高品位，以便更好地迎合消费升级这一趋势。从“淘宝”到“淘宝全球购”、从“天猫”到“天猫国际”、从“京东商城”到“京东全球购”，中国把电商平台逐渐拓展到海外、全球，满足用户追求生活国际化、消费升级的需求。①

根据中国电子商务研究中心发布的《中国跨境进口电商发展报告》，②2016 年，中国跨境网购用户已经达到 0.42 亿人，同比增长 82.6%，预计 2017 年，跨境网购用户数量能达到 0.59 亿人。跨境电商在体现消费升级的同时，也体现了人们对来自不同国家、不同民族的物质和文化的包容与接纳，他们认为全人类都属于同一共同体，这种社会理想称为世界主义。根据程梦熊的分析，消费者通过网络购买大量性价比高的国外品牌，能够加深对国外商品品牌文化的了解，进而促进提高海外商品的知名度，很大程度上实现了经济全球化带动商品流动全球化。③

自从跨境电商开始走进人们的生活，消费者通过电商平台轻松地实现了全球的采购活动，他们无须再为遥远的距离而感到无奈。例如，跨境电商也被用来购买空气净化器和口罩等产品，以减轻空气污染带来的危害。

从化妆产品、国外流行健康保健品到空气净化器和口罩，跨境电商事实上成为国内新中产家庭，特别是中产背景的年轻人实现国际水平消费的一个主要渠道。

---

① Zhan L. J. , He Y. Q. , Understanding Luxury Consumption in China, *Journal of Business Research* , 2012 (65): 1452 - 1460. Zhang B. P. , Kim J. H. , Luxury fashion consumption in China, *Journal of Retailing and Consumer Services*, 2013 (20): 68 - 79.

② 中国电子商务研究中心:《中国跨境进口电商发展报告》, 2017 年, http: //www.100ec.cn/zt/16kjbg/.

③ Yang N. , Fu J. K. , Wang Y. , “Study of the impact of the Cross - border e - commerce model Based on the Belt and Road on China’s International Trade System”, *Revista de la Facultad de Ingenieria*, 2017, 32 (8): 490 - 496.

四 跨境电商走向及发展前景

跨境电商的迅速发展是显而易见的，它已然成为中国及一些参与国经济发展的新亮点之一。自从跨境电商开始走进人们的生活，其独特的跨境特征为商业贸易和普通百姓购物开辟了一个新领域和方式。跨境电商通过电商平台繁荣了全球性贸易，消费者不必再对距离而感到无奈。跨境电商使狭小的市场发展环境扩展为世界市场，促进了信息、商品、物流及资金的流动。

本文指出了现有对跨境电商理解上的两个主要认识问题，以期有利于跨境电商的进一步发展。现有流行的看法认为，中国跨境电商的兴起和发展是国内消费者对中国产品缺乏信心造成的，而事实上，这只是一种片面的理解。首先，本文指出的是，跨境电商最开始是由海外华人和留学生带动起来的。随着中国人移居海外人数的不断增加，以及留学海外人数的增加，中国与外部世界的紧密联系已扩展到各类产品的跨境购物活动。散居各国的新华侨、华人人群，以及海外留学生，针对国内不同的消费人群，提供了购买他们所在国家与地区产品的服务，代购催生了跨境电商的新经济活动。与此同时，由于很多华人移民国经济不振，就业前景黯淡，跨境电商也已经成为海外新华人和留学生的就业机会。因此跨境电商经济活动的规模仍在扩大。

其次，中国庞大的中产消费人群是促进跨境电商发展的主要内部动力。近几十年，中国一直在世界经济发展上处于领先地位，在自主创新方面也取得显著进步，但不容否认，中国经济的发展仍不能满足中国庞大的中产消费人群的需要。新中产消费人群的经济能力已在一定程度上催生了其特有的新世界主义的消费观念和行为。他们不仅希望消费其他国家，特别是欧美、日本等工业国生产的一些著名产品，而且还希望消费一些国家特有的产品。本文提供的资料表明，中国新中产消费者是世界产品的消费者，因而出现更多消费者选择跨境购买商品。因此，跨境电商的迅猛发展与这一人群新消费观中的世界主义理念的形成有着直接的关系。

可以预见的是，跨境电商在国家对外开放政策的鼓励和支持下，将在未来很长一段时间内持续发展。海外新华人、华侨和留学生人群也将会继续推动其稳步发展，为自己寻找到特有的、可靠的就业机会。因此，跨境电商仍然有不可估量的发展前景。李克强总理在 2015 年提出的新互联网战略，鼓励将互联网与各传统行业融合，将会进一步推进跨境电子商务，加快跨境电商的发展。

浅谈法国华人流散群体的商业发展与地理分布

——以大巴黎地区为例

［法］李志鹏①

一　法国华人流散群体的历史背景

回顾整个20世纪，从移民群体的地理来源来看，法国外来移民现象表现出了多样性的特点。第一次世界大战前，外来移民几乎来自欧洲邻国，如意大利、比利时和德国。20世纪20年代伴随着意大利、西班牙以及波兰移民的到达，一股移民浪潮逐渐兴起。第二次世界大战后，来自意大利和西班牙的移民源源不断，而此时来自北非马格里布地区的移民也在悄然兴起。尽管来自非洲其他国家的移民自20世纪90年代开始迅速发展，成为法国外来移民的新现象，但也主要涉及来自喀麦隆、科特迪瓦以及刚果民主共和国的移民。2010年后，非洲国家的外来移民仍扮演着重要角色。② 从地理来源来看，法国外来移民早已在历史发展进程中被

---

① 李志鹏：法国国家科研中心普瓦提大学国际移民研究所（MIGRINTER）博士，现为巴黎政治学院国际研究中心（CERI）博士后研究员，巴黎市政府资助“Emergences”（2018—2021）项目课题组成员。

② Simon，Gildas et GUEDJ，Jérémy，“France”，in：SIMON，Guildas（sous la direction de），*Dictionnaire des Migrations Internationales Approche Géohistorique*，Paris：Armand Colin，2015，pp. 37 – 49.

打上了多样性的烙印。与法国其他移民群体相比，华人移民群体的历史也相对悠久，我们可追溯至20世纪初。据1911年法国人口统计调查数据显示，在法中国人数量为283人，大部分集中在巴黎省。[①]

经过近一个世纪的发展，华人移民群体仍是法国外来移民群体当中的少数群体。那么，时至今日，在法国的华人数量到底有多少呢？准确的数字是难以用统计数据给出的。众所周知，原因有多方面。其中一个最主要的现实原因是法国官方人口统计机构（INSSE）不以族群类别来统计人口。另外，受多种因素影响，学术界对“华人”概念理解各不相同，以致今日学界仍无法给出一个一致认同的标准的概念。所以，当前对华人群体的总量描述只能被认为是一种粗略的估算。不同学者在不同学科领域研究给出的估算也不同，但在本文我们主要采用法国国家科研中心主任研究员 Ma Mung Emmanuel 教授2014年基于“华人流散族群”[②] 概念而给出的估算，即当前法国华人流散群体总数为30万—50万人。[③]

从华人移民群体构成来看，法国华人如同分布在世界的华人构成特点一样，均由来自中国不同地区或省份或语言区域（方言）的移民群体所组成。从历史地理角度来看，法国华人移民群体主要由两大部分构成：一部分主要是来自东南亚国家的老挝、柬埔寨和越南的华人移民后代；另一部分主要由来自中国大陆的移民群体所构成。后者以浙江温州地区的华人移民群体为主要代表。[④] 在来自中国大陆的移民群体中，[⑤] 温州移

---

① Live Yu-Sion，“Les Chinois de Paris depuis le début du siècle. Présence urbaine et activités économiques”，*Revue européenne des migrations internationales*，Vol. 8，No. 3，1992，pp. 155－173.

② 本文“华人”概念均指“华人流散族群”（diaspora chinoise），概念详解请参见 Emmanuel Ma Mung，李志鹏《法国华人流散族群》，载李其荣主编《国际移民与海外华人研究（2016）》，中国社会科学出版社2017年版。为行文方便，若无特别说明，本文均将其略称为“华人”。

③ Ma Mung Emmanuel，“La diaspora chinoise en France”，in Marie Poinsot et Serge Weber (ed.) *Migration et mutations de la société française*，Paris：La Découverte，2014，pp. 121－129.

④ 本文所提的“温州地区”是一个非行政区域上的概念，它是指从移民定居国的地理来源角度来看，根据温州和青田移民的“自我认同或族群归属”来描述的祖籍来源地，即“温州”。所以本研究所提及的“温州地区”或温州移民均含“青田人”。

⑤ 需要加以说明的是，在来自中国大陆的移民群体中，如今还有越来越多来自北方的移民群体，他们主要讲北方话为主，主要来自东北的黑龙江、吉林和辽宁。还要包括来自北京、天津等其他城市以及其他省份。

民群体在经济发展方面表现较为突出。其数量规模也显得尤为重要。综合现有关于华人移民群体的研究成果，我们估算在法国来自温州地区的移民数量为 15 万—20 万人。[①]。以温州地区移民为主要代表的华人移民在公民权利诉求方面（如身份合法化）自 20 世纪 90 年代末就通过游行示威等方式进行表达并逐步走向法国公众视野，受到法国各界及媒体的关注。然而，当前法国学术界针对华人移民方面的研究还相对有限。不过近些年一些以华人移民群体为研究对象的博士论文及专题期刊著作还是值得注意的。法国国家科研中心研究员王思萌在博士课题研究期间从社会移民心理健康的角度出发，采用人类学方法对大巴黎地区的华人患者及相关移民群体进行深入研究分析。随后于 2017 年在巴黎高等师范学院出版社出版了题为《幻象与苦难：中国移民在巴黎》的博士论文专著。[②] 来自中国台湾地区的庄雅涵博士后研究员在博士课题研究期间从社会学角度针对巴黎华人移民的政治权利诉求和社会融入进行了探讨。[③] Florence Levy 博士对来自北方的华人移民，尤其是从人类学视角对巴黎华人失足女问题进行了分析研究。[④] 李永博士以鲁昂巴黎两地的中国留学生群体为主要研究对象，对中国职业移民在法国的人生轨迹和跨国流动职业发展提出了自己的看法。[⑤] 此外，巴黎政治学院的 Hélène Le Bail 研究员从政治国际关系学角度对华人妇女的跨国流动及其婚姻进行了研究。[⑥] 需要提及的是，法国《人类和移民》*Homme et Migrations* 学术期刊于 2016 年再次专门发行了一期以“中国移民及其后代”为专题的特刊，其大部

---

① 请参见 Li, Zhipeng, *La diaspora Wenzhou en France et ses relations avec la Chine*, thèse de géographie, Université de Poitiers, 2017, p. 364。

② Wang, Simeng, *Illusions et souffrances. Les migrants chinois à Paris*, 2017, Paris: Editions rue d' Ulm, p. 220.

③ Chuang, Ya-Han, *Migrants chinois à Paris Au-delà de l' "intégration": la formation politique d'une minorité*, thèse de doctorat de sociologie, Université de Paris Ⅳ, 2015, p. 460.

④ Levy, Florence, *Entre contraintes et interstices, l'évolution des projets migratoires dans l'espace transnational: une ethnographie des migrants de Chine du Nord à Paris*, thèse de doctorat de sociologie, Ecole des Hauts Etudes en Sciences Sociales-Paris, 2015, p. 501.

⑤ Li Yong, *Insertion professionnelle des diplômés chinois en France et nouvelles dynamiques migratoires et identitaires*, thèse de sociologie, Université de Rouen, 2016, p. 696.

⑥ Le Bail, Hélène, Mobilisation de femmes chinoises migrantes se prostituant à Paris. De l' invisibilité à l' action collective, Genre, sexualité & société, No. 14, 2017, pp. 1 – 22.

分文章均是2010年后新一代青年学者及博士关于法国中国移民研究的成果。[①] 正如当前一些正在进行中的博士论文课题，如华人移民社团构建、巴黎郊区华人居住环境等相关主题的研究也是值得关注的。我们还注意到2004年Véronique Poisson博士从人类历史学角度对法国的浙江移民，尤其以温州移民为主线开展了历史研究。2009年Estelle Auguin博士从社会学角度对温州移民的资本家精神形成和社会融入方面进行了探讨。除此之外，在学术界少有关于华人移民群体尤其是经济发展方面的研究。

随着“流散”（diaspora）理论的兴起，尤其是自20世纪80年代在国际移民研究领域得到了迅速发展。然而，我们发现在现有华人移民研究成果中，从流散理论视角来分析华人经济活动的成果非常有限。更少有学者从流散理论对华人移民群体与祖籍国（中国）所保持的经济关系而进行关注研究。[②] 当然，国内学者李明欢教授基于中国国际移民的研究视野，于2010年在《世界民族》杂志发表了一篇题为“Diaspora定义、分化、聚合与重构”的学术文章。她从社会人类学角度对国外“流散”理论的定义、发展及现状在华人研究领域进行了首次梳理并诠释，[③] 指出了流散理论对华人移民研究所具有的社会文化意义。然而在近十年依然少有研究在此理论基础上进一步发展并系统分析华人移民群体。[④] 因此，从流散理论对居住国华人流散族群经济发展与中国的关系进行研究具有一定的现实意义。由于篇幅限制，本文并未对流散理论进行深入探讨，部分数据与结论来自以温州流散族群为主题的博士论文研

---

① 参见Le Bail，Hélène et WANG，Simeng，“Migrations chinoises et générations”，*Hommes et Migrations*，2016，No. 1314。

② 法国学者主要从政治视野方面对海外华人与中国的关系进行了探讨，参见Pina-Guerassimoff Carine，2012，*La Chine et sa nouvelle diaspora. La mobilité au service de la puissance.* Ellipses，p. 237。

③ 参见李明欢《Diaspora定义、分化、聚合与重构》，载《世界民族》2010年第5期，第1—8页。

④ 我们也注意到张康博士关于diaspora理论的研究探讨，具体参见张康《离散华人族群与祖（籍）国关系变迁述论》，载《华侨华人历史研究》2017年第2期，第10—18页。

究成果。[①] 研究方法涉及“地理商业分布统计法”（Relevé des commerces）、访谈法、参与观察法以及问卷调查法。研究区域为法国大巴黎地区华人商业集中区。[②] 本文旨在对大巴黎地区的华人移民群体的商业发展与分布现状进行初步探讨，并对华人商区的发展现状所产生的影响提出了几点思考。

二　华人流散族群商业的新发展

从地理空间分布来看，大巴黎地区的华人商业所呈现的地理集中区域与两大华人移民群体的移民历史进程相关。温州华人商业的发展历史可追溯到第一次世界大战之前，而以印支三国（越南、老挝、柬埔寨）华人移民群体为主的商业发展则与20世纪七八十年代东南亚地缘政治密切相关。法国温州华人移民群的商业历史与东南亚华人移民群体相比发展得更早。温州华人移民群体的早期商业活动的发展历史可从20世纪初所出现的华人商区来呈现。[③] 学生、记者、无政府主义知识分子、一些销售中国玩物的商人、两三家中餐馆、修脚店以及在手工丝绸厂工作的部分工人、一家豆腐店，还有清政府的外交官员的出现，一个微型华人社会当时在巴黎萌芽并开始形成。从历史上来看，在华人移民群体中，尤其是来自温州地区的青田移民的商业发展在当时就扮演了一个重要的角色。[④]

第一次世界大战期间（1914—1918年），英法两国在中国招聘了14万名华工支援前线。他们在军工厂工作，或挖战地地壕，或从事运送武器弹药等后勤保障工作，战争结束后，他们大部分返回中国。然

---

① See Li, Zhipeng, *La diaspora Wenzhou en France et ses relations avec la Chine*, thèse de géographie, Université de Poitiers, 2017, p. 364.

② 本文中的“大巴黎地区”并非指行政意义上的法兰西岛大区（Île-de-France），主要指巴黎都市圈周边区域（法语中的Grand Paris）所以仅包含75、92、93、94省全部和91、95省个别市镇。

③ 本文中的“华人商区”指通过田野观察确定以华人经营的商业店铺为主的商业区域。

④ Live Yu-Sion, “Les Chinois de Paris depuis le début du siècle. Présence urbaine et activités économiques”, *Revue européenne des migrations internationales*, Vol. 8, No. 3, 1992, pp. 155 – 173；李明欢：《欧洲华侨华人史》，中国华侨出版社2002年版，第860页。

而，仍有2000—3000人留在了法国。[①]他们大部分都来自青田。之所以能留下来，主要是因为他们结识了当时早已在巴黎从事经商活动而定居的老乡。[②]作为法国最早的一支华人移民群体，他们早期的经济发展为温州移民群体后续来法奠定了基础。20世纪30年代青田周边的温州移民陆续来到巴黎，直到第二次世界大战爆发前夕移民现象基本中止。第二次世界大战期间外来移民现象几乎消失。第二次世界大战结束后，尤其是在新中国成立后，虽有温州移民来到法国，但属极个别现象。改革开放前夕，华人移民基本处于低迷期。改革开放后，温州移民现象又重新燃起，他们通过家庭团聚、非法偷渡等多种途径纷纷来到法国。从地理分布上来看，如今温州华人流散群体主要集中在大巴黎地区，当然，也有越来越多的温州人分布在像里昂、马赛等其他大城市，甚至在其他中小城市等。

在华人经济研究领域，“三把刀”常指“菜刀”（餐饮业）、“剪刀”（服装加工）和“皮刀”（皮革制品加工），也是常用来形容华人所从事行业的代名词。在法国主要“三把刀”也不例外。换句话说，指华人移民所从事具有服务性的商业活动和生产性的经济活动。“三把刀”行业也被认为是华人经济优先发展的重要产业。

从历史上来看，来自温州地区的华人移民群体在20世纪初就开始涉足“三把刀”行业。“三把刀”行业作为华人移民群体优先从事的经济活动，在今天仍具有一定的代表性。生产性的经济活动在过去毫无疑问扮演过重要的角色，虽然手工作坊生产活动基本消失，但此类生产活动与之相关的行业时至今日仍发挥着重要作用。[③]20世纪30年代，在巴黎传

---

① Ma Li（sous la direction de），*Les travailleurs chinois en France dans la Première Guerre mondiale*，2012，Paris：Cnrs Alpha，p. 560；Ma Mung，Emmanuel，“La diaspora chinoise en France”，in：Poinstot，Marie；Weber，Serge（sous la direction de），*Migration et mutations de la société française*，Paris：La Découverte，2015，pp. 121－129.

② Ma Mung，Emmanuel，“La diaspora chinoise en France”，in：POINSOT，Marie；Weber，Serge（sous la direction de），*Migration et mutations de la société française*，Paris：La Découverte，2015，pp. 121－129.

③ 例如，在大巴黎地区仍然存在一些与时令性产品（如女士成衣制品）相关的手工作坊生产空间。

统华人区 Arts et Métiers-Temple，[①] 法国商人（主要指犹太人）在过去从事皮革加工活动时，经常会丢弃一些皮革废弃品。而此时的温州移民会将丢弃的废弃物进行回收，重新加工利用并制作出小商品如小钱包、小皮夹等皮革类商品进行出售，且深受法国顾客欢迎。[②] 部分温州人通过此种方式逐步实现了早期的资本积累，有的甚至成为手工作坊老板。当然，与生产性经济活动（尤其是作坊生产的皮革产品）相比，商业服务性的餐饮业则表现出了更大的行业优势。中餐行业在20世纪90年代得到了快速发展，但在2000年后出现了转变。一方面，由于华人经营的以中国菜为主的餐饮市场呈现饱和，部分中餐馆开始在菜品种类或服务方式上朝向“多样化”的特点发展。例如，在菜品上，不仅涉及中国菜，还将其他亚洲国家的风味菜品进行扩展。在服务方式上，如从传统的提供点单服务，到如今出现自助餐或现场烹饪的方式；另一方面，中餐公共卫生事件的频发，导致华人经营的餐馆开始朝向“多元化”的方向转型。[③] 例如，近20年来华人经营的日餐馆在大巴黎地区发展迅速，这是华人餐饮业呈现多元化特点的一个重要表现。

随着中国外贸经济的快速发展，生产性的华人经济活动（服装生产和皮革加工）受其影响开始出现了转型。标有“中国制造”标签的大量产品出现在华人经营的批发店铺里。正如我们在大巴黎地区华人商业集中区域田野调查所观察到的现实状况，即以皮革批发行业为例，该行业已从过去的“生产加工批发”转为“进口批发”。[④]

---

① 该区域主要指巴黎第3区与第4区的交界地带。

② Archaimbault Charles, “En marge du quartier chinois”, *Bulletin de la Société d'Etudes Indochinoises*, Vol. 27, No. 3, 1952, pp. 275 - 294.

③ 关于法国华人经营的餐饮业，请参见 Li, Zhipeng, *La diaspora Wenzhou en France et ses relations avec la Chine*, thèse de géographie, Université de Poitiers, 2017, p. 364。

④ 我们认为华人批发业并非新兴行业，其发展可追溯至20世纪30年代，因为当时在巴黎第3区华人商业聚集区就出现了以皮革产品为主的生产加批发的销售方式，具体参见 Archaimbault Charles, “En marge du quartier chinois”, *Bulletin de la Société d'Etudes Indochinoises*, Vol. 27, No. 3, 1952, pp. 275 - 294。

三　华人流散族群商业空间分布

(一)"高集中"和"广分散"特点下的空间区域界定

大巴黎地区华人商业的地理分布以"高集中"和"广分散"为特点。[①]"高集中"主要是指大量华人商业店铺高密度集中在大巴黎地区的几个空间区域。例如，巴黎3区和4区的Arts et Métiers-Temple华人商区，[②]巴黎11区以Sedaine-Popincourt部分街道区域为主的华人商区，巴黎10区、11区、19区和20区交会地带的Belleville华人商区，巴黎13区(常被称为中国城)的Triangle de Choisy华人商业地带以及巴黎12区的Rue Mongallet街道华人商区。此外，巴黎18区的Place de Torcy华人商区，19区的Joinville街道也集中了大量华人经营的店铺。当然，还要包括巴黎市区之外且在大巴黎地区范围之内的93省Seine-Saint-Denis的Aubervilliers市，77省Seine-et-Marne的Torcy市和Lognes市的华人商业集中区域以及巴黎市区东部Marne-la-Vallée新区的华人商业区。"广分散"主要是指由华人经营的店铺(尤其是餐馆)在法国各地几乎均有分布。也就是说，几乎在任何一个法国市镇都能找到由华人经营的店铺。Ma Mung教授和Simon教授两位法国学者在1990年出版题为《法国亚洲和马格里布的商业发展》著作中，针对20世纪80年代的亚洲商业分布特点，从族群经济供需角度进行了分析阐述：

> ……亚洲商业[③]的区位分布两类特征非常明显即一部分商业高度明显集中，如Arts et Métiers-Temples区是极其显著的……一部分商业又非常广泛地分布在巴黎其他区域……从现实情况来看，所有区域(此处指行政意义上的)总会有一到两家甚至几家亚洲商业店铺……亚洲商业即使高度集中在某些区域，但并不意味着其在所有亚洲商

---

① Ma Mung, Emmanuel et SIMON, Gildas, *Commerçant maghrébins et asiatiques en France*, Paris: Masson, 1990, p. 138.

② 本文中的"巴黎"指依据法国行政区域划分其编号为第75省包括20个区。其含义为仅辖有1个同名市镇。

③ 实际上，主要指由华人经营的商业店铺。——笔者注

> 业当中占主导地位……因为族群商业分散特点受超族群外之顾客群体作用的影响。从实践中来看，餐饮业的分布形式来说是最明显的。

当然，“广分散”的特性决定了华人族群性商业的总体数量是不可能进行清点统计的。当然，官方没有相关统计数据，现存研究成果也没有与之相关的研究信息。

因此，对华人商业店铺集中地带进行焦点研究，结合高度集中的商业分布特点，采取限定研究区域的方法，从实践中来看，是具有一定的现实可操作性。换句话说，华人商业高度集中的现实特点为统计华人经营的店铺数量提供了可能性。在田野调查中，对明显识别性的“可见元素”（如店铺广告牌匾、销售商品、顾客群体、内部装修风格）的采用外部观察法，并对“不可见元素”（如店铺经营者的移民轨迹和职业发展路径）采用访谈观察法来鉴别其商业族群属性，从而还可以为进一步了解城市商业空间发展战略提供了参考。需要说明的是，高度集中区域的华人商业只能代表所有华人商业中的一部分。本文所提到的华人经营的商业店铺并非都指来自温州地区华人所经营的商业店铺。

从研究区域来看，主要涉及大巴黎地区的6个华人商业集中区（如图1所示）。

Arts et Métiers-Temple 华人商区作为历史发展最早的华人店铺集中区域，其经济活动主要以传统皮革批发类产品为特征，直至今日仍扮演着批发产品集散地的角色。

Sedaine-Popincourt 华人商区和 Aubervilliers 华人商区自20世纪90年代开始发展并表现出了华人商业空间发展与扩张的新现象，以进口批发业为主，尤其在女士成衣服装行业发展显著。

Triangle de Choisy 华人商区主要以来自东南亚华人所经营的店铺聚集为特点，他们大部分在20世纪70—80年代以难民身份来到法国。

Belleville 华人商区是一个在巴黎具有历史悠久的移民聚集区，如今不仅聚集了大量华人经营的商业店铺，而且还聚集了来自马格里布地区的北非移民，犹太及穆斯林等族群所经营的商业店铺。

Rue Mongallet 街道以清一色的电脑产品批发零售店为主要特征。几乎所有的店铺都由华人经营。

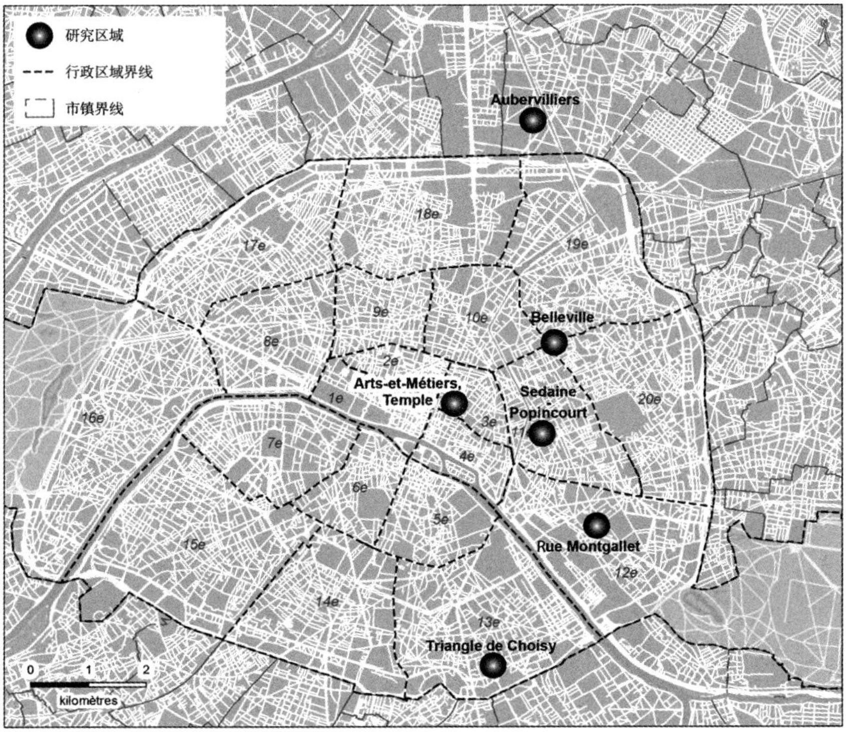

图1　大巴黎地区主要华人商业区分布

资料来源：Enquête personnelle，2012 – Fond de carte：APUR 2016。

Conception：Zhipeng Li-Réalisation：Nelly Martin，Migrinter UMR 7301 CNRS/Université de Poitiers décembre 2016.

以上研究区域的确定主要基于两方面信息的获得：一方面是依据田野调查中通过被调查者所提供的族群活动区域范围而确定；另一方面是根据现有研究成果对法国华人移民群体集中区域的描述进一步确认。①

① 参见 Poisson Véronique，“Franchir les frontières：Le cas des Chinois du Zhejiang en diaspora”，Thèse de doctorat en anthropologie，Paris：Ecole des Hauts Etudes en Sciences sociales，p. 903. Auguin Estelle，2009，*L'éthique chinoise et l'esprit du capitalisme. La diaspora chinoise originaire de la région de Wenzhou.* Thèse de Sociologie，Université Paris Descartes，p. 423；Pribetich Justine，2005，“La construction identitaire d'un quartier：l'exemple de Sedaine-Popincourt”，*Hommes et migrations*，2004，No. 1254，pp. 82 – 90。

(二)大巴黎地区华人商业分布现状

据2012年的田野调查，6个研究区域中的由华人经营的店铺,[①] 具体分布概况如图2所示。

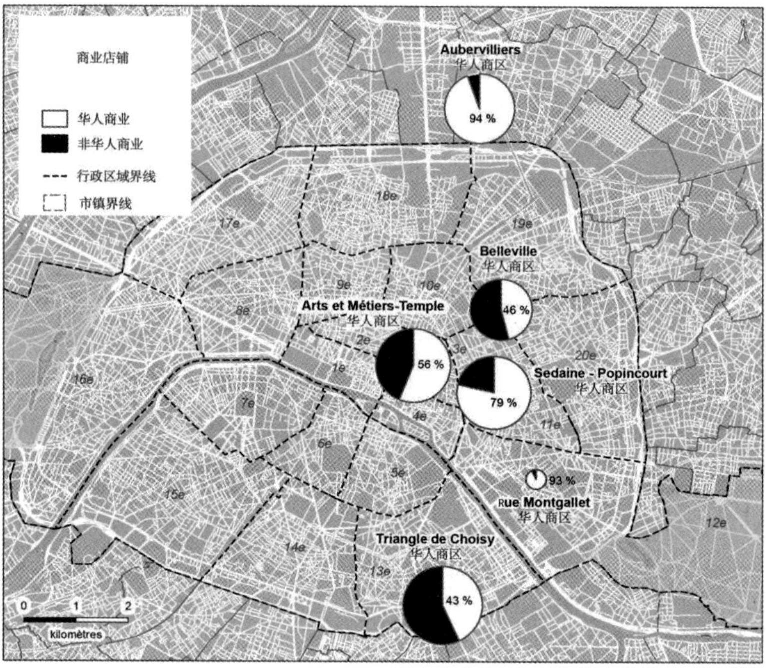

图2　大巴黎地区研究区域的华人商业与非华人商业比例

资料来源：Enquéte personnelle, 2012 – Fond de carte：APUR 2016。

Conception：Zhipeng Li-Réalisation：Nelly Martin, Migrinter UMR 7301 CNRS/Université de Poitiers décembre 2016.

1. 华人商业以高密度、高集中分布为主要特点

在所界定的研究区域中，我们对华人经营的店铺和非华人经营的店

---

① 在田野调查中，我们将华人经营的商业主要分为五类进行统计：批发业（Commerce de gros)、食品零售业（Commerce de détail alimentaire)、非食品零售业（Commerces de détail non alimentaire)、餐饮业 Restauration（restaurants, traiteurs, restauration rapide)、其他零售及服务性行业（Autres commerces de détail et services)。

铺（指法国人或者其他族群）进行了调查统计。在6个研究区域中，华人经营店铺比例较高的区域是Sedaine-Popincourt华人商区、Aubervilliers华人商区以及Rue Mongatllet华人商区。这三个区域基本都是近20年新发展起来的。Sedaine-Popincourt和Aubervilliers华人商区均由温州移民群体所从事的批发行业而发展起来。值得注意的是，20世纪80年代，几乎没有任何一家华人店铺在这两个区域。另外，据调查数据分析，我们发现服装批发店铺在Sedaine-Popincourt华人商区和Aubervilliers华人商区数量最多。

2. 进口批发业现状

据2012年田野调查，[①] 在所有华人商业店铺中，批发行业占到了69%。若从不同的分布区域来看，该行业主要集中在华人商区的Arts et Métiers-Temple（82%），Sedaine-Popincourt（95%），Aubervilliers（97%）。其中有68%从事服装类产品批发，13%从事皮革类产品批发，以及12%从事珠宝首饰批发销售。

从产品类别来看，Arts et Métiers-Temple华人商区以销售皮革和珠宝首饰为主，服装类店铺并没有在该区域大量集中。与之相反的是，Sedaine-Popincourt华人商区和Aubervilliers华人商区，这两个却集中了大量服装类店铺，而且基本呈现出"行业专一化"的特点。另外，Rue Mongallet街区也呈现"行业专一化"的特点，尤其是集中了大量销售IT产品的华人店铺。其中值得关注的是，所有华人店铺销售的产品均具有一个共性，那就是几乎都与中国开展进出口贸易。换句话说，所有批发类的商业活动几乎都属于进口商业贸易。

3. 餐饮及零售商业

在研究区域中，华人经营的"餐饮及零售"商业店铺共有556家，占所有华人经营商业店铺总数的33%。从现实状况来看，餐饮业显得比较重要，在所有华人经营的"餐饮及零售"类商业店铺中其所占比例为

---

① 参见Dumas，Eugénie et Gittus，Sylvie，2016年10月4日（en ligne），"La géographie des communautés chinoises à Paris"，*Le Monde*. http：//www. lemonde. fr/idees/visuel/2016/10/04/la－geographie－des－communautes－chinoises－a－paris_ 5007922_ 3232. html（网页访问日期为2016年10月5日）。

35%。尽管我们在调查研究区域中仅统计了193家餐馆。但是，据一份关于大巴黎地区的华人经营餐馆的调查数据显示，中餐馆分布在巴黎的数量为824家。① 可见，研究区域的华人餐饮业仅占小一部分（约20%）。当然，若从全法国分布范围来看，还有不少华人餐馆分布在其他市镇和区域，这是我们无法进行统计的。

四 结论与思考

移民，它所产生的直接动力来源于一个华人流散族群经济体的形成。流散族群经济以族群劳动力市场的存在为主要特征。即华人企业偏爱雇用华人劳动力，同时华人劳动力也常优先寻找华人企业为之工作。一个供需关系下具有相互依存性的华人劳动力市场促使了华人族群经济的不断发展。② 华人劳动力市场的发展与变化也促进了华人劳动力和华人中小企业主部分地“融入”居住国经济体系中。移民，虽然在早期促进了族群经济的形成与发展，但自2000年开始，尤其是自2008年经济危机后，华人企业的新发展使族群劳动力市场进入了低迷状态，即导致了华人企业对华人劳动力需求的减少。当然，引人注目的华人进口商业贸易虽得到了巨大发展且引人注目，但并不能从根本上解决新来移民的就业问题。因为，一个重要表现是在当前“华人商区”③ 所集中的大量进口批发店铺已不再像过去的“生产车间”或“手工作坊”吸引更多的劳动力了。移民，进而导致了新兴华人职业的出现。例如，正如我们田野调查所观察

① 请参见 Ma Mung, Emmanuel, 2012c. *Enquête de Restaurants chinois à Paris 2012*, document non publié。

② 关于族群经济、族群劳动力市场等理论概念，请参见 Ma Mung, Emmanuel, 1996, *Entreprise économique et appartenance ethnique*, *Revue européenne des migrations internationales*, Vol. 12, No. 2, pp. 211 – 233. Ma Mung, Emmanuel, 2000, *La diaspora chinoise: géographie d'une migration.* Paris: Ophrys. p. 175。

③ 本文未对“华人商区”（quartier chinois）的含义未展开详细探讨，不过针对其族群性含义的深入探讨，请参见“巴黎2030”研究项目关于族群食品商业的课题报告：Dubucs Hadrien et Endelstein Lucine. (dir.), “Commerce alimentaire ‘ethnique’ entre pratiques communautaires et vivre ensemble: une comparaison de quartiers parisiens”, *Rapport de recherche*, Ville de Paris, 2015, p. 141。

到的，一种专门从事“废品回收或收集”的新职业悄然发展，他们推着超市小推车到处收集拾捡废旧品，转而送到二手市场或其他途径进行贩卖而获利，有些人长期积累甚至获得了成功。此外，一些华人移民在“华人商区”的大街上销售中国小商品或销售本地种植的中国农货特产。一些华人失足女从事卖淫的职业也大量出现。如今，在新来的移民中，有越来越多来自中国北方及其他省份城市的华人移民，他们或从事保姆、看管小孩、照顾老人，或从事钟点工、建筑工，或从事其他非正规的商业活动，诸如凭借现代科技手段（如微信）的普及，他们在华人社会及留学生群体当中，从事餐饮外卖等活动。总之，在这些所有新来的华人移民群体中，他们大多希望像温州企业家群体或东南亚华人企业家群体在不久的将来获得“成功”。

海外新华商政治参与“双重嵌入”现象研究

——以巴西华商为例

杨宏云[①]

引　言

20 世纪 80 年代以来，随着东南亚华人陆续加入所在国国籍，中国自 20 世纪 50 年代万隆会议倡导的不承认“双重国籍”普遍得到落实，华侨与华人的概念也清晰起来。众所周知，华侨与华人概念的最本质区别，就是涉及直接地“参政议政”与否。但这一针对东南亚国家华侨华人问题的政策，在改革开放之后新移民逐渐增多，中国经济崛起后却又变得复杂起来。

一般来说，改革开放之后的新移民群体，主要分布于美国、加拿大、澳大利亚、英国、法国等欧美发达国家，以及南非、巴西、阿根廷等新兴民主国家。在这些国家，华侨华人选择落地生根抑或叶落归根，可由华人新移民意愿抉择。相对而言，他们在这些国家生活并不存在国家认同问题的困扰，族群冲突也鲜少。这就导致许多华人新移民选择“两头下注”，实践“双重嵌入”的生存方式。因而，新移民的跨国性与本土化

① 杨宏云：福州大学副教授。

两者之间的共存与互动，是华人移民研究目前不可忽视的一个课题。尤其是，中国21世纪的强势崛起，庞大的市场和机遇，使得以华商为代表的海外华人新移民更不愿放弃中国发展的红利，并利用熟悉两边国情的优势，实践“双重嵌入”行为。由此引发本文思考：海外新华商为什么要采取“双重网络嵌入”？又为什么能够实现？它将引发我们什么样的思考和讨论？尤其是当前的“一带一路”建设的大背景下，这将引起合作效应，值得思考。

一　巴西华人概况

华人进入巴西大致经历了三个阶段。19世纪初，大量华人以“卖猪仔”的方式进入巴西，主要从事开矿、修铁路、种茶、种棉等艰苦工作。之后，在苦熬撑过卖身契上的年限获得自由后，他们一般在当地靠走街串巷贩卖小商品为生。可以说，华人最初是以一种屈辱的姿态踏上这块神秘的土地的。20世纪中叶开始，非洲、美国等地的华侨华人因当地战乱或受到迫害移民巴西，来自中国香港、中国台湾的移民在此时也形成过一个小的高潮。这些移民的经济条件和受教育程度高一些。至20世纪70年代末，来自中国广东、浙江、上海、北京等地的移民进入巴西，再次形成了一个移民高潮。这批新移民中虽然也有文化程度不高的，但也有一部分有文化、有资金、有专长、有现代化商业知识的。他们开始进入巴西的各行各业，成为商人、律师、医生、政府官员……虽然华人定居巴西已经有200年历史，但是人数却是在最近几十年才有了显著增加。据不完全统计，目前巴西有30多万华人，主要居住在圣保罗。[①]

最早的华人移民是200年前的广东人，到目前已经到第四代或第五代。这些人彻底融入了巴西的主流社会。之后是中国台湾人，现在的新侨则包括福建、温州等地的一些商人以及北京、上海和一些中国大公司

---

① 《追溯到两百年前中国劳工把中国茶文化传到巴西》，2014年5月21日，http：//news. 163. com/14/0521/11/9SP0NFHQ00014JB6. html。

来巴西投资的人员等。[①] 巴西的华侨华人主要集中在圣保罗州，尤其是在圣保罗市。巴西华侨华人从事的职业较广，除中餐馆、百货店等传统行业外，华侨华人还主要从事进出口贸易、农场种植、养殖加工、超市、石油化工、陶瓷制造等行业。新移民中虽然也有文化程度不高的，但也有一部分有文化、有资金、有专长、有现代化商业知识的。他们开始进入巴西的各行各业，成为商人、律师、医生、政府官员，等等。据不完全统计，2010 年，在巴西生活的华侨华人在 20 万—25 万，其中 90% 生活在圣保罗。而根据巴西华人协会会长、华裔女议员李少玉的估计，巴西的华侨华人总数可能已经超过 30 万人。[②] 据不完全统计，目前在巴西生活的华侨华人已接近 30 万人，其中很大一部分都来自中国浙江省。[③]

而今，巴西华人已不同于先辈"猪仔""苦力"的形象。他们主要是受巴西政府优惠外来投资政策的吸引而来，手头既有资本，又有经营能力，他们的到来给巴西经济增添了新的活力。目前，巴西华人经营范围极广，项自繁多，农、工、商各业具备，经济基础稳定，巴西已成为一个新的华侨华人的经济中心。从结构上来说，华人 80% 经营商业，其次为工矿企业，最后为农牧业。华人经营的商业以家庭形式的小本经营居多，最突出的是餐馆；近年来，华人从事的进出口营业规模逐步增大。在工商实业界，魏书骐、林明训、毕务国、李群等杰出华人称"王"称"霸"，令人瞩目。[④]

二　巴西华商政治"双重嵌入"的具体表现

随着侨民的日益增多，和中巴两国关系的日益密切，巴西华人的形象逐渐变得清晰和正面起来，巴西政坛上开始出现华人面孔。而且，华

---

① 《华人移民巴西二百周年简史》（上），巴西侨网，2012 年 12 月 23 日，http://www.bxqw.com/userlist/hbpd/newshow-24081.html。

② 密素敏：《试析巴西华侨华人的社会融入特点与挑战》，载《南洋问题研究》2015 年第 2 期，第 66 页。

③ 《巴西侨领尹楚平：华侨华人只有团结才有出路》，2014 年 6 月 7 日，中国新闻网，http://www.chinanews.com/hr/2014/06-07/6254734.shtml。

④ 王光华：《不断壮大的巴西华人社群》，载《侨园》2004 年第 4 期，第 22 页。

人华侨要真正融入巴西主流社会，争取话语权和权益保障，提高华人华侨的能见度，积极主动参政议政是最佳最直接的途径。因而，巴西华商敢于在政治领域表达建议和观点，且十分活跃。

（一）巴西华商直接或间接参与居住国政治活动

1. 积极支持属意人选竞选活动，热情政治捐助，并勇于表达观点

2007 年，针对当时市长竞选人马亚污蔑华人的不实之词，巴西各侨团推选巴中文化交流协会主席尹霄敏牵头，请巴西律师协助起草一份说明事实真相的信件，然后派代表到市政府面交。① 2012 年，巴西圣保罗市市长竞选，参选人塞尔索（CELSO RUSSOMANNO）后援会 9 月 12 日晚在小银牛烤肉店举行助选会，数十位华人侨团的侨领及华商出席，大家除了表示要积极为塞尔索竞选市长动员选票外，还发起了竞选捐款活动，当晚认捐数十万巴币。② 甚至巴西华裔青年发出支持塞尔索竞选市场的呼吁："四年一度的巴西全国市长之位争夺战，再一次狼烟四起。其中，圣保罗市市长的争夺更是让人揪心和关注，像这种他国市政府的政权更替，要是在以往，我们可以嗤之以鼻，但是今年，作为华人，我们绝不能以'事不关己，高高挂起'的态度对待此次选战。因为，从本届圣保罗市市长的做法来看，不仅让绝大部分的民众感到失望，更让我们的侨胞，特别是商人朋友们很受伤。因此，我们诚恳呼吁各位侨胞朋友们，发动一切可以发动的力量，为你心目中的市长候选人投上或拉上一票，因为每一票对我们的候选人都很重要，为了自己，也为了广大生活在商业边缘的侨胞们贡献一份绵薄之力吧！"③

随着华人参政意识日渐高涨，而侨团领导华人参政助政发挥了重要作用。如威廉巫，2006 年成功当选为巴西联邦众议员，成为巴西历史上首位华裔国会议员。2010 年威廉巫谋求竞选连任，里约侨团不分畛域热烈响应，时任巴西华人文化交流协会主席孙特英女士发起了一场声势浩

---

① 乔钟：《巴西华商为何屡成替罪羔羊?》，载《人民日报》（海外版）2007 年 12 月 4 日。

② 《政见广获认同巴西华人支持塞尔索竞选圣保罗市长》，2012 年 9 月 15 日，凤凰财经网，http：//news. ifeng. com/gundong/detail_ 2012_ 09/15/17642046_ 0. shtml。

③ 《巴西华裔青年呼吁支持圣保罗市长候选》，2012 年 8 月 29 日，巴西侨网，http：//www. bxqw. com/userlist/hbpd/newshow－20629. html。

大的“支持华人参政，为威廉巫助选”募捐活动，得到了里约各大侨团和广大侨胞的积极支持。[①] 2012 年，华裔市议员候选人徐万星的竞选活动，许多热心的侨团和侨领纷纷行动起来，有的捐款，有的拉票，以各种方式大力支持华人参选参政。[②] 2014 年，华裔候选人威廉巫作为绿党候选人再次参加竞选。为了支持华裔参政议政，圣保罗各侨团联合成立威廉巫竞选后援团。他们印制宣传传单，以侨团为单位，号召大家人人尽心，个个出力，以实际行动支持威廉巫竞选。[③]

2. 协助政府活动，积极维护华人权益

巴西华商李锦辉为维护侨胞权益，担任巴西刑事法院特聘的法庭华人翻译。这不仅因为他的葡文水平，更因为法官对他的信任和他自己不解的中华之缘。[④] 2012 年，圣保罗州议会议员协会 12 日举行颁奖仪式，向全州各界优秀人士颁发奖牌，以表彰他们的工作成绩，其中有律师、记者、教授、导演、议员等。会上特别聘请华人叶先端、叶康妙为议员协会的会员。主持人表示，两位华人热心致力于巴中两国商贸工作，聘请他们参加议员协会是为了进一步推动州议会与中国的经贸往来和两国的友好关系。据悉，他们是议员协会里唯一的两位华人。[⑤] 2016 年 3 月，巴西圣保罗市议会召开“华人侨界与市议会如何加强交流与沟通”主题会议，巴西温州同乡联谊会张伟会长建议市议会能为华人设定“中国日”，市区能设立“中国街”，让生活在巴西的华人能举行一年一度在中国街集会，展示中华民族悠久文化历史特色，与巴西民众同享同乐，让更多的巴西民众了解中国文化，让华人更融入巴西社会，与巴西民众共同建立和谐家园。此提议得到了与会全体的赞同，当天政治参与的本土

---

① 徐文永、谢林森：《华侨华人社团与中国公共外交——以巴西华人文化交流协会为例》，载《八桂侨刊》2012 年第 3 期，第 21 页。

② 《客家中心设咨讯服务　巴西侨胞支持徐万星竞选》，2012 年 9 月 11 日，巴西侨网，http://www.bxqw.com/userlist/hbpd/newshow-20738.html。

③ 《支持威廉巫竞选侨界成立竞选后援团》，2014 年 8 月 6 日，巴西侨网，http://www.bxqw.com/userlist/hbpd/newshow-32700.html。

④ 《为中国新能源照明开拓市场：记巴西华商李锦辉》，新华网，2013 年 12 月 15 日，http://huaren.haiwainet.cn/n/2013/1214/c232657-20037750.html。

⑤ 《两华人被巴西圣保罗州议会聘为议员协会会员》，2012 年 12 月 14 日，中国新闻网，http://www.chinanews.com/hr/2012/12-14/4409331.shtml。

化实践“中国日”达成了共识。①

此外，针对巴西社会治安问题，维护华人自身安全需要，2016 年 4 月 5 日晚，圣保罗军警 45 警局官员与当地华人侨领在圣保罗举行会议，允许华人代表加入圣保罗“警民治安联防委员会”（CONSEG），让华人积极参与治安联防工作，共同维护好华人华侨的安全。② 并在圣保罗华助中心组织推动下，推举华人华侨代表杨惠昂、叶周永、李小凌、赵永平竞选警民联合治安委员会的主要干部，并成功赢得竞选。开启了巴西华人参与主流社会治安管理的新篇章。③

（二）巴西华人跨国性的政治参与表现

跨国性的一个根本要素是跨国移民在祖籍国与移居国社会空间的多重卷入。④ 巴西的华侨华人虽然大多已加入巴西国籍，但是他们仍情系中国，密切关注祖国发展，理解和支持中国的国家方针政策，支持祖国领土完整、和平发展，反对“台独”等势力。

1. 华商跨域中国参与政治，并建言献策

2012 年，旅居巴西侨领尹霄敏、詹慧华、张江欧被聘为列席浙江省丽水市政协特邀委员，并出席了本次大会。巴西中国和平统一促进会会长尹楚平被聘为侨界代表出席浙江丽水市政协委员，4 月 21 日，为期一周中国人民政治协商会议第三届丽水市委员会第一次会议在丽水大剧院胜利闭幕，尹楚平作为侨界委员，积极建言献策，递交了“大力打造侨务工作品牌，凝聚侨心，推进丽水社会经济发展”“关于引导海外华侨委员积极参与丽水市农村环境整治的建议”两份提案。尹楚平在出席参加

---

① 《巴西圣保罗议会与侨界座谈拟设立“中国日”》，中国侨网，2016 年 3 月 29 日，http：//www. chinaqw. com/hqhr/2016/03 –28/83569. shtml。

② 《巴西华人加入“警民治安联防委员会”共同维护安全》，中新网，2016 年 4 月 7 日，http：//www. chinanews. com/hr/2016/04 –06/7824700. shtml。

③ 《四名华人当选巴西圣保罗警民联合治安委员》，中国侨网，2016 年 5 月 15 日，http：//www. chinaqw. com/hqhr/2016/05 –15/88502. shtml。

④ Linda Basch，Nina Glick Schiller & Cristina Szanton Blanc. Nations unbound-transnational Projects Postcolonial Predicaments and Deterritorialized Nation-states，OPA（Overseas Publishers Association）Amsterdam B. V.，1994，p. 7.

丽水市政协选举大会时，投下了宝贵的一票。① 中国人民政治协商会议第十二届全国委员会第二次会议 2014 年 3 月 3 日在北京人民大会堂隆重开幕，巴西中国和平统一促进会会长尹楚平作为海外列席代表，与来自世界各国的 35 位华人列席了会议。3 月 3 日下午，尹楚平出席政协大会开幕仪式，听取了政协主席俞正声的政协工作报告。② 中央统战部于 2012 年 4 月 22—28 日在湖北武汉举办了第十二期海外华侨华人代表国情研修班，巴西江西同乡总会永远名誉会长、巴西中国退伍军人联谊会秘书长巴西八一（集 团）公司董事长林周恩先生和来自全球 12 个国家和中国香港地区共 33 位代表学员应邀参加了研讨学习。③ 2013 年，第九次全国归侨侨眷代表大会于 12 月 2 日上午在北京隆重开幕。巴西多名侨领受中国侨联的邀请，荣誉参加了这次大会，其中林周恩被聘选为第九届大会海外委员。此前，他还出席参加了江西省第七届归侨侨眷代表大会，也被聘选为江西省侨联第七届海外委员。④ 2012 年 4 月 22 日，巴西中国浙江商会张江欧会长被浙江青田人民法院聘为巴西联络员。

巴西华商一系列参与中国政治的表现，凸显海外新华商在中国政治活动中获得应有的地位，并有着自己的直接贡献。

2. 巴西华商对中国政治、外交事务的间接支持

（1）反独促统。“台独”活动在巴西一直较为活跃，华侨华人主要聚集的圣保罗市被“台独”分子称为仅次于纽约的“第二大本营”。巴西的华侨华人团结一致，与“台独”势力开展了各种斗争。

2000 年以来，巴西华侨华人先后成立了巴西里约中国和平统一促进会、巴西中国和平统一促进会等 7 个统促会，加之 1991 年成立的巴西中国和平统一促进总会，一共成立了 8 个统促会，其数量之多在拉美国家

---

① 《巴西侨领尹楚平参加政协会：为丽水发展建言献策》，2012 年 4 月 23 日，巴西侨网，http：//www. bxqw. com/userlist/hbpd/newshow - 18809. html。

② 《巴西侨领尹楚平列席全国政协会议》，2014 年 3 月 4 日，南美侨报网，http：//www. br - cn. com/news/qs_ news/20140304/26060. html。

③ 《林周恩参加中央统战部办华人国情研修班》，巴西侨网，2012 年 4 月 28 日，http：//www. bxqw. com/userlist/hbpd/newshow - 18905. html。

④ 《巴西侨领出席第九次全国归侨大会》，2013 年 12 月 2 日，南美侨报网，http：//www. br - cn. com/news/qs_ news/20131202/22061. html。

中位居前列，同时在海外其他国家中也并不多见。①

在积极成立相关组织时，巴西华侨华人还密切关注中国台湾地区、巴西及拉美地区"台独"势力的动向，以反对"台独"分裂行径、遏制"台独"分裂势力的发展作为反"独"促统活动的核心内容之一。一方面，巴西华侨华人采取发表声明、撰写文章、召开座谈会等多种方式，严厉谴责李登辉、陈水扁等台湾当局进行的一波又一波"台独"分裂行径，揭露其"台独"本质，与全球其他地区爱国力量一起给中国台湾地区"台独"分裂活动带来压力。另一方面，巴西华侨华人通过创建统促会网站、《南美侨报》等传媒平台，采取撰写文章、召开座谈会、研讨会等方式积极在巴西侨胞及巴西社会中宣传"一个中国"的原则，诠释中国政府对台工作方针政策，包括"和平统一，一国两制"、江泽民同志的"八项主张"、胡锦涛同志关于发展两岸关系的"四点建议"、全国人大制定的《反分裂国家法》、中台办和国台办发表的"5·17声明"等重要政策、讲话，加深了广大侨胞尤其是台胞对中国政府对台方针政策的了解，在"一个中国"的原则下将巴西及拉美地区的爱国力量凝聚起来。② 甚至在2005年全巴西华侨华人在圣保罗市召开了拥护《反分裂国家法》大会，表达了坚决捍卫中国国家主权和领土完整的决心。③

另外，巴西华商积极参与和推动国际间华侨华人"反独促统"的合作活动。2011年，巴西华商承接了《海峡两岸和平发展2011里约论坛》，来自中国北京、浙江，以及秘鲁、巴拿马、智利和巴西本地的代表200余人，参加了当天的论坛。2012年，全球华人华侨推动中国和平统一马德里大会。巴西中国和平统一促进会尹楚平会长和周经军监事长应邀出席了本次大会，并发表大会演讲，提出：继续坚持"反独促统"这一原则不动摇；要充分利用海外优势和特点，团结一切可以团结的力量，进而实现推动祖国统一的目的；高度关注岛内及海外"台独"势力动向；要对近年来表现猖獗的"藏独"和"疆独"势力引起高度重视和警惕，积

① 程晶：《论巴西华侨华人反"独"促统活动的特点、作用及相关建议》，载《世界民族》2016年第1期，第72页。

② 同上书，第76—77页。

③ 程晶：《华侨华人与中国软实力在巴西的提升》，载《湖北大学学报》（哲学社会科学版）2012年第6期，第108—109页。

极配合政府的相关行动和政策，同一切分裂国家的势力和行为作坚决的斗争。①

（2）表达中国涉外维权行为的同步支持。为响应和支持中国对日本购买钓鱼岛的非法行为，里约华联会等巴西华人社团发表保钓声明。南美保钓联合会还发出“作为巴西华侨华人，号召台湾同胞，海外侨胞团结起来，抗击外来侵犯。我们也时刻准备着，响应祖国的召唤，为国家贡献出自己的一切！”的誓言。② 各侨团侨领等人则召开座谈会，一致谴责日本政府在钓鱼岛事件上的侵犯中国领土行为，坚决支持祖国最近所采取的派中国海监执法船在钓鱼岛执法、护渔，发布天气和海洋观测预报实施海域管理，以及派遣军舰编队前往钓鱼岛附件海域宣示主权的正义行动。

此外，2013 年 12 月 26 日，日本首相安倍晋三无视国际社会特别是亚洲邻国的警告，悍然参拜靖国神社。巴西中国和平统一促进会全体理事，对此提出强烈抗议，并发表如下声明：一、反对任何人以任何形式参拜靖国神社；二、钓鱼岛是中国固有领土，日本应立即归还；三、反对日本政府篡改历史，否认战争罪行；四、反对日本政府扩充军备，修订和平宪法；五、任何国家和实体都必须尊重和遵守中国东海上空安全识别区的相关规定；六、坚决支持中国政府为维护国家主权和领土所采取的任何措施。③ 2013 年 10 月 16 日，美国广播公司（ABC）深夜脱口秀节目“吉米鸡毛秀”中，出现“杀光中国人”言论，引起全球华人强烈不满和严正抗议。11 月 9 日美国华人在 20 多个城市集会示威，抗议带有歧视性言论的电视节目。刚刚成功主办了巴西里约 2013 年全球华侨华人促进中国和平统一大会的巴西中国和平统一促进会会长尹楚平，对美国广播公司辱华言论表示严厉谴责和抗议。④

---

① 《巴西和统会长尹楚平出席马德里和统大会》，2012 年 8 月 16 日，巴西侨网，http：//www. bxqw. com/userlist/hbpd/newshow－20469. html。

② 《〈纪念 9·18 保卫钓鱼岛〉南美保钓联合会》，2012 年 9 月 18 日，巴西侨网，http：//www. bxqw. com/userlist/hbpd/newshow－20802. html。

③ 《巴西中国和统会抗议安培参拜靖国神社》，2013 年 12 月 29 日，巴西侨网，http：//www. bxqw. com/userlist/hbpd/newshow－29659. html。

④ 《巴西中国和统会长尹楚平谴责美国辱华言论》，2013 年 11 月 11 日，南美侨报网，http：//www. br－cn. com/news/qs_ news/20131111/21276. html。

（3）促进中巴经贸、文化等友好往来。华商在艰辛创业的同时，仍不忘为中巴友谊与合作贡献心力。早在1995年，李锦辉就自己出资出力，让中国企业和产品出现在巴西的国际展销会上。[①] 巴西圣保罗市议员、广东省海交会海外理事李少玉女士访问广东期间，积极探讨如何发挥侨务工作优势，协助广东企业巩固和开拓国际市场，促进广货进入巴西，进入南美洲，并积极协助江门、佛山等地企业到巴西开展商业推广活动，为粤企开拓巴西市场做出了贡献。巴西中国浙江商会成立至今，坚持建设团结和谐的侨社、坚持维护侨胞权益、坚持塑造民族的良好形象等理念，不但得到广大巴西侨胞的赞誉，同时也得到了国内许多省市自治区政府、侨务部门的好评。商会的许多成员被许多省市的政府、政协、侨办、侨联聘为特邀政协委员、海外顾问、海外副会长、海外理事等职。

三　巴西华人政治“双重网络嵌入”的原因分析

随着21世纪初中国的快速崛起，华商对中国的发展信心极大增强。与此同时，在20世纪80年代后的移民热潮中，有多达1000万人是改革开放以后出去的，他们分布于世界各地。密集的华人社群为华商与大陆之间的“双重嵌入”奠定了坚实基础。

（一）宏观背景推动

1. 中国崛起，推动巴西与中国关系友好发展

1993年，在中巴两国经济合作良好的态势下，中国与巴西确立了战略伙伴关系，这也是中国首次与别国建立具有战略高度的伙伴关系。由于地理位置遥远，两国在20世纪90年代的政治交往中，双边直接的交流较少。2012年中巴建立了全面战略合作伙伴关系，在新兴国家崛起、金融危机席卷传统发达国家的世界局势下，在“金砖五国”建立的政治

① 《为中国新能源照明开拓市场：记巴西华商李锦辉》，2013年12月14日，新华网海外网，http：//huaren. haiwainet. cn/n/2013/1214/c232657 - 20037750. html。

经济合作框架下增进互动，密切了两国全方位、多领域的合作。[①] 中国与巴西关系发展迅猛。2013 年，在“金砖五国”南非德班峰会上，习主席以“志合者不以山海为远”，对中巴未来更广泛领域的合作给予肯定态度。2014 年 7 月，中国国家主席习近平访问巴西，中巴两国共同发表《关于进一步深化中巴全面战略伙伴关系的联合声明》。2015 年 5 月，中国国务院总理李克强访问巴西，推进各项合作落实。

“国兴则侨兴，国强则侨强。”中国产品、中国技术、中国资本不断进入巴西，推动巴西经济的好转，这不仅能够改善侨胞在当地的生活、就业与发展，更使他们在当地主流社会的地位与形象有显著提升，而这已是“巴西侨胞几乎天天都能感受到的变化”。[②] 它一方面为海外华侨华人提供了学习、交流、合作的良好平台与环境，有助于建立健全和睦相融、合作共赢、团结友爱、充满活力的华侨华人社会；另一方面也为海外华侨华人在其住在国的政治、社会地位的提升，提供了更大的可能与空间。

2. 中国对华人实施公共外交的需求

公共外交，目前已被公认为一国总体外交的重要组成部分，同时也是一国在国际社会中确定其正当性和认同度的一条重要路径。随着全球化的深入，外侨群体日益受到各国外交的重视，并逐渐成为各国外交所依靠的重要力量。侨务公共外交是中国国务院侨务办公室在 2011 年最早提出的概念，它是全球化时代背景下外交公众化与侨务外交化融汇的产物。

海外华侨华人随着自身生存与发展环境的改善，已日益融入其住在国的主流社会。通过海外华侨华人，将真实而生动的中国国家形象以中华文化的独特视角准确而清晰地向国际社会进行介绍、说明、推广与展示，必将产生更加良好的效果。这对当代中国外交来说，是一个富有价值的新命题。因而，国务院侨办前主任李海峰认为，侨务公共外交要重视以“以侨为桥”，针对国际社会关注的热点问题，组织海外侨胞实地参

---

① 魏子青、徐之明：《中国与巴西关系的发展历程、特点与问题》，载《大连海事大学学报》（社会科学版）2013 年第 4 期，第 89 页。

② 《中巴走近巴西侨胞享红利》，载《人民日报》（海外版）2015 年 5 月 20 日。

访和交流，鼓励他们通过所见所闻，向当地主流社会全面、真实地介绍中国。

可以说，随着中国文化大繁荣、大发展战略的实施，在中国与世界联系日益紧密的新形势下，加强中国侨务公共外交，增进海外华侨华人住在国民众对中国的亲近感，借以提升中国的国际形象，是今后中国国外侨务工作重要的拓展方向。由此对巴西华商了解国情、参与政治活动有着极大的促进作用。

3. “一带一路”推进更需要

当前，随着中国快速崛起，特别是随着共同建设“一带一路”倡议的推进，华商的命运再次与中国紧密相连。纵观历史上的多次转型，市场利益与身份认同始终得力于华商网络与中国的长期互动，华商网络沉淀出了充沛的社会资本，这些情理交融的社会资本构成联系中国的“天然桥梁和纽带”。作为中国崛起重要支撑性战略资源，华商独具优势，也将在“一带一路”宏伟蓝图的实施进程中发挥重要的建设性作用。

（二）微观实践具备可行性和主观能动性

我们有理由认为，跨国政治活动家不仅仅是面向海外的世界主义者，而且需要一个当地环境的有力支持。巴西华人能够实现政治参与的在地化与跨国化，微观环境的宽容密不可分。

1. 巴西政治和种族意识宽容

巴西本身是一个移民宽容的社会，巴西的人口组成包括巴西土著居民、非洲安哥拉和尼日利亚的黑人后裔，也有葡萄牙、意大利、德国、西班牙和波兰移民来的欧洲人，还有日本、韩国和中国人。这种民族构成在巴西也形成了一个鲜明的特点，即民众善于接受不同习俗的外国人，并能友好相处，排外的倾向较小。[①] “在这里，大部分人路上见面，即便不认识也会主动打招呼。所以，这里一点都不排外，什么人种都可以通婚，这里的人种也是全世界最丰富的。而且，政府奉行严厉打击种族歧视的政策。如果你对一个黑人说了什么歧视的话，他要是到法院去告你，

① 陈梦瑶：《巴西：多元文化共存》，载《21 世纪》2005 年第 12 期，第 52 页。

在巴西就是重罪!"[①] 这种毫无种族歧视，有着"种族大熔炉"之称的社会特质，使巴西政府对各国移民持宽容和友善的态度，这有利于移民迅速融入巴西社会。而参政议政则是移民融入的最直接表现。这为巴西华商从政提供了良好的社会氛围。

2. 华人社会融入较深，社会地位提高有向政治转化的意愿

目前，在巴西生活的华侨华人在20万—25万。华人以自己的勤劳和节俭逐渐融入当地社会，也赢得了巴西人的尊重。甚至为表彰中国移民，1992年，圣保罗议会将每年的10月7日定为"中国移民日"。这为华商参政奠定了良好的经济基础。而且，移居巴西的华人，通过自身的努力和积极融入，形象也渐渐变得清晰和正面。因而，一个在巴西深度融入、社会活跃的群体需要有政治的活跃，更能凸显华人群体的强大和尊重。相应地，融入巴西社会的华人维护自身合法权益也需要参与政治获得保障。

例如，巴西每次开展打击造假走私运动，华商总是首要目标，媒体也对查抄华商大事渲染。事实上，绝大多数华商已经改弦更张，假冒产品也不是都产自中国，在小商品市场可以看到不少假名牌鞋上标的都是"巴西制造"。但华人为什么老成为"替罪羊"呢？里约华联会副会长、巴中商贸仲裁总会执行会长尹楚平已经在里约经商20年，他认为，除了过去确实有很多华人卖假冒产品给巴西人留下负面影响的因素外，华人在巴西政坛和媒体没有话语权是重要原因。巴西华人历来重商轻政，进入政界、警界和新闻界的华人凤毛麟角。华人被警察、税务人员敲诈勒索后，没有议员或记者主动站出来为华人主持公道，华人也习惯于忍气吞声、破财消灾。因此，当局一搞查抄就先盯住华商。[②] 最近几年，由于现任市政府在查抄上执法过度，严重影响了华商的正常经营，使很多侨胞蒙受巨大经济损失，导致从商之路困难重重，举步维艰。

因而，巴西华商积极参政助政议政，通过政治途径维护自身权益，保障群体利益十分必要。这是华商在巴西参与政治的原始动力。

---

① 《巴西无歧视最得华人心》，和讯网，2014年6月28日，http://news.hexun.com/2014-06-28/166126233.html。

② 乔钟：《巴西华商为何屡成替罪羔羊?》，载《人民日报》(海外版) 2007年12月4日。

3. 许多华人为第一代，与家乡联系紧密，对中国政治参与十分关注

目前，巴西华人移民中许多人是改革开放后走出国门的，他们在国内有完整的中华文化教育，对祖（籍）国怀有很深的感情。对祖籍国政治的关注、参与，既是这种情感的表达，也有多重利益考量。正如在巴西生活十多年的田宾所言："虽然与祖（籍）国远隔重洋，但当地侨胞对祖（籍）国总是格外的关注，大家尤其期待自己的祖（籍）国与住在国能够有更加密切的往来与合作，这对于他们来说是机遇，更是骄傲。"[①] 著名的巴西浙商尹霄敏说："中国的强大，让我们头抬得更高，祖国永远是我们坚强的后盾。而且，他也始终认为：在巴西随处可见的尹氏产品背后都是来自祖国坚强的支撑。"[②] 虽然常年身居海外，但依然心怀桑梓，处处表现赤子之心，竭力为祖国与故乡做出自己的贡献。

因而，创业成功后的海外华商也希望发挥自身的优势回馈家乡，为中国政治、经济、文化、社会公益事业的发展提供良策，来抒发其爱国爱乡情感和民族感的认同。参政议政业已成为海外人士心系国家和地区发展前景的平台。正如旅居南美的浙江青田侨胞郭胜华所言："建言献策是我们抒发内心爱国爱乡情怀的一种特殊方式！"

4. 政治参与之外的社会资本助力华商经济亦是重要考量

主流理性主义也认为华商作为"经济人"，应该在商言商。他们之所以积极与中国大陆联系，实际上也是把握市场机遇、追逐利润的理性行为。中国政治、经济成就辐射的巨大红利，是巴西华人维持与中国联系的现实考量。许多新华商从事着进出口贸易，与中国经济联系紧密，需要获得国内的资源支持。而这种参与所获得的某种不言而喻的身份地位，又称"社会资本"的加持，对他们的国内外经济活动大有裨益。

国外学者研究表明，政治关系可以提升企业的价值。比如，企业能够在贷款和纳税政策方面获得好处。研究发现，在中国参与政治有助于企业家获取资源、加快发展。[③] 对于华商而言，嵌入于关系网络中的社会

---

① 《中巴走近巴西侨胞享红利》，载《人民日报》（海外版）2015 年 5 月 20 日。

② 栗子：《情洒大洋两岸的风云人物——访巴西华人文化交流协会名誉主席尹霄敏》，载《文化交流》2011 年第 4 期，第 16 页。

③ 格雷姆·约翰森、罗素·史密斯、丽贝卡·弗雷齐主编：《生活在高墙之外：普拉托华人研究》，世界温州人经济中心译，中国社会科学出版社 2013 年版，第 240 页。

资本对经济发展有重要促进意义：其一，充足的关系连带是重要的信息交流渠道。信息不对称往往意味着投资风险增加，为了最大化实现整体经济利益，同族同乡的华商往往从亲戚、朋友和伙伴那里获取大量真实可靠的商业信息。华商网络内部的这种交流，将大大节约信息搜寻成本，提高合作效率。其二，关系连接有助于遏制机会主义动机。在市场经济并不完善的时代，华商之间的生意规则往往是非正式的。在没有合同与法律保障情况下，保证信誉的重要方法是将合伙人拉入自己的人际关系网络。① 例如，2015 年李克强总理访问巴西时，华人田宾就言道："这不仅会加强两国在基础设施建设方面的合作，也可以为巴西目前低潮的经济注入动力，也将吸引更多中资企业来巴西投资，这对我来说是一件绝对的好事。"在他看来，两国多领域、深层次的合作带给当地华侨华人的是更好的发展大环境，更是实实在在的切身利益。②

四 结语

新移民移居海外后，同时面临着两个社会进程的发生：本土化与跨国性，即在移居国努力融入的同时，也保持着与中国或第三国在生活、事业和文化等各方面的密切联系。因此，学者任娜提出"双重嵌入"这一衍生概念，③ 即将社会学的"嵌入"这一概念置于移民的移居国和祖籍国双重视野之下，探讨新移民的"本土化"和"跨国性"这两大进程如何彼此交织与互动。他们用这种双重或多重联系和在移居国和移出国或第三国获得的多重身份，建立和维持跨界的家庭、经济、社会、组织、宗教和政治，来调试或抗拒或者适应其移民过程中遇到的机遇和困难。这种行为、决策和关怀都离不开连接他们的出生国与移居国之间的"社

① 曹德军：《流动的"关系"：社会资本与东南亚华商网络演变分析》，载《南海学刊》2016 年第 1 期，第 63 页。

② 《中巴走近巴西侨胞享红利》，载《人民日报》（海外版）2015 年 5 月 20 日。

③ 任娜、刘宏：《本土化与跨国性：新加坡华人新移民企业家的双重嵌入》，载《世界民族》2016 年第 2 期，第 45 页。

会关系场域”。[①]

以巴西华商为代表的海外新华商群体，他们移居海外之后，亦面临身份认同的困窘和政治地位的缺失。尤其是在许多新移民因商而致经济地位提升之后，政治对其利益的保护显得尤为必要。对政治参与热情有所提升。而巴西包容性强的社会环境又为他们提供了渠道和路径。而与中国发生直接的联系，是他们获得政治地位提升的直接路径。特别是当前中国的崛起已经成为一个全球现象，所产生的溢出效应辐射全球华侨华人已毋庸置疑。这成为华商积极参与所在国和中国政治活动的外在和内在诱因。当然，在商言商，经济利益的驱动也是不得不说的因素之一。海外新移民能够在中国和居住国之间的政治参与，直接或间接地可以互益互动，它对逐利取向的华商带来潜在的经济效应不言而喻。实际上，华商网络是一个利益与感情兼具的特殊共同体，华商的经济生产往往“镶嵌”在互惠、荣誉、责任感等社会动机之中。[②]

因而，审视海外新华商“双重政治嵌入”的现象和表现，既要看到他们的表象，也要深层次考察他们行为背后的动机。由此因势利导，充分发挥海外新移民的特性，制定华侨华人政策，最大限度地发挥他们的正面效应，服务好海外华侨华人利益，为中国海外发展、“一带一路”建设创建最优局面。

---

① Alejandro Portes, Luis E. Guarnizo and Patricia Landolt, “The Study of Transnationalism: Pitfalls and Promise of an Emergent Research Field”, *Ethnic and Racial Studies*, Vol. 22, No. 2 (1999), pp. 217 – 237.

② 曹德军：《流动的“关系”：社会资本与东南亚华商网络演变分析》，载《南海学刊》2016 年第 1 期，第 62 页。

第三编

华人社团与华侨华人

拉丁美洲中国新移民在居住地创建的文化社团管窥

高伟浓[①]

华人文化社团主要包括文学、艺术、戏剧、话剧、音乐、书报社、学会及研究会等类型的社团。其目的和宗旨是学习、继承及传播中华民族的优秀传统文化，培植与发扬中华民族的优良品德、观念与价值，培育和发扬华侨华人爱国爱乡意识与民族感情，密切与当地华侨之间的联系，加强华侨华人与当地人民之间的友谊与联系等。自从20世纪80年代中国大陆新移民开始移居拉丁美洲各国以来，他们陆续在居住地建立了地缘、商业等多种形式的社团组织。此外，随着对本民族文化需求的日益增长，他们又在居住地创建了一个个不同形式的文化社团。下面就拉丁美洲一部分华人文化社团做一归类考察。

一 中国新移民在拉丁美洲创建的部分文化社团

（一）综合性文化社团

文化是一个十分泛漫的概念，其涵域很广，根据华侨华人的活动性质，可以分为多种类型。但华侨最初从事的文化几乎都是从其家乡带到居住地的民间文化。民间文化（folk culture），指的是由社会底层的劳动人民创造的、古往今来就存在于民间传统中自发的民众通俗文化，是一

① 高伟浓：暨南大学国际关系学院/华侨华人研究院教授。

种“自娱自乐型”的文化。它立足于民众生产、生活的具体背景，以一种通俗活泼的形式，自发创造出来的用以娱乐民众自我的文化形态。从社会分层上看，民间文化是一种来自社会内部底层的、由平民自发创造的文化。所以，华人的文化社团，长期以来就是从事他们从家乡带来的小传统文化的团体。但到了现代，随着华侨华人经济文化水平的提高，以及融入当地社会，由于华侨华人来源的广泛，也出现了不少从事高雅、严肃文化活动的华人文化社团。

综合性文化社团主要是指近年来在海外涌现的中华文化中心、文化交流协会等，属新型华人团体。它们打破单一文化门类的限制，举办更为丰富多彩的活动，如开办书法、针灸、武术学习班，开办文化讲座和中华文物、历史展等，由于集多种文化艺术形式于一体，故极大地有利于自身的生存发展。它们同时也加强对外联系特别是与国内同行的联系，如接待中国文艺、体育代表团来访，组织文化观摩与交流活动等。下面是拉丁美洲一些综合性文化社团：

1. 巴西华人文化交流协会

巴西华人文化交流协会是巴西的综合性文化社团，在巴西的知名度颇高。它创建于2000年12月2日，目的是把中国的经济建设成就和历史悠久的中华文化介绍到巴西。自成立以来，该协会成功举办了多项活动，弘扬中华文化，同时在凝聚侨心，促进侨社和谐发展，参与慈善救灾，促进祖国和平统一等方面做了大量工作。该协会从无到有，从小到大，从弱到强，成为里约热内卢地区的重要侨团之一。巴西文化交流协会的理事来自全国各地，具有很强的包容性，且成员年轻，富有活力。

巴西华人文化交流协会拥有较完善的多功能活动厅、华星书屋、中文教室、葡文教室、会议厅及文娱场所。世界华人社团中，能拥有这样完善设施的侨团不多。[①] 2006年春节，中国国务院侨办向巴西华人文化交流协会赠送的一对石狮在除夕运到里约的文化交流协会。[②]

---

① 《巴西华人文化交流协会欢迎广东侨办代表团访里约》，中国侨网据巴西侨网报道，2007年6月3日。

② 《国侨办送石狮助兴，里约热内卢侨团举行春节联欢》，载《华声报》，据新华网报道。

2. 中哥国际文化交流协会

中哥国际文化交流协会于2000年7月28日成立于哥斯达黎加首都圣荷西，由旅哥华侨华人组建，会长为周达初。他在成立大会上说，要把中国几千年源远流长的优秀文化艺术传给年轻的华人后代，也把哥斯达黎加优秀的文化艺术介绍到中国。[①] 周达初为哥斯达黎加知名侨领，2005年12月28日病故。他1945年11月16日出生于中山市，1980年旅哥斯达黎加，从事过餐饮业，后经营贸易生意，长期致力于侨社工作，深受哥斯达黎加侨胞爱戴，在哥斯达黎加享有较高的声誉。他生前曾任哥斯达黎加广东华侨联合总会会长、哥斯达黎加中国统一促进会会长、中山同乡会会长。从小跟随著名画家余菊庵学习书画，擅长山水画，尤以画鱼为善，颇有成就，是旅哥斯达黎加的中国画家之一。[②]

3. 阿根廷中国文化学会

阿根廷中国文化学会于1986年6月24日成立于布宜诺斯艾利斯，会址在科尔多瓦大街。旨在传播武术、绘画、气功、针灸、语言等中华传统文化，促进中阿两国人民的文化交流。首任会长孙圣源，副会长卡·洛斯·巴斯特里卡。成立时会员七八十人，其中包括当时阿根廷驻中国大使安东尼奥·奥索时奥·阿拉纳。学会设有顾问委员会、中阿文化交流委员会，开设少林拳、太极拳、气功、中国绘画、《易经》等学习班。[③]

4. 阿根廷东方文化艺术交流中心

阿根廷东方文化艺术交流中心，可以当作一个文化社团看待。于1987年建立，是当地最大的华文图书馆，其书报、杂志大多从中国大陆购进。[④]

5. 委内瑞拉华人文学艺术爱好者联合会

委内瑞拉华人文学艺术爱好者联合会（以下简称文联），是一个非政治性和非牟利的纯粹群众组织，于2008年1月13日在加拉加斯成立，其成员为来自社会各界的热心人士。中国驻委大使馆张拓大使及夫人等莅

---

① 《“中哥国际文化交流协会”成立》，载《中山侨刊》2000年第45期第32版。

② 《哥斯达黎加侨领周达初病逝》，广东侨网，2006年1月12日。

③ 据百度资料。

④ 国务院侨办侨务干部学校编著：《华侨华人概述》，九州出版社2005年版，第156页。

临祝贺。文联成立以来，为弘扬中华文化做了不少工作，如在嘉年华活动中，协助侨团组织花车巡游。他们参与的瑞狮呈祥活动也增添了节日气氛。在各项活动中，文联成员常担当秘书、司仪等。他们常与侨胞同台欢歌共舞，活跃了侨界的文化生活。在委内瑞拉，有一群中国古典诗词爱好者和写作者，经常相互吟唱。文联一般都会假座委京（加拉加斯）丽京大酒家二楼举行一年一度的联欢会，检阅一年来委内瑞拉华侨文学艺术爱好者的成果，交流创作经验。同时还举行颁奖仪式，奖励一年来优秀的文学作品和个人。①

6. 巴西库里蒂巴市巴拉纳州华人文化协会

巴西库里蒂巴市巴拉纳州华人文化协会已经存在多年。协会的工作是多方面且具体务实的，包括充分利用中巴关系越来越好的机会，向市政府有关部门申请，争取修建中国广场或者搭建中国式牌楼；要求库里蒂巴地区的华人青年多支持华人精英参政议政，支持他们竞选。同时表示，该会要更密切联系侨胞和团结侨胞，多举行活动，并尽量考虑适合不同年龄的侨胞需求。②

7. 巴西巴拉纳州华人文化协会

巴拉纳州华人文化协会应是个地方性文化协会，成立于20世纪90年代，协会有一座大楼，因此举办活动比较方便。其举办的活动包括春节联欢会等，内容生动丰富，引人入胜。③

8. 巴西扶轮社

巴西不少地方都有扶轮社组织，其活动重心有别。如里约扶轮社，每年在新董事会就职典礼时都以某一国文化作为主题。如2011年度的主题为中国文化，会场内张灯结彩，会议大厅装饰一新，布满富有浓郁中国文化特色的灯笼、剪纸、书法及挂饰。不少会员还特意身着中式服装，

---

① 中国侨网据《委华报》报道。

② 《巴西巴拉纳州华人文化协会举行新一届理监事会议》，中国新闻网据巴西侨网报道，2010年8月26日。

③ 《巴拉纳州华人文化协会举办春节联欢活动及图片展》，中国侨网《华声报》巴拉纳消息，2006年2月23日。

处处洋溢着中国文化的气息。大会还举办了中国传统舞狮表演。①

9. 阿根廷中国街管委会

阿根廷华侨华人中有一个颇为特殊的社团，即“阿根廷中国街管委会”，成立于2006年，由两岸侨胞共同参加。实际上，它并不等同中国城市的街道管理机构，它既负责管理“中国街”的日常事务，也负责筹备春节庙会的各项准备工作，后者更多且更重要。自成立以来，每年在“中国街”上举办全侨性大型活动——春节庙会，两岸的华人聚集在一起欢度春节，增强了侨界的团结。

10. 巴西华人美术协会

巴西一些与中国台湾地区比较密切的文化团体也为传播中华文化积极活动。例如巴西华人美术协会，自创办以来，每年至少都会举行一次联展。这些作品呈现出多样化的风格，从油画到铅笔画，学院派到现代画风都有。描绘自然的水彩画，印象、古典和现代风格的油画，展览中混合东、西方不同的视觉表现是艺术随环境转变的有力印证。②

顺便说明，在有的国家的华侨华人历史上，文化社团并不是专门化的，但却是文化色彩最浓重的，例如，在苏里南华侨华人史上，曾经出现过励志社、务本社、改正会、华联社、青年会等，今天俱已成为遥远的往事。励志社是第二次世界大战期间就已成立的旨在挽救因赌博而失足的青年社团；务本社、改正会、华联社、青年会是侨生社团。它们曾经“前赴后继”，一个接一个地出现，但多因财力的缘故而难以为继。这些社团的目的旨在增进沟通，增进友谊，增强中华文化的影响力。

（二）琴棋书画等雅乐类文化社团

琴棋书画，又称雅人四好。在中国古代，弹琴（多指弹奏古琴）、弈棋（古代指围棋，今也包括中国象棋）、书法、绘画是文人骚客（包括一些名门闺秀）修身所必须掌握的技能，故合称琴棋书画，即“文人四友”。但作为集体名词，今天人们观念中的琴棋书画技能，已非一般的文

---

① 《驻里约热内卢副总领事王西安出席巴西里约扶轮社年度庆典活动并发表演讲》，中国外交部网站（驻里约热内卢总领馆供稿），2011年7月25日。

② 《巴西华人美术协会举行联展》，台湾“中央社”，2008年3月31日专电。

人骚客可以全部精通。对于今天接受中华传统文化不多的海外华侨华人包括很大一部分新移民来说，能够对琴棋书画融会贯通的人肯定是凤毛麟角。实际上，人们多只以深通或粗通其中一部分，作为个人文化素养的象征。世界上的这种类型华人社团有大有小，数量很难统计，下面只举几个较有代表性的例子。

琴棋书画与阅读类文化一般来说属非娱乐性文化，实际上所涵盖的艺术品种众多，如诗词协会、画协会之类。这种类型的文化组织仍然以单一品种立会的情况居多，为少数同好者的结集，往往乘兴而来，兴尽而散，有点孤芳自赏，傲世不群。

当然，这种类型的文化组织也有包罗万象的。一般来说，由于这些艺术多属阳春白雪，和者盖寡，故它们在华人社会中多属寂寞的一群，更莫论在当地主流社会了。不过，由于中华文化根深蒂固的影响，能够精通琴棋书画的人在海外华侨华人中是备受敬重的。

无论哪类琴棋书画与阅读类组织，都试图通过文化的凝聚力，将热爱中华文化、热心于文化交流的人凝聚在一起，通过自己血液里的中华文化元素的自我抒发或群体释放，起到传播中华文化的效果。

1. 巴西中华书法学会

巴西中华书法学会成立于1991年10月，创始人为中国台湾侨民刘树德。其时他已移民巴西十多年，平时从事针灸工作。他自小热爱中国文化，大学时代开始练习书法，移民巴西后，发起成立巴西中华书法学会。2005年，他应邀参加了首届北京国际书法名家精品双年展。2006年4月，韩国美术协会为他举办了个人书展，授予他“亚细亚美术赏”奖状，并免费为他出版书法集。刘树德还拥有中日韩新书法家联谊会名誉会长、开封翰园碑林顾问、桂林炎黄书法艺术研究院名誉院长兼教授等很多社会职衔。

巴西中华书法学会成立后，每年都举办书法绘画展，供会员之间相互交流观摩。学会也集合两岸同胞共同弘扬中华书法。遇重大事件，还举办重大展出。1997年香港回归，该学会举办了庆祝香港回归巴西国际书法交流大展，有15个国家和地区的代表参加。1999年澳门回归，该学会又成功举办了庆祝澳门回归巴西国际书法展。

由于巴西书法学会长年开展推广活动，学习中国书法的巴西民众越来越多。2006 年 9 月，学会借成立 15 周年之机，在圣保罗举办中国书法国画展览，即日起向全巴西侨胞及其他巴西书法爱好者征集参展作品。10 月 16—20 日，中国书法国画展览在南美侨报社文化中心展出，展出作品约 200 幅，除了有侨胞的作品，还有许多当地日裔、韩裔和巴西爱好者的作品。

2. 方向光文化艺术基金会

方向光文化艺术基金会是以个人名义出现的文化团体，2006 年 5 月成立。它是由一家巴西企业出资 150 万黑奥（约 70 万美元），经巴西政府有关部门审核并批准成立的。[①] 该会虽称基金会，但可视为社团组织。成立后，计划在巴西全国选择 4 个大城市分别举行 4 场方向光个人画展，展出方向光近百幅油画新作。

方向光本人为旅巴著名华裔画家，1951 年移民巴西。到 2006 年，其绘画生涯已达 60 年。他勤奋耕耘，不断探索，创作油画达数千幅，仅巴西收藏家手中的作品就有 3000 多件。他在巴西画坛的影响力排在在世画家前 10 名之内。2005 年，一家巴西艺术机构给他举办了绘画 60 周年纪念画展；圣达卡达利那州 BLUMENAL 市还把他的名字刻在“巨人奖杯”上，为全国各界优秀人士颁发“巨人奖”，在巴西还是第一次。[②]

（三）戏曲音乐舞蹈等表演类文化团体

这类社团所传扬的艺术形式较为广泛，既有富于中国特色的民间歌舞，也有西洋舞蹈、合唱团、管弦乐队等。其节目选择和编排虽突出中华特色，但更为注重广泛吸收母体文化和居住国各民族的文化精华。其表演形式、创作手法不断翻新，节目内容也往往就地取材，讲求艺术形式的多样性和广泛性，力求贴近华人生活，走出唐人街，面向广阔的观众和舞台，从而在一定程度上担负起促进文化双向交流的桥梁作用。历史上，特别是在传统华人社团中，这类社团不多，但在今天已经出现越来越多的趋势。

---

① 《华裔画家获殊荣，巴西成立方向光文化艺术基金会》，中国侨网据《华声报》消息，2006 年 5 月 24 日。

② 同上。

1. 巴西华人唐韵艺术团

巴西华人唐韵艺术团成立于1999年。据团长王燕文2009年11月22日在圣保罗圣本笃学院礼堂庆祝艺术团成立10周年酒会暨专场演出晚会的致辞时所说，唐韵艺术团一路走来，十分艰难，也十分执着。成立之初，艺术团没有经费，没有排练场地，但团员们自己动手做服装道具，借用场地排练，终于走过了最艰苦的时期。十多年来，艺术团经常参加侨社各种庆典及联欢演出，还时常活跃在巴西的社会舞台上，先后为圣保罗市庆、第三届国际城市博览会、坎皮那斯移民节、圣保罗市迎奥运“北京之家”等大型活动献艺，还多次接受巴西环球、GAZETA、RECORD电视等媒体的节目录制及采访。从唐韵艺术家在庆祝成立10周年晚会上表演的节目（如歌伴舞、男声独唱、爵士舞、古筝独奏、独舞、太极扇、萨克斯风独奏、印度舞、女声独唱、小话剧等）来看，该艺术团的节目领域宽广，人才众多。①

2. 智利华人艺术团

智利华人艺术团于2009年成立于圣地亚哥。该团由智利华社爱好文艺的骨干自发组织筹建，创建以来，一直得到了智利江苏商会的支持，江苏商会不但为演出无偿提供排练场地及演出服装，还大力提供其他方面的支持。②

智利华人艺术团有两场演出比较引人注目。一是2009年12月13日在圣地亚哥江苏商会总部大楼内举行的初建演出，获得满堂喝彩。智利华人艺术团负责人、创始人之一的刘瑞华说，此次有近20个节目演出，不但有合唱、歌舞、独唱等传统节目，更推出了对口快板及传统大众表演形式三句半。此次演出，也是大家为江苏商会的长期支持而做的回报演出。因此，全体艺术团成员一致公推郁飞为艺术团名誉团长，观看演出的郁飞立即做出提供其总部二楼部分空间作为艺术团活动场地，增加音响舞台设备的决定，并当场为艺术团提供200万智利比索的资金帮助。郁飞表示，华人艺术团是属于智利全体华侨华人的，他及江苏商会一定

---

① 《巴西华人唐韵艺术团举行酒会庆成立十周年》，中国新闻网据《巴西南美侨报》/巴西侨网报道，2009年11月23日。

② 《智利华人艺术团》，智利华人网，2010年7月1日。

做好艺术团的坚强后盾。[①] 二是2010年6月19日在圣地亚哥泰莱顿剧场的精彩合唱演出，赢得了各界一致好评。为此，6月27日，在圣地亚哥的兴顺酒家举行一场庆功宴会。刘瑞华向大使馆对艺术团的一贯支持表示感谢，之后又向郁飞、许敬言等华侨的鼎力资助表示由衷的感谢。最后全体合唱团员以鼓掌的形式通过了以许敬言为团长、郁飞为名誉团长的决定。[②]

3. 阿根廷中国文化艺术协会

阿根廷中国文化艺术协会成立时间不详。该协会令人印象较深的活动是，2009年10月初承办了布宜诺斯艾利斯五月大街一台名为“布宜诺斯艾利斯与你同庆”的露天音乐会，这场活动是庆祝中华人民共和国成立60周年的六场系列文化活动之一，由来自中国和阿根廷的艺术家联手举行。节目异彩纷呈，阿根廷华裔武术家钱兰根创办的“钱氏武馆”的洋弟子用精彩的舞狮和武术表演拉开了音乐会的序幕，汪永兴和杨大旺在音乐会上表演了男高音独唱和京剧演唱。来自中国天津歌舞剧院的3位民乐演奏家用二胡、琵琶和古筝为阿根廷观众表演了《赛马》《步步高》《十面埋伏》《春江花月夜》等中国传统民乐，中国民乐艺术家演奏阿根廷探戈作曲家卡尔拉·普利埃尔萨的探戈名曲，中阿两国艺术家用钢琴和中国民乐共同演奏《我的祖国》等。据汪永兴说，此次文化交流活动是经过了几个月的筹办和精心准备的。[③] 汪永兴为阿根廷中国文化艺术协会会长，早年插队黑龙江，一次偶然的知青活动领唱，使他走上了声乐艺术道路。插队结束后，考入中国歌剧舞剧院学习声乐，成为男高音歌唱家。20世纪80年代，他东渡日本求学，尔后移居阿根廷。经多年拼搏，颇有成就，且热心公益。[④] 他还是阿根廷国际文化传媒公司董事长、阿根廷华人华侨促进祖国和平统一联合总会会长。

2012年7月2—4日，汪永兴（会长）、林水钦（常务副会长）和刘茜（阿中文化商务娱乐部主席）一行考察贵州的文化旅游产业，旨在引

---

① 《智利侨界成立华人艺术团》，智利华人网，2009年12月15日。

② 《智利华人艺术团举行隆重庆祝会》，智利华人网，2010年6月29日。

③ 《阿根廷“探戈之都”奏响中国茉莉花》，中国新闻网，2009年10月12日。

④ 《阿根廷中国文化艺术协会汪永兴夫妇来访问》，上海侨务，2008年7月9日。

进阿根廷等富有南美风情的特色民族文化与贵州丰富多彩的民族民间文化进行整合，在黔建立文化演出基地和文化休闲超市，促进贵州民族文化的发展和繁荣。①

4. 智利中国和平统一促进会艺术团

为了推动中国春节成为智利的国家法定节日，2012 年 10 月，智利中国和平统一促进会（以下简称智利统促会）常务理事会召开会议，决定在智利统促会下属组织——“智利中华振兴鼓队”的基础上，成立“智利中国和平统一促进会艺术团”（以下简称智利统促会艺术团），由智利统促会副会长许敬言担任团长，智利统促会顾问何国强担任团长助理，由原鼓队的骨干成立艺术团常委会，作为艺术团的决策管理机构；由智利统促会交流基金和其他社会赞助资金提供经济上的支持；由智利统促会的理事单位南美自然之旅旅游商务公司提供其所属企业天一阁酒家、何国强提供何氏庄园作为艺术团的排练及表演场地。2012 年 10 月 19 日晚，智利统促会艺术团在新兴酒家举行了成立大会。②

5. 秘鲁爱华文艺社

秘鲁爱华文艺社是秘鲁华侨华人自发组织的业余文艺团体。它的成立起因于 1997 年香港回归中国。当时秘鲁中华通惠总局举办一次庆祝活动，林小江等为此编排了一套文艺节目，还首次自编自演了中国民族舞蹈《太湖美》。演出结束后，组织者和演员们兴奋得不愿散去，商议成立一个表演团。于是，便有“爱华文艺社”的成立。2010 年，有正式成员 23 人，平均年龄超过 40 岁，除一名独唱男演员外，其余都是女性。由于工作变动、移居他国，以及年轻人结婚生子等原因，有一段时间，爱华文艺社流失了很多人，进入了低潮期，但这个文艺社还是坚持了下来。2008—2009 年，发生了如汶川地震、北京奥运会、“纪念华人抵秘 160 周年”和“建国 60 周年”等大事，爱华文艺社都活跃在秘鲁舞台上。此外，当秘鲁侨界、中国大使馆举办春节联欢、迎国庆等大型活动时，都会登台献艺。③ 据认为，在秘鲁的表演团队中，这是唯一能够独立完成一

① 《贵州省侨联引荐阿根廷中国文化艺术协会考察贵州》，中国新闻网，2012 年 7 月 6 日。
② 《智利中国和平统一促进会弘扬中华文化倡议书》，南美新闻网，2012 年 10 月 24 日。
③ 《秘鲁“爱华文艺社”用执着和努力传播中国文化》，新华网，2010 年 3 月 6 日。

台完整的纯中国歌舞晚会的文艺团体。

林小江为文艺社艺术总监，负责挑节目、选音乐。为了编排新的舞蹈，她经常守在电视机前收看中央电视台国际频道的文艺栏目，有好节目就录下来。几个核心演员负责构思和编排舞蹈动作。一个又一个新舞蹈就这样被搬上了舞台。

顺便指出，秘鲁还有不少其他类型的文化社团，例如，文体类型的有秘鲁中国象棋协会等；宗教类型的有利马华侨宣道会等；体育类型的有利马华侨体育会、衣架华侨青年体育会等。①

6. 特多中华艺术文化研习会

特立尼达和多巴哥的综合性文化社团在当地弘扬中华文化中发挥着不可替代的作用。例如中华艺术文化研习会，理事长为刘兆媚女士。她已在特多生活了近 50 年，对继承和传播中华文化十分执着。20 世纪 90 年代，她用自身的积蓄创办了中华艺术文化研习会，聘请舞狮、舞龙、杂技等专业人员开展培训并进行表演，弘扬中华文化传统。研习会有一活动中心，为刘兆媚自己出资兴建，拥有可容纳二三百人的大厅，内设舞台、专业灯光、音响等设备，可供演出、培训等各种活动使用。多年来，她为研习会的发展投入大量时间、精力和财力。②

7. 墨西哥华人华侨联合总会艺术团

墨西哥文艺演出类社团有悠久的历史。比如墨西哥华侨救国游艺社就是个墨西哥华侨组建的已落下历史帷幕的文艺团体。该团约创立于 1937 年中国抗日战争爆发之后，旨在通过文艺活动，发动华侨支援抗日。曾演出话剧、粤剧及歌舞 30 余场次，筹款墨币 7 万余元，汇回祖国救济伤兵难民。中国抗日战争结束后宣告解散。它存在的时间虽短，但留下的光荣将照耀千秋。

墨西哥华人华侨联合总会旗下有一个艺术团，是个志在海外弘扬中华文化艺术的业余组织。成员有中学生、大学生、老师，还有商人等。由于人员分散，工作紧张，艺术团因地制宜，采取分散排练的方式开展

---

① 卜君哲：《秘鲁华人社团的形成与发展》，载《八桂侨刊》2003 年第 1 期。

② 《驻特立尼达和多巴哥大使杨优明出席特多中华艺术文化研习会活动中心落成典礼》，中国领事服务网站据中国驻特立尼达和多巴哥使馆，2012 年 1 月 4 日。

工作，即先把任务布置下去，派一些人做相应的检查。有较大的集体性节目则约人定时集中排练，周五和周末经常是排练的黄金时间。节目内容及风格多种多样，以民族特色的居多，使用乐器也富有民族特色，如葫芦丝、古筝、二胡等。

2011 年 5 月 29 日，第三届墨西哥城友好文化博览会在首都墨西哥城落下帷幕，墨西哥华人华侨联合总会艺术团在博览会艺术中心举办了专场演出。这是该艺术团首次亮相献艺。整场演出 10 余个节目。演出除了京剧外，还包含中国民歌、民族器乐和民族舞蹈等多样元素，令现场观众不停叫好。尤其是一群华人少年表演的抖空竹，更是引起了墨西哥观众的强烈反响。①

二　从拉丁美洲中国新移民创建的文化社团看中华文化在当地的传承

在拉丁美洲，大量新移民的到来，无疑给拉丁美洲华侨华人社会带来非同寻常的变化。值得注意的是，跟欧美等发达地区的新移民稍有不同，拉丁美洲的新移民大多来自中国大陆农村地区。他们在居住地所保留和传承的，基本上是地方或家乡特色浓重的“小传统”的中华文化。所谓“小传统中华文化”，就是华侨华人的“家乡文化”，包括节日礼仪、风俗习惯等。

在此基础上，拉丁美洲的文化社团呈现出加快出现的趋势。全国性的文化社团可能会成为主流趋势。今天世界上华人社团总的趋势是：其一，华人社团强化民族文化色彩趋势强劲；其二，一些传统型文化社团功能与宗旨从敦睦桑梓、寻求精神慰藉，走向为居住国大社会服务；其三，在联合中走向区域化、世界化。② 相对来说，今天南美华人文化社团还没有完全达到这一发展水平。但近些年来南美华侨华人积极顺应当代海外华人发展趋势，经过不断努力，逐步走向联合，如成立于 2008 年 1

① 陈璐、陈寅：《墨西哥华人华侨联合总会艺术团首次献艺》，中评网，2011 年 5 月 30 日。

② 肖炜蘅：《海外华人文化社团浅析》，载《八桂侨刊》1997 年第 4 期。

月13日的全委华人文联，成立于2013年3月30日的委内瑞拉全国华侨华人体育运动总会，成立于2014年2月24日的巴西中国功夫龙狮文化总会等，却隐约显现出这一趋势。

为什么在拉丁美洲的新移民与“小传统中华文化”的联系特别密切？这与拉丁美洲新移民的来源地有十分紧密的关系。今天全世界的新移民都呈现出来源地多元化的特征，并非像历史上那样，集中于广东和福建等少数沿海国家，拉丁美洲的新移民同样如此。就省份来说，虽然拉丁美洲的新移民来源比其历史上的传统移民来源有所扩大，但相对来说还是比较集中于少数沿海省市，其中同作为传统华人来源地的广东和福建两省的叠合度比较高（实际上很多新移民的迁移与传统移民地缘关系密不可分）。另一方面，也是更重要的一方面，拉丁美洲的中国新移民跟欧美发达国家不大一样。欧美国家中国新移民来源于中国城镇的较多，即使来源于宽松意义上的中国农村地区，也属于当地居民居住相对集中的“墟镇”。他们一个重要特点是受教育程度较高，对中西文化都有所了解。客观地说，在过去几十年的改革开放过程中，中国公民对西方文化的了解达到了前所未有的程度，虽然还不能说形形色色的西方文化已经占领了他们的头脑，但他们对西方文化的兴趣逐渐加深，从而对传统中华文化日渐淡薄。这里暂且不论这一现象的是是非非，应该承认，到欧美国发达国家去的这一中国新移民群体的“西化”程度要深得多，而到拉丁美洲的新移民不同。整体上，他们基本上来源于中国的农村地区，即使是比较富裕的农村地区，几千年来“小传统中华文化”的影响仍然根深蒂固。这些迁居拉美的新移民的受教育程度普遍较低，接触形形色色西方文化的机会和受浸淫程度不深，加之，他们原来生活的农村仍然一如既往地保留着千余年来的“小传统中华文化”。这样一来，他们移民拉丁美洲后，能够带动当地的文化，就基本上是“小传统中华文化”。另外，拉丁美洲国家对中国移民及其带来的文化比较宽容，他们所生活的圈子，基本上是“清纯度”十分高的一个县、一个镇甚至是一个村的原中国村民。因之，这些新移民就可以自成圈子地生活在一起，践行本圈子的“小传统中华文化”而不必担心受到另一圈子的“小传统中华文化”的干扰。他们也可以将家乡带来的“小传统中华文化”在当地继承下来，发扬光大。

还应该指出，拉丁美洲国家的“小传统中华文化”并不仅是新移民迁居当地的产物，还跟居住地老一辈华人传承下来的中华传统文化发生结合。今天拉丁美洲各国的大多数华裔仍然保留着对祖（籍）国和家乡的美好情感，他们仍然钟情于以家乡小传统民俗为基础的中华文化，即使是那些至今仍没有与中国建交的国家的传统华人也是如此。随着岁月的流逝，他们祖上所流传下来的传统中华文化被逐渐“风化”，有的已经“碎片化”，而“风化”和“碎片化”了的中华文化，往往又夹杂着若干当地文化的元素。然而，即使对那些被“风化”和“碎片化”了的中华文化，当地传统华人依然十分执着，将之看作民族的象征和符号。

一个全球性的普遍现象是，新移民常常为文化不适应而烦恼。当众多的新移民尝试把移居国作为新家园，并设法提升自己和整个族裔在当地的经济社会地位时，常常突然发现在“文化适应”问题上陷入难以自解的矛盾：一方面，他们已经而且愿意去国离乡，但对家国却又有割舍不了的情结；另一方面，他们愿意融入当地社会，但又常常因为语言文化的隔阂而被锁定在“外来族裔”的小圈子里。他们渴求当地社会能产生一个有效机制来帮助他们解决这些矛盾，但现实却异常是冷酷的。在拉美地区，这种情况有过之而无不及。由于这一地区的新移民多来自中国农村，他们的“乡恋”情结或更浓重。除了尽可能回乡外，他们也常常把“乡恋”情结倾注在对中国传统节日的庆祝上，以解乡思与乡愁。

华人节日因其参与者众多，每年均有固定时间且风雨不改，因而成为海外传统华人传承和弘扬传统中华文化的最重要平台之一。传统中华文化固定的表现形式，如春节、清明、端午、中秋、重阳等约定俗成的民间宗教活动、民间欢庆活动等，本身就包含着中华文化的丰富内涵。

春节是一个最全面、最充分显现海外华人节日理念的节日，对包括中国在内的世界上大多数炎黄子孙而言，过春节在某种意义上已经具有种族与文化认同的象征意义。它不仅是家庭亲人欢聚的佳节，也通过华人社团的新春团拜等活动而成为一个传承中华文化、凝聚社群认同的舞台。在海外华人小区中，春节的这一功能突出地表现为全侨化（几乎所有华侨华人都参与庆祝）、家庭化（为一年中家庭成员的团聚期）、喜庆化（节日期间多有娱乐活动）等特征。

今天，所有的海外华人社会，包括传统华人社会和新移民华人社会，都仍然保留“传统中国节日”的概念。他们对每年的传统节日，都仍然根据自己的兴趣有选择地参与其中。各国的传统华人社团，特别是年深日久的社团，多半都有一个每年如何过节的常态化的日程表。他们常常通过其社团，组织“传统中国节日”的庆祝活动。对于传统华人社会，关键是要在传统中华文化大潮滚滚而来的形势下，如何更好地维系和完善这套“机制”，同时，深入挖掘中华文化精华，使之传承到华人的第三、第四代，乃至一代代传承下去。

在所有传统中国节日中，春节的庆祝方式最为隆重，参与人数最多，庆祝内容最为丰富，庆祝方式最为规范，影响也最广，在居住地族群看来，是华人这一族群的标志性节日。因此，作为传承和弘扬中华文化的重要载体，春节比其他节日的功能和作用都大。它较为系统地体现了海外华人对传统中华文化的继承，特别是较为突出地体现了和谐亲睦的家庭氛围，祥和吉庆的美好愿景，慎终追远的传统美德。这一点集中体现在春节的主题——团圆上。除夕夜家庭团圆作为华人长期奉行的一种习俗，已经上升为春节文化价值观的最重要组成部分，成为维系华人世界的重要纽带。与此同时，今天海外华人的春节活动内容，也是传统元素与现代元素不同程度的结合，既保留着传统元素，也渗进和糅合了现代的元素。这种与时俱进，也是春节保持旺盛生命力的重要因素。

春节仍然是新移民参与得最多的节日。在欧美新移民中，很多人的西化色彩相对较重，更愿意参与西化色彩较重的当地节日，对中国传统节日有所淡漠。但在拉美地区，这种情况并不普遍，大多数新移民仍然对童年、少年和青年时代烙印在脑海里的美好的家乡“小传统中华文化”一往情深。

当地华侨华人要在居住地传承中华文化，就要做好以传统中国节日系列为平台传承中华文化的工作，要充分重视存在于各地的传统中国节日庆祝机制，扩大参与的群体和人数，逐渐实现两个延伸：一是向华人第三、第四代延伸，二是向华人新移民延伸。同时还要实现新的两个延伸：一是延伸到华人居住地的主流社会的平民大众中去，二是延伸到当地政要、富商大贾、学界名流中去。通过持久的努力，让越来越多的华侨华人和华裔，乃至当地普通民众和政、商、学界都愿意、喜欢参与传统中国节日，愿意、喜欢传统中国节日所衍生的专题文化。要实现上述目标，在拉美国家比欧美国家轻松得多。

今天，在一些拉美国家，中国传统节日开始形成多民族共享的趋势，逐渐为其他民族所认可和接受，其他民族已经开始参与华人春节的庆祝活动，将春节视为自己民族的节日。春节之所以为其他民族所欢迎，根本原因在于华人春节所营造的欢乐、和谐和祥和的气氛，在于华人春节丰富多彩的民族节目中所呈现出来的以“和”字为代表的核心价值观。当然，对于别的民族的广大成员来说，他们之所以乐于参与华人春节的活动，并不完全是基于某种抽象的精神需要，而主要是基于一些具体的富于亲和力和凝聚力的活动，实际上，他们对精神层面的需求，也是通过其对具体的富于亲和力、凝聚力的活动参与来体验和领略的。例如，中国南方独有的舞狮习俗在海外传统华人社会中非常流行，多年来的实践证明，它也深受华人居住地民族的喜爱。

由于历史的、意识形态等方面的原因，海外华人对中华文化、对传统中国节日的哲学价值的理解可能跟中国民众不一样，有时甚至相去甚远。应该让海外华人用他们熟悉的语言和思维方式阐释中华文化、传统中国节日的思想精华。春节作为一种民间文化，在传承的过程中发生内容和形式上的变异是十分正常的。

传统中国节日虽然在海外华人社会中流传已久，但没有得到真正的正面推介，在很多地方还只是囿于狭窄的华侨华人小区，华侨华人居住地的部分民族甚至存在误解。诚然，传统中国节日系列中，也有若干落后、迷信的成分，但是，精华部分永远是占据主要位置的。关键是要做好传统中国节日系列所体现和代表的核心价值观的推介，用当地民族听得懂的、生动活泼的语言解释以“和”为核心的传统中华文化。

国内的演出团体经常到海外华人社会中进行各种各样的演出，有的演出已经创造出若干品牌。目前的演出水平不能说不高，但就演出接触面和受众来说，基本上限于新移民华人群体和一部分传统华人团体。对于基本上以“小传统中华文化”为喜好的传统华人来说，其认同度就可能打一定的折扣。应该考虑让传统华人社会所喜闻乐见的、属于其祖籍地的地方文艺样式渗入其中，也应该鼓励地方文艺样式在传统华人社会中创出品牌。例如，粤、闽籍传统华人多喜欢欣赏家乡剧种，就应该加强粤、闽地方剧目与其海外华人居住地间的交流。

文化是一个民族最重要的图腾和根脉，也是一个社会群体生命力、凝聚力的最重要源泉。中华文化的构成十分丰富深邃。传统中华文化是整体的中华文化的基本底色，但传统中华文化的历史积淀，以及在现当代的沿衍与融汇，深化了中华文化的深厚内涵。传统中华文化的基本内容包括民间艺术与美术、民间音乐、民间戏曲、民间舞蹈、民间手工技艺、民间信仰与宗教、民间文学、民间知识、岁时节令（春节、清明、端午、中秋、重阳等）、传统医药（中医、保健、膳食与养身之道等）等，也融汇在华人社会礼仪规范（包括创业礼仪、集会礼仪、各种宴会礼仪、游艺礼仪、婚丧奠祭礼仪）等活动中。华侨华人是传播和文化的使者。遍布拉美各地的中餐馆、中医馆、武术馆、华文学校、中华民族文化艺术馆等，是华侨华人谋生的地方。他们同时也通过自己的职业传播着中国文化，默默无闻地承担着文化使者的角色。

今天，在一些移民历史较久的拉美国家，仍然存在若干老一辈华人曾经居住过的唐人街，尽管从数量来说并不多。唐人街，不应是陈旧、老化、封闭、保守、落后的代名词，它应该有一个崭新的形象。事实上，近些年来，在国际华侨华人社会中，唐人街的形象在不断刷新，通过民俗节庆、中国新年（春节）、文化周、文化月、文化年等活动，逐渐扩大了唐人街的影响，唐人街成了海外传承传统中华文化的重要平台。当然，在重提唐人街的时候，主要是指现在还存在的传统华人的唐人街。至于华人已经搬离的唐人街，重点是发掘其历史文化价值。在拉美国家，似乎除了古巴和阿根廷外，发掘唐人街历史文化价值的工作还没有被提上议事日程。拉美华侨华人精英可以组织编辑、出版回顾唐人街历史的出版物，一方面让华人后代知道他们的祖辈创业的艰辛，另一方面也使唐人街的历史文化精华得到提升。此外，还应考虑开始华侨华人国别历史的撰修，以便发掘其历史文化价值，进而弘扬中华文化。

附：拉美国家创建的对华文化友好协会

文化交流对开拓中拉关系功不可没。中国和拉美国家大都是先从文化交往开始，逐步增加和扩大其他方面的接触，最终建立正式外交关系的。据统计，1950年至1960年，共有11个拉美国家创建了对华文化友好协会，19个拉美国家的文化界人士来华访问，人数达到了1200多人。这些民间机构成为当时推动中拉交往的主要力量，有些协会与当地华侨华人也有接触。

早期创立的对华文化友好协会开拓了中拉交往历史。拉美最早的对华民间友好组织是智利中国文化协会，成立于1952年11月。创办人是智利前总统阿连德、诺贝尔文学奖得主聂鲁达、著名画家万图勒里等知名人士。智利中国文化协会长期致力于宣传中国文化，为两国民间友好交往牵线搭桥，为推动中智建交发挥了独特作用。此后，墨西哥、巴西、阿根廷、玻利维亚、乌拉圭、哥伦比亚、秘鲁、委内瑞拉等国也先后成立了友好协会或文化协会。①

阿根廷中国文化协会成立于1980年，致力于促进中阿两国在经济、社会和文化等领域开展交流与对话。2007年，该协会与广东省友协建立了友好合作关系。该协会主席彭福尔德博士曾任阿方辛总统顾问，并长期担任拉丁美洲中国友协会长，是首届中国—拉美论坛共同主席，积极推动阿根廷经济和文化团体对华友好合作。该协会每年都派代表团访粤，旨在促进阿根廷企业与广东省开展双边贸易，加强经济合作。彭福尔德对华友好，2010年6月彭福尔德访问中国时，他说这是他第38次访问中国了。②

2012年7月，“中国文化之友”协会在智利圣托马斯大学成立，该协会由曾赴华留学的80余位智利中国文化爱好者组成。③

中国方面，1960年3月，中国拉丁美洲友好协会在北京正式成立，该协会包括了中国作家协会、中国文学艺术界联合会、中国人民对外友好协会等文化艺术团体成员，成为中拉文化交流的积极推动者。而在此之前，中国的文化团体也进行了“破冰之旅”，并通过一次次的访问，建立和巩固了中拉文化来往的基础。

与拉美国家创建的对华文化友好协会交相辉映的是，中拉文化交流

---

① 孙洪波：《中拉文化交流：流光溢彩，渐入佳境》，中国文化传媒网，2013年5月9日。

② 《阿根廷中国文化协会到访佛山以文化促经贸合作》，中国新闻网，2010年6月18日。

③ 孙洪波：《中拉文化交流：流光溢彩，渐入佳境》，中国文化传媒网，2013年5月9日。

愈益频繁。早在1954年6月，中国文化代表团应邀参加了在智利圣地亚哥举行的第一届拉丁美洲大陆文化会议。1956年8月，中国民间艺术团赴智利、乌拉圭、阿根廷和巴西演出。1959年，中国杂技团访问了巴西、智利、乌拉圭。1978年，中墨两国成立了文化教育混合委员会，文化团组互访不断，举行各种文化交流活动。据统计，1981—2011年，中国赴阿根廷举办京剧、杂技、书画、文物等展演活动的团组超过了40个，阿根廷来华举办艺术展、探戈表演等活动的团组超过了20个。中国与智利、委内瑞拉、秘鲁、厄瓜多尔等合作举办的人文交流活动也异彩纷呈，让拉美人民近距离地感受中华文化。2010年4月，中国和巴西签署两国政府2010年至2012年度文化合作执行计划，并商讨在对方国家举办“中国文化月”和“巴西文化月”活动。

2012年在拉美国家举办的中国文化活动丰富多彩：4月，在阿根廷总统克里斯蒂娜的家乡拉普拉塔市举行包括书法、绘画、剪纸、武术等中国传统文化艺术的“中国文化周”；4月至6月，由中国故宫博物院和墨西哥国家文物局、国家人类学博物馆合办的“中墨古代玉器珍品展”在墨西哥展出；11月，北京恭王府图片展在智利首都圣地亚哥市维塔库拉区的文化中心举行……此外，中国还在拉美举办电影周、绘画展、摄影展、工艺美术品展、美食节等。荣获2012年诺贝尔文学奖的中国作家莫言也坦言，其写作风格曾受到马尔克斯等拉美作家的影响。2012年12月，莫言的多部小说的西班牙文版在秘鲁利马正式发行。[①] 这些文化交流既有大众化艺术，也有非大众化艺术。但显而易见，非大众化艺术所占的分量越来越大。

拉美国家对中国的文化交流也很频繁。这类活动也很多，此不赘述。总之，双边之间的文化交流已实现了不同文明间的对话与融合，并渐入佳境。这里值得关注的是，在中国艺术走近拉丁美洲的过程中，也越来越走近居住在当地的华侨华人。这种交流，不仅增进了当地民族对中国的了解，也有利于华侨华人更好地保持和传承中华文化，更好地融入当地社会。

---

① 孙洪波：《中拉文化交流：流光溢彩，渐入佳境》，中国文化传媒网，2013年5月9日。

试析排华时期美国华侨堂会的社会功能

潮龙起[①]

19世纪中叶美国加州发现黄金后，广东民众开始大规模赴美淘金。早期华人移民美国，鉴于人地生疏，创业艰难，遂抱成一团，通过血缘、地缘等关系，组成各种社团，以图彼此出入相友，守望相助，病疾相扶，在美国立足谋生。堂会（tongs）[②] 作为一种另类的侨团，也是华人赴美不久后创建的，并在唐人街特殊的社会环境下发展为华侨社区的重要组织。

相对于侨社中的会馆、宗族、行会等组织来说，堂会显得较为复杂多面，其活动涉及经济、政治、文化等各领域。囿于资料的限制及解读的难度，目前国内外学术界对美国华侨堂会的研究显得较为薄弱。中国学者对堂会的研究，主要是利用国内的中文资料，特别是当时对华侨进行政治动员的梁启超、孙中山、冯自由等的文集，集中对致公堂支持孙中山领导的

---

① 潮龙起：暨南大学华侨华人研究院教授。

② 本文所指“堂会”为美国华侨社会中存在的致公堂、安良堂、协胜堂、秉公堂、萃胜堂等类组织，有些学者将之称为秘密结社，主要是因此类组织在一些结会仪式方面带有中国本土天地会的痕迹，但当时美国是一个自由结社的国家，没有制定相关条例禁止这类组织，且它们大多在当地登记注册，都是合法组织，而且其组织名称上早期大多带有“堂”字，后又多改称以“会”，如安良工商会、协胜公会、萃胜工商会等，因此，笔者认为，将此类组织称为“堂会”更为合适一些。

辛亥革命及中国抗日战争的研究[①]，而未能涉及堂会在美国当地的发展脉络、组织结构和社会功能等基本问题。而在美国，雷诺兹（C. N. Reynolds）、莱曼（Stanford M. Lyman）、朱荣德（Yung-Deh Richard Chu）、麦坎纳（Clare Vernon McKanna）等学者多利用当地英文报刊、法院文书、口述史等资料，勾勒出华侨堂会发展的脉络，考察了堂会暴力冲突的性质和原因等。[②] 陈国霖、麦基尔韦恩（Jeffrey Scott McIllwain）、塞利格曼（Scott D. Seligman）等则从犯罪学、历史学角度探讨堂会涉及地下经济的消极活动，认为堂会是敲诈勒索、包赌包娼的犯罪组织。[③] 令狐萍通过对圣路易斯安良堂的考察，则认为该堂是华人社区内的商业团体，也是慈善和保护性的社区组织。[④] 亚当·麦克翁（Adam McKeown）、米歇尔·陈（Michelle Chen）等还以芝加哥、纽约等地唐人街为个案，较为深入地

---

① 关于辛亥革命时期美国华侨堂会与革命党人的关系及其对辛亥革命的支持，可参见郭绪印《论兴中会同盟会期间孙中山与海外洪门》，载《民国档案》1996 年第 2 期；任贵祥：《民前孙中山对海外洪门会党的争取和改造》，载《史学月刊》1998 年第 2 期；邵雍：《兴中会时期孙中山与美国致公堂的关系》，载《近代中国》（第十五辑），2005 年；邵雍：《同盟会时期孙中山与美国致公堂的关系》，载《广西师范大学学报》（哲学社会科学版）2006 年第 3 期；邱格屏：《辛亥革命时期革命派对海外洪门的动员》，载《山东大学学报》（哲学社会科学版）2011 年第 5 期；等等。关于抗战时期美国华侨堂会对抗日战争的支持，主要成果有任贵祥《司徒美堂与抗日战争》，载《史学月刊》2004 年第 11 期；陈昌福：《抗日战争与中国致公党》，载《上海市社会主义学院学报》2005 年第 5 期；潮龙起：《美国华侨堂会与中国抗战》，载《暨南学报》2015 年第 11 期。

② 参见 C. N. Reynolds, "The Chinese Tongs", *American Journal of Sociology*, Vol. 40, No. 5 (March 1935), pp. 612 – 623; Stanford M. Lyman, "Chinese Secret Societies in the Occident: Notes and Suggestions for Research in the Sociology of Secrecy", *Canadian Review of Sociology*, Vol. 1, No. 2 (May 1964), pp. 79 – 102; Yung-Deh Richard Chu, "Chinese Secret Societies in America: A Historical Survey", *Asian Profile*, Vol. 1, No. 1 (1973), pp. 21 – 38; Clare Vernon McKanna, *Race and Homicide in Nineteenth-century California*, University of Nevada Press: October 2002, pp. 32 – 51。

③ 参见陈国霖《华人帮派》，台北：巨流图书公司 1995 年版；Jeffrey Scott McIllwain, *Organizing Crime in Chinatown: Race and Racketeering in New York City*, 1890 – 1910. Jefferson, North Carolina: McFarland & Company, 2004; Jeffrey Scott McIllwain, "From Tong War to Organized Crime: Revising the Historical Perception of Violence in Chinatown", *Justice Quarterly* 14, No. 1 (March1997): 25 – 52; Seligman, Scott D. *Tong Wars: The Untold Story of Vice, Money, and Murder in New York's Chinatown.* New York: Viking-Penguin, 2016。

④ Huping Ling, "Governing 'Hop Alley': On Leong Chinese Merchants and Laborers Association, 1906 – 1966", *Journal of American Ethnic History*, Vol. 23, No. 2 (Winter 2004), pp. 50 – 84.

探讨了堂会与华侨社区的关系。[①] 值得肯定的是，一些学者集中对某一华埠堂会的研究，可以深入分析堂会在当地华侨社会生活中所扮演的角色，但其缺陷在于：第一，排华时期美国华侨已通过侨乡的血缘、地缘等原生性认同构建了全美的组织网络，结果某一华埠内的利益冲突往往会引起全美侨社的冲突、调解和控制，因此对单个华埠堂会的考察，往往会忽视该华埠冲突与调控的外部因素。第二，中国学者收集的资料多集中于中国境内的报刊、文集等中文资料，而外国学者则多集中于美国当地的英文报纸、警局和法院档案等他述史料，而对堂会及其他侨团在其产生和发展、冲突和调控中形成的自述史料关注不够。第三，中国学者研究美国华侨堂会时，多从中国本位角度考察，强调其与中国本土社会的联系，既没有将其置于美国历史发展脉络中考察，也没有置于美国华侨特定的社会结构中予以分析。美国学者研究华侨堂会时多采用当地化的视角，但没有关注到排华时期，美国侨社的运作机制和调控体系与中国传统社会乡里制度的内在联系。

为了克服上述研究中存在的视角单一性、空间断续性和认识片面性问题，本文以堂会为考察中心，利用近年在中美两国收集的各种中英文资料[②]，特别是美国华侨各堂会及参与调控“堂斗”的各地中华会馆、和平会等侨团及驻美使领馆的章程、决议、公告、诉词等自述史料，突破民族国家的思维模式，而采用移民史研究的跨国主义理论视角[③]，一方

---

① 参见 Adam McKeown, *Chinese Migrant Networks and Cultural Change, Peru, Chicago, Hawaii, 1900 - 1936*, Chicago: The University of Chicago Press, 2001; Michelle Chen, “A Cultural Crossroads at the ‘Bloody Angle’: The Chinatown Tongs and the Development of New York City's Chinese American Community”, *Journal of Urban History*, Vol. 40, No. 2 (Mar. 2014), pp. 357 - 379。

② 需要说明的是，美国华侨各堂会及参与调解堂斗的各地中华会馆、和平会等侨团及驻美使领馆的重要议案、决议和公告，在早期的华文报纸上都有登载。当地英文报纸也刊登记者关于堂会的报道，但这些报道时有错误，因为记者囿于语言文化的隔阂，未进行深入调查，难以了解事实真相，有些记者甚至还故意夸大事实，但华文报纸刊登的上述侨团的决议、启事、诉词、公告等，则是真实可靠的。

③ 跨国主义理论是当今分析国际移民的主要理论范式之一。关于跨国主义理论的形成与发展，详见拙文《移民史研究中的跨国主义理论》，《史学理论研究》2007 年第 3 期。本文特别注重运用德国政治学家托马斯·费斯特（Thomas Faist）的跨国社会空间概念，视移民为一个打破国家边界的过程，在新形成的跨国社会空间，包含五种行为体的多重关系，即居住国政府、居住国公民社会、输出国政府、输出国公民社会及跨国移民本身。通过围绕移民的各种行为体的互动，各种不同的文化和制度之间的交相作用便凸显出来。参见 Thomas, Faist, *The Volume and Dynamic of International Migration and Transnational Social Spaces*, Oxford: Oxford University Press, 2000。

面，注意到美国社会制度，特别是排华法对华侨居住、就业、社会生活等方面的影响，导致华侨无法融入当地社会；另一方面，强调华侨文化和认同的延续性以及与祖国联系的持久性，以中国民族、文化和社会的历史来分析排华时期美国侨社的秩序、冲突与控制，以图从美国华侨史的长时段和整体性来深入揭示美国侨社控制体系演变的动力和脉络。

然而，在美国大大小小的诸多华埠中，堂会如何根据移民的生存环境和特点，调配其人力与物力资源，发挥其组织的作用和功能，为华侨提供各种服务，目前国内外学术界还未对此进行系统而深入的探讨。本文利用近年在中美两国收集的各种中英文资料，在充分吸收前人研究成果的基础上，以影响美国华侨生存的中美两国社会环境为背景，以华侨社区为中心，从比较的视角分析近代美国堂会的社会功能，以图揭示堂会在近代美国华侨社会变迁中所扮演的角色。

近代美国华侨堂会是根据一定宗旨和原则组成的人力和物力资源的结合体，是美国社会大环境与华侨社区小环境相互作用的产物，也是堂会领袖与唐人街经济社会相互依赖的结果。具体来说，排华时期，华侨堂会之所以能在侨团林立的美国侨社中有其一席之地，主要是其具有社会联谊、慈善救济、组织保护、纠纷调解等方面功能，对华侨谋生立足帮助很大。

一　社会联谊

近代华人移民美国，脱离了原有的社会关系网络，生活在异质文化环境中，受到当地社会歧视，心理上处于一种寂寞与孤独的状态。为寻求感情联络，这些单身汉华侨或加入现有侨团，或仿照国内会党的结盟仪式，以“义气”为原则，组成一种虚拟性血缘关系的兄弟结拜团体——堂会。实际上，堂会定期举办各种联谊活动，满足华侨这方面的心理需求。秉公堂很早就意识到联谊活动在华侨生活中的重要性：“移民法不准华人女性来美，这项限制使男性远多于女性，他们在工作之余有许多百无聊赖的时间需要排遣，参加组织联谊便成为生活中重要的娱乐消遣。”[①] 由于各堂会经济实力不同，其联谊活动的形式也有一定差异，但活动内容则大同小异。主要有以下几方面：

其一，日常聚会。堂会一般都拥有自己的楼宇，这是会员联谊活动的主要场所，也是他们的远方之家。堂会堂所通常设有娱乐室、客房、餐厅等设施，供成员休息、消遣、食宿之用，为各地会员集叙和联络提供了方便。对于那些工作之余而无所事事，或者需要寻找伙伴以排解心里苦楚的会员来说，堂会会所是他们最好的去处。他们在此与堂友相聚，叙谈手足之情，分享自己的生活经历，倾诉自己的生活遭遇，谈论家乡的各种琐事，商讨自己的工作打算，或者一起参与牌九、番摊这样的娱乐活动，从而在忙碌漂泊的生活世界中得到暂时性的心理慰藉。

其二，节日庆典。堂会各种名目的庆典很多。有些庆典活动是堂会固有的。如秉公堂就有固定的纪念日。这些纪念日分别是：每年农历二月十二日为秉公保良合堂纪念日；每年新历六月十五日为开堂纪念日；每年旧历三月廿一日为陈近南先师神诞；每年旧历四月初二日为陈近南先师创盟纪念日；每年旧历七月十四日提前一日纪念盂兰盆节；每年旧历七月廿五日为五祖神诞；每年旧历九月九日为万云龙主帅神诞。[②] 堂会每逢这些纪念日，事先都要发布通告，要求会员前来参加堂会举办的祭拜、庆祝或纪念活动。

除上述堂会固有的节日外，堂会还组织会员欢庆中国传统的节日。秉公堂每年都举行“正”“五”“九”三季厅期。“正”是指农历正月中国春节期间举办的春宴，“五”是农历五月端午节举办的“蒲酌宴”，“九”则是农历九月九日重阳节举办的“菊酌宴”。[③]

从总体上而言，堂会庆典的主要形式是聚餐。[④] 致公堂在节日庆典时

---

① 美洲秉公总堂编：《美洲秉公堂》，旧金山美洲秉公总堂2012年刊印，第27—28页。

② 同上书，第34—35页。

③ 同上。

④ ［美］布鲁斯·爱德华·何：《茶壶烈酒：一个唐人街家庭的回忆录》，闵锐武译，珠海出版社1999年版，第75—76页。

都会举行大型聚餐，以加强会员之间的联系。[①] 新年聚餐时，各堂会往往相互攀比。[②] 萃胜堂在新年之际还为会员免费提供10天的饭食。[③]

春节舞龙舞狮也是堂会组织的一大庆典活动。如1928年春节，纽约安良堂、协胜堂都组织舞龙游行来欢度春节。舞龙游行时，唐人街街道装扮一新，大型龙具和华人乐队排成一列。游行到达堂会总部目的地后，接着举行晚餐和招待会。[④]

堂会举办的各种聚餐、游行等庆典活动，实际上为会员提供了一个相互沟通、感情交流、事业分享的平台，有助于他们在异域文化的冲击下寻求自我的归属和认同，从而使疏离飘荡的心灵得到慰藉与安宁。

其三，郊游踏青。中国传统的郊游踏青也被堂会用来作为联络感情的良好时机。早在1881年，后来成为安良堂大佬的李希龄就组织野外郊游，被认为是“太平洋此岸的中国人第一次举行声势浩大的海滨野餐会”。[⑤] 20世纪初，堂会野外郊游的规模更大。1909年波士顿安良堂组织会员出外郊游，练习射击、演奏音乐，并雇用警察负责安全。[⑥]

可见，堂会为单身汉华侨提供了多种形式的联谊活动，即从平时堂会会所的聚会，到组织节日庆典、集体郊游等。对会员而言，按照共同的组织宗旨和原则，信奉共同的神灵，祭拜共同的祖先，在共同的场所称兄道弟，握手言欢，这种在异国他乡繁忙沉重的工作之余，进行感情交流和沟通，从而找到心理上的慰藉，以排解异国他乡的苦闷和酸楚，这是堂会成员生活上互相帮助、事业上相互提携的重要基础。对堂会而言，举办这样的活动，有利于会员之间更加密切的联系和互动，从而增

---

① Chinese Freemasons Dine: Local Gee Kung Tongs Enjoy a "Much Good Time." *The Washington Post*, Sep. 7, 1896.

② Chinatown Banquets. Two Highbinder Tongs Hold Annual Feasts and Peace Reigns, *Los Angeles Times*, Feb. 24, 1907.

③ Victor G. Nee and Brett de Bary Nee, *Longtime Californ'*: *A Documentary Study of an American Chinatown*, Stanford, Calif.: Stanford University Press, 1986, pp. 81 – 83.

④ Chinese Greet New Year. *New York Times*, Jan. 23, 1928.

⑤ ［美］布鲁斯·爱德华·何：《茶壶烈酒：一个唐人街家庭的回忆录》，闵锐武译，珠海出版社1999年版，第75—76页。

⑥ Chinese Feast and Make Merry at Picnic at Peddocks Island: On Leong Tongs and Their Guests, *Boston Daily Globe*, July 13, 1909.

加堂会的吸引力和凝聚力。

二 慈善救济

在中国传统宗法社会中，族规、乡约中往往有“恤患难”和“济贫穷”等规条，旨在增强宗族乡里的团结和稳定。离开故土无依无靠的华侨，在自觉不自觉中也将这种传统带到美国。特别是在封闭自治的侨社中，华侨远离祖国，又受当地种族的歧视，无法得到当地政府或民间的慈善救济。这样，各侨团为异国他乡的华侨提供了安身立命之所。堂会也是侨社慈善救济的重要组织者，无论是长期的、经常性的社会救济，还是短暂性的、偶然性的灾难援助，堂会都发挥了重要作用，且以“扶危济贫”自勉。从相关史料来看，堂会的慈善救济功能主要涉及以下几个方面：

其一，旅行接待。华侨出国谋生，处在语言、文化、习俗完全不同于中国文化的社会中，如若没有侨团帮扶的话，在异国他乡的生活将寸步难行。致公堂在其《重订新章要义》中规定，会员“上岸遇有留难，本堂律师当尽力打点，以得快速登岸”。[①] 1923 年洪门致公堂章程对接待会员的规定更为具体：“出洋做事，或过埠谋生，得由该埠致公堂发给旅行介绍书持往。及到该埠，公堂优礼招待，予以旅行上种种便行，亦当随地报告。或所到之埠，人地生疏者，得请求现住之埠致公堂作函介绍。先期约定所到之埠，致公堂派人到码头招待。”[②] 可见，堂会在华侨过埠旅行时，给予力所能及的便利。

其二，介绍工作。很多堂会首领是当地华商，拥有很多实业，或掌控华埠的偏业，因此，他们可以帮助华侨解决就业谋生方面的困难。致公堂要求各分堂设立职业介绍机关，“招揽闹内闹外各项工作，介绍职业生意。本堂会员失业者，请求介绍工作时，得享优先权利。至于介绍做工，常费减收”。在没有设立职业介绍机关的城市，旧金山总堂则可帮忙

---

① 美国金山来稿：《致公堂重订新章要义》，载《民报》（第 1 号）1905 年 11 月 26 日。

② 洪门总机关、美洲金山致公总堂：《五洲洪门第三次恳亲大会续订致公堂根本章程》，1923 年 10 月 10 日。

“代觅工作”。[①] 其他堂会则要求会员做生意时，优先考虑该堂会员的工作安排。1946 年的合胜堂章程第 25 条就规定：“凡本堂昆仲所开之唐番赌馆，须先请前效力有功于本堂者当工。如不当其任，方能请各昆仲任之。”[②] 堂会对会员就业的重视，在一定程度上解决了华侨的谋生困境。

其三，办学兴教。堂会首领对华侨子女的教育十分热心。缅城协胜堂鉴于在美国出生的华人受美国教育较多，“对于祖国国情之认识，极为糊涂”[③]，故而发起创设华文学校，并延请经验丰富的教员和校长，讲授中国传统文化。致公堂规定：该堂“在各地设立学校，振兴教育，本堂贫苦会员子弟之就学者，豁免学费”。[④] 安良堂设立“安良奖学金”，“甄选家境清寒、学业操行成绩优良”的专科和研究生，用以支持他们的学业。[⑤] 对从广东前往美国筹款兴学的募捐活动，堂会也纷纷解囊，慷慨相助。[⑥]

其四，贫病救济。1890 年旧金山合胜堂章程有这样的规定：“堂友或遇有采薪之忧，难以佣工，床头金尽，医药无措，本堂代为设簿。捐签”，同时要求会员“须要尽心乐助，俾得调治全愈，方为手足之谊”；“堂友间有命运蹇滞，染病成痼，毫无依靠，本堂兄弟须要患难相恤，帮助船费，俾得回家，以叙亲情”。[⑦] 1907 年致公堂在旧金山新置办的楼业中，设置有专门的楼层安顿孤儿寡母。[⑧] 对罹患疾病无人照料、残疾无依、年老无靠的会员，堂会基本都给予相应的照顾，或直接资助。经济实力比较雄厚的堂会，还开设公共医院，延聘名誉医生，为会员进行治

① 洪门总机关、美洲金山致公总堂：《五洲洪门第三次恳亲大会续订致公堂根本章程》，1923 年 10 月 10 日。

② 美国旧金山合胜堂编：《全美合胜堂重订根本章程》，旧金山合胜堂 1946 年刊印，美国加州大学伯克利分校少数族裔研究系图书馆麦礼谦档案室藏。

③ 《缅城协胜公会筹创学校》，载《大汉公报》1932 年 4 月 26 日。

④ 洪门总机关、美洲金山致公总堂：《五洲洪门第三次恳亲大会续订致公堂根本章程》，1923 年 10 月 10 日。

⑤ 《安良奖学金亦由部核定》，载《申报》1948 年 1 月 21 日。

⑥ 《缅城协胜公会赞助广大募捐》，载《世界日报》1935 年 10 月 13 日。

⑦ 《光绪岁次庚寅重订合胜堂例规》，旧金山合胜堂 1890 年刊印，美国加州大学伯克利分校少数族裔研究系图书馆麦礼谦档案室藏。

⑧ Fine New Home for Chinese Free Masons, *San Francisco Examiner*, Oct. 6, 1907.

疗；[①] 或设立养老院，供养符合条件的会员。[②]

堂会除了代为寻找工作外，也对失业会员提供救助。据致公堂和安良堂大佬司徒美堂所说：堂会成员“如遇失业，无地居留，可在堂内食宿”[③]。1929 年美国经济危机对华侨影响很大，纽约大概有 4000 名华侨因此失业，但侨社并没有被动地坐等美国政府的救济，安良堂和协胜堂抛弃既往的偏见和仇恨，成立救济机构，有条不紊地资助失业华侨。[④]

其五，葬礼资助。早期华侨具有浓厚的落叶归根意识，倘若有些积蓄，便满载荣旋，置田立宅，创稳基础，以维持家庭长远之计。但有些华侨一生穷困潦倒，临终也无法回国而客死他乡。但他们乡土情重，生前也希望有人帮助将其遗骨运回故乡安葬，以示落叶归根。像其他类型的侨团一样，堂会也履行这样的职责。1890 年合胜堂章程规定：“堂友在金山或有不幸仙逝者，本堂例封帛金银五大员。日后有兄弟带他骸骨旋唐，然后再帮安家葬费银十大员，以仰西伯之遗风。”[⑤] 1928 年，安良堂将病逝于圣路易斯的百余位华侨尸骨冲洗并装入铁盒，与先前安葬在美国的几千华侨尸骸一起运往中国重葬。[⑥]

中国民众向来重视葬礼仪式，尽管身在异国他乡，但依然保持这一传统。加州圣塔克鲁斯（Santa Cruz）致公堂甚至为其贫穷的会员举办“排场和华贵”的葬礼，成为“圣塔克鲁斯历史上最令人难忘的华人葬礼”。[⑦] 堂会对葬礼的重视是中国传统文化对“死亡”意象重视的体现。一般而言，华侨堂会的葬礼是移植中国传统的丧葬仪式，但根据美国当地的风俗习惯有所调整，比如说鞠躬，雇用美国殡葬服务人员演奏美国

---

① 《安良捐公医校院五万金》，载《中西日报》1921 年 4 月 14 日。

② 洪门总机关、美洲金山致公总堂：《五洲洪门第三次恳亲大会续订致公堂根本章程》，1923 年 10 月 10 日。

③ 中国致公党中央研究室编：《司徒美堂》，中国致公出版社 2003 年版，第 238 页。

④ Chinese Tongs Forget Feuds To Aid Jobless, *The Atlanta Constitution*, Jun 18, 1932.

⑤ 《光绪岁次庚寅重订合胜堂例规》，旧金山合胜堂 1890 年刊印，美国加州大学伯克利分校少数族裔研究系图书馆麦礼谦档案室藏。

⑥ Huping Ling, Governing “Hop Alley”: On Leong Chinese Merchants and Laborers Association, 1906 – 1966, *Journal of American Ethnic History*, Winter 2004, 23 (2): 50 – 84.

⑦ ［美］桑迪·莱登：《中国金：在蒙特里湾区的中国人》，尚玉明译，花城出版社 2013 年版，第 204 页。

乐曲等。[①] 随着时势的发展，丧葬仪式中夹杂着更多的基督教仪式，更具中美文化混合的特点，而美国去世的华侨，也并非总坚持运送遗骸归乡，而是选择在美国当地安葬。

以上五个方面是华侨生活中非常重要之事，涉及他们的生老病死。堂会在这些方面为其会员提供资助，一方面，解决华侨生存适应遇到的各种问题；另一方面，可以提高堂会的社会名声和地位，增强组织的凝聚力和吸引力，为其招徕更多的会员。可以说，堂会的慈善救济是华侨在他国变化无常、祸福瞬息可变，且缺乏安全感的社会中相互扶持的重要举措。

三　组织保护

美国侨社远离祖国，孤悬海外，中国政府又受近代落后的交通通信技术的限制，对海外侨社鞭长莫及，保护不力，而美国政府也囿于语言文化的隔阂，种族的歧视，对华侨事务听之任之，因此美国华侨无法获得两国政府的保护。美国华侨险象迭生的生存环境，迫使他们寻求堂会势力，以图保护。堂会的权力虽然得不到官方的认可，但却有保护华侨的实效。司徒美堂先生说：堂会成员“受人欺侮，可回堂报告，请求解决。逢有患难打斗之事，人人须勇敢向前，不得畏缩”。[②] 堂会往往以武力为后盾，代替政府履行护侨的职责。民国时期中国驻芝加哥领事馆的报告谈到堂会产生和发展的社会根源时指出：由于侨社内部的纠纷，政府功能的缺位，“不仅赌场营业，须藉堂以维持，即良善侨胞有时亦赖堂之保护”；“畸形之华侨社会中，普通团体之组织欠健全，社会舆论之制裁无力，美国法律，不切于华侨内部生活之需要”，而堂会有“维持侨界秩序之相当效用”。[③]

---

① Sue Fawn Chung, Between Two Worlds: The Zhigongtang and Chinese American Funerary Rituals, in the *Chinese in America: A History from Gold Mountain to the New Millennium*, ed. Susie Lan Cassel. Walnut Creek, A: Alta Mira Press, 2002, 217 – 238.

② 中国致公党中央研究室：《司徒美堂》，中国致公出版社 2003 年版，第 238 页。

③ 驻芝加哥总领事馆：《美国华侨之“堂”的概况》，载《外交部公报》1936 年第 9 卷第 1 期。

堂会最主要的职责就是保护会员的生命财产安全。萃胜堂负责人刘华杰（Lew Wah Get，音译）认为，堂会给予其保护最关键的地方在于，“如果任何人威胁你，或者搅扰你的正常营生，萃胜堂会帮你摆脱这些麻烦。”① 当时的历史现实也的确如此：“如果不和堂会有某种关系，就很难在唐人街生存。如果你有企业，你需要付‘保护费’，这样，堂会就为你摆平竞争方面的麻烦事，应付当地警察。即使你只是个普通工人，你也需要有人帮你对付朝你扔石头的白人少年和找你麻烦的官员。”② 1904 年的致公堂章程就规定：会员“遇有被人凌屈及枉累事端，本堂立代伸理。如该地附近之局力量人才不足，大埠立派人前来相助，务期昭雪，以彰公道，而安生业”。③ 1923 年重订的致公堂根本章程也重申了“联卫共济”方面的规定：“本堂会员遇有危难枉受、豪强侵凌者，得将事由共诉该埠致公堂，由该埠致公堂协助之。如力有不逮，得由该埠致公堂转达该属致公总堂、致公总分堂请求协助联合办理。仍力有不逮时，得由该属致公总堂或总分堂请求协助，由美洲金山致公总堂召集全体大会讨论，分别保护之。”④

堂会发挥其保护功能，需要足够的经费来维持，充裕的经费则可用来豢养打手，购买先进的武装设备，从而扩大堂会势力，反过来更好地履行堂会的保护功能。民国时期芝加哥总领事馆的报告指出：“堂欲维持其收入，必须予纳费者以充分之保护；而保护之程度，视势力之强弱；势力之强弱，又与人数之多寡为正比例。故堂欲维持其势力，必须吸收多数之堂员。堂员年纳巨费，其目的在求保护，故堂之最能保护堂员者，加入者亦众。”⑤ 可见，堂会保护能力的强弱，取决于各堂势力之大小；而各堂势力之大小，又取决于堂会人数之多少。人数越众，会费则越多；

---

① Victor G. Nee and Brett de Bary Nee, *Longtime Californ'*: *A Documentary Study of an American Chinatown*, Stanford, Calif.: Stanford University Press, 1986, pp. 81 – 83.

② ［美］布鲁斯·爱德华·何：《茶壶烈酒：一个唐人街家庭的回忆录》，闵锐武译，珠海出版社 1999 年版，第 75 页。

③ 美国金山来稿：《致公堂重订新章要义》，载《民报》（第 1 号）1905 年 11 月 26 日。

④ 洪门总机关、美洲金山致公总堂：《五洲洪门第三次恳亲大会续订致公堂根本章程》，1923 年 10 月 10 日。

⑤ 驻芝加哥总领事馆《美国华侨之“堂”的概况》，载《外交部公报》1936 年第 9 卷第 1 期。

会费越多，势力则越盛；势力越盛，保护力则越强，堂会吸引力则越大，因为华侨为了自身的安全和利益考虑，往往会选择势力较大的堂会加入。如果堂会不能履行其对会员的保护之责，会员也就没有必要履行其缴纳会费的义务，甚至可能出现退堂的情况。由此可见，在侨团林立、竞争激烈的侨社中，堂会的保护功能对堂会的发展来说，至关重要。

保护会员的生命安全是堂会的第一要务，财产安全也是其保护的重要内容。19 世纪 90 年代之前，纽约唐人街商业发达，有不良分子羡慕他人营业地点位置的优越，出现串通房主勒令营业者迁移，以便取而代之的状况。营业者为保护自身利益，寻求堂会作为靠山，甚至同时加入多个堂会。[①] 秉公堂与萃胜堂就曾联合为跨堂成员陈伯兴的店铺营业权提供保护，以下是萃胜堂的公启：

> 启者：本堂昆仲陈伯兴于去年十一月间备巨价承受老济埠缅街八号十号门牌铺位营生，历安无异。不意近日有人串仝楼主将八号铺位起租加倍，希图横夺。现陈伯兴以屋租过当，有碍营业，是以停止租赁，且以衿臂夺食，不甘受雪。如有亲朋欲得此铺营业，无论何时或承买，或租赁，或又从别种人转手而得者，须先到本堂议妥，补回陈伯兴前日费用，方可沾手。先此声明，以免后论。[②]

秉公堂的公启与此并无二致，发布于同份报纸的同一天。从这份公启中可以看出，陈伯兴面对的状况就是“挖铺痕”。[③] 但陈伯兴是萃胜堂和秉公堂的共同会员，两家堂会都对其经营权予以保护。也就是说，这份产业即便转手，也需得到这两家堂会的认可，并偿还陈伯兴的经济损失。

堂会不仅保护会员的正当经营，也庇护他们的偏业经营。赌业和色

---

① 驻芝加哥总领事馆：《美国华侨之“堂”的概况》，载《外交部公报》1936 年第 9 卷第 1 期。

② 《萃胜堂要告》，载《世界日报》1918 年 6 月 4 日。

③ “挖铺痕”是指通过不正当手续侵夺华侨在当地侨团已注册登记的店铺经营权。关于华侨经营中的“挖铺痕”情况，可参见吴剑雄《海外移民与华人社会》（台北：允晨文化实业股份有限公司 1993 年版，第 315 页）。

情业是堂会收入的重要来源。由于美国地方政府对华侨事务不闻不问，赌博和娼妓这样的地下经济就需要堂会的介入来维持秩序。据载，这些偏业，“本属是非之地，争端时起，而此类争端，既不便提请普通团体公断，更不能诉之于法庭，不得不有一种特别力量，为之维持”。[①] 堂会打手就是被招募用来维持这些偏业运转的。协义堂在积累经费后，大肆招兵买马，扩大“斧头仔”队伍，以对付干涉其营业者。[②] 协胜堂则规定：“各摊馆之总包主非本会之会员不得充当；本会之范围由纲比梨街五十六号至七十六号为额，凡新开摊馆不得出于该额之外，如有恃顽不遵者，则本会全体严行对待；凡非本会昆仲不但不得在我范围内开摊馆，若在于我范围之外，有碍于本会权利者，当作仇敌，当严行对待。”[③] 有些堂会甚至通过武力威胁，以谋杀作为手段，威逼华侨接受其保护。

堂会是保护会员利益的有力后盾。华侨寻求堂会的庇护，主要是他们难以获得政府的保护；另外，堂会组织的暴力性质及其对外侵略性，也迫使一些华侨加入堂会，而免受其害。可见，堂会的保护功能，一方面，为保护自己会员的利益，以抵抗外界之侵害；另一方面，有时为自己的私利，而侵夺他人之利益。这也说明，堂会的保护功能具有相当的狭隘性、宗派性和排他性。

四 纠纷调解

近代美国华侨由于帮群认同的差异和经济利益的竞争，各种矛盾纠纷不断，冲突时而爆发。美国华侨在处理这些内部纠纷时，由于其语言不通，教育程度有限，对美国司法系统既不了解，也不信任，况且，因受到美国移民局及其他执法机构的排斥和迫害，他们在经济生活上与主

① 驻芝加哥总领事馆《美国华侨之“堂”的概况》，载《外交部公报》1936 年第 9 卷第 1 期。

② 成露西：《十九世纪美国加州的华人妇女》，张勇毅、施宇林译，载《华侨历史学会通讯》1983 年第 3 期。

③ 《民国二十年全美协胜公会轮值纽约开第十四届恳亲议案录》，美国加州大学伯克利分校少数族裔研究系图书馆藏，缩微胶卷号 AAS ARC CA－27。

流社会相隔离，因此，一般不会求助于美国的法律系统[①]，而倾向于寻求侨团帮助，希望以中国传统的法律解决他们之间的矛盾。[②]

19 世纪 80 年代后，随着各地唐人街的兴起，华侨利益纠纷的增多，作为一种明显带有武装暴力性质的组织，堂会以武力为后盾，趁机介入这些利益纠纷，牟取暴利，扩展势力。特别是在美国中东部，安良堂及协胜堂势力发展很快，在当地侨社举足轻重。在组织架构上，堂会一般都设有评议部，为堂会最高评议机关，由堂中之年长、殷实或曾任重要职务者，或于团体有劳绩者组成。[③] 评议部相当于堂会的法庭，是处理纠纷的重要机关。19 世纪 80 年代，协义堂在纽约建立“法庭”后，东部地区的华侨都来此提交申诉仲裁。曾有两名费城华商对费城民事法庭的判决结果不满，又向协义堂申诉，协义堂的董事推翻先前的判决，重新裁决了这一案件。[④] 致公堂在美国设立了三所保卫局，聘请律师，“专为本堂堂友调理讼务。凡受人凌屈或无辜枉累者，皆由本堂为之伸理，不受分文，所有讼费亦由本堂公款开销。”[⑤] 秉公堂为调解纠纷，经常与地方政府、执法人员以及律师等往来，甚至非秉公堂的会员也会寻求其伸张正义。[⑥]

在大多数情况下，堂会处理的基本是“因争持营业利益，如衣馆、餐馆、地界、侵盘、撩批之类”[⑦] 的事情。当时经营衣馆、餐馆的华侨很多。对于一个在市镇开洗衣馆的华侨来说，他应当保护自己的利益，而反对有人在自己店铺附近开设衣馆抢走他的生意。协胜堂很快就认识到

---

① Leigh-Wai Doo, Dispute Settlement in Chinese-American Communities, *The American Journal of Comparative Law*, Vol. 21, No. 4. (Autumn, 1973), pp. 627 - 663.

② Remigio B. Ronquillo, The Administration of Law among the Chinese in Chicago, *Journal of Criminal Law and Criminology*, Vol. 25, No. 2 (Jul. -Aug., 1934), pp. 205 - 224; Chu Chai, Administration of Law Among the Chinese in Chicago, *Journal of Criminal Law*, 22 (March, 1932), 806 - 818.

③ 驻芝加哥总领事馆《美国华侨之团体》，载《外交部公报》1935 年第 8 卷第 8 号；驻芝加哥总领事馆：《美国华侨之“堂”的概况》，载《外交部公报》1936 年第 9 卷第 1 期。

④ The Secret Hip Ye Tong. *Daily Alta California*, December 29, 1883.

⑤ 美国金山来稿《致公堂重订新章要义》，载《民报》（第 1 号）1905 年 11 月 26 日。

⑥ 美洲秉公总堂编：《美洲秉公堂》，旧金山美洲秉公总堂 2012 年版，第 26 页。

⑦ 苏泉：《驳伍朝枢为堂斗案呈党府文》，载《世界日报》1930 年 9 月 14 日；又见《芝城苏泉君评伍朝枢为堂斗案呈党府文照录》，载《公论晨报》1930 年 9 月 14 日。

这一点，并主动充当裁决者的角色，制订华侨洗衣馆条例，并对违反条例者进行制裁。[①] 安良堂在自己的势力范围内制定“一英里一家衣馆”的条例，后来还将这一条例延伸到餐饮业，即“一英里一家餐馆”。[②] 如违反规定，将受到惩罚，先是警告。据载，当时“华侨间之纠葛，十九出于调解，不上法庭。大抵普通经济事件，无论此堂堂员与他堂堂员，或堂员与非堂员，先由中华会馆或其他团体调解之。如调解不成，然后诉之于堂，以求最后之解决。堂如认为原调解不妥，则通知原调解团体再行调解之。堂如认为公允，而对方不服，则予以警告。此种警告，大都以通告形式登于当地华报”。[③] 兹录一例安良工商总会于1934年11月发布的通告如下：

> 为布告事：本会会员李茂，前日承顶尖尾架埠兴华楼生意，系遵照该楼全体股东及中华公所议案而行，手续清楚，态度光明。乃有所谓股东团者，登报肆威，妄启衅端，且复迭函恐吓，意图祸害，殊属乖谬之极！本会保护会员有责，万难漠视。为此特行布告，仰该股东团，务须恪守公判，从此自慎。如有恃顽起衅，危及李茂生命财产，及现在该楼生意者，本会定必严究，决不宽恕！[④]

从安良堂“严究”的话语中可以看出明显的武力威胁的意味。如果对方势力一般，安良堂的威胁就会生效，会员的利益会得到保护，堂会的面子就得到尊重。但是，从股东团“登报肆威，妄启衅端，且复迭函恐吓”的反应来看，对方也不是任其宰割之辈。双方势均力敌，很有可能会演变成暴力冲突。实际上，一些华侨业主没有遵守堂会制定的规章，而惹来杀身之祸。[⑤]

---

① Gardner L. Harding, Chinese Tongs Thrive on Protected Gambling, *New York Times*, Dec. 14, 1924.

② Adam McKeown, *Chinese Migrant Networks and Cultural Change*, *Peru*, *Chicago*, *Hawaii*, *1900 - 1936*, Chicago: The University of Chicago Press, 2001, p. 213.

③ 驻芝加哥总领事馆《美国华侨之“堂”的概况》，载《外交部公报》1936年第9卷第1期。

④ 同上。

⑤ Fear Killing is Tong Warfare, *Daily Boston Globe*, Jul. 22, 1933.

美国华侨堂会在调解侨社纠纷中扮演的角色，有点类似中国传统宗族，将法规的制定权和解释权控制在手中。尽管堂会是非官方机构，但自有其存在的合理性和必要性。排华时期，中美两国政府及有关侨团处理侨社纠纷不力，功能缺位，这为堂会势力的发展提供了机会。堂会通过其组织力量，采取非凡的暴力手段，处理侨社纠纷，其做法也得到华侨认可。据时人所云："美国华侨，如发生争执之事，交由堂界处理，比之诉于美国法庭尤为公平，且易妥解，更不须讼费云。"① 可见，这种情况势必助推堂会势力的滋长。

五　结语

总的来说，排华时期美国华侨堂会具有社会联谊、慈善救济、组织保护、纠纷调解等方面的作用和功能，囊括华侨社会生活的方方面面，具有自发性、广泛性和权威性的特点。值得注意的是，上述堂会的功能，既有针对堂会内部会员的，也有针对全体侨社的，这主要视各华埠的社会结构而定。实际上，当时美国各地华埠规模大小不一，发展有先有后，其组织体系出现了两种类型：一是一些人口较多的华埠，各种地缘会馆、姓氏公所及堂会等团体林立，但以代表全侨的中华会馆为组织核心；二是在一些人口较少的华埠，同姓同邑的华侨不多，因此，堂会通常通过秘密结社的结盟仪式，构建一种虚拟性的血缘关系而将大部分华侨组织起来，堂会也自然成为华埠的权力核心，也是华埠开展社会联谊、组织慈善救济、构建集体防御、仲裁社会纠纷的重要力量。这样，在前一类华埠中，堂会的功能多是针对堂会会员的。而在后一类华埠中，如中东部的华埠及其他小埠，堂会是当地侨社的运作中心，其功能不仅涉及堂会成员，也包括整个侨社。如在加州圣塔克鲁斯，辛亥革命以前，90%的华侨都属于致公堂。该堂在圣塔克鲁斯侨社生活中扮演了重要角色，为频频受扰的圣塔克鲁斯侨社提供了有力保护。② 秉公堂分布地区幅员辽

① 《堂界善于调处争执》，载《世界日报》1930年3月30日。

② ［美］桑迪·莱登：《中国金：在蒙特里湾区的中国人》，尚玉明译，花城出版社2013年版，第201—202页。

阔，很多小城镇都有该堂组织。因有些地区并未设立中华会馆，甚至有类似中华会馆的组织还需要借用秉公堂堂所办公。因此，一旦发生白人或同侨恶意欺凌诈骗之事，唯有依赖秉公堂总堂和当地支堂或通信处的援助。[①]

正如堂会一样，侨社中的同乡同宗团体也对成员行使联卫共济、守望相助等类似的功能，那么在这些功能重叠的侨团中，为什么有些华侨还选择加入堂会？笔者认为主要有两个原因：其一，堂会与同乡、同宗这种原生性关系团体的组织方式不同。原生性团体对成员来源地或姓氏有特别要求，而堂会组织方式比较灵活，它以平等主义为基础，模拟中国秘密结社，通过其神秘性的入会仪式及宣誓忠诚和兄弟结义的誓词，凝聚成员团体意识，强化成员组织认同，且堂会作为一种特殊社团，不像前者那样对成员姓氏和来源地有严格要求，这样当华侨面对侨社内外各种敌意与侵犯时，堂会就能突破姓界、邑界的限制，吸收更多华侨入会，成为该埠华侨的主要组织。其二，与原生性侨团相比，堂会的武装暴力性质较为突出，因为堂会豢养一批打手或者武士，并常以武力或以武力威胁作为解决问题的手段，这在当时的侨社比较有效。实际上，近代堂会与原生性侨团的几次大规模冲突，都以堂会获胜，这也说明堂会势力更为强大，其对会员的保护功能更强，这也解释一些华侨既是原生性团体的成员，为何又要加入堂会，主要是他们认为前者保护能力有限，他们还需要势力更大的堂会来保护。

与近代国内会党相比，美国堂会存在的环境不同，其功能表现也不大一样。天地会、哥老会等会党是清政府专制统治下游民阶层的秘密结社，一直处在政府的严厉打压之下。作为一种非法组织，会党为了维护自身的安全，不断改换名目，逃避清政府的侦缉。因此，国内秘密会党的社会功能，对内主要是谋求其成员的生活自保，对外主要是进行非法的掠夺活动。[②] 但在美国，结社自由是公民的基本权利，华侨仿照国内兄弟结拜的形式，组立堂会，可以在当地政府注册登记，成为合法组织，而且美国堂会成员大多有稳定的职业和固定的收入，因此，美国堂会既

① 美洲秉公总堂编：《美洲秉公堂》，旧金山美洲秉公总堂2012年刊印，第26页。

② 蔡少卿：《中国近代会党史研究》，中华书局1987年版，第22—23页。

有国内会党自卫共济的相似功能，但作为一种合法组织，其还对侨社履行了社会调解、公益慈善等功能，对侨社影响更大。

堂会是近代美国华侨应对特定社会环境的产物。近代美国社会对华侨的歧视和排斥，以及对其生命财产的侵夺，华人移民浓厚的宗派意识，及由此形成的侨社秩序与冲突，迫使一些华侨创建或加入堂会，以便联卫共济，守望相助。20 世纪三四十年代，随着社会各界抗日救国运动的兴起，中国民族主义的认同取代狭隘的地域、宗族认同，美国排华法案的废止，侨社人口结构的变化，华侨家庭生活开始取代大量的团体活动，华侨生存的环境渐趋宽松，他们开始融入当地社会，堂会的很多功能已被其他专业机构所取代。随着时代的发展，当今的堂会更多的是一种联谊平台，或像安良工商会等堂会那样，较具商会的性质和功能，其在侨社的地位和影响已大不如昔。

美国华侨华人专业社团的数量、分布与职能初探

胡越云①

一　美国华侨华人专业社团研究动态

美国的华侨华人研究最早可追溯到20世纪20年代末，20世纪后半叶开始出现大量关于美国华侨华人研究的学术成果，而中国学界自清末才开始涉及美国华侨华人研究。美国的华侨华人专业社团乃方兴未艾之新生力量，作为海外华人社会中最具活力和发展前景的社会组织，因其数量激增、类型众多、运作活跃，而成为海外华人社会中最具合作潜力但又最含冲突因子的矛盾体，成为学者关注与研究的新方向。

（一）国外研究概况

美籍华裔学者麦礼谦的著作《从华侨到华人：二十世纪美国华人社会发展史》（1992年）梳理了美国华侨华人社团的历史脉络。他在《美国华人历史与社会的研究在第二次世界大战后的发展》一文中，较为完整而全面地梳理了美国本土对美国华人历史与社会研究的学术史。并在《走向多元化的当代美国华人社会：在变化中的美国华人地缘性社团系统》一文中，整理了美国华人社团的发展历史与现状。在2002年“海外华侨华人社团的发展趋势”国际研讨会上，麦礼谦以《美国

① 胡越云：华侨大学华侨华人研究院讲师。

的华人社团》一文做主题发言，从美国华人社会的发展角度，阐述了美国华侨华人社团的变迁，着重论述了科技社团的历史发展以及在联系新移民方面的功能与作用。美籍华人学者宋李瑞芳教授在1984年所著的《美国华人的历史和现状》，对华侨华人各个时期的生活、职业、分布情况、社会地位、政治倾向、伦理道德、宗教信仰以及唐人街的形成和发展、华人团体的组成做了生动的描述。新加坡华裔学者刘宏的《跨界亚洲的理念与实践》（2013年）一书，较早涉及从人才智库的角度对华人专业人士开展的研究。美籍华裔学者周敏的著作《美国华人社会的变迁》（2006年）从社会学的角度对华裔和亚裔移民进行研究，也关注到华人新移民与华侨华人专业社团问题。她与刘宏合作发表的《海外华人跨国主义实践的模式及其差异——基于美国与新加坡的比较分析》等系列论文，探讨了华人社团国际化的发展方向，成为21世纪以来美籍华人学者关于美国华人研究的代表性新成果。而美国的非华裔学者更多地将视角投向华人作为一个特殊的移民群体如何协调与美国其他族裔尤其是主流族裔间的关系，探讨华人如何逐步改变自己的文化传统而融入美国主流社会中去。

（二）国内研究概要

国内有关美国的华侨华人研究自改革开放后兴盛，运用新方法，在新领域内进行研究而取得的成果众多。

美国华侨华人基本概况研究成果有：1980年，吴元黎出版了《美国华人的经济状况》，从美国华人收入、职业类型诸方面考察了最近30年华人经济地区的变迁。廖小健的《战后各国华侨华人政策》中将美国的政策分为移民入境政策、国籍归化政策、经济政策和文化社会政策四个方面来研究；[①] 梁茂信的《美国移民政策研究》和戴超武的《美国移民政策与亚洲移民》中的相关章节则进行了深入细致的研究。[②] 另外，涉及新移民以及美国华侨华人与中美关系问题的研究成果有：《国际移民与海

---

① 廖小健：《战后各国华侨华人政策》，暨南大学出版社1995年版。

② 梁茂信：《美国移民政策研究》，东北师范大学出版社1996年版；戴超武：《美国移民政策与亚洲移民》，中国社会科学出版社1999年版。

外华人研究》和《漂在纽约：美国华人新移民生存状况实录》[①]《当代美国华人政治参与研究（1965—2012）》《龙与鹰的搏斗：美国华人法律史》《“和谐世界”之桥：华侨华人与中国国家软实力》等。而孔秉德等所著的《美籍华人与中美关系》一书中，对美国华人高层次人才做了比较详细的描述，涉及人才交流对中美两国的影响。李小兵等所著的《美国华人：从历史到现实》一书中也对华人经济的提升和华裔高层次群体的形成有所提及，其中还描述了华人的政治参与以及华人精英对美国政治的影响。姬虹所著的《美国新移民研究》（1965年至今）一书中，分析“9·11”之后美国的移民状况以及新移民面对的问题，论及高层次群体对美国社会各方面的影响，包括政治、经济、文化等各方面。庄国土所著的《华侨华人与中国的关系》阐述了新移民受教育程度高，知识储备丰富已经具有较强经济实力等特点。上述研究成果有利于我们理解美国华侨华人专业社团发展的背景。另外，李明欢所著的《当代海外华人社团研究》（1995年）和《欧洲华侨华人史》（2002年），方雄普所著的《海外侨团寻踪》、石沧金所著的《马来西亚华人社团研究》等，也提供了海外华人社团研究的基础理论与资料。

直接论及美国华侨华人专业社团的研究成果有：王辉耀等的研究报告《海外华侨华人专业社团发展报告》（国务院侨办委托研究课题，2010）是国内较早系统研究该主题的成果。王辉耀所著的《国家战略——人才改变世界》一书中，从人才竞争的角度出发，详细地介绍了了中国的留学人员以及海外华裔人才的现状，并且分析了中国应当如何在人才竞争的背景下留住人才，吸引人才。由王耀辉主编、中国与全球化智库（CCG）和社会科学文献出版社于2014年8月共同发布的《国际人才蓝皮书：海外华侨华人专业人士报告（2014）》，乃是目前关于华侨华人专业人士研究的力作。该报告统计了全球华侨华人专业人士的存量与分布之基本情况。其研究成果主要以中国为本位，从人才智库与对中国而言潜在的价值之角度展开，无论是数据、观点都对本课题的研究具有基础资料之价值。庄国土、李瑞晴合著的《华侨华人分布状况和发展

① 李其荣：《国际移民与海外华人研究》，湖北人民出版社2005年版；立玉：《漂在纽约：美国华人新移民生存状况实录》，黑龙江教育出版社2012年版。

趋势》，以及由庄国土主编的《世界华侨华人简史》一书，对北美华人专业人士的数量、来源、职业及其与中国的合作等方面也进行了阐述。由曹云华主编的《世界侨情报告》系列丛书也对了解美国华侨华人发展现状有益，尤其是其中由潮龙起撰写的《华侨华人专业社团与广东创新体系建设》一文。关于华人社团的论文成果也比较丰富。例如，罗向阳的《当代华人社团跨境活动研究》（暨南大学博士学位论文，2010 年）、杨连峰的《转型期以来美国华人社团的嬗变》较为全面地分析了在美华侨社团的发展阶段和类型，并对在美华侨华人专业社团的分布进行了简单梳理。孙隽的《美国华人高层次人才与中国的互动——以美国华裔教授专家网为例的分析》（暨南大学硕士学位论文，2014 年），以美国华裔教授专家网作为个案样本，通过网站的内容对美国华人高层次人才与中国的互动进行分析研究，剖析了互联网作为美国华裔教授与中国互动方式的特点与利弊。李瑞晴的《北美地区华人新移民人口、分布及职业构成》（厦门大学硕士学位论文，2009 年）以美、加两国人口普查资料及“中华民国侨务委员会”统计资料为基础，对北美地区华侨华人、新移民数量、分布及职业构成进行探讨，对两国华人新移民异同进行比较，并预测未来该地区华人移民的发展趋势。李其荣的论文《新华侨华人的职业结构及其影响因素——美国与加拿大的比较》，该文用人口社会学理论分析了截至 1990 年的美、加华人新移民的职业结构及影响因素。周继红的论文《试论战后美国华人社团发展的特点及其在中美关系中的作用》则在国际关系视野下探讨了华人社团的新型职能。相关论文方面的成果还有高伟浓的《美国印支华人社团的类型与功能：以全美重要的印支华人社团为例》、任娜的《海外华人社团的发展现状与趋势》、邢洁的《当代美国华人职业模式及同化研究》（硕士学位论文）等。

综合而言，国内学者的研究重点在梳理美国华侨华人历史，探讨海外华人与祖国的感情维系以及如何努力保持中华文化在美国的延续，社会生活，美国华人社会存在的问题，美国华人社会与国内的联系，等等。华侨华人专业社团目前是国内学界的新兴问题，这与海外华侨华人人口结构变化、华人社团功能的转型密切相关，更与中国对高新科技人才的需求直接呼应。近 20 年来大批留学生毕业后留居当地以及近年来不断涌现的技术移民潮，使美国华侨华人专业社团多以新移民中的专业人士为主。但美国华侨华人专业社团的研究方兴未艾，相关研究成果正在积累，研究仍面临着研究资料与前期成果相对匮乏的困难。

二 美国移民政策的变迁与美国华侨华人专业社团的发展背景

（一）美国华侨华人专业人士阶层的出现

海外专业社团是由海外华侨华人专业人士组成，并以为海外工作的华侨华人专业人士提供专业服务为主旨的社团组织。作为全球产业分工细化与专业化的产物，专业社团具有鲜明的科技、商业、文化等专业背景特征，并以其为核心因素。

美国是一个由“移民及其后裔”组成的国家，被称为移民的天堂，它的“美国梦”因蕴含繁荣富强、自由民主与发展机会因子而对全球移民形成强烈的吸引力，第二次世界大战迄今，移居美国的华侨华人人数也持续增长。1784 年美国商船“中国皇后号”来华，中美之间开始有了联系。中国人自 1848 年起开始大量进入美国，美国华侨社会开始形成。排华法案颁布前，华人曾掀起赴美高潮。排华法案颁布后到第二次世界大战前，受法案影响，赴美人数有限。1965 年新移民法颁布以来大量华人移民涌入美国，华人人口剧增。从人口比例来看，据美国人口普查局报告，2007 年，美国少数族裔人口达 1.025 亿，约占总数 1/3，亚裔人口 1520 万，仅次于拉丁裔和非洲裔，占总人口的 5%，占少数族裔的 15%，其中华裔 350 余万，约占全美总人口的 1.2%，约占全美少数族裔的 5%，占亚裔的 25%。[①] 从人数来看，自 2001 年以来，每年移民、留学美国的华人多达 10 万左右，可见美国华人新移民数量增加之迅速。[②] 至 2007 年，中国华人移民数量已达 200.7 万人，成为仅次于墨西哥移民的第二大

---

① 《美国少数民族人口继续上升》，载美国国务院国际信息局《美国参考》2008 年第 5 期，第 140 页；《全美华裔突破 350 万人》，载《世界新闻报》2007 年 10 月 31 日。

② 李瑞晴：《北美地区华人新移民人口、分布及职业构成》，硕士学位论文，厦门大学，2009 年，第 7 页。

移民族群。[①] 到 2012 年，全美国有 401 万华裔。[②] 根据美国人口普查局 2015 年公布的数据显示，在美华裔人口已达 452 万，其中自称“华人”的有 434.7 万人，自称“台湾人”的有 17.3 万人。除当地出生的华裔后代外，约六成是来自中国的移民，其中有 162 万人已入籍美国，约 1/7 是 2010 年后才赴美的新移民。新移民中，85% 来自中国大陆、台湾、香港，其余则来自东南亚及其他地区的再移民。若按代际分，美国华人中 54.2% 是第一代移民，29.8% 为土生华裔，16% 是 1.5 代移民（童年赴美，而后在美国成长的一代）。[③] 从分布来看，全美大约 57.6% 的华人居住在加利福尼亚州（38.4%）和纽约州（19.2%）。美国华人主要来自福建和广州。随着新移民的增加，纽约的几大唐人街的聚集人数已超越旧金山，且唐人街的范围还在不断拓展。

改革开放以来，来自中国的技术移民、投资移民和留学移民不断涌入美国，使美国华侨华人的社会阶层与职业机构发生了深刻的改变，其中最为显见的是职业的多元化趋向与专业人士阶层的出现。正因众多美国华人通过自身的奋斗在学术界和其他专业领域获得了成功，美国华裔被大众和媒体誉为“模范少数族裔”。

若以 2015 年美国人口普查局和近年的美国社区调查数据为基础，通过对美国华人的职业结构进行分析，可明显发现华裔内部出现两极分化的现象。早期美国华人主要从事一些传统行业，例如中餐馆、洗衣店、杂货铺等；如今，律师、会计师、医生、教师、工程师等专业人才数量与比例不断增加。学者龙登高对在美亚裔比较研究后发现，华裔呈现两极状态，高层次方面，华裔受教育水平、高级职业比例、企业平均收益等指标，都紧随印度裔之后居第二位；在硅谷和美国新经济中，华裔与印度裔相媲美；低层次方面，华裔贫困率高以及高中以下学历者多，都

---

① 《移民潮前所未有 1/8 国民是新移民》，载《侨报》（美国）2008 年 1 月 16 日。

② 熊志勇：《中美关系讲义》，世界知识出版社 2015 年版；庄国土主编：《世界华侨华人简史》，暨南大学出版社 2014 年版。

③ 《海外侨情观察》编委会：《海外侨情观察：2015—2016》，暨南大学出版社 2017 年版，第 200 页。

仅次于越南裔；偷渡移民在亚裔中最为突出。① 根据美国学者邝治中的研究，美国华侨华人基本由两个截然不同的群体组成，30%以上的华人属于专业技术人员，他们一部分出生在美国，另一部分是新移民，他们拥有较高的收入和学历，且不住在华人集中的唐人街。这一方面是因为美国华侨华人对子女教育十分重视，使在美国出生的华裔美国人大多接受了高等教育，被培育成优秀的专业人士；另一方面则是来自中国的新移民本身受教育程度高，以及源源不断的留学生学成滞留，使新移民中技术移民与留学移民中蕴藏了大量的专业人士。随着美国华侨华人经济和政治地位的提升，美国华侨华人社会的凝聚力和组织力也不断增强和密切。各种凝聚和组织各类华人的社团不断成立、壮大。传统的社团组织，如同乡会、宗亲会、同业公会数量不断增多，各类超越乡缘、族裔、社区的新型华人社团不断成立，如华人专业团体、华人校友会、郊区华文学校、郊区华人宗教组织及华人政治性团体等。“这些新型（专业）社团的领导人和成员通常是具有高学历的专业人士，有一定的经济基础，热衷于中华文化的传承。”②

（二）美国移民政策的变迁

当全球化的浪潮席卷着移民潮奔向21世纪时，世界各国尤其是西方国家对于移民潮的出现有着强烈的忧患意识，在欧洲和美国我们都看到了全球化与反全球化相互博弈，并呈现逐渐将移民问题安全化的趋势。尤其是美国2016年大选呈现出美国社会的族裔与阶层进一步加剧的分裂，华人社会在美国大选迄今也表现出撕裂的一面。被美国大选刺激生发的政治取向分裂，不仅体现在新侨与老侨之间、精英与大众之间、老少之间，甚至涵盖性别之间。在我们调研的华侨华人专业人士群体中，政治分野亦十分突出。但上述次群体对美国政治大选的主要关注都指向了美国日益收紧的移民政策，这提醒我们，在新时期对美国华侨华人专业社团的考察，应该置于当前美国新的时代局势与移民政策，以及美国华侨

---

① 龙登高、张洪云：《多元族群视野下的华人特性——美国亚裔六大族群的比较》，载《华侨华人历史研究》2007年第1期。

② 庄国土主编：《世界华侨华人简史》，暨南大学出版社2014年版，第228页。

华人社会的新变化之中。

根据传统的移民政策理论来看，国家在移民政策的制定上一般可以有三种选择：第一种是国家利益说，实际就是限制移民说，代表是罗伊·贝克（Royal Beck）。第二种则是自由主义移民说，实际上就是开放边界说，代表性学者是马克·吉布尼（Mark Gibney）。第三种是后现代主义移民观。代表学者有康奈利（William Connolly）。

罗伊·贝克的著作《反对移民》（*The Case against Immigration*），论述了移民潮影响下美国人的利益和福利，认为移民引起简单劳动力增长，使工作待遇降低，引发了经济的不平衡，因此美国并不需要移民作为劳动力，国家有权力根据自身需要和利益决定移民政策，从而为限制移民的合理性提供了理论依据。[①] 支持限制移民说立场的代表性学者还有布赖姆洛（Peter Brimelou）、奇尔顿·威廉姆森（Chilton Williamson）等，他们都是从经济问题和民族国家的身份角度论述美国人民具有决定其公民身份和公民权的民主权利，主张限制移民。

美国新任总统特朗普则显然倾向于“限制移民”理论，特朗普总统的“限穆令”及移民紧缩政策背后，恰恰体现出其关于移民与美国白人劳工阶层在就业上的矛盾，以及将移民问题与安全问题挂钩的认知。他颁布“禁穆令”，修建美墨边墙，收紧移民政策，削减“家庭团聚”类移民配额，提高技术移民与投资移民门槛，等等举措都意味着这个作为“移民及其后裔”的国度，对接收移民变得更为挑剔，一方面正在逐渐关闭其低端移民的大门，另一方面则对留学、技术、投资等高端移民表达出更为欢迎的态度。鉴于此，美国华侨华人因其阶级的分野使他们受美国移民政策的影响不同，因而应对态度也有差异。对于华侨华人专业人士而言，受到美国移民政策的限制与冲击相对温和，移民渠道仍相对畅通。美国杰出人才移民（First Preference Employment Based Immigration，EB－1），是美国移民局公布的五种移民美国类型之一，包括 EB－1A“杰出人才”移民、EB－1B“杰出教授或研究员”移民、EB－1C“跨国公司经理”移民三个类别。其中，EB－1A“杰出人才”移民每年约有 4

---

① Roy Beck，*The Case Against Immigration*：*The Moral*，*Economic*，*Social and Environmental Reasons for Reducing U. S. Immigration Back to Traditional Levels*（WW Norton & Co，1996）.

万个签证，占签证配额的28.6%。此种类型的移民审批时间短（一般15天即有回复）、省费用（律师代办一般1万—3万美元）、无英语要求、无须申请劳工证，可直接获得绿卡，被认为是移民中的“高速快车”，它面向的是享有国际性和国家级声誉，其成果和贡献在该领域得到广泛认可的专业人士。①

20世纪60年代以来，华裔融入主流社会的步伐加快，但华裔仍然遭遇结构性歧视。尽管近年来在美华侨华人专业人士融入主流社会的努力与成果都较为乐观，科教界英才辈出，参政议政积极性空前高涨，但与此同时，华裔科学界也冤案频发，影响了华裔专业人士与中国的互动。例如，2015年5月，美籍华裔超导专家、天普大学物理系主任郗小星教授被以“向中国泄露了由美国公司开发的（超导薄膜装置）技术”为由被捕，事后证实被指控泄密的邮件提到的乃是另一项不受保密限制的技术，同年9月美国司法部宣布撤销对郗小星的所有指控。② 再联想到早年的“李文和案”，层出不穷的“中国间谍案”导致诸多专业人士担心与中国的正常合作与互动可能遭受美国政府的无端猜疑。而最近哈佛大学对亚裔教授的歧视，也让在美华人感受到在美国白人民族主义兴起的背景下，要消除结构性歧视殊为不易，这一方面需要进一步促进华人社会自身的加强和发展，促进职业结构更加合理，加快华裔融入美国社会；另一方面也离不开华裔自身的维权以及美国社会制度的不断完善与进步。

三 美国华侨华人专业社团的数量、分布与运作情况

（一）美国华侨华人专业社团的数量与分布情况

美国最早的华侨华人社团始建于19世纪70年代，当时旧金山的六大华侨会馆向当地政府注册，称为“华人六大公司”，对内称为中华会馆。

---

① 《“杰出人才”移民美国也找不到工作！改行势在必行》，中国侨网，http://www.chinaqw.com/m/hqhr/2017/11-25/169819.shtml，最后访问日期：2017年11月25日。

② 《海外侨情观察》编委会：《海外侨情观察：2015—2016》，暨南大学出版社2017年版，第207页。

1878 年新成立的肇庆会馆成为中华会馆下的第七个公司。20 世纪下半叶，是海外华侨华人专业社团大量涌现、全面发展的时期。有研究统计，1950 年海外华人社团只有 4847 个，1991 年则已达 9093 个。1950—1991 年，仅仅美洲华人专业社团数量就从 469 个增加到 2252 个，一跃成为仅次于亚洲的第二大专业社团聚集地。美国华人社团联合总会于 1990 年 9 月在纽约成立，现有团体会员 170 多个，联系会员数十万之众，是美东地区最有影响力的社团之一。

目前，北美尤其美国乃全球华侨华人专业社团分布最为密集之地，美国华侨华人专业社团的数量与影响力正持续增长。

专业社团属于业缘性社团。在美国的中国台湾籍华人较早开始组建业缘性社团，其早期建立的同业组织有南加州台湾旅馆业同业公会（1975 年）、洛杉矶台美商会（1980 年）、北加州台湾工商会（1988 年）及由各地台湾商会及台湾工商会组织成的北美台湾商会联合会（1988 年成立；1993 年该组织包括北美洲 15 个台湾商会）等。由于早期台湾人很多是以留学生身份来美国，所以台湾人社区有较多高级知识分子及专业人才，因此他们也有各类专业团体，如北美台湾人教授协会（1980 年成立，1987 年会员超过 420 名）、全美台湾同学会（1985 年）、北美台湾工程师协会（1991 年）、台美会计师协会（1992 年）、台美律师协会（1994 年）。第二次世界大战以后，特别是 20 世纪 80 年代以来，美国科技与经济类的华侨华人社团增多。这主要是由于此时期有数以十万的华裔留学生赴美接受高等教育，其中大量留下成为专业人士，而在美国本土出生的华裔新生代也普遍接受了良好的教育，文化水平整体较高，所以科技类社团犹如雨后春笋般地在各地建立。近 20 年在美国新成立的科技类团体不仅数量多，而且很多都是高科技团体。如与电脑专业相关的社团，新成立的社团有北美华人电脑商会（1979 年成立）、休斯敦华人电脑协会（1982 年成立）、硅谷中华信息网络协会（1991 年成立）、芝加哥华人计算机专业人士协会（1995 年成立）、环球电子报业协会（1997 年成立）等。

由王耀辉主编，中国与全球化智库（CCG）和社会科学文献出版社于 2014 年 8 月共同发布的《国际人才蓝皮书：海外华侨华人专业人士报告（2014）》是目前关于华侨华人专业人士研究的力作。该报告统计了全球华侨华人专业人士的存量与分布之基本情况，认为北美洲是华侨华人专业人士社团最集中的区域。以蓝皮书为基础，王耀辉等又接连撰写了《海外华侨华人专业社团的新特点与新作用》《海外华侨华人专业社团是中国国际人才的资源库》等文，发表在报刊媒体。他们认为，北美洲是华侨华人专业人士社团最集中的区域。美西加州的硅谷地区、美东的大华府地区（弗吉尼亚州、马里兰州）、纽约地区（新泽西州、宾夕法尼亚州）、美南休斯敦地区集中了信息技术和电子科技、医学和金融类的华人社团；西雅图、洛杉矶、波士顿、芝加哥等地，也是专业社团与专业人士分布较多的地区。

结合学界前期研究，以及课题组的调研，我们认为，从分布上看，全球的专业社团主要分布在新移民集中的发达国家，如美国、加拿大、澳洲、新西兰、日本、新加坡等地。美国的华侨华人专业人士主要聚集于西部加州硅谷地区，东部大华埠地区（弗吉尼亚州、马里兰州）及纽约地区（新泽西州、宾夕法尼亚州），南部休斯敦地区及西雅图、洛杉矶、芝加哥等新移民专业人士较为集中的地区。北美乃全球华侨华人专业社团分布最为密集之地。据估算，目前全球华侨华人专业社团的数量已达到2553个。2008年美国华人社团达2000多个，单美国华侨华人的专业社团也从1998年的近600个达到今天的1200个之多。华人聚居的加州地区主要的华侨华人社团共有139个社团，这其中专业性较强的业缘性社团有67个，占比高达48%。其中，硅谷附近的专业团体多与信息科技产业相关，马里兰州是生物与医学专业社团的集聚地，纽约地区则有活跃的华人金融业团体。以这些地区的代表性产业为业缘聚合点，很多高规格的专业性组织不断壮大，密切促进了中美两国之间的科学技术、金融商贸及文化教育等领域的合作，在中美交流中扮演了重要的桥梁角色。

（二）美国华侨华人专业社团的运作情况

下文拟以在美国较为活跃的几个华侨华人专业社团为个案，分析美国华侨华人专业社团的职能与运作的基本情况。

1. 华盛顿华人专业团体联合会

成立于1998年的华盛顿华人专业团体联合会（华裔美国专业团体联盟，简称华专联，缩写UCAPO），是在美国登记注册的非营利机构，是全美国少有的一个由横跨多个专业领域的华人专业人士所组成的综合性团体，它是华盛顿地区28个华人专业团体的代表和协调组织，其社团的会员涵盖了各个领域和专业的专家、学者。这28个华人专业社团分别是：海外中国学术交流协会华盛顿分会、旅美科技协会华盛顿分会、华盛顿中国问题研究中心、国际关系学会、华盛顿华人专家协会、美国华人生物医药科技协会、美国华裔医学科学家协会、北美华人药物发展协会、世界银行—国际货币基金组织中国职员协会、大华府华人金融协会、旅美科技协会网络分会、美国华人创业者协会、环球中国环境专家协会、国际中国环境基金会、中国旅美交通协会、美国华人会计师协会、北美华人保险协会、中国旅美能源经济学会、华盛顿华裔律师协会、美中工商联合会、美国华人全国委员会、美国华人医药科学家协会、华盛顿中国协会、黄河艺术团、黄河话剧团、留美华人企业家联合会华盛顿分会、美中首都友好城市协会、新世界时报社。上述社团的会员数达20000多，这些旅美专业人士中，65%的成员具有博士以上的学位，85%的成员具有硕士以上的学位，专业领域涵盖了政治、经济、社会科学、文化教育、信息工程、网络、通信、计算机科学电子工程、生命科学、生物医药、现代医学、交通、环境保护、金融投资、财会、法律、艺术、工商等各个方面。许多成员已成为其专业领域第一流的专家或所在企业里的高级主管，更有部分成员在美中两地成功地创建了自己的事业。

社团宗旨：华专联以服务大华府地区的华人社区和群体为宗旨。具体为：第一，促进各个旅美华人专业团体之间跨学科的交流，为社区和会员提供专业服务，为每个成员在其专业领域里创造更多成功的机会，并维护会员的合法权益。第二，致力于促进中美两国在经济、文化、教育等多方面、全方位的交流和合作提供服务，并努力起到桥梁和纽带的作用。第三，提倡多元化发展，增进华人与其他族裔的相互理解和相互合作。华专联给社团的定位是“立足华府侨界，面向主流社会，沟通美中两国，发挥专业精神，整合技术资源，再创事业高峰”。“华专联旨在作为一座民间的桥梁，依据美中两国法律，通过各项活动促进美中之间在经贸、科技和文化等方面广泛的合作。在此基础上，充分发挥旅美专业人士的智力资源和祖国巨大的市场资源，为旅美专业人士在事业上开创新的天地。”

运作情况：华专联成立以来，在第一届会长贾浩博士、第二届会长吴航正先生和第三届会长陆阳博士的带领下，充分发挥理事会的作用，与美中两国各界建立了广泛的联系，开展了多项跨专业交流活动。华专联还鼓励广大华人参与主流政治运作，维护华人权益，组织参与华人社区的文化交流活动，如中国文化节和国庆活动等。具体为：第一，组织会员回国访问考察，参加高科技交流会和各种专业论坛。自成立以来，华专联和其成员团体组织了100多个代表团回国访问考察，参加高科技交流会和各种专业论坛，曾在美国首都华盛顿成功地举办了“北美高科技项目和人才交流大会”。吸引了海内外众多企业，政府机构和旅美专业人士与会，为海外专业人士创造回国创业的机会。据称，“共有超过300名华专联成员已经把事业的重心放回国内，有一部分已创业成功。”第二，组织交流活动，举办学术讲座。华专联参与组织在华盛顿主办“北中国论坛”，面向美国主流社会与北美侨界，定期介绍，讨论和研究与中国以及美中关系有关的问题与最新发展，并提出政策咨询和建议。华专联协调和动员北美各专业领域华人专家学者的人才资源，为美中两国企业界、社会团体、研究和教育组织以及公共机构提供高质量的研究和咨询服务。华专联定期举办“华盛顿论坛”系列讲座，请专家和学者就大华府地区华人所关心的一系列热点问题作专题讲座，答疑解惑，排忧解难，丰富华人群体的业余生活。第三，社区服务。为了更好地服务社区，服务侨胞，美国华人专业团体联合会将于2017年开始每季度将举办一次社区服务日，第一期由华专联将与所属美中工商会联合主办，特邀各方面专家为华人社区服务，他们是：①领事保护及签证：中国驻美国大使馆领事部；②律师：梁仲平；③会计师：梅张会计师；④医生：林彭年，何杰等；⑤中医师：田晓明等；⑥房地产：林邦夫，王仲会；⑦贷款：富国银行贷款专家；⑧保险理财：AIG；⑨房屋过户公司：凯达过户。该次社区服务日时间是：2017年3月4日。[①]

2. 全美华人金融协会

全美华人金融协会（The Chinese Finance Association，TCFA）1994年成立，目前有近3000名会员，会员包括华尔街的金融专家、政府监

---

① 资料来源：http：//wcmi. us/event/huarenzhuanyeshetuan。

管部门的精英，学术研究机构的教授和学生。协会总部设立在纽约，并在北美主要城市，伦敦、中国香港、北京和上海等金融中心设有分会。

社团宗旨：该协会是一个政府注册的非营利组织，其设立宗旨为：第一，促进中美两国在金融及相关领域的教育、研究和实践，交流知识和信息；第二，旨在汇集金融领域学者和专业人士的集体智慧和专业知识，帮助中国资本市场发展；第三，进一步寻求服务作为其成员专业发展的中心场地。

运作情况：现任瑞信集团高级总监 Maggie，是 TCFA 董事会的董事，也是纽约分会的联合主席。她曾在其他顶级公司担任多个职位，并在多个行业会议上发表过演讲。TCFA 自我定位为作为中国专业人员和学生交流思想，相互学习，推动事业发展的中心场所，是金融领域中美之间的桥梁，其运作的主要活动是定期举行学术年会和其他交流活动。例如，TCFA 及其地方分会组织和发起了一系列广泛的活动，包括最佳论文奖、职业发展研讨会、研讨会和年度会议。其组织的国际会议，参会人员多为来自中国的代表，协会的一些前董事和现任成员目前在中国担任政府官员和私营部门专业人员。2016 年 11 月 6 日，TCFA 在纽约时代广场的万豪侯爵酒店举行了第 22 届年会，题为“中国与世界在十字路口，新经济刺激全球经济增长吗?”这次会议由杰出的商业领袖，学术专家和决策者进行了一系列主题演讲和小组讨论。据称，这次会议有 30 多位著名演讲嘉宾，吸引了 907 名注册参会人员，12 家招聘公司，以及 10 多家媒体合作伙伴。大约有 900 个新的会员申请和来自现有 TCFA 成员的额外人才细节被提交。参与会议的还有来自中国，华盛顿、波士顿、洛杉矶、芝加哥、夏洛特、巴尔的摩等城市的数百位嘉宾，大部分与会者来自纽约大都市区。运作此类学术交流活动的目的在于“为进行关于世界经济发展，资本市场动态和最新商业趋势的关键对话提供了一个高端平台”。

财务来源：TCFA 作为非营利性组织，其团队和董事会成员都在志愿者的基础上工作。协会运作的经费主要有两个来源：第一，会员费。会员费 40 美元，会员可在线申请，并在线缴纳会费。会员的福利则包括：作为 TCFA 成员，可收到有关该组织活动的 TCFA 通讯，在大多数活动中获得价格折扣和注册折扣以及注册优先权。TCFA 将发布由协会的会员和赞助商提供的工作信息，会员可在其网站搜索和在线申请工作。会员可以在协会网站发布招聘信息。第二，赞助金。根据其官网信息介绍，其得到国内外诸多知名金融机构的赞助，包括 Fore、中信证券、Wind 资讯、兴资本、易方达基金、宜信、MOODY's、博润投资、泰康人寿以及国内四大行等，赞助单位达 33 家。从协会网站可见各赞助机构通过该协会网站发布的职位招聘信息。①

3. 旅美科学家工程师专业人士协会②

旅美科学家工程师专业人士协会，简称旅美科工专（The Association-of Chinese Scientists and Engineers-USA），成立于 1992 年 10 月，是一个注册的非政治性的非营利性的专业组织，驻地在美国得克萨斯州休斯敦地区，也是美国大芝加哥地区及中西部地区最大的专业华人社团组织。该会是由在美国的企业、大学、国家实验室、研究机构中从事专业工作的中国学人组成的专业团体。在旅美科工专在册的 1000 多名累积会员中，90% 以上的会员具有硕士学位或博士学位。其会员在北美的科技发展中起着积极重要的作用。协会在伊利诺伊州正式注册，并在美国 20 多个州设有分会。该会设有 10 个科技专业学会，即通信电子工程学会、化学化工药学学会、机械材料学会、企业管理学会、财经金融学会、医学学会、工业与应用数学学会、生物技术学会、智能交通管理学会和法律学会。③

社团宗旨：其宗旨是促进中国旅美科技专家、学者和专业人士之间的信息交流和学术讨论；促进美中科技、文化交流和经济发展；为会员创造和提供专业应用和事业发展的环境和机会。成立 CAPST 教育基金会“高中生奖学金”是为了奖励在课堂和社区志愿者中表现出色的高中生。社团的目标是利用其成员在科学、技术、管理等专业领域的专业知识，实现自我完善和繁荣，促进中美之间的科技、文化和经济交流，提供服务和会员积极参与社区活动的机会。

运作情况：旅美科工专协会依据其章程制定各项工作制度。专协的

---

① 载全美华人金融协会网站，http：//www. tcfaglobal. org/index. php/en/about – us/contact – us. html。

② 载中国旅美专家协会网站，http：//www. capst. org/。

③ 魏维贤：《地缘性组织与文化事业》，载《资料与研究》1995 年总第 18 期，第 24—27 页。

管理和执行机构为理事会，理事会是该会的最高权力机构，会长是协会的总负责人，理事会成员和会长均由全体会员直接选举产生。各地方分会会长由分会独立选出，并自动成为总会理事会成员。由会长提名，经理事会批准的其他管理人员包括副会长、秘书长、财务总管、出版总编等。协会工作机构包括各职能委员会，负责协会各项工作，组织活动，为会员服务，发展和协调与其他社会团体和中美各方面的关系。协会理事会同时聘请为协会发展的，在科技、文化、社区活动和中美交流各方面有崇高声望和杰出成就的人士担任协会顾问。[①] 专协理事会鼓励各专业学会开展科技交流和会员联谊活动，各专业学会是专协联系本会会员的重要纽带。为了便于从事不同专业的会员开展科技活动，专协设若干下属专业学会。现设能源科学与工程学会、医学卫生及生物工程学会、计算机科学与信息技术学会、环境科学及化工学会、经济与法律学会，以及商业与管理学会。

另外，专协还举办各种形式的学术交流、科技研讨，并通过各种途径与国内对口交流和合作，或举办双边或国际性的学术会议，或组织专业团组回国访问、考察和讲学。近年来，专协已有 2 名会员被中国聘请为长江学者。专协还定期出版《专协通讯》，并通过会员电子邮件网络和专协互联网站加强与会员及外界的联系；专协出版的另一份刊物《博览》集知识性、趣味性为一体，为会员及社区的华人朋友提供各方位的信息和知识；专协开展各项会员联谊活动，并定期为公众举办科技及科普知识讲座，开展鼓励华裔青少年学科学爱科学的科技和竞赛活动，服务于社区；专协积极组织参与社区活动，与兄弟社团合作，弘扬中华文化、维护旅美华人的正当权益。另外，由专协发起，有美南地区 12 个中国旅美科技专家和专业人士协会共同组成的“美南地区中国旅美专家协会联合会”于 1996 年 8 月底在休斯敦成立，目前已发展到美国 22 个州。美南专协联定期举行联席会议进行协会之间的沟通和交流，并结合联席会议联合召开美南地区或国际性的科技交流和研讨会，从而促进美南地区科技专家和专业人士之间及美中之间的科技交流和合作。从 1998 年专协主办首届“中国石油工业与海洋资源国际研讨会”到 2000 年“首届 21 世

① 艾果：《世界海南乡团联谊年会》，载《侨园》1994 年第 1 期，第 19 页。

纪医学中美论坛会”，从1996年主办“美南地区中国专家协会首届联席会议”“2002美南地区中美高科技与经济发展研讨会”，到2007年“中美能源市场发展和风险管理研讨会”“21世纪中国：留学人员与构建创新型社会研讨会”。总的来说，该社团在促进中国旅美专业人士之间的科技、信息交流和合作，促进美中科技、文化交流和经济发展，对美南地区的华人社区以及美国主流社会产生了深远影响。

财务来源：协会的主要经费来源是接收的捐助与会员会费。该协会成立一个基金，经费来源是由CAPST会员，企业赞助商和其他人员的捐赠，通过该基金协会每年为3—5名高中生颁发500—1000美元的奖学金。CAPST长期为该教育基金会征集捐款，所有捐款都可以免税。根据“CAPST高中教育基金会奖学基金——规则与条例”第三节，CAPST接受一般性捐赠和长期捐款。

四　美国华侨华人专业社团的特点与职能

（一）美国华侨华人专业社团的特点

美国华侨华人专业社团的特点主要体现在其专业性：首先，专业性社团由专业人士组成，其中尤以新移民中的华侨华人专业人士为主，这与近20年来大批留学生毕业后留居当地以及近年来不断涌现的技术移民潮有直接密切的关系。其次，华侨华人专业社团多以一个或多个专业领域或专业人群命名。例如，英国中英科技与贸易协会、英国旅英中国工程师协会、中国旅美专家教授联合会等；也有不分领域的综合性专业团体，例如全欧华人专业协会联合会、美华专业人士协会等。最后，华侨华人专业社团从事的活动体现出专业性，例如大多社团都举办学术研讨与交流活动，或者主编专业刊物，发布本专业的研究与招聘信息等。

美国华侨华人专业社团的另一个显著特点是其跨境互动性。周敏等人在对美国55个知名华人社团组织访谈后认为，大约2/3的社团具有跨境（国）的特征，与祖国家乡各级政府保持联系，甚至有些新社团就是为了跨境目的而建立的。社团所有成员不可能全部直接参加跨境行动，其组织的跨境活动影响有些有实质性意义，有些则有象征意义；既有直接互动，也有间接互动。一些社团甚至直言其优势便是与中国的互动联系，这充分体现在社团组织的活动方面，包括直接组织会员参加回国考察团，或者与国内合作举办学术交流活动，或者其举办的学术活动的参加者中也有数量可观的国内学者。此种跨境互动尤其明显地体现在其作为跨国人才环流的平台，以及跨国信息交换站的方面。课题组在调研中发现，对那些已然归国从业者而言，专业社团平台依然持续发挥着信息交换站的作用：一方面，身在美国的会员通过华侨华人专业社团平台获取关于中国人才政策与发展前景方面的信息，并将海外信息持续提供给归国从业的会员；另一方面，已归国的会员又将在中国从业的感受、遭遇、见识等相关信息通过社团平台也供给在美国的会员。而这种信息的交换目前呈现出美国价值观与信息源相对强势的一面，这值得引起侨务部门的重视，尤其是考量如何有针对性地对归国从业的专业人士做好侨务服务与统战工作。

（二）美国华侨华人专业社团的职能

美国华侨华人专业社团成为中国海外的人才资源智库，其新型智能主要体现在有助于中国“引智引资”，发挥侨胞服务国家经济转型升级的新优势。

1. 人才流转的平台

海外华人为我国提供了丰富的可供引进的高层次人才资源。在全球的华侨华人当中，有许多世界一流的科学家、工程师、高级管理人才，并掌握着超过 3 万亿美元的资金，无论是技术实力还是资金实力都可谓全球罕见。目前，海外华裔人才主要集中在美国、日本、英国、澳大利亚、加拿大等几个主要的发达国家。据不完全统计，美国目前有华人学者约 10 万人，分布在美国 80 多所大学和各类科研机构，其中 3 万余人被公认为世界一流的科学家、工程师和教授，占全美一流科技人才的 1/4 以上。在全美各大学任教的 46479 名外国教授中，华人为 9110 名，在美国电脑研究中心的 19 个部中，有 12 个部主任以及 1000 多名研究员均是华人。在全美著名大学的系主任中 1/3 是华人，美国机械工程学会中任分会主席的华人占一半以上，在美国太空研究中心等超级科研单位，华裔科技人员有上万，阿波罗登月工程实验中华人高级科技人员达 1400 人，占总数的1/30。①

作为海外专业人才库的华侨华人专业社团，其重要职能之一便是有利于中国引进先进技术、专业人才和管理经验。多年来美国华侨华人社团为祖国大陆提供了大批的学术型人才以及技术型人才。例如，加州地区的华裔教授学者协会、南加州中国专业人士联合会、南加州中华科学家工程师协会等专业性较强的社团。华侨华人专业人才处于高新技术的最前沿，引进这批人才能够填补稀缺的高端人才需要，有利于中国新经济的转型升级。②

2. 专业服务的职能

华侨华人专业社团会聚既精通所在国政治、经济、法律、政策、市场又熟悉中国经济文化的人才，能够为当地社区和中国之间的科技交流与创新提供专业服务，包括科学技术、咨询服务与管理经验。例如为“走出去”的国内企业提供法律咨询，也可帮助国内企业制定国际发展战略、降低中国出口国外的市场准入门槛、寻找海外商业合作伙伴、开发自身的商业知识性产权等。一些具有专业背景的海外华侨华人社团甚至直接引入外资，投资国内新兴的高科技产业，这些高科技产业往往集中于上海、北京、天津等大城市，另外一些诸如苏州、无锡、大连等亦颇受海外投资者的青睐。如今互联网信息技术已经成为中国新经济和高科技的代表，诸如搜狐、百度、腾讯、新浪、携程甚至是阿里巴巴等，这些互联网信息技术产业大多是由留学归来具有高学历的专业人士进行管理，直接借鉴国际上先进的管理经验。③

3. 公共外交的职能

如何综合考量华侨华人、住在国、中国这三者间的关系，以及华侨华人在促进其住在国与中国关系中的地位与作用，是一个值得长期钻研的课题。新时期华侨华人与中国的关系主要体现在以下两个特征：一方面，新时期华侨华人不再成为单方面爱国爱乡建设祖（籍）国的奉献

---

① 《海外华人华侨已超6000万分布于198个国家和地区》，中国网，2014年3月5日，http：//news. china. com. cn/20141ianghui/2014－03/OS/content 31685623. htm。

② 王辉耀：《国家战略：人才改变世界》，人民出版社2010年版，第149页。

③ 林勇：《国际人才竞争与我国海外华人高层次人才战略》，载《八桂侨刊》2003年第4期，第22页。

者，华侨华人与中国的关系更多体现在互惠互利、合作共赢的一面；另一方面，中国在全方位崛起后的新时期，为海外侨民的生命财产安全提供了强大的母国保护，不断增强了华侨华人的国际自豪感，以及对中国的认同感与向心力。党的十九大报告指出，要“不断增强意识形态领域主导权和话语权，推动中华优秀传统文化创造性转化、创新性发展”，要“加强中外人文交流，以我为主、兼收并蓄。推进国际传播能力建设，讲好中国故事，展现真实、立体、全面的中国，提高国家文化软实力”。与此同时，党的十九大报告将提升我国的国际传播力作为新时期的十大任务之一。而海外华侨华人是中华文明和民族精神的重要的继承者、传播者和展示者；遍布全球的唐人街、孔子学校、华侨华人社团是传播中华文化和展示中国形象的平台和窗口。近几年，因华文媒体数量多、分布广、有说服力等特点逐渐被纳入国家公共外交领域，海外华文传媒的话语能力不断增强，对国际舆论起到独特的平衡作用；另外，海外华文媒体有其独特的地理和心理上的接近性优势，能迅速有效地澄清西方民众对中国的误解，传达中国真实的信息，从而塑造一个真实的大国形象。美国华侨华人专业人士往往加入多个社团，拥有多重交织身份，在华人社会与当地国均是影响力的精英分子，拥有丰富的经济、人脉与智力资源，除了在引智及项目合作等方面外，还应对美国华侨华人专业人士给予政治性关注与关怀，使其公共外交价值得到充分发挥。可以说，华侨华人专业社团是实现意识形态等不同信息双向沟通的天然桥梁，因此在保障我国意识形态安全方面大有可为。制度环境、价值认知倾向因素等直接影响了华侨华人专业人士是否选择归国从业。与此同时，根据课题组对一些美国华侨华人专业社团的初步调研，发现经费来源与财务稳定对社团发展具有至关重要的意义，诸多成熟的华人同乡社团、商会组织已经过多年努力而形成会址建设、会馆产业、财务管理机制等方面的完善建设。而美国华侨华人专业社团的财务经费主要来自会员会费、各种社会赞助以及部分广告收入等，财务上的不稳定与独立将使社团发展受到掣肘，同时，经费来源可能影响社团职能发挥的方向与重心。中国政府可考虑给予成长阶段的美国华侨华人专业社团适当形式的资助与多种形式的协助，关注各社团负责人的培养与争取，并根据需要选择重要华侨华人专业社团建立长期合作的对接平台与机制。

青田华侨华人社团职能转型分析

韦丹辉[①]

近年来，学界对华侨华人社团的研究越来越重视，成果丰富。青田籍华侨是较早成立社团组织的海外移民群体，中国改革开放以来，青田海外移民进入又一次高潮期，新时期青田人在海外华侨华人社会中的影响日益深远，尤以欧洲为著，青田人成立和参与的社团不断增多，对海外华侨华人社区的影响也越来越大。但从研究成果来看，目前关注还不够，特别是对当代青田华侨华人社团职能转型方面的探讨不多。因此，本文选择21世纪以来青田华侨华人社团为研究对象，以期能为华侨华人社团研究提供一些新的思考。

一　学界研究的现状

（一）由地缘、血缘性社团向业缘性社团研究的转变

华人社团、华文教育和华侨报刊向来被称为“侨社三宝”，既是华侨华人文化的三大支柱，也是学界关注的重点。近年来，华人社团的研究成果越来越多，从研究对象来看，重点关注于东南亚、北美及澳大利亚、美国、欧洲等地区的华人社团。[②] 从内容来看，一是关注不同区域华人社

---

① 韦丹辉：丽水学院华侨学院讲师。

② 相关研究包括：林金枝：《新加坡华侨华人社团的历史演变及其发展趋势》，载《八桂侨史》1993年第4期；童家洲：《日本、新加坡华侨地缘社团的发展演变及其比较研究》，载《福建师范大学学报》（哲学社会科学版）1995年第3期；陈庆等：《越南华侨社会组织及传统社团探讨》，载《八桂侨刊》2002年第3期；等等。

团发展演变的历史，侨团的发展表现在由传统地缘、血缘为主的社团类型向业缘性专业社团的演变过程；二是对区域华人社团类型、功能作用等方面的分析，解析当代华侨华人社团在职能、功能作用方面呈现的新的特点。从研究结论来看，早期华人华侨大多是以“缘文化为纽带的地缘和亲缘社团”①，其后向业缘性社团的发展，在社团功能上，凸显了业缘性社团“致力于以各种方式为国服务，推动所在国与中国科技、文化等领域的合作发展”② 的新的社团功能转变。

随着中国改革开放进程的加快，海外华侨华人与祖（籍）国的交流与往来日益密切，当代的华侨华人社团，在类型以及功能上都有了新的变化。学者研究表明，时代变化，特别是世界经济的变化对海外华侨华人社会影响巨大，应对时势变动，海外华侨华人社团在拓展生存和发展空间，积极探索与推动所在国与中国的经济文化合作交流方面做了较多工作。借助于华侨华人与中国天然的文化和血缘纽带，“全球化时代的来临为华人社团的发展及其活动开拓了无限的国际空间，华侨华人活动在广度和深度上发生着前所未有的变化”。③ 当代华侨华人社团无论是在居住国或祖（籍）国，其参与政治、经济、文化方面的活动越来越多，社团职能也由传统以联谊互助、协助华侨族群内外部关系，开始活跃于商业、政治和文化方面的活动。④ 专业社团受到国内统战工作的重视，专业社团也成为吸引海外资金进入中国投资创业的引路人⑤，在提升中国软实力建设⑥，充当中国与海外的公共外交角色⑦等方面发挥着重要作用。

---

① 童家洲：《试论“五缘”文化及其与海外华侨华人社会》，载《华侨华人历史研究》1997 年第 1 期。

② 俞振常、邹建云：《海外华侨社团现状、变化及工作思路》，载《河北省社会主义学院学报》2003 年第 2 期。

③ 王子昌：《网络视野下的华侨华人：刘宏及其海外华人研究》，载《暨南学报》2013 年第 8 期。

④ 任娜：《海外华人社团的发展现状与趋势》，载《东南亚研究》2014 年第 2 期。

⑤ 吴洪芹：《华侨华人专业人士在华创业状况的分析与思考》，载《中国人才》2007 年第 21 期。

⑥ 衣长军：《海外新华侨华人社团与国家“软实力”建设研究》，载《华侨大学学报》（哲学社会科学版）2016 年第 5 期。

⑦ 徐文永、谢林森：《华侨华人社团与中国侨务公共外交——以巴西华人文化交流协会为例》，载《八桂侨刊》2012 年第 3 期。

（二）对青田华侨华人社团的研究

青田人移居海外的历史肇始于清晚期。19 世纪前期，青田人就已经在日本形成移民群体，鸦片战争后，青田人的出国范围从亚洲的日本扩展到欧洲的俄、英、法、德、意和美洲的巴西、墨西哥、美国等国家。青田海外移民的现象较早引起学界注意，民国时期一些期刊、报纸上可见到有关青田华侨在国外的记录，青田人跨国迁移历史以及移民网络等问题是当代学者关注的重点。青田当地政府部门也特别重视对青田海外移民史的记录。① 在社团方面，民国时期的海外青田人开始建立包括宗亲会、同乡会和同业公会在内的海外社团组织，这一时期海外社团组织的社会功能与价值与其所处的时代密切相关，具有典型的时代特征，具备华侨社团扶助同胞、保护华侨的基础功能，又突出当时正处于两次世界大战时期，带有为抗战服务的时代功能。②

改革开放以来，青田人海外移民进入新阶段，青田华侨华人社团的建立也进入新的发展时期。当前，青田人已经在欧洲、美洲的多个国家聚集定居，青田华侨华人具备社团产生和发展的充足基础条件：一是具有一定数量的华侨华人；二是华侨华人群体的职业和活动区域相对稳定；三是华侨华人群体有共同的需求和奋斗目标；四是具有一定才能的领军人物。③ 青田社团数量急剧增加。学界的研究已经关注到了新时期青田华侨华人社团发展的新变化，但对其的探讨还不够深入，我们借以结合当今华侨社团在海内外的社团活动来阐述青田华侨华人社团在当代的功能转型及其新变化。

---

① 1990 年浙江人民出版社出版的《青田县志》中有专门的华侨编，分为侨史、侨团、侨心、侨务四章；当地政协编辑出版的文史资料选辑或专辑中，也有部分篇章涉及当地华侨资料，如吕绍泉的《“文革”前丽水华侨情况》（《丽水文史资料》第 15 辑）、叶中鸣的《青田侨乡探源》（《青田文史资料》第 2 辑）等，2011 年由浙江人民出版社出版的《青田华侨史》则是一部汇集大量史料，对青田华侨出国、华侨经济、华侨文化、华侨社团、侨界参政议政、华侨贡献等历史事件进行记录与梳理的一部重要史志类地方文献；其他有关青田华侨研究的文献还有吴晶的《侨行天下——青田华侨文化研究》（大众文艺出版社 2006 年版）等。

② 吕涛：《民国时期青田华侨海外社团组织研究》，载《求索》2013 年第 4 期。

③ 郭剑波：《青田籍华侨华人社团述要》，载周望森主编《华侨华人研究论丛》第 6 辑，中国华侨出版社 2003 年版，第 583 页。

二　青田华人华侨社团现状及特点

清代晚期就已经有青田人移民海外的相关记录。据《青田华侨史》记载，19 世纪至 20 世纪初的 100 多年中，青田有约 4000 人分布于日本、法国、荷兰、俄国、德国等 19 个国家。早期青田人出国以贩卖青田石雕制品为主，青田华侨伴随青田石雕的贩销从浙西南走向世界各地。最新侨情数据显示，至 2015 年，青田县共有海外华侨华人、港澳同胞 329296 人，分布在世界 121 个国家（地区），其中约 91. 31% 的人口分布于欧洲，另有 6. 77% 和 0. 62% 分别分布于南美洲、北美洲。青田成为以新侨为主的重点侨乡，西欧、日本和南北美洲成为青田人主要的集中侨居地。以西班牙为例，2012 年华人约 250000 人，青田人占了 55%，福建人占 18%，温州人占 15%。在西班牙华人有 30% 从事餐饮业，30% 开食品店和糖果店，20% 开服装店，20% 从事进出口贸易。[①] 当代青田海外移民形成了新的移民特点：出国目的地比较确定，侨居地趋向集中，华侨社会群体化加速了；家庭或家族相继移民情形普遍化，由此也带来侨居地华侨的血缘化；新时代青田华侨文化素质有较大提高；职业结构变化较大，商业经营业主增多，华侨经济实力有较大增长。作为有着较鲜明特征的移民族群，青田新移民群体以其人数集中分布、家族群集式移民、多样化职业构成，已经在欧洲大陆为主的海外国家成功实现由“移居”到“定居”的转换。但是，青田华侨华人普遍面临华侨华人的移民新问题，诸如新生代华侨华人融入当地主流社会问题，经济转型升级等问题。[②] 应答这样的难题促使青田华侨华人不断思索和尝试，青田华侨华人社团的快速增长正是他们为融入西方主流社会和应对当今世界经济发展新情况的一种尝试与适应。

海外青田侨团在这一时期获得快速发展。20 世纪 90 年代，青田华侨 10 年内建了约 40 个社团；进入 21 世纪后，仅 2000 年 1 年间就建 15 个之

① 杨猛：《青田人在西班牙的陷秘商业王国》，新浪网，2012 年 10 月 11 日。

② 章志诚：《新世纪初欧洲华侨华人面临的新问题及其对策》，载《八桂侨刊》2008 年第 3 期。

多，21 世纪前 5 年，新建侨团多达 38 个（其中有一个是国内的），其增幅率为 20 世纪 90 年代的 1 倍。[①] 截至 2015 年，青田籍海外华侨华人成立的侨团总数达 251 个。由青田人担任主要领导人的知名海外华人社团达 150 多个，海外侨团快速增加可以称得上是青田华侨最显著的特点。20 世纪 80 年代以来青田华侨社团大致可以根据其社团特征分为以下六类：

1. 以地域为主的地缘性社团

较早建立的地缘性社团是 1985 年 4 月 11 日在荷兰鹿特丹成立的荷兰青田同乡会，此后在青田人集中的多个国家都建立有青田同乡会。根据《青田华侨史》中的统计，20 世纪 50 年代至 2008 年成立的各类青田同乡会多达 35 个。除此之外，还有不少青田籍海外华侨参与组建浙江同乡会之类的地域社团。1996 年 3 月 4 日，欧洲青田同乡会在法国巴黎成立，这是一个洲际性同乡组织。这类具有较强祖籍地域性特点的社团使海外青田人社会关系网络更加健全通畅，也成为青田人在海外最普遍和最具有凝聚力的代表社团组织。

2. 联合型社团

当前，海外华人建立了众多由宗亲、同乡组织演变而来的华侨华人联合组织。青田华侨积极参与此类联合型社团的创建，不少青田侨领在这些社团组织中担任主要领导人。如欧洲华侨华人社团联合会、非洲华侨华人社团联合会、奥地利浙江华侨华人联谊会、旅比华侨联谊会、比利时华侨联合会、联邦德国华人联谊会、旅比华侨联合会等。知名的青田籍侨领，如孙焕然是旅德浙江华人联合会、全德华人社团联合会两会创会会长、常委和执行副会长，陈军榕曾任米兰华侨华人联合会总会会长，全欧华侨华人社团联合会的第六、七、九届主席分别由青田人张曼新、孙焕然和夏廷元担任。

3. 企业行业组织性质的社团

此类侨团一般是按照海外华人所经营的企业，或由所在行业的领头者组织而成。如奥中国际经济贸易促进会、奥地利华侨华人餐饮业联合会、旅比浙江华人工商联合会、餐饮业同业公会、比利时浙江华人工商联谊会、丹麦中华工商联合协会、法国华人进出口商会、法国浙江商会、

① 吴晶主编：《侨行天下：青田华侨文化研究》，大众文艺出版社 2006 年版，第 227 页。

旅荷餐馆同业公会、巴塞罗那纺织服装业协会、西班牙华人食品协会等。

4. 科技、文化行业组织社团

这些社团主要是团结和组织活动在科技行业、文化行业的各类留学人员、华侨华人，致力于推动所在国与中国在科技、文化、教育等领域的合作。众多青田籍华侨也积极参与了这类社团，如欧洲中国书法家协会、德中旅游文化传媒交流协会、法国法华文化交流促进会、法中文化交流协会、中法文化交流促进会、荷兰全荷华人摄影协会、荷中文化交流基金会、中塞文化科技农业教育合作交流协会、中葡艺术家协会等。

5. 妇女、老人及慈善救济类社团

这类社团致力于加强女性华侨华人之间的沟通联系，维护妇女、老人权益和地位，以及致力于慈善救济工作。如欧洲华侨华人妇女联合总会、奥地利格拉茨妇女联合会、比利时中华妇女联合会、法国华侨华人妇女联合会、西班牙华侨华人妇女联合会、荷兰松柏会、西班牙常青藤、西班牙希望工程爱心委员会、匈牙利华人妇女联合总会等。青田海外华侨中涌现出不少优秀妇女代表，成为华侨社团组织与领导者。如徐玉兰创建西班牙华侨妇女联合会并任会长，孙慧英成立意大利罗马华侨妇女联谊会，林胜琴成为匈牙利华侨妇女联合会会长、欧华会妇女部主任。

6. 带有政治性目的的社团

以近年涌现出来的以反对台独、促进祖国统一大业，反对邪教组织等为宗旨的社团。如欧洲中国和平统一促进会、比利时中国和平统一促进会、德国中国和平统一促进会、德国华侨华人中国和平统一促进会、丹麦华侨华人中国和平统一促进会、塞尔维亚黑山中国和平统一促进会、葡萄牙中国和平统一促进会、巴西里约华人联谊会、西班牙世界华侨华人反邪教协会、西班牙南部反邪教协会等。

纵观20世纪80年代以来青田籍华侨社团在海外发展与演变的过程，可以看出，当代青田海外华侨社团开始向跨国化国际化华侨社团的方向发展，其类型呈多元化发展趋势，社团类别多样。侨团发展呈现出以下几个特点：

1. 侨团数量呈快速增长趋势

青田侨团从20世纪初期的产生到20世纪80年代以来进入发展的高峰期，至今已成立有250多个侨团。研究认为，青田人相互扶持、相互帮助的群体意识和讲义气、重情义的性格特点促使海外青田华侨结成团体，最终由普通社会群体演变成为一个个商业社团。青田华侨在创业期又尤为重视社团的作用，因此，青田人组建和参与社团的热情也是其他海外华侨华人无法比拟的。[①] 海外青田人热衷于组建自己的社团，也积极地参加其他的华侨华人社团，在海外知名华侨华人社团中几乎都能看到青田华侨的身影。

2. 侨团类型更加多样化

青田籍侨团从宗亲、地缘、业缘向宗亲型、业缘型、全球型发展，多样化、专业化、国际化成为青田籍海外社团发展的特点和趋势。青田华侨经营的传统行业以餐饮、服装皮革、商贸等为主，因此，这类行业社团较多。近几年，随着我国国际贸易的蓬勃发展，海外商品进口及国内商品出口贸易兴盛，国际贸易成为青田华侨从事的新兴行业。目前，青田华侨仅从事国际贸易的就有 5 万多名，年贸易额在 100 亿美元以上。与商业贸易相关的行业社团数量也相继成立，如 1990 年成立的奥中国际经济贸易促进会、1997 年成立的法国华、人进出口商会等社团，都是直接为商贸活动服务的行业社团。

3. 青田籍侨领影响力提升

青田籍华侨非常注重社会网络关系的营建，突出地体现于青田华侨对社团建设的热情上。青田华人善于利用侨团来扩展自己的人脉关系，积极地参加各类型的海外华侨华人社团组织，也涌现出一批在海外具有相当号召力和影响力的华侨领军人物。据估计，目前青田籍华侨华人在 200 多个海外社团组织中担任负责人，担任副会长以上职务的有数千人。[②] 一些知名侨领成为海外青田华侨的重要领军人物，并且积极地参与国内政治、经济、文化建设，成为新生代华侨的优秀代表。知名青田籍侨领叶克清、叶祖池、严志照、吴耀宙、卓旭光、倪铁平、徐乐平、徐宋灵、徐松华、郭胜华等，都是自身事业有成，又热心侨团工作，成为华侨华

① 褚乐平：《青田华侨华人乡土宗族意识与丽水社会经济发展》，载《丽水学院学报》2011 年第 6 期。

② 《华侨如何在当地实现华丽转身，国务院侨办在青田首开研习班》，丽水信息港，2013 年 3 月 28 日。

人认可的领军人物。

三　青田华人华侨社团的职能转型

海外社团组织的社会功用与价值往往带有一定的时代特色，不同时期组建的华人社团有着不同的时代特征。早期青田人通过“亲带亲”“邻带邻”的模式得以在海外各地聚集谋生。因此，早期社团的职能也带有时代的普遍特征：一是为海外青田同乡提供互帮互助的平台。早期青田海外华人社团功能与其他海外华人社团相类似，以中国传统的地缘、血缘为纽带，致力于华人社团内部的互助和联谊，为华人的生存需求提供协助。[①] 早期青田华侨在侨居地势单力薄，遇到困难和问题只能依靠自己的宗亲和同乡帮助，因此通过诸如同乡会的社团组织来构建自己的社会关系网络就显得尤为重要。二是弘扬海外华侨华夏赤子的爱国报国之心。抗日战争时期，海外青田华侨加入各类为抗日救国发声的海外华侨社团，组织捐款捐物，为抗战筹措经费，表现出空前主动和积极的态度，为维护中华民族的独立和尊严贡献个人的力量。

20 世纪 80 年代以来，随着世界局势的变化和经济、科技的快速发展，华侨华人及其社团也有了相应变化，呈现出更多新的特点。李明欢认为，从海外华人组建社团的初衷来看，寻求社会资本的最大价值转化成为其主要的社团功能，华侨华人社团为华侨构筑一个可供其成员共享的、便于获得更多的社会资本和资源，以换取实际利益，实现社会资本向现实利益的转化的现实作用。[②] 青田华侨华人社团的职能跟随社会发展也有所变化，高伟浓、陈华认为，以新移民为主的青田华侨社团，在居住国主要是开展联谊活动、华文教育、维护权益以及融入当地社会等方面内容，在祖（籍）国和家乡的活动主要表现在投资捐资以及“反独促统”维护祖国统一等方面内容。[③] 笔者将结合近几年青田华侨华人社团的

---

① 李明欢：《欧洲华侨华人史》，中国华侨出版社 2002 年版，第 218 页。

② 同上书，第 716 页。

③ 高伟浓、陈华：《以新移民为主体的海外青田人同乡会浅析》，载《八桂侨刊》2012 年第 4 期。

一些社团活动来具体分析侨团在职能与作用方面的新变化。

（一）协助华侨华人融入当地主流社会

融入当地主流社会是华侨华人在海外面临的重要困难之一。当代的海外华侨华人通过各种友好方式积极努力地融入当地主流社会，海外华人社团在其中充当主导力量。青田华侨华人社团同样充分发挥它们在协助、引导海外华人融入当地主流社会方面的主导和领导的作用，例如荷兰青田同乡会启动名为慈善教育奖学金的项目，专门设立了面向荷兰民众的奖励学习中文成绩优异者以及为推动汉语教学和中华文化传播杰出人士的项目；[①] 此处，举办各类面向社区的慈善活动也是青田侨社的重要内容。[②] 通过积极兴办这样的社会活动，架设华人与当地主流社会之间的往来与交流的桥梁，对华人的社会融入有积极的推动作用。

（二）维护侨胞尊严，保障华侨华人权益

生活在海外的华人遭遇、不公平待遇，甚至面临社会治安状况差等问题始终存在，在融入当地社会的过程中，社团对反对民族歧视、维护华侨华人权益、争取人权和人格上的平等方面的工作，成为青田华侨社团在海外的重要社团功能。

2017 年 3 月 18 日晚间，旅法青田籍华侨刘少尧在巴黎家中遭法国便衣警察开枪射杀致死事件发后生，各华侨社团第一时间站出来，领导华侨华人举行示威抗议，呼吁对刘少尧案公正处理，维护华人权益。3 月 30 日，包括亚裔社团联盟、欧洲青田同乡会、法国青田同乡会等 30 多个华人社团紧急发表联合声明，称："我们所有同胞要坚定地团结在一起，荣辱与共，生死同心。不仅要为遇难同胞讨回公道，更要为我们华人群族在法国林立于不败之地。我们要勇敢地冲在维护我们全体华人不受侵犯的第一线"，[③] 随后多个华人社团加入华人维权队伍。这一事件的发生表

---

① 潘治：《荷兰青田同乡会启动慈善教育奖学金项目》，新华网，2014 年 2 月 21 日。

② 《海外青田人热心做慈善》，丽水信息港，2015 年 12 月 21 日。

③ 吴慧慧：《追踪：青田华侨遭射杀，外交部回应法国侨界发声明》，浙江新闻，2017 年 3 月 28 日。

明，华侨华人在海外仍属于弱势群体，如何更好地融入当地社会，维护海外华侨华人的权利，提高华人地位业已成为当代侨团建设中的重要内容。海外侨团在海外华人维权活动中应当承担起更重要的领导者和组织者的角色，团结合作，引导海外华人不再沉默，积极投身维护自身利益、争取公平对待的维权活动中。巴黎华侨遭枪击事件目前尚未有最终结论，但诸多努力工作已经使世界听到了来自华人维权的响亮声音，法国《欧洲时报》将此次华人在巴黎的游行示威维权活动称为“又一场将载入华人维权史册的示威”。①

（三）增强在经济贸易方面的作用

受世界经济特别是中国经济发展的影响，青田华侨华人社团参与居住国内的商业以及居住国与中国之间的经济贸易投资等活动的作用日益加强。以西班牙为例，近年来，随着浙江省委“浙商回归”工程的实施，出现了华侨回国创业热潮。华侨回国投资并带动了西班牙企业进入中国市场，据统计，2016 年西班牙在中国投资迅猛增长到 15000 家，这些西班牙企业，或是以外企独资，或是以华商作为乡投顾问股东形式，或是华商合股的形式开拓中国的市场。② 欧洲浙江华人联谊会自 2016 年成立以来，就积极探索与国内商贸合作往来，2017 年 4 月 10 日，会长詹永平带队考察义乌小商品市场，最终欧洲浙江华人联谊会、法国华社促进会分别与义乌市青田商会建立互利共赢的友好商会关系并签订协议，共同探讨双方开展商会之间的经济交流与合作。③ 近年来，青田县大力打造“华侨要素回流”“青商回归工程”发展战略，配合该县提出建设“国际名品集散中心”的构想，已经建成超 15000 平方米的青田侨乡进口商品城，配合青田侨团的招商引资能力，成功吸引来自欧洲、南北美洲等 30 个国家和地区的侨商企业入驻。回国投资创业、为国内企业开拓国际市场、提供咨询顾问服务等活动已经成为青田侨团的重要职能。

---

① 《期待公平渴望发声华人积极维权参政刷出“存在感”》，中国侨网，2017 年 4 月 27 日。

② 徐松华：《筹人、筹智、筹资搞好中国企业与在西华商的合作共赢》，中国青田网，2017 年 4 月 28 日。

③ 《法国侨团与义乌青田商会建立友好合作关系》，中国青田网，2017 年 4 月 10 日。

（四）注重对侨团政治职能的构建与完善

当代青田华侨华人在政治职能上的表现是华人在居住地参政意识的提高。参政议政成为推动海外华人更好地融入主流社会以及表达华人社会声音的重要途径。中国国务院侨务办公室主任裘援平表示，国侨办支持海外华侨华人积极融入当地主流社会，积极为居住国经济社会发展做出贡献，也支持他们积极关心和参与政治，为自己赢得应有的政治和社会地位。[①] 在居住国，青田社团关心当地政治选举，致力于为华侨华人发声。如 2017 年，年轻的青田籍华侨陈燕妮当选芬兰万塔市议会议员。在国内，青田籍知名侨领在各级人大、政协、侨联等组织中担任职务，履行参政议政职责。知名青田籍侨领郭胜华担任浙江省政协委员后，被誉为华侨“提案大王”，积极地投入参政议政工作中。自 2008 年起，浙江省青田县有一批优秀华侨回村担任“村官”，开创华侨参政议政的新形式。

（五）发挥民间外交功能，充当住在国与中国桥梁纽带的作用

华侨华人社团已成为中国民间外交的重要力量，海外新华侨华人社团是中华文化的传播者，是海外中国形象的塑造者，是居住国内中国形象的代言人，是中国民间外交使团，这一特殊地位与角色决定了海外新华侨华人社团在国家“软实力”建设中的独特价值。近几年，中国正在全力布局习近平总书记提出的“一带一路”倡议，李克强总理在会见世界华侨华人工商大会代表时，寄语华侨华人要架起中外经济合作共赢的“彩虹桥”，为推进“一带一路”建设发挥积极作用。以浙江为例，浙籍海外侨胞有 202 万人，分布于世界各地有影响的浙籍侨团达 500 个，11025 名浙籍侨商在全球 68 个国家和地区的侨团中担任正副会长。[②] 这些活跃于世界各地的浙籍侨领当中有相当部分是青田籍华侨，他们是团结联系海外侨胞参与中国“一带一路”倡议建设的中坚力量。

---

① 杨宁、李佳璇：《华人政治家 2014 参政路》，载《人民日报》（海外版）2014 年 2 月 21 日。

② 杨卫敏：《海外侨团与“一带一路”战略的实施》，求是网，2016 年 7 月 26 日。

综上所述，华侨华人社团当地化、权益化、多样化、专业化、国际化是当代社团的主要发展趋向和特点，社团功能的新变化也显示出华侨华人在海外的地位日益提高，社团发挥的作用明显。改革开放以来，青田人凭借先辈在海外奋斗的基础，成功实现在海外各国拼搏创业，这种从求生—发展的海外发展历程，特别是面临侨居各国所受到的歧视和不公平待遇，影响着青田华侨参与组建海外社团心理态势。新时期侨团作为凝聚侨胞的主要平台，在其组织体制与管理、功能等方面有了全新的变化。社团职能顺应时代发展的需要，更为注重在经济、政治、文化等多方面的作用。在国际竞争日益激烈的当代，华人在海外的发展与生存势必会面临更多新的问题，华侨华人社团有能力担当海外华人团结与发展的强有力的支持和主导角色。

改革开放以来中国大陆地区出国留学规模述要与研究

苗丹国　李　清　张　姣①

一　导言：出国留学数据的汇集与整理是留学研究的基础和前提

“基础研究”是本文的中心原则，“敬畏数据”是全文的核心价值。据此，笔者试图通过集中整理和广泛研究针对出国留学活动的相关数据，进而达到客观描述、准确评价和科学判断我国内地出国留学规模与趋势之目的。留学研究的实践表明，留学基础数据的有效采集，有利于补充准确、鲜活的基础信息，进而为国家战略规划的制定、相关领域政策的调整、教育等多项民生工程的设计，提供必要的基础性支撑。

现代国际政治概念之下的“中国”涵括“中国大陆、港、澳、台”四个地区。根据中共中央和国务院“一国两制、遏制台独”等大政方针和政策原则，中国的国家权力机关仅对中国大陆地区（或称“中国内地”）的出国留学行为与留学群体活动实施行政管理、政策调整和服务保障；同时，只是在必要的时候以及需要的场合，方可酌情针对中国港澳台地区在外留学人员提供可能的服务性保障与相应的政策性支持。据此，本文涉及的研究对象特指“中国大陆地区的各级各类出国留学人员与留

---

①　苗丹国：西安思源学院留学生与现代中国研究中心研究员，国家教育部国际司原调研员；李清、张姣：均为西安思源学院留学生与现代中国研究中心青年教师。

学回国人员”。

出于全视野、全口径、全方位地审视1978年以来出国留学现象，本文首先简要回顾了40年间中国人出国留学的简史，进而在确保真实性、准确性、严肃性的前提下，扩大和拓展针对“中国人出国留学群体数据与规模研究”的体量与空间。通过收集、整理、介绍并解读诸多尽可能真实的史实与数据，以便使读者能够比较清晰地了解40年来我国留学事业发展的本真状态，进而对一些脱离实际的非理性判断进行有效的辨识与科学的认知。

二　1978年以来中国内地出国留学历史的阶段划分

1978年举行的中国共产党十一届三中全会，做出了“把全党工作的着重点和全国人民的注意力转移到社会主义现代化建设上来”的重大战略决策，提出了要进行改革开放的历史任务，拉开了全面改革开放的大幕。[①] 改革开放40年来，我国的出国留学人员、在外留学人员、留学回国人员三大群体（统计）均以数百万人的规模著称于世；各级、各类中国留学人员的足迹遍布于全球200多个国家（或地区）；经由我国教育部统计的1978—2018年年底的出国留学人员总数已接近600万人次。

之所以将新中国成立30余年之后的1978年确定为我国大陆地区出国留学活动的一个新起点，学术界比较一致的观点在于，正是在这一年的6月23日，时任中共中央副主席、国务院副总理、中央军委副主席、中国人民解放军总参谋长、全国政协主席的邓小平，[②] 在与教育、科技、高校相关负责人的一次谈话中表示：“我赞成留学生数量增大，主要搞自然科学。这是五年内快见成效、提高我国水平的重要方法之一。要成千

① 王俊岭：《中国对外开放大事记》，载《人民日报》（海外版）2018年3月6日，第10版。

② 王京川：《乐山情缘》，人民网，2016年10月12日。

成万地派，不是只派十个八个……要千方百计加快步伐，路子要越走越宽。”[①] 基于当时的历史背景，这段谈话基本确定了中国政府在原有留学政策和留学成就基础上进一步实施“扩大派遣留学人员”的政策导向。

针对1978—2017年年底40年间中国内地出国留学活动的阶段划分，多年来陆续有多种不同的版本和解读相继发表。如中国留学服务中心在其编撰并于2015年12月公开出版的《中国留学回国就业蓝皮书2015》中提出了“1978—1989年，1990—2000年，2001—2012年，2013—2015年”的“四段论”。[②] 本文则坚持认为，1978年以后的“出国留学活动之阶段划分”，应该本着尊重历史的科学态度，确定为“1978—1989—1992—2001—2012—2018”的“五段论”。[③]

（1）1978—1989年阶段：以邓小平1978年的“6·23谈话”为起点，中国内地的出国留学活动实现了政策性扩大、阶段性调整、试探性拓展和经验性积累。据教育部统计，本阶段12年间各类出国留学人员总规模约为9.6万人，其中国家公派约3万人、单位公派约4.3万人、自费留学约2.3万人；该阶段学成后陆续回国者约3.9万人，其中国家公派约1.7万人、单位公派约2.1万人、自费留学约960人。此阶段的12年间，各类出国留学人员总规模约为9.6万人，年均出国留学人数约为8000余人。

（2）1989—1992年阶段：1989年夏季之后，由于众所周知的原因，包括出国留学活动在内的中国内地的教育对外交流活动发生了“断崖式”锐减甚至几近停滞；原本应于1989年之后陆续回国的大量在外各类公派留学人员也滞留不归；进而导致国家公派、单位公派、申请自费等各类出国留学人员数量，均受到较大幅度的政策性削减。此阶段的1990—1992年3年间，上述三类出国留学总数约为6.78万人，年均出国留学人数约为2.26万人。

（3）1992—2000年阶段：以邓小平1992年1月的一次讲话为契机，中国政府于次年11月正式确定了“支持留学，鼓励回国，来去自由”的

---

① 参与此次谈话的负责人有：国务院副总理方毅、国家科委常务副主任蒋南翔、教育部长刘西尧、清华大学校长兼党委书记刘达等；参见苗丹国《出国留学六十年》，中央文献出版社2010年版，第854页。

② 参见《中国留学回国就业蓝皮书2015》，人民教育出版社2015年版，第64—67页。

③ 本小节全部数据均来自教育部官方渠道。

政策方针。[①] 1993—2000 年的 9 年间，随着国家公派留学政策体制改革的启动、报批、试运行以及自费出国留学尚未完全解禁的政策性限制，整体出国留学活动的规模始终在年均 2 万多人的数量水平上徘徊。8 年间出国留学合计约 19. 11 万人，年均约 2. 39 万人。

（4）2001—2012 年阶段：以中国正式加入世贸组织（WTO）为契机，进而显然是受到我国留学政策的逐步调整与进一步放开、公民收入的不断提高与境外教育机构的扩大招生等诸多因素的影响，中国内地的出国留学活动呈现增长态势。12 年间三类出国留学人员总数合计约为 227. 67 万人，年均约 18. 97 万人。

（5）2012—2017 年阶段：以中国共产党第十八次代表大会召开为标志，出国留学事业进入全面发展的新时代，中国内地的出国留学活动展现出前所未有的勃勃生机和旺盛活力。据教育部统计，党的十八大以来出国留学规模稳步扩大：2017 年出国留学人员总数约 60. 84 万人，较 2012 年增长 20. 88 万人，增幅为 52. 25%；2017 年留学回国人员总数约 48. 09 万人，较 2012 年增加 20. 80 万人，增幅为 131. 20%；出国留学与留学回国人数比例从 2012 年的 1. 46∶1 下降到 2017 年的 1. 27∶1，2017 年约有八成留学人员学成并于境外签证到期后回国生活与就业。5 年间出国留学总数不断刷新：2013 年约 41. 39 万人，2014 年约 45. 98 万人，2015 年约 52. 37 万人，2016 年约 54. 45 万人，2017 年约 60. 84 万人。2013—2017 年即党的十八大之后 5 年内出国留学总数约 255. 03 万人（约占 1978 年以来 40 年间出国留学总人数的 49. 09%），年均约 51 万人。

综上所述，留学活动的阶段性进取与阶梯式发展，改变的是留学活动的数据，带来的却是国人对教育国际化意识的进一步认同。需要说明的是，本文研究后确定的 1978 年之后出国留学活动上述五个时间段的划分，是以相应的重大历史事件作为标志的，因此各个阶段的时间长短以及每个阶段的出国留学数据之间，不存在简单的、绝对的可比性。只有

① 邓小平说："希望所有出国学习的人回来。不管他们过去的政治态度怎么样，都可以回来，回来后妥善安排。"1993 年 11 月，党的十四届三中全会从进一步改革科技体制和教育体制的角度，正式提出要实行"支持留学，鼓励回国，来去自由"的出国留学工作方针，采取多种形式，鼓励海外人才为祖国服务。

在更大范围相关数据的支撑下，才能客观梳理并正确分析。如第二、第三阶段内的年均出国留学总数明显高于第一阶段，但是第一阶段的趋势是平稳增长，第二和第三阶段实际上是增幅放缓，或几乎没有增长；只有进入第四阶段才开始逐渐发力，进而形成了第五阶段内出国留学与学成后回国数据增长之峰值。

三 国家教育部负责的留学情况数据

根据国务院有关国家行政事务管理工作的具体分工与相关责任，一直以来都是由教育部①负责我国内地出国留学人员情况的统计工作。在我国尚未形成“新闻发言人制度”之前，教育部基本上是通过每年由中国大百科全书出版社或人民教育出版社正式出版的《中国教育年鉴》或《中国教育统计年鉴》对外公布出国留学活动的相关数据。新中国成立后最早出版的第一本《中国教育年鉴（1949—1981)》即是由中国大百科全书出版社于1984年公开出版；并于1990年开始改由人民教育出版社承担出版事项。当遇有重大事件、重要节日、重要活动等场合，教育部也曾有不定期对外公布某一阶段出国留学相关数据的情形。我国的“新闻发言人制度”创建以来，教育部尝试将出国留学相关数据予以定期发表；且从发表的时间上来看，大致要早于《中国教育年鉴》或《中国教育统计年鉴》的出版时间（约15个月)。如教育部负责统计的2015年度出国留学类数据于被统计年度的第二年、即2016年3月上网或经新闻发布会予以发表，但《中国教育年鉴（2015)》的出版时间则是在2017年的6月。上述所谓“出国留学活动的相关数据”，是指中国大陆地区的国家公派留学、单位公派留学、自费留学三类群体的出国与回国的具体人数等内容。或许因为统计过程十分困难、比较复杂等原因，同时也不排除受到党的十八大之前某些机关工作人员“不作为、不会作为、懒作为”作风的影响，也或由于可知不可知或可说不可说的各种原因，导致相关统计数据显示出来的指标体系不尽一致，且一般情况之下不含留学国别、涉及专业、学历层次等许多重要内容。

---

① 历史上曾先后称为：高教部、教育部或国家教育委员会。

本文所列之表1—表5和图1—图8①，除详细注明数据来源之外，均为本文作者根据1978年以来中国的教育部、美国的国际教育协会等机构统计并发表的相关数据，按年度逐一摘抄、记录、做表、制图。计有出国留学总数据曲线图、自费留学与回国数据总表及曲线图、在美注册之中国留学生增长数据及示意图等。任何研究者只要稍微耐心细致并持之以恒，都是可以做好的；无论是谁根据教育部官方历年数据来进行此项统计，相关数据和图表最终的数值也必定都是完全一致的。不过也有某些个人或机构，根本不具有留学数据统计的能力、渠道、资格和手段，却在明目张胆抄袭国家教育部或境内外机构留学数据后故意掩饰其真实来源或原有出处，然后通过不明真相的社会媒体大肆进行所谓的“披露和发布”。

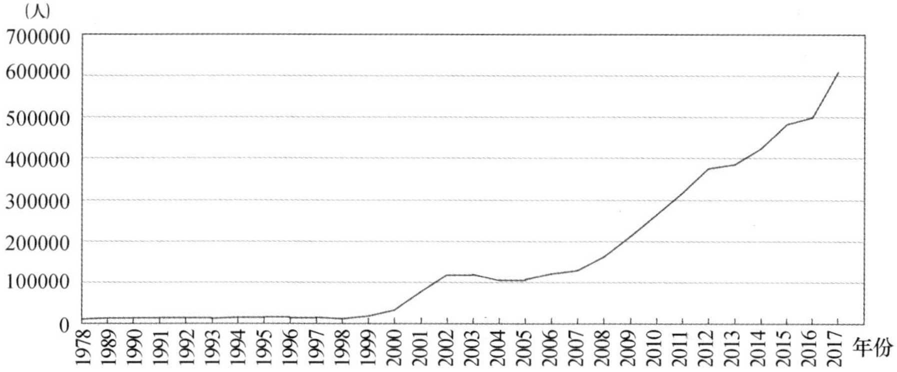

图1　1978—2017年中国大陆地区出国留学人数增长

资料来源：苗丹国、李清、张姣根据教育部数据制图。

1978年以来教育部逐年陆续发表的出国留学类各种数据，虽然比较宏观、简单，但是若将这40年间国家公派、单位公派和自费留学的出国与回国等各个年度的总数据分门别类地设定出多角度、多趋势、多口径、多维度、多层次的多项指标体系并加以比较与研究，即实施“1978年以来中国内地出国留学全口径数据整理与研究”，相信应该是一项非常重要和有意义的研究工作；进而必将有利于加快推动相关部门进行出国留学

① 在这13项图表中有多项图表为本文首次公开发表。

数据统计工作的改革、完善与创新。进入大数据时代，通过各种途径可能获取的留学信息同样会越来越多，将这些信息处理好并有效使用是件特别值得下大力气做好的工作。

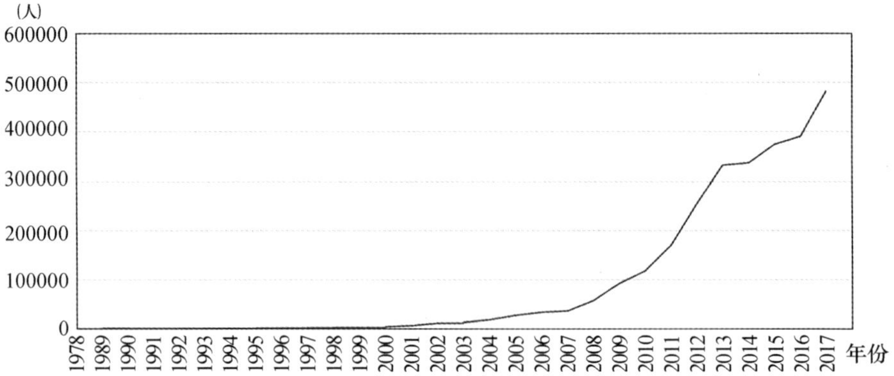

图2　1978年（以1996年之后为主）至2017年各类留学回国人数增长当

资料来源：苗丹国、李清、张姣根据教育部数据制图。

表1　1978—2017年我国内地自费出国留学与学成后回国数据统计

年　份	自费出国人数	占出国留学总人数的比例（%）	自费回国人数	占留学回国总人数的比例（%）
1978—1989	23000	23.96	960	2.50
1990	13260	58.57	512	9.22
1991	13670	60.01	585	9.56
1992	13480	60.05	734	10.77
1993	12160	57.86	989	12.71
1994	14670	64.71	1026	12.90
1995	15520	66.08	1783	25.87
1996	13600	65.06	1884	28.86
1997	14720	65.68	2360	33.10
1998	11443	64.94	2969	40.24
1999	17884	75.30	2688	36.09

续表

年　份	自费出国人数	占出国留学总人数的比例（%）	自费回国人数	占留学回国总人数的比例（%）
2000	32293	82.83	4375	47.97
2001	76052	90.57	6699	54.72
2002	117150	93.59	11493	64.05
2003	119161	93.06	13222	65.61
2004	104281	90.95	18390	73.22
2005	106458	89.83	27209	77.77
2006	120719	90.20	33441	78.83
2007	128659	89.06	35941	80.85
2008	161627	89.91	56825	81.97
2009	210103	91.64	91791	84.76
2010	262461	92.20	116986	86.76
2011	314800	92.67	169200	90.87
2012	374500	93.72	252700	92.60
2013	384300	92.85	331500	93.78
2014	423000	91.99	336100	92.13
2015	481800	92.00	373800	91.37
2016	498200	91.50	390000	90.17
2017	541300	88.97	430566	89.53

资料来源：苗丹国、李清、张姣根据教育部历年公布数据制表。

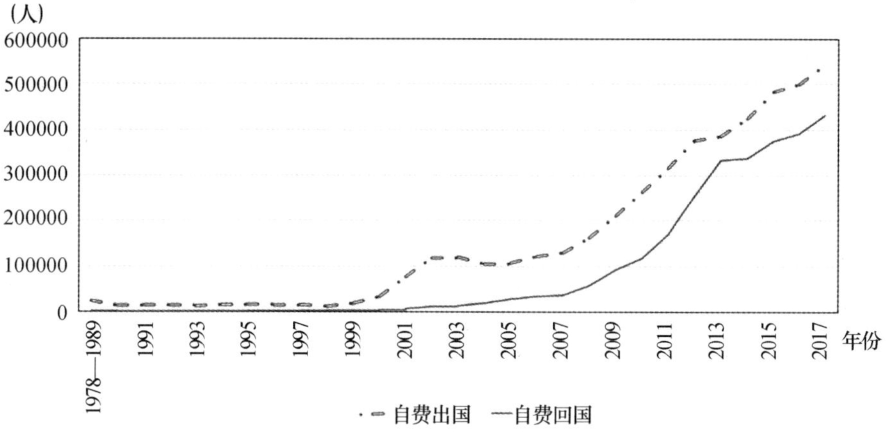

图3　1978—2017 年我国自费出国留学与自费学成后回国人数比较

资料来源：苗丹国、李清、张姣根据表1整理并制图。

四 教育部直属国家留学基金管理委员会(简称留基委)秘书处负责的留学情况数据

作为教育部下属的厅局级事业单位，在原国家教委留学生司“选培处”基础上组建的留基委秘书处于1996年成立至2016年年底，20年间共实际派出20.72万名国家公费留学人员，其间先后有15.06万多人按期学成后回国工作。而此前1978—1995年17年间有关出国留学活动数据之统计与对外公布的责任，则完全在原国家教委，即如上所述系主要通过按年度定期出版的《中国教育年鉴》予以实现。道理亦如上所述，若将这17年中每个年度的相关数据摘录后编制出一个按年度记录的“1978—1995年期间大陆地区国家公派留学数据统计表和曲线图”，其实并不是一项十分复杂的工作。因篇幅所限，本文忽略该项数据的统计表与曲线图。

根据国家教委外事司编著的《教育外事工作历史沿革及现行政策》①一书针对源自《中国教育年鉴》或《中国教育统计年鉴》的统计数据进行汇总：1978—1995年17年间；国家公派留学人员约有4万多人，单位公派留学人员约有8万多人，自费留学人员约有12万多人，合计约25万余人；在此期间陆续回国的留学人员共约有8万多人，其中国家公派者3.4万多人，单位公派者4.6万多人，自费留学者约3000多人；截至1995年年底各类在外留学人员约有15万多人。

1996—2017年，教育部对外陆续发表的留学活动数据中有关“国家公派出国留学与留学回国”的相关内容，则完全是依据留基委秘书处自行统计并上报教育部的内容。需要指出的是，留基委秘书处除每年分别发表“选拔”与“派出”人数之外，并没有按年度逐年公开发表“人员层次、派往国别、专业类别”等更具体、更详细内容的数据。

本文依据教育部提供的相关文献、资料和数据，并参照2016年11月留基委秘书处编印的《1996—2016成立20周年纪念文集——国家留学基

① 该书由北京师范大学出版社1998年出版；参见苗丹国《出国留学六十年》，中央文献出版社2010年版，第878页。

金委廿年：出国篇》[①] 第 8—11 页提供的数据，将这 20 年间留基委秘书处选派各类国家公费出国留学人员的相关数据和情况汇总如下：

（1）规模不断扩大：20 年来共派出 20.72 万名国家公费留学人员，留基委秘书处 2016 年 11 月的预测是当年实际派出 2.9 万人，故当时计算出 20 年合计派出人数为 19.58 万人；但是 2017 年 3 月 1 日教育部发表的数据显示 2016 年的实际派出人数为 30014 人；那么 19.58 万人加上 30014 超出 29000 的 1014 人，20 年间实际派出应为 20.72 万人。[②] 且于其间先后有 15.06 万多人按期学成回国工作。图 4 列出的数据显示，2006 年派出人数首次超过 5000 人，2008 年超过 1 万人，2014 年超过 2 万人，2016 年超过 3 万人。另据教育部 2018 年公布的数据显示，国家公派出国留学 2017 全年派出 3.12 万人，留学国别涉及 94 个国家和地区。

（2）结构趋向多样：由原来的“以选派访问学者为主”逐步调整为“选派访问学者与选派研究生并重”。20 年间，留基委纪念文集以总数 19.58 万人而非 20.72 万人计算的数据显示：①选派各类学者 94331 人，其中，高级研究学者 6323 人，访问学者 84326 人，博士后研究者 3682 人；②选派各类博士生 66382 人，其中，攻读学位 24935 人，联合培养 41447 人；③选派各类硕士生 9734 人，其中攻读学位 7348 人，联合培养 2386 人；④选派各类本科生 25353 人，其中，攻读学位 1366 人，插班学习 23987 人。

（3）专业逐步拓宽：由原来的“以选派理工科专业为主”逐步拓宽到“我国重点发展领域需求的各类学科专业和境外优势专业”。从 20 年间选派 20 多万人的学科专业来看，工科类占 36.85%，理科类占 15.67%，外语类占 12.71%，经管类占 10.83%，医科类占 6.62%，法学类占 4.76%，农科类占 3.14%，其他类占 9.43%。

（4）国别涵盖广泛：截至 2016 年年底的国家公派留学目的国或地区已经达到 111 个，从 20 年间国家公派出国留学的国别分布来看，主要集中在下列 15 个国家，总量占 90.52%。其中，美国占 37.35%，英国占 11.33%，加拿大占 6.88%，德国占 6.79%，澳大利亚占 5.88%，日本占 4.70%，法

---

① 全书 600 页、约 80 万字，为非正式出版物。

② 《2016 年公派留学 30014 人　专业聚焦国家重大战略部署》，中新网，2017 年 3 月 1 日。

国占 4.56%，俄罗斯占 4.23%，荷兰占 2.25%，新加坡占 1.71%，瑞典占 1.32%，韩国占 1.04%，意大利占 0.98%，瑞士占 0.76%，比利时占 0.74%。

（5）效益有所提升：①20 年间的"平均履约率"为 98% 且比较稳定，明显高于留基委成立之前仅约 70% 的"同期回国率"。[①] ②在 20 多万国家公派学成回国者以及 6000 余名获得"国家优秀自费留学奖学金"[②]的资助者中，约有 1600 余人先后入选国家各类人才重点工程项目并在其中占有一定的比例：占"长江学者特聘教授"的 23.9%，占"国家杰出青年科学基金获得者"的 14.7%，占"青年千人计划学者"的 16.3%，占"青年长江学者"的 38.9%。截至 2017 年，尚未见有文献或资料显示留基委成立后 1996—2016 年的国家公派留学回国人员入选中组部的"国家千人计划"。

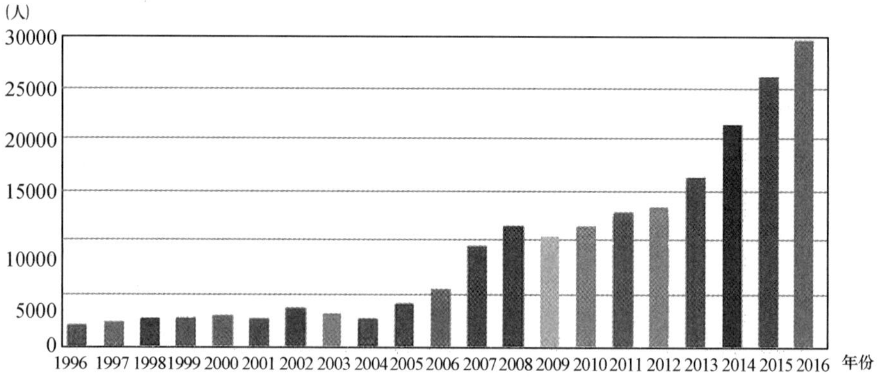

图 4　1996—2016 年国家公派出国留学派出人数统计

资料来源：《留基委成立二十周年纪念文集》；原图备注：2009 年古巴单方奖约 1000 人数未计入在内。

---

① 刘畅：《中国公派留学人才 87% 不归　顶尖人才流失数量世界第一》，载《环球时报》2015 年 7 月 14 日，第 7 版。"回国率"是对于"该回却未回者"数据的一种统计；"履约率"则是指按照行前所签协议按期回国或虽未回国工作却缴纳了相应赔款者数据的统计。

② 2003 年由留基委秘书处设立，旨在奖励学业上取得优异成绩的自费留学人员，并鼓励其回国工作或以多种形式为国服务，截至 2017 年度共有 6000 余名在外优秀自费留学人员分别获得数万元人民币的奖学金。

五 教育部直属中国留学服务中心（简称中留服）负责的留学情况数据

作为教育部下属的另一个厅局级事业单位，中留服主要负责办理境外学历学位认证、工作派遣、在京落户、出国人员存档等业务。党的十八大以来，"中留服"根据党中央和国务院"简政放权、服务人民"以及"放管服"等一系列严格要求与政策方针，有所加强并逐步提升"服务社会、服务民众、服务留学"的功能与责任，利用并发掘本单位在受理境外学历学位认证申请时获得的大量基础性信息，于2012年开始按年度先后公开发表了针对"部分留学回国人员"① 的数据分析报告。进而集约形成了一个相对完整、比较连续、2012—2016年五个年度的"留学回国人员状况"蓝皮书系列，主要涉及"留学回国就业状况分析"和"境外学历学位认证"两个方面。该系列报告虽然在整体规划、细节设计等方面有待进一步完善，但这11册涉及各类"留学回国情况"数据报告的作为和功效值得充分肯定，其尽力汇总、大致梳理和公开发表的社会意义十分重要。

表2 中留服编印或经由人民教育出版社出版的各类《数据报告》一览

序号	报告名称	收录数据年限	出版时间	备注
1	万名留学人员回国就业报告（2012）	2012年	非出版物	
2	留学人员回国就业报告（2013）	2013年	非出版物	内容同3
3	中国留学回国就业蓝皮书（2014）	2013年	2014年10月	内容同2
4	中国留学回国就业蓝皮书（2015）	2014年	2015年12月	
5	中国留学回国就业蓝皮书（2016）	2015年	2017年1月	
6	中国留学回国就业蓝皮书（2017）	2016年	2018年2月	
7	国（境）外学历学位认证报告（2013）	2013年	非出版物	认证系列

① 所谓"部分留学回国人员"是指仅在该中心申请学历认证等事项的那部分留学回国人员；相对应而言，实际上存在大量不需要认证的留学回国人员，其数据就不在此列。

续表

序号	报告名称	收录数据年限	出版时间	备注
8	国（境）外学历学位认证报告（2014）	2014 年	非出版物	认证系列
9	国（境）外学历学位认证报告（2015）	2015 年	非出版物	认证系列
10	国（境）外学历学位认证报告（2016）	2016 年	非出版物	认证系列
11	中国国（境）外学历学位认证（可）报告（2015）	2008—2014 年	2016 年 7 月	认证系列

资料来源：苗丹国、李清、张姣搜集并制表。

就中留服 2012—2016 年连续五个年度完成的上述“留学回国人员状况”蓝皮书系列之总体情况和提供的相关数据而言，其社会意义大致体现在以下几个方面：

（1）满足社会需求：由中国青年报社社会调查中心联合问卷网进行的一项调查显示，81.8% 的受访者在日常生活中关注政府信息，90.6% 的受访者期待政府主动公开信息。社会公众的期待，留学人员群体的需要，党的十八大之前社会诚信等级的低下等因素，正是中留服连续五年来完成“留学回国人员状况”蓝皮书系列的动力和责任所在。

（2）体现基本特征：虽然根据中央编办以及教育部的机构设置，作为国家事业单位的中国留学服务中心并不是一个严格意义上的政府机构，但其多年来相继实施的各项管理行为和服务职能均为来自政府的委托和授权。因此本研究报告认为，持续五年编写并先后发表的 11 册“留学回国人员状况”蓝皮书系列，其实质是一份代表国家意志、政府行为的“部分留学回国人员状况”数据分析报告；继而本文归纳出该系列蓝皮书具有“相应的权威性、政策的导向性、数据的准确性、受众的普遍性和问题的针对性”五个主要特征。

（3）数据价值提升：我国各个年度的出国留学与留学回国之总数据完全源自教育部，中留服所提供的各项数据分析，仅限于“申请办理留学认证手续”的这部分留学回国人员。如果说其上级教育部历年公布的总数据过于宏观和简洁的话，那么中留服蓝皮书所提供的“部分留学回国人员”之数据与适当分析，由于其相对较高的准确度、可信度和覆盖度，由此形成的公众影响力比较大，社会反响也比较广泛，从而获得积极评价，并收到良好社会效果。

（4）归纳主要特点：中留服经上述11册报告向全社会公开发表涉及部分留学回国人员的相关数据，其“数量之大、类别之多、持续时间之长、准确度之高、内容之丰富”，应该说是前所未有的。中留服以大量的一手数据，比较真实和客观地描述了各年度部分留学回国人员的年龄、性别、留学国别、专业、时长、学历学位层次，以及回国后的就业意向与就职领域的分布。正是依托这些准确率相对较高的组合数据，可以帮助社会各界准确分析留学活动的一些阶段性趋势和特点，有助于上级机关和研究机构构建多维度的数据分析模型，从而为我国留学事业发展战略提供比较翔实的基础性依据。

（5）显示多层意义：①有利于留学人员学成回国后就职就业和创新创业的选择与判断；②有利于国内各级各类用人单位在招聘人员过程中的识人辨人与选人用人；③有利于政府机构、各有关部门和科研机构相继开展的留学人才政策与留学理论问题研究；④有利于准备出国留学的学生和家长们选择适当的专业、国别和院校；⑤有利于遏制那种有数量无质量、急功近利快餐式的“伪智库、伪研究、伪皮书、伪命题、伪数据、伪发布”等学术不端行为的行为。

表3　2009—2017年中留服办理国（境）外学历学位认证（可）数据统计

年度	办理境外学历学位认证人数（人）	增长率（%）	当年留学回国人数（万人）	认证者占回国者比例（%）
2009	年鉴刊录：51623	—	10.83	47.67
2010	年鉴刊录：62711	21.48	13.48	46.52
2011	年鉴刊录：67000	06.84	18.62	35.98
2012	年鉴刊录：95102	41.94	27.29	34.89

续表

年度	办理境外学历学位认证人数（人）	增长率（%）	当年留学回国人数（万人）	认证者占回国者比例（%）
2013	年鉴刊录：113588	19.44	35.35	32.13
2014	年鉴刊录：136172	19.88	36.48	37.33
2015	经中留服获得：约 140600	03.25	40.91	34.37
2016	经中留服获得：约 158000	12.38	43.25	36.53
2017	经中留服获得：约 182000	15.19	48.09	37.85

资料来源：苗丹国、李清、张姣查阅历年《中国教育年鉴》搜集、整理并制表。

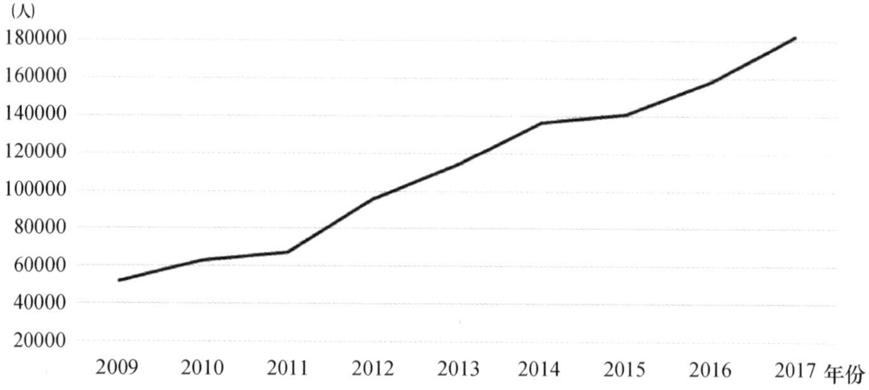

图 6　2009—2017 年中留服办理国（境）外学历学位认证（可）数据增长

六　其他与出国留学活动相关的数据概览与述要

为了便于读者能够全面了解和审视我国留学事业的整体规模，本文还收集并整理出了其他一些与我国留学活动相关的基础性数据，如“留学人员创业园统计数据”“国际学校统计数据”“留学中介机构统计数据”“中外合作办学统计数据”等。

（1）2013—2017 年期间留学人员创业园发展统计数据。留学人员创业园是吸引和支撑留学人员回国创新创业的载体之一；该组数据充分显示出党的十八大以来全国各地在留学人员创业园建设与发展方面的成就与业绩。自 1994 年全国首家留学人员创业园——金陵海外学子科技工业园在南京成立以来至 2017 年年底，从各地的各级各类留学人员创业园中逐渐成长起一批高新技术企业和高端创业人才，在我国战略性新兴产业的发展和科技创新体制的建立中发挥了积极作用。

表 4　　1994—2013 年、2014—2017 年留学人员创业园统计数据

数据来源	媒体发表时间	留创园（个）	入园企业（家）	在园留学人员（万人）
科技部：1994—2013 年年底	新华网，2014－10－13 09：38：59	250	约 1.6 万多	近 4
科技部：截至 2014 年年底	新华网，2015－3－18 14：37：25	305	约 2.2 万多	约 6.3
科技部：截至 2015 年年底	新华网，2016－3－23 21：37：34	321	约 2.4 万多	约 6.7
科技部：截至 2016 年年底	人民网，2017－4－13 13：52：01	347	约 2.7 万多	约 7.9
科技部：截至 2017 年年底	经济日报，2018－4 月－24，第 7 版	351	约 2.3 万多	约 8.6

资料来源：苗丹国、李清、张姣根据媒体提供的科技部统计数据汇集整理并制表。

（2）2010—2017 年国际学校增长统计数据。作为大学前青少年预备出国留学群体的教育教学机构，分布于中国内地的国际学校数量不断增长。据北京新学说文化传媒有限公司发表的《2017 中国国际学校发展报告》统计，截至 2017 年年底的各类国际学校数量已达到 734 所，且 2010—2017 年 8 年间的“年均增速”为 48 所；特别是从中可见党的十八大之后全国范围内新建国际学校的速度明显加快。

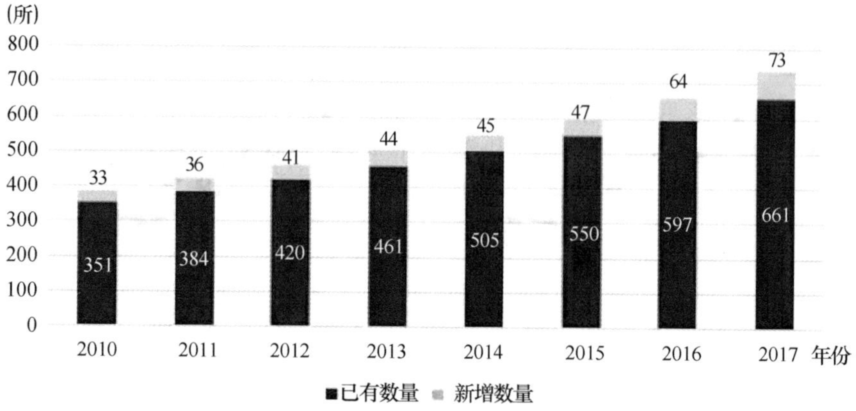

图7　经由北京新学说文化传媒有限公司统计的“2010—2017年国际学校增长示意图”

（3）留学中介机构基本数据。截至2017年1月，经国家或地方教育行政机构审批的合法自费留学中介机构有724所。其后，国务院于2017年1月13日颁布了《关于第三批取消中央指定地方实施行政许可事项的决定》（国发〔2017〕7号）①，宣布取消自费出国留学中介服务机构资格认定行政许可事项的审批。回顾近40年间我国自费留学政策演变的进程，可以认定该项文件是我国涉及自费出国留学事务的最后一份国家级文件，因此具有十分重要的历史意义，同时表明党的十八大之后我国政府在“放管服”方面的积极作为。另据笔者的调查与估计，截至2018年6月，分布于中国内地的各类留学中介机构约有数千所之多。综观几十年来我国留学中介服务行业的作为，对于国民经济建设和我国留学事业发展的积极作用有目共睹、不可否认；留学中介机构为申请自费出国留学人员开辟了出国留学的便利途径和快速通道，推动了自费出国留学活动的发展，进而为中外教育交流、促进多样文明互鉴助学做出了贡献。

（4）中外合作办学发展现状统计数据。“中外合作办学”是中国当前教育体制机制的一个组成部分；主要通过引进外方合作高校的教学模式、教学课程、教学内容、教学方法及教学管理等方式，在中国境内开展教

① 载中国国务院网站。

育教学活动。根据教育部历年审批、审核后增减的各项数据显示，截至2016年年底，全国中外合作办学机构和项目有2572个，其中，高等教育中外合作办学约占90%；在校生规模近60万人，其中高等教育中外合作办学在校生规模为50万人，高等教育中外合作办学毕业生已超过160万人；在学科专业分布方面，本科及以上中外合作办学项目中，工学约占37%，管理学约占26%，两者合计约占63%，法学、历史学均在2%以下；在学历层次分布方面，研究生层次中外合作办学项目占本科及以上中外合作办学项目的20%，其中大部分是硕士层次项目，博士层次项目不到20个。①

（5）吸引留学人才回国政策整体规模数据。据笔者的不完全统计：近40年间，国家以及各部委和各地各级政府机关并众多的教育教学机构、科研院所等各企事业单位，先后印发了万余份旨在鼓励和吸引留学人才回国工作或创业的优惠性政策文件，实施了近千个“留学回国鼓励计划”，创建了数百个“留学回国创业园区”。以“留学回国鼓励计划”为例，最早实施的是中科院的“百人计划”；最高等级的是中组部牵头组织实施的“千人计划”，最广覆盖面的主要有教育部、人社部、科技部等百余个国家部委办局以及各省区直辖市先后制定的百余个“留学回国人才奖励”计划。

七 境外相关机构发表的我国大陆地区出国留学人员群体规模状况的基本数据

综上所述，如果试图通过中国内地的出国留学之总数据以及基于较少、较小基数的留学回国就业样本数据，进而获得的国别、专业、层次等数据，用以全面描述、科学分析、系统研究中国内地40年来出国留学人员群体状况的细节，还是比较困难、有所欠缺的，因此广泛借助于境外各个相关机构发表的中国大陆留学生之数据，就显得十分必要与重要。

---

① 张烁：《中外合作办学如何提质增效》，载《人民日报》2017年12月7日，第18版；洪煜等：《高等教育中外合作办学的现状、问题与对策》，载《国家教育行政学院学报》2016年第11期，第29—38页。

首先我们从国际学生来华数据的统计说起。长期以来，在我国都是由教育部国际司负责在大陆地区的国际学生数据统计和对外公布。随着来华国际学生数量的不断增长以及此项管理工作的规范化、制度化、国际化，教育部国际司于1999年开始每年都会编印一册《（某年度）来华留学简明统计》的非正式出版物，并注明“内部资料，仅供参考”予以定向散发；截至2017年已经编印出18册。该书的数据来源为经由各省、自治区、直辖市教育厅（教委）确认的高等院校和国家留基委秘书处报送的统计数据整理汇编而成；且不含我国港澳台地区的统计数据；是一本全面反映我国各个年度来华留学事业发展数据的资料性文献。其内容主要包括：①各类来华留学生和中国政府奖学金留学生总体统计数据；②来华生的洲别分布、国别分布；③来华生在我国学习的省、自治区、直辖市的分布以及学习院校的分布；④来华生学历类别及学习专业类别的分布。

与我国相对应而言，各个国家或地区也都有相应的、被当地官方认可的、合法并权威的国际教育组织或研究机构，来负责完成国际学生在该国或地区的的数据统计。据观察，各个国家或地区的国际学生数据之统计事务，一般均由各国相关权威机关认可的一所相当于我国事业单位的机构来组织实施并定期对外发表；当然也有相关的政府机构直接处理此事。在这些机构的历年统计并随之发表的相关数据中，中国学生的统计情况经历了不断的变迁与调整，目前比较符合我国要求的方法是将中国大陆、中国香港和中国台湾的出国留学人员分别进行统计。

各国相互间公认的国际教育管理或研究机构有：美国的国际教育协会（Institute of International Education，IIE）、英国高等教育统计局（Higher Education Statistics Agency，HESA）、澳大利亚国际教育协会（Australian Education International，AEI）、联合国教科文组织统计研究所（Unesco In. Stitute for Statistics）、新加坡经济发展局；日本学生支援机构（JASSO）和日本法务省/德国德意志学术交流中心（DAAD）等。

1. 1977年以来美国国际教育协会持续发表在美高校注册的中国大陆留学生数据

国际教育协会（IIE）是美国一所独立的非营利教育数据统计机构，自1919年成立以来，每年定期对在美之国际学生数据进行调查统计，并于 1972 年起开始与美国国务部教育和文化事务局合作，统计并公布美国大学中的国际学者数量、参加英语强化预备课程的国际学生数量以及出国留学的美国学生数量。本文仅以笔者自行收集和整理出来的美国国际教育协会 1977—2017 年历年发表的中国内地赴美留学生在美高教机构的“年度注册”之数据为例，综合研究后简要概述如下。

表 5　　1977—2017 年在美高校注册之中国大陆留学生数据统计

学年	中国大陆留学生注册人数	年度增幅（%）
1977—1978	9	—
1978—1979	28	211.1
1979—1980	1000	3471.4
1980—1981	2770	177.0
1981—1982	4350	57.0
1982—1983	6230	43.2
1983—1984	8140	30.7
1984—1985	10100	24.1
1985—1986	13980	38.4
1986—1987	20030	43.3
1987—1988	25170	25.7
1988—1989	29040	15.4
1989—1990	33390	15.0
1990—1991	39600	18.6
1991—1992	42940	8.4
1992—1993	45130	5.1
1993—1994	44380	-1.7
1994—1995	39403	-11.2
1995—1996	39613	0.5
1996—1997	42503	7.3
1997—1998	46962	10.5
1998—1999	51001	8.6
1999—2000	54466	6.8

续表

学年	中国大陆留学生注册人数	年度增幅（%）
2000—2001	59939	10.0
2001—2002	63211	5.5
2002—2003	64757	2.4
2003—2004	61765	-4.6
2004—2005	62523	1.2
2005—2006	62582	0.1
2006—2007	67723	8.2
2007—2008	81127	19.8
2008—2009	98235	21.1
2009—2010	127628	29.9
2010—2011	157558	23.5
2011—2012	194029	23.1
2012—2013	235597	21.4
2013—2014	274439	16.5
2014—2015	304040	10.8
2015—2016	328547	8.1
2016—2017	350755	6.8

资料来源：国际教育协会之《门户开放报告》。

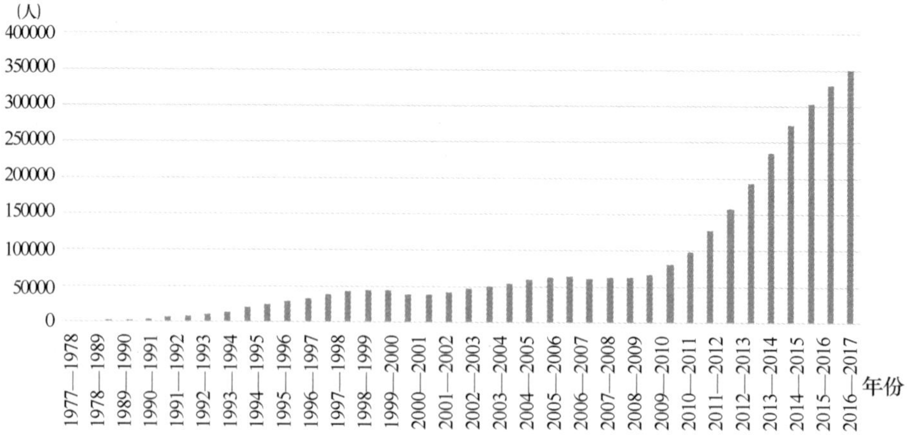

图8 1977—2017年各年度在美高校注册之中国大陆留学生增长

资料来源：苗丹国、李清、张姣依据表5制图。

表5和图8的数据来源为美国的国际教育协会（Institute of International Educaion）40余年持续发表的《门户开放报告》，经由本文作者摘录、汇集、整理并制表、制图。美方数据显示，2016—2017学年共有107.8822万名国际生在美国高等院校学习，年增幅3.4%；其中中国大陆学生350755人，较上一学年增长6.8%，尽管增速放缓，但绝对人数仍持续高位；赴美留学人数在所有留美生源国或地区中连续第8年位居榜首，占在美国际学生总数的32.5%。

表5的统计数据不含我国港澳台地区各年度在美高校注册之留学生。表5所指“某年度在美国高校注册的中国内地留美学生人数”，并非当年新增赴美之中国大陆留学生人员数量；如2015—2016年度为328547人，2016—2017年度为350755人，新增值为22208人；但是只有当知晓该年度不再注册之学生数据时（已毕业或离校学生的数据），才可获知首次注册入读美国高校，即当年实际新增之中国留学生总数；遗憾的是，截至目前尚无法获得该项数据。如表5所示，中国内地留学生之统计数据，包括本科生、研究生、非学位生和选择性实习（OPT），但不含我国内地赴美之中小学生等类别的留学人员，如2016—2017年度在美高校注册之中国大陆学生总数为350755人中：本科生142851人，占40.73%，研究生128320人，占36.58%，非学位生19749人，占5.63%，选择性实习（OPT）学生59835人，占17.06%。

赴美留学第二大生源国为印度，2016—2017年度共有18.6万印度学生在美学习，占留美学生总数的17.3%，较上一年上升12.3%。位居第三者为韩国留美学生占5.2%。中国台湾地区留美学生人数为21516人，占2%，增长1.8%，排名第7。中国香港留美学生人数为7547人，占0.7%，下降4.7%，排名第23。数据还显示，2016年秋季入学的外国学生较前一年下降3.3%，预计2017年下降约7%；美国国际教育学会负责人就此表示，导致赴美新生数量下降的主要原因包括来自英国、加拿大、澳大利亚等国高校的竞争，以及美国内政不稳定引发部分留学生家庭的担忧。分析以上数据可知，本年度中国内地留美生虽然是韩国的6.25倍，但人口却是后者的28倍；中国内地留美生虽然是中国台湾的16.25倍，但人口却是后者的60倍。①

2. 赴美留学之外其他国别的留学数据

40年来，境外高校对中国学生的接纳度越来越高，对中国高考成绩的认可程度也越来越高。参加高考后即申请出国留学，早已成为部分家庭和考生的一个选择。上述赴美中国留学生群体的增长规模之大、之强、之广十分震撼。本小节再以中国学生学者赴澳大利亚留学、赴泰国留学、赴英国寄宿中学留学、赴日本留学以及赴俄罗斯留学等为例，同样显示出我国留学生群体规模的增长状态和勃勃生机。

（1）赴澳留学：据澳大利亚官方公布的数据显示，在中国首次超越新西兰成为澳大利亚最大国际游客来源国，2017年内中国游客在澳消费达到创纪录的80亿美元背景之下，② 2017年中国留澳学生人数最高达到18.4万余名之后③，仅在2018年的头两个月内，就已经有17.3万名中国学生在澳大利亚大学和中小学注册学习；与2017年同比增加18%，约占在澳大学、学院和学校等各类教育机构国际学生录取人数的31%；其中有13.4万中国留学生在澳大利亚顶级大学学习，以至于这些学校非常依赖中国留学生每年带来的数十亿澳元收入。但是，由于从2017年下半年开始，澳方发生了针对中国的系统性不负责任的负面言论和说法④，对中澳双边关系造成不利影响；导致澳高校普遍担心陷入两国的“言辞交火”之中而受到伤害；澳中两国之间的紧张关系，加上中国官方两次向学生

① 方怡君：《2017年门户开放报告发布》，新京报网，2017年11月14日；刘阳：《研究表明赴美留学生12年来首次减少》，新华网，2017年11月14日；刁海洋：《最新调查：中国大陆学生在美高校就读人数突破35万》，中新网，2017年11月14日；黄金鲁克：《〈2017年门户开放报告〉显示——中国仍是美国第一大留学生源国》，载《中国教育报》2017年11月17日，第5版；马海丽：《〈2017年门户开放报告〉发布中国仍是美国第一大留学生源国》，载《人民日报》（海外版）2017年11月20日，第9版。

② 赵博：《中国成为澳最大国际游客来源国》，载《人民日报》2018年4月19日，第22版。

③ 叶文：《2017年留澳中国学子达18.4万》，载《人民日报》（海外版）2018年4月2日，第9版。

④ 据《澳大利亚人报》网站2018年4月23日报道，澳大利亚前总理陆克文指责现总理马尔科姆·特恩布尔对中国行为恶劣，是对中国的冒犯，进而破坏了与澳方最大贸易伙伴的关系；并认为特恩布尔的作为是出于国内政治争斗的原因；任重：《澳校长向中国保证留学生安全：没有大学遇签证问题》，2018年5月8日，环球网据澳大利亚《金融评论》6日报道。

发出的留学安全担忧警告，可能会让中国学生不再赴澳留学。[①] 据此澳洲八校集团[②]总裁薇姬·汤姆森明确表示，中国留学生数量继续增长显示出“不论现在我们行业外的政治论调如何，国际留学生，尤其是中国留学生继续视澳大利亚为高质量的留学目的地”；澳大利亚大学对于中国留学生数量继续增长感到宽慰。另据“八大名校联盟”主席伊安·雅各布斯表示：没有迹象表明澳中教育关系变糟；我们非常看重中国留学生；我们没有任何大学遇到签证问题。

（2）赴泰留学：在旅泰中国（大陆）游客排名第一、年度增长幅度最大、旅游消费能力居首，以及中国人在境外购房者中占三成的背景之下，以自费留学为绝对多数的中国赴泰留学生数量逐年快速增加；相比20 世纪初增长了十几倍之多，现今已达到 4 万多人的规模，约占该国国际学生总数的 3/4。[③] 当前的中泰两国关系，一是政治互信更加深化、传统友谊不断加强；二是经贸合作平稳发展、互惠互利诚信务实；三是人文交往更加频繁、人民之间感情增加。研究表明，泰国作为我国“一带一路”倡议沿线最重要的东盟桥头堡国家，是东南亚地区市场经济体制较为完善的国家之一，其教育国际化的程度因受西方发达国家的深刻影响得以不断大幅度提升。随着中国经济的迅速发展，以及中国与世界沟通和交流领域的不断扩大，特别是中国—东盟区域经济整体框架的逐步确立与完善，中泰两国各个领域对新时代各类留学人才的需求也随之快速增长。

（3）赴英留学：据英国文化教育协会发表的数据显示，2016—2017 学年，我国有超过 1.1 万名中学生以“无父母陪读”的方式在英国私立中学留学；其中包括 6662 名内地学生、4731 名香港特区学生和 160 名台湾地区学生。目前英国有 484 所学校接收寄宿生，其中寄宿生占在校生主

---

① 《澳媒称澳大学乐见中国留学生增多：靠学费提供科研资金》，2018 年 4 月 19 日，参考消息网据《澳大利亚人报》网站 4 月 18 日报道；《中国驻澳大使警告：澳系统性对华诋毁损害两国关系》，参考消息网 2018 年 4 月 20 日，据《澳大利亚人报》网站 4 月 19 日文章《关系紧张中，中国发出贸易警告》。

② “澳洲八校集团”系由悉尼大学等八所澳大利亚著名大学组成的联盟组织。

③ 黎史翔：《中国赴泰国留学 15 年增 10 倍占当地留学生四分之三》，载《法制晚报》2016 年 7 月 5 日。

体的学校只有100所左右。大多数英国寄宿学校对高中寄宿生的收费相近，超过3/4的学校收费在每学期9000万—13000万英镑之间，或者每年27000万—39000万英镑之间。[①] 低龄留学存在资讯碎片化与信息不对称的问题比较突出，仅根据学校排名等粗略信息，中国低龄留学家庭无法获得对学校的全面认识，更无法据此为子女选择合适的学校；寄宿学校的体验并不能通过简单的指标充分体现。因此在选择寄宿学校时最重要的一点是密切留意子女的个人特点，寻找契合子女情况的学校，因为每一个孩子适合的寄宿学校都有所不同。同时，英国寄宿学校进入英国顶尖大学的人数也是中国低龄留学家庭关注的焦点。对此，成熟且优秀的留学中介机构就会依据包括教育质量、学校优势和恰当的国际学生比例等诸多因素，指导家长全面了解最适合其子女生活环境的寄宿学校并做出最恰当的选择。

（4）赴日留学：2017年以来，随着中日两国关系持续改善，双方在经贸和文教等领域的合作也逐步得到恢复和加强，双边贸易额再次突破3000亿美元，双向人员往来超过1000万人次。2018年是中日两国政府签署和平友好条约40周年，同时也是《中日联合宣言》发表20周年以及中日双方签署《关于全面推进战略互惠关系的联合声明》10周年。中国是世界上最大的发展中国家，日本是世界经济强国和亚洲最大的发达国家；中日两国在资源禀赋和经济结构等多个层面存在较强的互补性，产业经贸关系密切，价值环链深度融合，互为重要的贸易和投资伙伴。在此背景下的中国大陆赴日留学生群体也呈现上升趋势，2017年在日中国留学生达10.7万人，突破10万大关，比上一个年度增加近万人；在日外国人留学生中，我国大陆地区留学生的比例达到40%，高居榜首。甚至有日本私立高中于2018年开学时竟有91%的新入学学生都是为了备考日本大学的中国少年留学生，因此还出现了“开学典礼上集体唱中国国歌，校长用中文致辞”的场景。[②]

---

① 黄金鲁克：《低龄留学生更青睐寄宿中学》，载《中国教育报》2018年4月20日，第6版。

② 《在日外国留学生近27万人中国大陆留学生占4成》，中新网，2018年1月16日；《日本一高中开学集体唱中国国歌 校长用中文致辞》，环球时报—环球网，2018年4月29日。

（5）赴加新德留学：据加拿大、新西兰、德国截至2017年的数据显示：欢迎国际学生到加拿大留学和移民是加政府的一贯性重要政策，持学生签证的在加中国留学生人数达到13.2万人，占全加国际留学生总数的1/3；[①] 新西兰的国际留学生数量于1998年时只有1.8万人，而后于2016年6月增至4.98万，其中来自中国大陆与印度的留学生分别有1万和1.14万；[②] 德国大学同样深受中国学生的欢迎，在2017年大约35.8万名国际学生中，来自中国大陆的学生最多，占比13%，超过4.5万人。[③]

（6）赴俄留学：近年来中俄之间的交流与合作不断跃上新台阶，两国建立全面战略协作伙伴关系。自2000年起，双方加大开展人才联合培养的力度，鼓励本国青年学习对方国家语言，支持搭建校际合作平台，不断扩大青少年层次的交流规模。据俄罗斯教育科学部社会研究中心发布的数据显示，2015—2016年度，在俄各高校留学的中国学生人数为22529名；在俄所有外国留学生中，中国学生人数排第三，仅次于哈萨克斯坦和乌克兰。2016—2017年度的数据显示，在俄留学中国人数量已达到3万余人，比2012年翻了一番。预计到2020年前后，中俄赴对方国家留学的人员总数将达到10万人。[④]

八 针对我国大陆地区出国留学规模和状况的分析、研究与思考

1. 留学活动的本质是所处历史时期社会关系的总和

每个留学者的经历都是其所处时代背景和个人自身条件综合作用的产物，发生于国际化的社会关系中，并受到各种社会因素的影响、渗透和洗礼。中国发展的速度尽管十分震撼，但毕竟仍然是一个发展中的大

---

① 《加拿大优化签证申请措施 继续引进留学生移民》，中新网据加拿大《明报》报道，2017年11月27日。

② 《新西兰国际学生数量迎新高 首都惠灵顿增幅明显》，网易教育频道，2017年11月28日。

③ 《德国大学深受留学生欢迎 中国人数蝉联榜首》，中新网据德国之声中文网报道，2017年7月14日。

④ 《中俄双向留学人员数量成倍增加》，中俄资讯网，www.chinaru.info，2018年6月26日。

国，教育资源、人群配置不平衡、不充分。与此同时，世界上许多国家的优质教育资源丰厚生源却日渐减少。因此，招录各个层次“寻求出路”的中国留学生就成为它们摆脱困境的出路之一。几十年间，在中国内地举办的外国教育展络绎不绝且场面热烈，众多留学中介和培训机构应运而生且层出不穷。随着各国持续调整招录国际学生的政策，相继取消或优化诸多制度性障碍，逐步降低入境限制和入学门槛，成为促使我国自费留学人数持续攀升的外源性重要因素。

世界各国根据自身发展需要于数十年间相继并频繁调整国际学生招收政策，一方面是为获得较之本国学生高出许多的留学学费以补充其教育经费之不足，另一方面是以延揽我国各类优秀留学人才为既定目标，通过各种优惠政策吸引其最需要的人才。虽然作为对华贸易逆差的反制措施，美国政府正考虑限制中国留学生的签证，但是国内外舆论普遍认为，如果美方限制中国赴美留学生签证，会导致美国在高教领域收入的减少，进而对美高等教育部门产生“毁灭性影响”。

2. 无须过度解读所谓的“留学低龄化”

“留学低龄化倾向”是一个循序渐进的进程，自20世纪末即已显现并不断强化，绝非近年内新近形成，而且遍布于我国各个领域的“各种低龄化”早已是一个十分常态化的社会现象。因此，无须过度解读所谓的“留学低龄化”。随着我国对外开放广度和深度的延展，这已经是一个再正常不过的社会行为。就人民群众对教育多样性的需求而言，也算不上是复杂的社会现象，不宜简单粗暴地评判其是非曲直。

与此同时，随着社会的发展与进步，作为数百万留学人员中的每一位个体，与国内数千万青年学生一样，无一不在“升学、生活、心理、就业”等多方面需要经受越来越多的磨炼并克服越来越大的困难。各级各类留学人员同样会普遍面临“住宿条件简陋、语言与文化融入障碍、人际交往能力欠缺”等各种需要逐步适应和调整的问题。如此这般的困境、体验和磨炼，无不体现出留学的价值与意义，无不展现着留学人员成长之路的艰辛与努力。就当前出国留学活动的整体状况而言，并不是一些人想象的那样凋敝和悲观。那些针对小留学生的所谓“担忧”与“困境”给予“忧心忡忡、杞人忧天”式的指责和忧思，无不显得目光短浅和以偏概全，甚至有人提出“限制留学年龄”“限制留学国别”，则更是天方夜谭式的异想天开。

3. 出国留学活动已悄然演变为人们的一种生活方式

作为第一大生源国的中国，我国出国留学活动的整体规模已排在世界前列，且留学回国人员群体具有“知识化、年轻化、国际化，学历高、层次高、素质高，增速快、成长快、成才快”9个基本特征。据笔者综合性研究表明：1978年以后形成的留学回国人员群体在我国现代化建设进程中发挥了积极作用：一是提高了人才培养质量；二是提升了学术科研水平；三是涵养了学术骨干群体；四是拓展了国际学术交流；五是推动了国家全面建设；六是提振了中国国际地位与国家形象。其中已故留英回国学者黄大年、已故留荷回国学者南仁东、已故留日回国学者钟扬、中科院强磁场科学中心留学回国博士群体等数以万计的优秀留学人员，即是留学回国人员中的优秀代表。①

数据显示在全球范围内我国留学人数占全国总人口的比例还不是最高的，不足以骄傲、自满和自夸，若按人口比例来计算，我们还比不上印度、韩国甚至越南。教育问题是长期以来社会话题中的焦点之一，关系着亿万家庭的幸福，寄托着千万学子的希冀。为此，出国留学成为一部分中国家庭的选择。然而，中国人固有的传统教育观念和西方教育观念有着诸多差异，出国留学是否能够成为学历教育的良方，出国是否真的能够给学生带来更为光明的未来，这些都是家长、学生乃至社会必须审慎面对的问题。随着时代的变迁，出国留学活动早已演变为人们的一种生活方式，对于许多家庭及其子女来说，也就是多了一些“换个地方上学”的选择而已。

4. “神化”或“倭化”留学回国人员的倾向都不可取

一个时期以来社会上流行的诸如“海归身份贬值”“回国留学生收入分化”“海归高收入与就业障碍”“只认身份不认能力”等言论，显然是一些伪命题。众所周知，就全体留学回国人员而言，原本就是一个包括

---

① 郭洪林：《从“归国潮”看中华文化的凝聚力》，载《光明日报》2017年5月21日，第5版；徐靖：《中科院强磁场科学中心海归博士群体科研报国快马加鞭》，载《人民日报》2017年10月15日，第4版；李澈：《教育部追授钟扬“全国优秀教师”荣誉称号》，载《中国教育报》2017年10月17日，第3版。

有专、本、硕、博等各个层次的庞杂群体，且数以亿万计的就业岗位又有千差万别的就职要求。因此，将留学回国人员完全不加区分与分类地放在一个貌似高大上的“海归”框架内，进而引入“海归＝高收入”的误区，再假以虚实难辨的问卷调查之名，其后便是冠冕堂皇地披露或发布所谓“海归身份贬值”“海归收入与留学投入不符”以及“海归就业障碍”等言论，这种行为是对社会舆论的一种严重误导。

几十年间，绝大多数普通的留学人员在专业、就业、择业的综合能力以及价值取向和心理状态等诸多方面，与没有出国留学经历和背景的人员相比，实际上并不存在太多的差异性、特殊性和局限性。因此，过多或过分渲染留学人员的“特殊性”“优越性”是将其凌驾于公众之上、分离于国民之外的不负责行为，对非留学人员群体也是很不公平的。因此，“神化”“倭化”甚至“异化”留学回国人员的倾向都是不正常、不真实的，也是不可取的。

5. 需要长期坚持做好相应的服务和保障工作

2017 年 4 月 5 日召开的国务院常务会议推出一系列新的措施和规定，实施留学人员回国创业创新启动支持计划，并责令相关机构简化留学回国人员学历认证等手续。2018 年 4 月 4 日召开的国务院常务会议再次确定：“为支持留学回国人员创业创新，进一步简化落户、子女入学等证明和办理手续，落实留学回国人员创业优惠政策，全方位支持留学回国人员初创企业发展。”这些都是对于长期以来社会关注度较高的一些“痛点、热点、难点”问题进行的明确回应。党的十八大之后同为国家政府机构的公安部，多次部署深化制度改革，持续提升服务便利化工作，加大实施“放管服”改革新举措，① 非常值得学习与借鉴。

因此，针对留学问题的研究就应该深入调查、联系实际、实事求是、潜心观察、言之有物、落地有声；就要针对新时期出国留学活动中的各种现象，以问题为导向进行深入观察、缜密思考、客观分析和科学结论；同时也要特别注意识别一些浮夸、浮躁的伪专家东拼西凑出来的一些“伪命题”。可以预见，今后若干年内陆续回国的留学人员同比出国留学数量的增长仍会有所增加。但是不论我们的留学人员“回国多和少、层

① 李欣：《公安部推 20 项交管改革新举措》，央广网，2018 年 6 月 29 日。

次高与低、回来早或迟”，对于负有相关职能的机构来说，沿着不断深化留学管理体制机制改革这条主线，做好相应的服务和保障工作，都是需要长期坚持做好的分内之事。

6. 建构中国特有的留学理论体系势在必行

“当代中国的出国留学理论体系”主要由五个基本理论框架建构而成，即“党管留学人才（1999）”“留学行为效益（2003）”“留学安全构建（2013）”“留学外交战略（2015）”“留学人员党建（2017）”。我们特有的留学道路、留学政策和留学制度所形成的留学成就构成了中国道路与中国模式的独特内容和独创价值。当代留学工作理论体系的创立源于数百万留学人员的数十年留学实践，是对中国特色出国留学实践经验的概括和总结，其社会意义在于为推动新时代留学活动的行稳致远提供理论引领和政策支撑。习近平总书记于欧美同学会成立100周年庆祝大会发表重要讲话中，在“支持留学，鼓励回国，来去自由”基础上有关“发挥作用”的精辟论述意义重大，为“当代中国的出国留学理论体系”之创立打下坚实基础。理论研究是探索未知的过程，对留学活动规律的认识和把握还需要在留学实践中不断摸索。

新中国成立以来的留学发展与实践是在我国独特的传统、国情和社会状况下演进的，促使中国走出一条与西方国家不同却更加成功的出国留学发展之路。中国的改革开放发展到新阶段以来，党的十九大赋予新一轮自主扩大开放以崭新的时代背景和深刻的理论内涵。中国扩大开放是自主行为，是中国经济高质量发展的必然要求，既能为全球化注入持久动力，也将为构建人类命运共同体夯实基础。今天我们进入中国特色社会主义新时代，出国留学事业取得空前发展，有必要增强理论自信，研究并创建留学工作理论。这是有待深入构建的开放的体系，也是有所作为的研究领域：既有时代的使命与责任，也有制度的需求与优势；既有数百年留学历史与留学实践的支撑，也有中国传统文化思维的嵌入以及留学人员群体与国际化对象互动关系的推动；既是对中国特色社会主义理论体系的贡献，也是对世界相关学科发展建设的作为。

第四编

华侨文化与社会融入

海外华人对国族建构的追求和抗争：探讨马来西亚华人如何打造“想望的民族”

［马来西亚］祝家丰①

文化一般是指人类在历史发展过程中创造的物质财富与精神财富的总和。19 世纪的英国学者爱德华·泰勒曾指出，文化是复杂生活的整体，它包括了知识、信仰、艺术、法律、风俗，以及人作为社会成员所习得的其他各种能力与习惯，这是一个广为人知和被学界所接受的定义。简单地说，文化就是指人类的生活方式或是人们生存的形式和模式。如此一来，人类不同的族裔群体由于生活在各异的地理环境而衍生出不一样的文化。不同的民族都会受制于其民族文化的模式，因此民族认同感也就通过民族文化认同充分表现出来。文化人类学家在这样的认知下常坚持各族人民与其本民族的文化有不可分割的血肉关系。诚然各民族都有自己的文化传统，所以文化可以说是一个民族的灵魂。

在民族学的研究中，文化往往被认为是界定民族性的最基本的要素。每一个民族都有其独特的文化标志，其民族成员都以拥有该种文化标志为荣。文化也可比喻为一个族群的“脐带”，象征着它的精神资源和力量。这“脐带”将一个族群的文化精髓代代相传。而文化的赓续与培育，主要是在人文教育中体现。因此，一旦一个族群的教育被破坏和摧残，其文化资源也会被连根拔起，而人文精神与价值亦随之沉沦和消亡，该族群更走上濒危民族的局面。鉴于此，世界上的每个族群倾向于保护与

---

① 祝家丰：马来亚大学中文系副教授。

捍卫自己的母语教育以使其民族永续存在。这种情况可从马来西亚华人不惜舍身为华文教育护根的举动中看出来。他们长期以来一直坚守这样的信念：马来西亚华文教育之不可断，就如文化之根不可拔。[①]

如此看来，文化的民族性可造成族群间的交往各种摩擦和隔阂。这倾向常见于多元社会和新独立的国家。马西来亚于 1957 年从英殖民政府手中争取独立，由于建国资历尚浅，可说还是一个新兴的国家。由于殖民政府在马来西亚遗留了一个多元民族、多元文化和多元宗教的国家，刚独立的马来西亚国家领导人须面对棘手的国族建构问题。他们采取了欧洲国家以民族国家（Nation-state）的概念来作为马来西亚国族建构之路。在民族主义为其政治意识形态与主导下，民族国家的中心概念即是以单一主要民族作为邦国主权体的化身。此种构建国族的实施将导致单一文化国家的出现及文化同质性思想的产生。在文化同质性的认知下，少数民族往往被迫接受及实行多数民族的文化及生活方式。因此，国家所追寻的国族是以同化来构建的。但马来西亚的多元社会国情和深受殖民政府遗留的种族政治之影响下，要以同化之路来打造一个马来西亚国族可不是一项简单的社会工程。有鉴于此，马来西亚的建国之路可谓荆棘满途，必然面对多元文化整合的困境。

一 国族建构的论述和理论

马来西亚独立后，执政联盟推出各项发展计划建设新国家期间，各族群关于国族认同的争议并未完全停止，而是不时以语言及教育问题的形式浮上台面。在这些议题的处理上，当局宣称文化差异受到认可，但受认可的文化差异必须能适应并且不会破坏那些保障马来人特权和政治支配权的制度。[②] 尽管如此，这并不能阻止华社，特别是代表那些具有影响力的华社人士之华团，针对“想望的民族”（nation-of-intent）表达意见。华团提出国族建构替代性观点的动作，意味着这个新兴国家在国族

---

① 何启良：《文化马华：继承与批判》，十方出版社 1999 年版，第 166 页。

② Vidhu Verma, *Malaysia*: *State and Civil Society in Transition*, Petaling Jaya: SIRD, 2004: 58.

建构议题上，依然未能达致一个所有族群都能接受的方案。就像第四任首相马哈迪于1991年宣布“2020年宏愿”时承认的那样，“马来西亚国族”（Malaysian Nation）仍有待塑造。同样地，马来西亚民族国家的构想也还有待催生。因此，独立数十年来，各族群和社会团体为了推动本身的国族建构构想而纷纷扰扰。山苏安里（Shamsul Amri）生动地把这现象形容为“一个国家，几个民族”（one state with several nations）。[①]也就是说，从广义的经济角度来看，马来西亚虽是一个统一的资本主义经济体，但在政治和意识形态上，它仍然在寻找一种统一性，因为对于马来西亚应成为怎样的一个“想望的民族”，各方的看法有很大的差异。山苏安里对“想望的民族”这一概念有所阐述：

> “想望的民族”这个概念可能表示有关国家须经历彻底的转变，如纳入或排除特定的族群；也可能意味着一个新国家的创建，尽管这并不一定表示推动这个新国家的创建的群体也同时追求政治上的自治。这个概念可以是包容性的，对所有人开放，并可作为政治平台的基础，让人们针对既有的国族观念提出异议或挑战。无论哪一种情况，这个概念意味着国族必须经过建构或再建构才能成立。它承诺让所有或部分国民有机会参与那个他们可以宣称属于他们的（国族建构）“大计划”。[②]

马来西亚的独立是在巫华印三大族群的政治精英携手合作组成政治联盟的情况下达成的。但事实上，马来西亚的政治体制向来由马来人或土著和巫统支配，其所推行的各种政策皆以土著权益为优先。在官方认可的国族建构理念之下，马来西亚的国族认同是以土著的认同为核心，马来文化符号在许多方面享有优先地位，其他族群的文化符号则处于边

① See Shamsul, A. B., *Malaysia in 2020: One State Many Nations?*, Bangi: Department of Anthropology and Sociology, Universiti Kebangsaan Malaysia, 1992 和 Shamsul, A. B., “Reconnecting ‘the Nation’ and ‘the State’: The Malaysian Experience”, in Abdul Rahman Embong (ed.), *Re-thinking Ethnicity & Nation-Building*, Kajang: Malaysian Social Science Association, 2007.

② Shamsul, A. B., “Nations of intent in Malaysia”, in Stein Tonnesson and Hans Antloer (eds.), *Asian Forms of the Nations*, London: Curzon, 1996: 328.

缘。如此强调马来属性作为塑造国族的决定性元素的国族建构理念，实际上是以马来族裔民族主义（Malay ethno-nationalism）为基础的。这种民族主义所企图创建的，是纳瓦瑞（Navari）所说的“由同质性民族所组成的政体”，其成员拥有共同的文化和语言，其统治者来自这些成员并与其他成员拥有共同的利益。① 换句话说，这些族裔民族主义者的目的在于让所有人民或所有族群至少在文化上“同质”。

族裔民族主义主张，完整的公民地位只可授予那些拥有特定族群属性的人。这项主张若推到极端，则意味着国家机关会把国内其他族群的公民视为二等公民，不是不让他们全面享有公民权所赋予的权利和地位，就是借助国家机器强行将他们同化。② 在这方面，支配族群的领袖试图把其他族群纳入或同化到其所设定的新“民族”国家内的举动，往往会造成族群之间的对立，同时强化个别族群内部的凝聚力，因为大部分的族群都希望能够在文化上维持独立自主。因此，这样的举动只会加剧族群之间的裂隙，有时候甚至会引发族群冲突。

那么，马来西亚华社特别是华团针对国族建构提出替代性观点，是基于什么理由和目的？我们有理由相信，华人争取建立一个更公平和公正的社会，是希望能够在“公民民族主义”（civic nationalism）的基础上行使其公民权利。族裔民族主义把国族描绘成一个拥有同质的（族群）文化的共同体，公民民族主义则把国族描绘成一个由享有平等权利的公民所组成的共同体。族裔民族主义强调同源同种的信念，并认为这些信念乃通过语言、宗教等方面的共同性来维系。③ 公民民族主义则是维系在这样的信念：生活在同一片土地并履行其对国家和公民社会之义务的人们，会产生一种特殊的国民性格和公民文化，以致所有这些源自不同血统的公民共同形成了一个不断发展着的命运共同体。④ 如此形成的公民国

① Cheah Boon Kheng, “Ethnicity in the making of Malaysia”, in Wang Gungwu (ed.), *Nation-Building: Five Southeast Asian Histories*, Singapore: Institute of Southeast Asian Studies, 2005: 95.

② David Brown, “Why might constructed nationalist and ethnic ideologies come into confrontation with each other”, *The Pacific Review*, 15 (4), 2002: 558 - 559.

③ David Brown, *Contemporary Nationalism: Civic, Ethnocultural and Multicultural Politics*, London: Routledge, 2000: 51.

④ Ibid., 2000: 52.

家是一种“公民联合体”(association of citizens)，其中的每个公民都有其权利与义务。在公民国家的疆域内，所有人都可根据出生地原则成为公民。以下引文对公民民族主义做了很好的阐释：

> 公民民族主义主张，一个国族应由所有认同该国族的政治信仰的人所组成，无论他们的种族、肤色、信仰、性别、语言或族裔属性为何。这种民族主义被称为公民民族主义，是因为它把国族视为一个由权利平等的公民所组成的共同体，这些公民在爱国精神的感召下团结一致，共享一套政治实践方式和价值观。[①]
>
> 公民民族主义最根本的决定因素是公民权或公民身份。公民权被视为民族国家的基础，因为公民权提供了一个框架，让个人在彼此平等的情况下参与到政治共同体之中。一如维尔玛（Verma）所提到的，当代公民权议题中的一个显著特征是，移民人口和原住人口的多元混杂，已导致同质性的公民身份被多元文化的公民身份所取代。[②] 当今的公民权或公民身份不只是以对民族国家的效忠及国家主权等概念为基础，也立基于对地方、文化和区域的效忠，以及群体权利的概念。因此，在20世纪中期被许多国家用来定义合法公民身份的同质性国家文化认同，已逐渐解体了。如今，定义公民身份的是多元文化主义。多元文化主义不仅拒绝族群同化的观念，也拒绝了“一个民族、一个国家”的观念。[③]

二　巫统政治霸权下的国族建构

在马来西亚独立前有我们所熟知的种族商议（Racial Bargain），但代表华社的马华公会只能向巫统争取到以出生地为条件的公民权。这也是

---

① Michael Ignatieff, 1994. *Blood and Belonging: Journey into the New Nationalism*, London: Vintage, 1994: 3-4.

② Vidhu Verma, *Malaysia: State and Civil Society in Transition*, Petaling Jaya: SIRD, 2004: 53.

③ Ibid., 2004: 54.

以接受马来特权作为相互交换条件才能获取的。[①] 当时的马华公会领袖认为华人有了公民权就能在大选时投票选政府，并以此政治权利争取华社的权益。但马来特权之入宪则直接影响了其他族群之平等权利，因此当政府开始实施各种贯彻马来特权之政策以扶助马来人时，华人才醒悟他们的权益日益被侵蚀。这现象尤其是在 1971 年新经济政策推展以来更为严重。所以我们可以说，华人之不平等待遇已被建制化了，这就造成了马来西亚华人以后发动了一波波艰辛的权利平等运动。虽然马来人在马来西亚独立伊始时已取得了政治支配地位，但是在第一任首相东姑领导下的族群竞逐并不那么激烈。这主要是因为东姑的绅士型领导作风和珍惜由巫统、马华公会与印度国大党在争取独立时建立起来的协商机制。因此，那时的政治体制被称为协和式民主。在治理国家经济方面，东姑采取了自由放任式（laissez-faire）的策略。他保留了马来人在乡村的传统经济作业方式。另外，他亦不干涉华人的经济活动。这样的发展策略可说是完全沿袭了英国殖民地政府的做法。[②] 在年青一代的巫统政治精英眼中，东姑协商式之领导对华人的各种诉求做出太多的妥协。他们开始不满东姑不能有效地照顾马来人的经济利益。这股不满之势力的背后推动力源自在当时正在日益膨胀的马来西亚经济民族主义。到了 1969 年大选，当时在选战时所提出的各种种族诉求使当时的种族关系日趋紧张。在那届普选，非马来人提出要求平等权利和检讨马来特权；马来人也质疑以出生地作为颁发公民权的条件。

1969 年的大选可说是马来西亚政治的转折点。大选后所发生的种族流血冲突事件彻底改变了马来西亚的政治生态。当时由最高元首颁布成立的国家行动理事会（National Operation Council）架空了东姑的势力。由敦拉萨领导的这个理事会便开始实施一系列以马来人议程为主导的政策。如此一来，标榜东姑时代的协和式民主政体所注重的种族协商与政治权力分享可说是到尽头了。许多政治学者认为，1969 年后的马来西亚政局

---

① Heng Pek Koon, *Chinese Politics in Malaysia: A Study of the Malaysian Chinese Association*, Singapore: Oxford University Press, 1988: 206.

② Shaharuddin Maaruf, 1988. *Malay Ideas on Development*. Singapore: Times Book International, 1988: 120 – 124.

已完全被马来政治势力所支配，一切政策的实施都以马来精英的意愿为依归。经过“5·13”事件的洗礼后，马来人在这个国家的不安全感可以通过马来支配权和霸权的行使而彻底消除。

在马来政治支配权主导下，巫统精英开始更改以往的多元文化建国之路。国家领袖实施一系列以马来中心主义为主的国家语言、教育及文化政策。此种趋势说明了当政者欲达致一种文化、一种语言的民族国家。所以当时的政府可说是尝试以同化之路来建国，[①] 如此的国策转向给马来西亚华人社会带来极大冲击与困扰并引发许多抗争。于 1971 年 8 月 16 日至 20 日所拟定的以马来和伊斯兰文化为核心的国家文化政策[②]正彰显了马来文化霸权。一位马来学者就有这样的评论：

> 国家文化政策体现了马来文化民族主义之崛起。“5·13”事件过后的政治局势促使霸权式的民族主义与国家机关达致共生关系。在此种霸权下，民族主义的意愿可通过国家机关来达到；它亦衍生了土著主义并认为可利用单一文化国家（monocultural state）之模式来建构国族。[③]

国家文化政策是马来民族主义高度发酵后的产物，它也是由马来族的政界、学界及文化界之精英所主导。因此，这项以马来和伊斯兰文化为核心的国家文化政策之内涵是排他性的。1971 年所召开的国家文化大会议决了采用以下三大原则作为构建马来西亚的国家文化政策：

（1）马来西亚的国家文化必须以本地区原住民的文化为核心；

---

① 一直以来马来西亚当权领袖都避免用“同化”这字眼来形容当时的国策，但马来西亚第四任首相马哈迪于 1996 年 8 月 6 日接受《马来西亚前锋报》专访时就承认时代已变，国家不能再走同化的道路。

② 马来西亚的国家文化政策是由政府当局于 1971 年 8 月 16—20 日在吉隆坡马来亚大学举办的国家文化大会之产物，但当时出席并发表论文的非巫人学者只有区区的数人，所以此政策可说是从单一种族的观点拟定，它并不能反映马来西亚多元文化之特征。有关国家文化政策的内容及该次国家文化大会的资料，详见 *Asas Kebudayaan Kebangsaan*/国家文化之基础，Kuala Lumpur：Kementerian Kebudayaan Belia dan Sukan，1973。

③ Abdul Ghapa Harun，“Kebudayaan Kebangsaan dan Politik Pembinaan Negara-bangsa”，Kertas kerja Seminar Serantau Kebudayaan Kebangsaan. Kuala Lumpur，12 - 13 Disember，1995：7.

(2) 其他文化中有适合和恰当的成分可被接受成为国家文化的一部分;

(3) 伊斯兰是塑造国家文化的重要成分。

第二原则里的“适合”与“恰当”的含义必须根据第一和第三原则之基础来诠释。[①]

马来西亚政府实施国家文化政策之目的是巩固国民团结、国民的主体性和提升人民之生活素质。但以上述的原则作为国家文化政策之主要内涵，尔后则造成在20世纪七八十年代马来西亚的官方文化活动都受到马来与伊斯兰文化的宰制。国内官僚体制内的文化政策执行者便利用塑造国家文化的上述三大原则来筛选与排斥他族文化。这导致马来西亚华人文化不能直接纳入国家文化，因此政府就没有义务去发展它。更为严重的是，政府不只不支持发展华人文化，它还推前一步，不允许华人发展自己的文化。[②] 所以在20世纪七八十年代的华人舞狮表演、商店招牌及支票使用中文面临诸多刁难。鉴于此，国家文化政策被许多华裔与印裔人士指责为一项以马来族为中心的政策，并认为它的实施将带来强迫性的同化后果。[③]“5·13”事件后国家文化政策的拟订与落实正彰显了马来文化霸权的效应。

三 文化抗争:华人《文化大会宣言》和文化节的举办

在巫统政治精英护航下，1971年的国家文化政策成为塑造国民意识和国族建构的主要工具。马来西亚华人对政府在过去十年来所推行的国家文化政策，虽有诸多不满和抗议，但都没有机会表达其观点。当文化、青年暨体育部于1981年向全国人民和社团组织发出呼吁，要它们提供各种回馈意见及建议以检讨实施了10年的国家文化政策时，那股在华人社

---

① *Asas Kebudayaan Kebangsaan*. 1973. Kuala Lumpur: Kementerian Kebudayaan Belia dan Sukan, 1973: vii.

② 何国忠:《独立后华人文化思想》，载何启良、林水檺、赖观福、何国忠合编《马来西亚华人史新编》(第三册)，马来西亚中华大会堂总会1998年版，第54页。

③ Kua Kia Soong (ed.), *National Culture and* Democracy, Petaling Jaya: Kersani, 1985: 3.

会酝酿已久的不满力量便借此集结。当时来自全国各地的华人社团于1983年3月27日齐聚槟城以出席首次召开的华人文化大会，与会的华团代表激昂地发布了《文化大会宣言》，他们也接纳了由华社精英所拟就的《国家文化备忘录》。之后马来西亚的华人社团组织还成立了一个取名为十五华团的全国华社最高领导机构以凝聚华人的民间力量。① 在此机构的领导之下，华社民间的不满力量便汇集成一股波澜壮阔的文化觉醒与救亡运动以回应马来文化霸权的宰制。

1983年所召开的华人文化大会对这股来自民间组织势力之发展与动向影响深远，这股力量不只团结所有华人社团组织于全国十五个华团领导机构之下，并且催生了华人文化觉醒与救亡运动。这项运动可说是马来文化支配权下的产物，并彰显了民间精神因应朝廷论述的一种表现。鉴于此，当时华社的应对表现显然是集中在文化领域。这可从《国家文化备忘录》之提出，1984年8月12日成立的全国文化工作委员会并在其主导下于同年举办的华人文化节的事件中看出。由此委员会主办1985年成立的华社资料研究中心②（后改名为华社研究中心，简称华研）为马来西亚华社和华团的平等权利斗争运动带来新方向。

以马来文化与伊斯兰文明为主要内涵的国家文化政策贯彻于马来西

① 马来西亚华人欲成立一个全国性的华社领导总机构的意愿可说是非常强烈。早在20世纪70年代的华团领导人已有创办一个总机构的想法，霹雳中华大会堂于1974年发起组织“华团总机构”并于同年11月1日召开全马社团代表座谈会和成立协调单位负责草拟及推动此项筹组工作，但总机构成立的工作后来暂延展开。1978年8月24日，雪兰莪中华大会堂总理李延年再次倡组总机构，获得全国华各地的华团组织广泛的响应与支持，并推举雪华堂为联络中心。但后来因为李延年发表“华裔二等公民”论，遭到首相胡先翁大力抨击，这造成筹组总机构的工作再次被迫搁置。（详见［马来西亚］谢诗坚《马来西亚华人政治思潮演变》，友达企业有限公司1984年版，第361页）一直到了1982年9月19日，各州大会堂或领导机构在吉隆坡举行会议之际，正式成立“马来西亚中华大会堂联合会筹委会”，并一致接纳由雪华堂草拟的“马来西亚中华大会堂联合会章程”。［参见刘崇汉《独立后华人乡团组织》，载何启良、林水壕、赖观福、何国忠合编《马来西亚华人史新编》（第三册），马来西亚中华大会堂总会1998年版，第396页］筹委会于1983年2月20日正式向社团注册局提呈联合会章程并申请注册，但此项筹组工作经历了迂回和艰辛的催促及八年多的等待始能获得注册准证。中华大会堂联合会（堂联）于1991年获准成立。

② 组织华社资料研究中心的倡议首先由马来西亚留台联总在一个于1984年6月间举办的“开拓华社新境界”研讨会上提出并于后交由全国华团文化工作委员会去草拟成立计划。当时的十五华团领导机构接纳有关倡议并积极落实此中心。

亚国族构建之路后，马来西亚华人文化（马华文化）的发展与传承面临着前所未有的困局。这种局面激发了华社的忧患意识并刺激各华团组织积极行动起来，这主要是当时马来西亚华人社会深切感受到民族和文化已到了“不做出努力就只有窒息”的关键时刻。强烈的危机感和使命感唤醒了华社对自身权益的关注，也促使各地的华团领导人团结于十五华团之下。在华团总机构的领导下，各种华人社团共同开展了一系列的民族文化活动。当时华人社群里的忧患意识亦激发许多华人投身于保护民族根脉及文化救亡的行列之中。

华社里的这股文化醒觉与救亡活动可说是一项划时代的马华文化本土化运动。人类学者李亦园认为“本土化运动”是指两个文化接触之时，某一文化的部分成员（因感于外来文化的压力）企图保存或恢复其传统文化的若干形相之有意的及有组织的行动。[①] 鉴于此，马来西亚国家文化政策的落实是政府当局致力于创造一个以马来文化为主要精华的国家文化，华社因此面对同化的压力。这个形势催生了上述的本土化运动以回应马来文化的宰制。以下描绘可以说是非常贴切。

所以这场文化运动，是具有时代意义的。但与其说是一场文化“醒觉”运动，不如说它是一场回应官方国家文化概念，争取民族文化尊严、民族平等和地位确认的斗争运动。民族文化“救亡”的意识更为凸显。而且这种“醒觉”，基本上也是一种外在刺激下之回应的时代产物。[②]

1983 年华人文化大会的召开是这场文化运动的发轫起点。除了当时的《文化大会宣言》和《国家文化备忘录》，此文化运动亦见证了华社资料研究中心、全国民权委员会及《全国华团联合宣言》的诞生与发布。当时的《文化大会宣言》就明确地指出，国家文化建设过程必须遵循文化发展的自然规律和民族平等的原则，任何人为的主观愿望和干预只能带来负面的影响。这过程也就是各族文化相互交流，去芜存精，并吸收外来文化的优秀因素，建立共同价值观的过程。[③]

---

① 陈衍德:《对抗、适应与融合:东南亚的民族主义与族际关系》,岳麓书社 2004 年版,第 191 页。

② 安焕然:《马华文化为什么没有主体性?》,载《星洲日报》1997 年 3 月 16 日。

③ 全国十五个华团领导机构:《国家文化备忘录特辑》,全国十五个华团领导机构 1983 年版,第 40 页。

在十五华团带动下，马来西亚华社在救亡意识的发酵中展开了一系列具体的保护文化根脉的行动。《国家文化备忘录》由华人社团组织于1983年3月30日呈交给政府当局后，由于此项工作已告一段落，因此当时成立的国家文化备忘录工作委员会便解散。但为了使文化护根的工作能传承下去，十五华团就在1983年12月12日创立了“全国华团文化工委员会”。这个由华团领袖与工作者领导的工委会就被授权负起贯彻《文化大会宣言》和华人文化大会所达致的议决案及《国家文化备忘录》之任务。该工委会提出首项具体任务的建议是推动各州属的中华大会堂组织每年轮办全国华团文化节（以下简称文化节）[①]，作为对华人文化大会的纪念及实践文化大会宣言所定的目标。[②]

第一届马来西亚全国华团文化节始于1984年，即全国华人文化大会召开后一周年，由雪兰莪中华大会堂（雪华堂）负责主办。鉴于文化节的筹办极需各方面的配合、组织工作及文化节的专才，1986年雪华堂在霹雳中华堂举办第三届文化节时面对一些问题后，就提议成立“文化节咨询辅导委员会”。倡议设立此委员会之目的是汇集文化界活动专才以协助各州大会堂策划各项活动，不仅坚持把文化节继续办下去，而且还要提升其水平。同年，十五华团接纳该项建议并由“全国华团文化工委员会”加以落实。接下来，“文化节咨询辅导委员会”决定扩大组织，以容纳各个文化领域的专才，俾更有效地协助华团推展文化建设及提升文化节的水平；同时，为求名实相符，该委员会于1989年开始更名为“全国华团文化咨询委员会”。[③]

文化节自1984年开始举办，至2017年已经有第三十四届，中间不曾停办过。是何因素促使马来西亚华社拥有这股坚韧的毅力呢？它的诱因是马来文化的宰制激化了华人族群的文化危机感与忧患意识。20世纪80年代的华团领袖都有须把文化节办好的使命感，文化节之举办已是华族

① 当吉打中华大会堂于1993年接办第十届文化节时，主办当局把其名改为“全国华人文化节”，但其巫文译名却是Pesta Kebudayaan Malaysia（马来西亚文化节）。自该年开始，“全国华人文化节”（亦简称文化节）和其译名一直沿用至今日。

② 马来西亚中华大会堂总会：《马来西亚华人文化节资料集》，马来西亚中华大会堂总会2001年版，第24页。

③ 同上书，第25页。

文化/马华文化能在这片国土上赓续的象征。这可从华团组织设立了数个委员会来推动文化节的筹办看出来。在举办每届之文化节之前，各州属的中华大会堂领袖齐聚槟城以出席文化节升旗礼以及宣读文化宣言。除此之外，自第六届起每年文化节的火炬须在象征华人在马来西亚国土上落地生根的三宝山点燃并传送至主办州属。自第六届起，文化节的主题曲亦开始采用那激发民族情怀和撼动华族心头的《传灯》。[①] 这首歌迄今一直成为文化节的主题歌曲，并在马来西亚华人社会广泛流行及传诵下来。它已成为呼唤及感召此地华人要传承文化薪火之象征。

另外，华人文化大会的其中一项议决案，即成立“全国华团文化基金”的工作也于1988年落实了。当年第五届的文化节是由柔佛州中华公会属下的峇都巴辖中华公会主办。在该届的文化节工作检讨会议上，主办当局号召华社一人一元运动为文化基金筹款。该项运动获得十五华团的积极回应，并授权雪华堂成立基金管理委员会来管理该项基金。为了使这股筹募基金的热潮能持续下去，十五华团决定通过属下的“全国华团文化咨询委员会”策划及筹办声势浩大的“精英文化义演”。在各方领袖和华团组织的精心配合下，再加上那股护根及传承华族文化的使命感之号召下，该项在马来西亚史无前例的文化义演终于能于1990年3月展开。从那天开始，该文化义演的文艺队伍巡回西马半岛23个城镇，为华社的文教事业展开为期一年的筹款义演。那段期间它们总共演出了27场，并成功筹获超过800万令吉，拨归“全国华团文化基金”则有93万6千余令吉。[②] 此外，同一批的精英文化义演之演员也参与了创作同时期的华社第一个大型舞剧“汉丽宝”。该舞剧的构思、创作及筹备工作，于1989年开始并在1991年于吉隆坡举办了首场演出，当晚的好评如潮水般涌至。

---

① 此歌曲原本是新加坡诗人杜南发创作的诗，张泛作的曲。但它在新加坡并不流行，反而在“移植”隔岸的马来西亚后成为该地华族文化薪传之歌。《传灯》的歌词是：“每一条河是一则神话，从遥远的青山流向大海，每一盏灯是一脉香火，把流长的黑夜逐渐点亮。为了大地和草原，太阳和月亮，为了生命与血缘，生命和血缘。每一条河是一则神话，每一盏灯是一脉香火。每一条河都要流下去，每一盏灯都要燃烧自己。”

② 这笔文化基金首先由雪华堂保管，过后移交马六甲中华大会堂管理。当中华大会堂联合会（堂联）于1991年获准成立后，根据堂联与董教总之协议，该笔款项于1992年移交堂联保管。（详见许万忠《表演艺术如何扎根》，载《南洋商报》2001年12月15日。）

四　从文化和华教运动看华人“想望的民族”

马来西亚当政者视教育是达至一种文化、一种语言的国族建构之最有效工具。因此，巫统领袖一直以来都积极地欲落实单一源流的教育政策以塑造一个马来人为主导的国民意识。尽管如此，这并不能阻止华社，特别是华团领导人和知识界，针对“想望的民族”表达意见。在这方面，华社视华文教育为建构和维护华人身份认同的关键。因此，执政当局任何企图改变华文学校本质的举动，都会被华社特别是华教人士视为对华人身份认同的威胁而加以顽抗。在这种情况下，由董教总及其他华团所带动捍卫华校之运动，逐渐发展成了一项历久不衰的抗争运动，它不仅具备强大的动员能量，也展现了极大的文化韧性。此运动的缘由可从以下所引的宣言中得知：

> 本邦华人多已成为公民，自应教育其子女效忠本邦；然吾人之优秀文化传统，绝不放弃。是以母语母文之学习，应用与发扬，实为吾人神圣之权利而不可牺牲者，华文教育之应成为本邦教育体制中不可分割之一环，乃吾人一致之基本要求。[①]

每年华教运动的高潮始于12月18日举办的华教节。此项对马来西亚华教运动有非凡意义的节庆是为了纪念华教斗士林连玉于1985年12月18日逝世而设。马来西亚的华文教育，尤其是华校的存在正代表着薪传华族文化之堡垒在风雨飘摇中继续屹立不倒。马来西亚华文教育之不可断，就如一个民族文化之根不可拔，断之华族整体生命休矣！用林连玉的话来说，“我们文化的传递与发扬，必然寄托在华文教育的继续存在及发展的上面”。[②] 华校不仅是文化的传承者，它更是马来西亚华人身份认同的塑造者。因此，任何尝试要否定/关闭华校之举动往往被视

---

① 详见1959年的《马来亚联合邦全国华文教育大会宣言》，转引自马来西亚华校教师会总会《教总33年》，教总，1987年，第430页。

② 何启良：《文化马华：继承与批判》，十方出版社1999年版，第167页。

为触动了华社的神经及摧毁其对华族身份之认同，必引来华社的声讨与抗争。当年英人殖民政府通过发布巴恩报告书欲关闭华校的意图催生了一场历久不衰、波澜壮阔的华教运动。这场至今还在持续中的运动见证了来自全国的华教斗士、人士和工作者前仆后继地投身于保护华社文化堡垒之行列中。曾担任教总主席及独中教师的林连玉是这行列的佼佼者。

林连玉终身献身华教，为华教之存亡与发展不畏强权，坚韧不拔的精神已为华社树立了楷模。因此，他逝世之后被尊称为“族魂”，意指马来西亚华人民族生命得以维系发展的必要条件。他之所以被冠以此称号因为在华教的奋斗史中，也是华社在语言、文化、教育与民族权益的争取运动中，他扮演了一个划时代的灵魂人物。华教节的设立表达了华教领导人与工作者力图创造华文教育运动的共同祖先、起源与认同、华人先贤及华教的最高精神领导人物的意图。①

华教节的设立让马来西亚的华人能追思一代华教伟人之风范及体会其奋斗精神。从1988年起每逢林连玉的忌日，华教团体及其他华人社团都会举行一种类似公祭的活动。其仪式有：到林连玉墓园献花致敬、宣演“华教节宣言”、举办有关华教的研讨会及林连玉精神奖的颁发。颁发林连玉精神奖对整个华教运动及其发展可谓意义重大。其目的除了使林连玉精神变得更具体外，更是要贯彻林连玉精神以维护华文教育，发扬中华文化为目的；同时赞颂体现林连玉精神的华教工作者和培养接班人。②

20世纪80年代最能彰显马华文化本土化过程之项目可说是廿四节令鼓的创立。此种独特的鼓队是由来自柔佛州新山的陈徽崇和陈再藩于1988年6月12日成立。当年新山中华公会负责承办其主题定名为“九舞”的第九届全国华人舞蹈节，该工委会成员陈徽崇和陈再藩在商议开幕启舞仪式时，觉得过节必得鼓乐喧哗，这促发他们速描以“九鼓”擂

---

① 林开忠：《建构中的“华人文化：族群属性、国家与华教运动”》，华社研究中心，1999年，第134页。

② 同上书，第138页。

鸣开幕之设计图，此张草图可说是廿四节令鼓的雏形。[①] 此后，身为新山中华公会理事的陈再藩，将成立此种鼓队的概念带到公会理事会议以申请拨款支助该项计划。在中华公会时任会长拿督郭鹤尧的支持下，由公会及五大方言籍贯乡会，即潮州、福建、客家、广东和海南五大会馆联合出资，在宽柔中学成立世界第一支廿四节令鼓队。廿四节令鼓是把中国节令（一年里时序流转的十二节和十二气）、鼓艺和书法艺术结合起来的新文化产物。它是兼具表演艺术和传达文化标识的两种效果，它所显现的意涵可谓是传统的脉搏。

1989 年廿四节令鼓也首次引进在马六甲举办的第六届文化节。它气势澎湃震撼人心的鼓声，立时得到来自全国各地观众的共鸣，他们回去之后开始在其社团或学校成立廿四节会鼓队。同年，廿四节令鼓队受邀到新加坡为“春到河畔迎新年”华族文化节的开幕盛典上演出，并获得好评。自从鼓队在马六甲演出后，它就成为后来历届文化节的重点表演项目。尔后它渐渐变成一种独立的表演形态和在隆重典礼中成为振奋人心的仪式项目。“全国华团文化咨询委员会”也因而设立了“廿四节令鼓推动小组”，不断进行推广的工作，至 2001 年时马来西亚全国各地已成立了将近 50 支鼓队。[②] 此外，它也传到新加坡、印度尼西亚、中国大陆与中国台湾地区。在中国大陆，北京的首支廿四节令鼓队是由马来西亚留学北京学生会成立的“南击手”。此鼓队成立于 2005 年 8 月 28 日，所有队员都是在北京求学的马来西亚学生。鼓队也曾参加过多次大型演出，如北京大学第三届世界文化节及晚会，北京电视台《外国人中华才艺大赛》复赛演出。2007 年 8 月 27 日它为马来西亚驻华大使馆主办的“魅力马来西亚”旅游系列活动开幕礼做了精彩的表演。当时中国《人民日报》及人民网报道：“张弛有度的‘廿四节令鼓’表演，以书法艺术为鼓‘刻背’，使鼓在‘声’之外更有‘色’，展示了马来西亚丰富的文化底蕴”。[③]

---

① 陈再藩：《廿四节令鼓：变迁是唯一不变的常态》，载傅孙中、赖观福主编《文化十年》，马来西亚中华大会堂总会，1995 年，第 159 页。

② 马来西亚中华大会堂总会：《马来西亚华人文化节资料集》，马来西亚中华大会堂总会，2001 年，第 263 页。

③ 《星洲日报》2007 年 9 月 3 日。

五 文化抗争的持续:捍卫华文小学(华小)特征

20 世纪 90 年代，由巫统主导的政府施政方针显然以经济发展为主轴。它的施政核心哲学是利用经济发展来消弭国内的族群竞逐与冲突。在经济前景一片大好声中，马来西亚华社的危机意识和抗争心态也骤降，华团领导人也对国内形势提出一套与以往迥然不同的看法，这就造成他们倾向于凡事“解去政治化”。[①] 另外，政治学者 Loh Kok Wah/罗国华亦提出了当时的马哈迪政权运用发展主义（developmentalism）的策略来强化与巩固政府。[②] 这位学者认为，发展主义在当时的马来西亚可谓新政治论述，意指由于经济迅速发展，人民的生活也物质化和舒适化，因而经济发展与物质享受已成为人民，尤其是中产阶级的政治价值观了。在如此倾向下，他们为了能够继续享有繁荣和安逸的生活，所以所注重的是政治稳定而不是追求各种民主政治的价值。

发展主义是发展型国家统制下形塑的政治文化，人民的生活条件，因国家带动下的经济成长而获得改善，它所体现的行为是人民热衷于提升生活水平和大量消费。然而政治自由化与民主化并没有因此就出现。自由的动力反而演变成人们对个体自由的追求、追逐个人成就及表达对本身的认同。[③] 在时任首相马哈迪领导之下，国阵政权于 20 世纪 90 年代推展了一系列朝向“文化开放”（cultural liberalism）的政策。这些怀柔政策对非马来人，尤其是华人带来非常显著的效应。Milne 和 Mauzy 就认为国阵政府所做的改变是为了应对它在 1990 年普选所流失的华人选票。[④] 这些开放或怀柔政策何指? 具体而言，巫统领袖看来已不再强调或重新诠释马来人身份认同之标志。这些标志包括马来统治者、马来语言和马

---

① 张景云:《华团与政治: 解去政治化的前景》，载何启良编著《当代大马华人政治省思》，华社资料研究中心，1994 年，第 98 页。

② Francis Loh Kok Wah, “Developmentalism and the Limits of Democratic Disourse” in Francis Loh Kok Wah & Khoo Boo Teik (eds.), *Democracy in Malaysia: Discourses and Practices*, Surrey: Curzon Press, 2002.

③ Ibid.

④ R. S. Milne & Diane K, Mauzy. *Malaysian Politics under Mahathir*, London: Routledge, 1999: 96.

来文化及伊斯兰教。这些政策的推行使到马来西亚的国族建构概念衍生出一些变化，从较排斥性变成较具包容性。[①] 马哈迪提出2020年宏愿时，其国族建构理念中包含了具有多元族群成分的“马来西亚国族”概念。作为2020年宏愿所追求的目标之一，“马来西亚国族”概念阐明了马来人、华人、印度人和其他族群彼此平等的观念。[②] 事实上，在20世纪90年代后期，已有迹象显示一些马来统治精英曾想过要从新经济政策所强调的“马来人优先”的位置上退后一步，转而强调较为平衡的多元族群公民权模式。[③] 如此一来，那些曾在20世纪70年代和80年代引起华社争议的课题就不再引发族群的争端。例如，那令华巫族群争议不休的国家文化政策在进入20世纪90年代已少有引起政治领袖和社会人士的兴趣。[④]

虽然国家文化政策在20世纪90年代以后在华社已少有争议，但这不代表马来西亚华人的文化焦虑和文化抗争已消弭殆尽。华人社会现今的争取和抗争主要是围绕在华文教育课题上。在《国家文化备忘录》的诉求里，华团极力争取教育平等和学习与发展母语的权利。时至今日马来西亚的华小依然面对不平等待遇的窘境，不能享有制度化的拨款以发展华小。但这个问题并不是最棘手的，最棘手的是华小近年来一直面临其华校特征受到蚕食的问题。教育部一直强力增加华小的马来文授课时间以达到国小的标准，其时间已从原有的180分钟激增至300分钟。这政策不但违反了马来语在华小作为第二语言的学习原则，也剥夺了华文作为

---

① Francis Loh Kok Wah, “Developmentalism and the Limits of Democratic Disourse” in Francis Loh Kok Wah & Khoo Boo Teik (eds.), *Democracy in Malaysia: Discourses and Practices*, Surrey: Curzon Press, 2002: 28.

② “马来西亚国族”概念在1991年马哈迪政府为了提高其政权的执政论述而提出的概念。虽然它表面上阐明了马来人、华人、印度人和其他族群彼此是平等的，但在许多的巫统领袖与马来民族主义者的认知里，马来族群还是主导族群，即该族为马来西亚的诠释性民族（definitive race）。

③ Robert W. Hefner, “Introduction: multiculturalism and citizenship in Malaysia, Singapore, and Indonesia”, in Robert W. Hefner (ed.), *The Politics of Multiculturalism*, Honolulu: University of Hawaii Press, 2001: 31.

④ 有关此课题的详细研究和分析可参见 Sharon Carsten, “Dancing Lions and Disappearing History: The National Culture Debates and Chinese Malaysian Culture”, *Crossroad*, 1998, 13 (1): 11 - 64 的研究成果。

第一语言的授课时间。此外，教育部也要求全国的华小应用国小的马来文课本以强化华小学生的国文程度和融入马来西亚社会。教育部也推出双语教学的策略并积极鼓励各种学校应用。如果双语教学在华小实施，那么华文作为华小的教学媒介语将深受影响，其华校特征将进一步被蚕食。因此，全国华小的董事部大力反对此政策的实施。

为何马来西亚华社极力捍卫华小的特征？这是因为华人认为华小是形塑华人身份认同和传承中华文化的最后堡垒，如果华小变质了，这堡垒将不复存在。从以上的例子，虽然今日的文化博弈和抗争不如20世纪70年代和80年代那么激烈，但它可说是依然存在。它现今是隐性地出现在教育领域，当权者尝试通过教育政策、课本的使用和教学时间的递增来实现民族国家的理念。

六 结语

马来西亚华人文化发展所展现的韧性和蓬勃之生命力正是国家单一文化政策所引发出来的现象。这样的政策不但不能解决多元社会的族群整合问题，它还会导致国内的族群意识高涨，最终造成族群关系紧张与族裔抗争。在马来西亚华社所发轫的文化觉醒和救亡运动及抗争即是这现象的明证。马来西亚华人文化在国家文化政策实施过程中面临了各种打压和边缘化，这因而激起了华社的文化抗争和救亡运动。从文化大会的召开、文化大会宣言的发布到《国家文化备忘录》之提呈，这些举动说明了华社极力追求文化平等之权利。从这些诉求的提呈和具体的文化抗争和救亡运动，其目的可说是对政府欲落实单一民族国家之国族建构提出抗衡。通过这些行动，华团领导人和华社精英提出了华人之“想望的民族”。华社的“想望的民族”是奠基于公民民族主义，其诉求是建构一个各族平等的公民性民族（Civic Nation）。华社锲而不舍的文化诉求和文化抗争，成功促使国家机关对国族建构进程做出了一些相应的调整，如马哈迪总理提出2020年宏愿时，其国族建构理念中包含了具有多元族群成分的“马来西亚国族”概念。这显示马来西亚的公民权和国家“想望的民族”的定义并不是固定不变的，而是会随着情况需要做出一定程度的调整。

今天，马来西亚华人依然能在一个包容、中庸、多元族群的国家里生活和发展马华文化和华文教育，这是归功于华社针对实际情况作出各种回应的结果。上文的讨论显示，华社对国家机关所定义的“想望的民族”提出了挑战，因此它在国族建构进程中的角色值得加以重视。在族群整合与国族建构的议题上，华人殷切希望以多元文化为立国之本，从而让各族群的语言、教育和文化都能享有合法的地位。如此一来，在这发展迅速和竞争激烈的世界舞台，马来西亚有机会发展为一个多元文化优势国家。我们应该强调和强化多元共存，让各民族的文化在自由和自然的空间里发展与传承。这样，族群将能和谐地交流和调适以通过汉化来绽放文化交流的花朵。各别族群的文化也得到其他优良文化的滋养，其内涵亦能进一步提升。在文化发展的过程中，任何一个民族的文化都不可能孤立地存在与发展。一个民族文化的优良传统总要被其他民族所吸收，从而促进共同的发展。为了落实人类文化共存的愿景，我们首先须做到的是尊重其他民族的文化传统，同时促进各民族间的交流以增进它们之间的了解和友谊。那么世界各地的民族文化多样性将能大量减少族群隔阂与冲突以使人类的生活增添色彩！

华侨文化的本土化与地域旅游资源

[日] 王　维①

长崎独特的海外交流历史和文化资源，使其成为富有特色的“和·华·兰”之多元的历史文化场景和美食佳肴等多种文化交融的旅游城市。众所周知，历史上长崎曾经是东亚、东南亚多边贸易的重要中继中心，400多年前即有来自葡萄牙、荷兰等国家的西方商人和来自中国的华商渡航到长崎与九州各地并建立起居留点。被称为唐人的华侨所从事和开展的各项活动对日本社会的经济贸易和文化领域都产生了极大的影响。而唐人（华人）所带来的很多文化也逐渐为长崎地区的社会所接受，并成为特有的地域文化且延续至今。全球化背景下，本土化的华侨文化不断被创造为新的地方传统文化，并成为象征长崎地方文化的重要旅游资源。

一　长崎的历史地位与华侨文化的空间

与长崎华侨有关的早期中国人东渡日本的历史可以追溯到16世纪长崎开埠（1571年），也就是中国的明朝末年。当时的中国人本来应该称为明人，但是由于明代海禁，国人出国只能偷渡，所以他们都自称唐人，以致后来中国人在海外被统称为唐人，他们渡海所乘坐的船只也被称为唐船。1635年幕府颁布锁国令后，长崎被限定为唯一的唐船进出港口，至19世纪中期为止，长崎一直是中日贸易的重要港口。在幕府贸易体制

①　王维：日本国立长崎大学教授。

下，华侨（唐人）与日本社会邂逅、交往和互动关系中逐渐形成的以华商为主的早期华侨社会。

当时来到日本的唐人主要是来自三江、福建、广东等省份的商人、船主和船员。他们登陆之后，卸下货物，为等待季风，往往会等待数周甚至半年左右才会回国。除了商人外，也有一些流亡者，当时多为文化人，多数都在日后归化日本。随着以长崎为据点的两国贸易的繁盛，居留该地的唐人逐渐增加，后来一度占到长崎6万人口的一成。当时，唐人可以在长崎市内自由居住，这也是华侨的生活习惯和文化能够传到日本社会的一个背景。

（一）唐寺

1613年幕府颁布了禁教令后，来日的华侨（唐人）为证明自己并非基督教徒和海神妈祖信徒，以及保持贸易关系的稳定，来自不同地方的唐人建立了相应的佛教寺院，即以三江帮为主的兴福寺（1623），以闽南帮为主的福济寺（1628）和以福建北帮为主的崇福寺（1628），归化为日本人的泉漳商人铁心建立后成为以广东帮为主的圣福寺（1699），以及进而诞生了以唐四寺为核心的同乡组织体系。

寺院作为后来在神户、横滨等地设立的中华会馆和会所等的前身，是日本华侨自治团体的先驱。内田认为，从唐寺的创立过程中，可以发现它与中国国内身处异乡的同乡人建立的会所、会馆具有相同的背景，并称之为一种带有宗教性质的行会，是日本华侨社会组织的嚆矢。① 唐四寺均为黄檗宗派的佛教寺院，以释迦牟尼为本尊，同时祭祀中国习俗中的关帝、妈祖等，是佛、道两教的混合宗教寺院。因此，年中祭祀活动中，除了佛教的祭观音、释迦牟尼降生发会、普度之外，也有祭关帝（关帝诞辰）、祭妈祖（天后圣母诞辰春、夏、秋在三个寺轮流举行一次）、祭土地爷等活动。当时最为盛大的是清明节（旧历三月）和普度（旧历七月）。即寺院从成立起开始举行各种祭祀活动，发挥了凝聚散居在长崎市内的祖籍地各异的华侨的宗教、祭祀和相互扶助团体的功能。另外，由四福寺邀请东渡而来的中国隐元等高僧，则孕育了日后江户时

---

① ［日］内田直作：《日本华侨社会研究》，同文馆1949年版，第67—69页。

代兴旺一时的黄檗文化。[①] 唐寺同时作为与地域互动的场所，文化上对主流社会产生了很大的影响。

关于唐四寺，山本作了如下论述：

> 唐四寺是江户时代渡海来到长崎的唐船、唐人民族、信仰和经济的中心，同时作为身在异乡的侨胞相互扶助的唯一心灵寄托，备受唐人的尊崇。另外，这些寺院也成为唐人与当地归化唐人，以及长崎市民乃至日本社会友好的纽带。特别是在以宗教仪式为主的建筑、雕刻、书法、绘画、篆刻、医学、音乐甚至生活方式和烹饪方法等各方面中国文化的引进及其造成的刺激和影响方面，隐元和尚等黄檗一派的明清高僧的到来是必须引起足够重视的。[②]

就当时长崎华侨和日本人的关系方面，山本认为，“日本人，特别是长崎市民对中国人的感情比对荷兰人更为亲近。同为东方人的亲近感是自然的，应该说原因更在于无论在历史上或是地理上，日本人与唐人之间的亲密关系都是荷兰人无法比拟的”。唐人贸易“使全体长崎市民享受到了好处。这种魅力是其他任何东西无法替代的连接双方的纽带。而且，中国自古以来的风俗习惯自然地融入长崎市民，产生了一年四季各种各样的习俗和活动，日本人和唐人一起乐在其中，构筑了一般市民的市井氛围，这与荷兰人是截然不同的。由此，从饮食、服装、各类器具等日常生活方面到绘画、书法、建筑、雕刻、歌舞、音乐等各种技能和艺术

---

① 所谓黄檗是指黄檗山、黄檗宗的简称。黄檗山位于中国福建省福清的西南。因禅宗道场万福寺而繁荣。黄檗宗是隐元开创的日本三大禅宗之一。隐元（1592—1673），名隆琦，俗姓林，福建福清人。是明末清初黄檗山万福寺住持，临济宗高僧。应日本长崎兴福寺第三代住持逸然性融邀请，率数十名僧侣等于 1653 年到达长崎，曾任兴福寺、崇福寺等的住持，深受日本朝野的欢迎，并得到后水尾天皇的青睐与德川幕府第四代将军家纲的尊崇，分别赐予土地、钱物，以建筑禅寺。1661 年兴建京都宇治万福寺，开创了日本黄檗宗，后成为与临济宗、曹洞宗并列的日本禅宗三大教派之一。隐元东渡，不仅对日本的佛教产生重大的影响，而且将中国的各种文化传到日本。扁豆、莲花等至今被日本称为“隐元豆”“黄檗莲”。隐元还将“煎茶道”技术带到日本，被奉为茶道中兴祖师。

② 山本纪纲：《长崎唐人屋敷》，谦光社 1983 年版，第 180 页。

方面，可以说，唐人文化对日本人民产生的影响是十分巨大的”。[①]

当时，唐人贸易成为长崎整个贸易体制中起着决定性作用的重要支柱。但是，苦于金银不断流失海外，幕府不久就采取了以信牌制度为代表的贸易管制政策。信牌台账上的署名不是长崎奉行[②]，而是本应为民间人士的唐通事。[③] 通过唐人贸易积累了财富的唐通事，架设桥梁、向寺院捐赠，为当地的发展贡献了力量。流淌着唐人血液的他们，其中的许多人为长崎的文化发展带来了巨大的影响，与日本人通婚，在长崎扎下根来。

（二）唐馆

从 17 世纪中叶到后半叶，特别是清朝的迁界令的废止，来长崎的唐船日益增多，唐人贸易达到了顶峰。但是，由于幕府的管制更趋严厉，长崎港外的黑市贸易开始盛行。出于禁教和风纪等问题的考虑，幕府准备将唐人的活动范围限制在一定的场所之内，1689 年建设了“唐馆”。唐馆可以说是德川幕府锁国政策的结果。唐馆中也建造了作为华侨祭祀活动场所的关帝庙、土神堂、天后堂、观音堂等。

随着唐馆的建立，贸易据点也迁移至唐馆之内，祭祀活动也在其中由各帮共同举行。祭祀时由三帮轮流主持。而除祭祀功能之外，唐寺承担的亲善、相互扶助、社会公共事业等其他社会性功能。除了长崎奉行和一部分艺伎之外，唐馆的华侨和普通日本人的进出均受到严格的限制，但是在祭祀活动时，唐馆是开放的，所以华侨的祭祀和艺能活动等，自然影响到当地日本社会。

随着明治维新后神户、横滨等地的开埠，长崎失去了特权，唐人在贸易中所保持的长期安定地位被打破，境遇发生了重大变化。同时作为唐人贸易

---

① 山本纪纲：《长崎唐人屋敷》，谦光社 1983 年版，第 306 页。

② 类似现在的市役所，中文为市政府。

③ 江户幕府任命的中国人翻译。与荷兰通事不同，不仅从事翻译的工作，包括有关文书的翻译和写作，还负责处理中国商人与日本商人的纠纷问题和交易上的问题等众多事务，以保证中国与长崎的贸易顺利进行。信牌也是由唐通事发行。当时，由于幕府与清朝之间没有邦交，唐通事是以代表中国政府的形式，其责任的一部分是承担监督在日中国人的角色。唐通事不仅掌握了与中国贸易的命脉，同时在贸易中积累了相当大的财力（长崎新闻社编《长崎县大百科事典》，1984 年，第 577 页）。幕府锁国令之前来长崎的唐人，大多是经长崎奉行许可在长崎有居住权的，因而被称为“在宅唐人”。而之后来长崎的唐人被称为“渡航唐人”，两者被严格区分。只有前者才有资格被任命为“唐通事”（林陆朗：《长崎唐通事增补版》，长崎文献社 2010 年版，第 2—3 页）。

管理机构的唐馆失去了必要性而被裁撤，其作用也很快消失。

同时，祖籍为福州地区的华侨则留在了长崎，他们主要从事杂行、小商业等活动，在唐馆消失之后，仍然借用欧美人的土地和名义继续从事买卖。此后，借助成功的亲戚或同乡的力量来到长崎的祖籍福州、福清的华侨逐渐增加。1898 年，来自福州的华侨为维持商业活动和崇福寺的香火，组织了“三山（福州的别称）公帮”。这一凌驾于其他帮派之上的“三山公帮”（后述）历经日中战争的灾难，存在至今。目前长崎华侨社会保留的普度等传统祭祀活动，便是由三山公帮继承下来的。

如官方登记资料中所记载：“三山公所（长崎市新地町 14 番地）是位于长崎市今笼町的崇福寺，选出代表，从众信徒中募集维持费用，并致力盂兰盆等祭祀活动的团体”（内田，1949：155），该公所具有崇福寺信徒组织的作用，主要活动是征收崇福寺的运营资金以及举办年中祭祀活动，规模最大的祭祀是普度。

福州、福清出身的华侨来到日本相对较晚，财力不及其他帮派。1899 年外国人在日本内地杂居获得认可，但是当时来日的华侨受到了严格的职业限制，来自福清、福州地区的华侨的职业主要是行商贩，其行商的足迹遍布于日本各地。第二次世界大战后，祖籍为福清、福州地区的华侨占据了长崎华侨的大多数，而职业逐渐收缩到餐饮业。不过，以三山公帮为基础战后成立的“福建同乡会”，目前依然是日本最大的同乡会组织，由于其行商活动的背景，使其网络遍及日本全国和海外，每年举行的普度和联谊会是其组织的最大活动。

（三）中华街

长崎新地的前身为“新地荷物藏”（新地货物仓库），作为唐馆的附属仓库，是 1702 年填海而造的。之后，至日本开国为止，新地在贸易等方面都起到了很大的作用。在开国的同时，由于欧美诸国的进入，贸易不再是华人独占的特权，日趋衰落如同废屋一般的唐馆也于 1871 年被烧毁。随后，新地仓库被改造成店铺和住宅等，与广马场①一样，

---

① 新地邻接的町，是 1860 年填海所造的外国人居住地，1863 年正月取名为广马场。广马场的背后是唐馆，因此很多中国人居住在此地（歌川龍平：《わしがまちさ——長崎郷土物語》，長崎新聞社 1952 年版，第 162 页）。广马场町附属于原长崎村十善寺乡，曾经是唐馆前的广场，因而得名广马场。

一直是当时华人聚集的特殊地域，直至1899年外国人市内混居的许可公布为止。

新地作为近代长崎华侨经济的母体，尽管开国后表面上比锁国时期的独占贸易情形有所削减，但华商在商业交易上仍然是胜过欧美人一筹。特别是1871年《日清修好条约》签订后，华商更是堂堂正正地进入新地，之后一些新的华商从福建省南部、广东等地相继而来，在新地经营贸易。

由于甲午战争以及其后在新地和广马场相继发生的火灾，特别是中日战争的爆发，使华侨的生活发生了变化。很多在经济方面受到沉重打击的贸易商，大多不得不回国。而在中国没有经济基础，以从事餐饮、行商业为主的来自福建省北部的商人，只能留在了新地。由此，贸易商的退出改变了新地的样貌，中国料理店和杂货店成为新地的主要店铺。从那时起，即使是中华街，也很难看到身着中国式服装的华侨，华侨的住宅也和日本的没什么两样。特别是第二次世界大战不久，1947年的大火使中国式建筑尽遭破坏。战时的日本政策，造成了混合型的社会，新地的日本人数超过了华侨。至20世纪60年代，居住在新地的华侨减少至50户，目前更是减少到了25户以下，新地已几乎丧失了中国人居住区的特点。

其实，新地虽然曾经是华侨经济活动的中心，从以往有关长崎华侨的历史文献记载中，几乎没有使用新地中华街这一词汇。新地正式被称为“中华街”是在1984年新地中华街商店街振兴组合的设立，并在该街区十字路的东西南北建立起四座中华街牌楼之后。之后，新地中华街成为创造华侨新的文化传统的舞台。

二　长崎本土化的华侨文化旅游资源

（一）饮食文化

长崎保留了很多唐人贸易时代的文化资源。从饮食文化上看，历史上唐馆传下来的卓袱料理和唐寺传下来的普茶料理（素斋），为长崎当地社会所接受，并成为特有的地域文化延续至今，可以称为最早传到日本的中国料理。[①] 比如，普茶料理目前只在长崎和由隐元开创的京都黄檗宗万福寺可以见到。

1. 普茶料理

普茶料理是应邀来长崎的隐元法师通过兴福寺传播到日本的精进料理（素食），随时代变迁几经演变，现为日本素食文化的代表之一。普茶的"普"字为普通之意，指为修行众僧点茶，也就是与众同乐和平，平等共食之意。普茶料理与寺院的茶文化有关。众所周知，一般寺院都设有茶堂（或茶室），是禅僧辩论佛理、招待施主、品尝香茶的地方。寺院僧尼用茶敬佛、敬师、献宾客，供自己与善友品饮，谈佛论经，修养心性，形成了庄严肃穆的"茶礼"。黄檗宗重视茶礼，普茶是茶礼中的一部分，寺院在法会前饮茶，法会后有谢茶习惯，为众人提供茶点。茶点逐渐丰富，并最终发展为日本佛教的代表性素食料理——普茶料理。与其他日本精进料理区别在于：（1）与清淡简单的日本精进料理相比，选用中国式的食材和烹饪方法，用油量大，味道鲜美。（2）非日本传统的分餐形式，大家围坐一桌共餐。以往至江户时代，日本有严明的身份制度，同时按身份制度形成了各自不同上下左右分明的饮食习惯，圆桌形式的饮食习惯是伴随黄檗宗文化传到日本的。隐元法师带到长崎的菜豆、豆芽、茄子、花生、金针菜、莲藕等蔬菜，不仅是长崎兴福寺和京都宇治万福寺精进料理的主要原材料，目前亦成为普通家庭常见的菜肴。

2. 卓袱料理

卓袱料理被认为是日本最早的中华料理。卓袱料理诞生于长崎贸易时代，实际是长崎人在普茶料理配餐形式和内容的基础上，结合葡萄牙式的西餐（日本成其为南蛮料理）等创造而成的长崎地方化中餐宴会料理。与传统的日本分餐方式不同，其形式类似中国的筵席菜，圆桌形式，菜肴使用大盘，放在桌子的中央，用餐者自用餐具分享。卓袱料理对日本的餐饮业影响很大，它的代表菜如"胡麻豆腐""松肉汤"等，至今还列在日本一些餐馆的菜谱上。日本人调味时经常使用的酱油、醋、豆豉、红曲以及日本人经常食用的豆腐、酸饭团、梅干、清酒等都来源于中国。

---

① 参见［日］王维《华侨与日本中华饮食文化的本土化》，载《华侨华人研究》2017 年第 4 期，第 1—9 页。

饶有趣味的是，日本人称豆酱为唐酱，蚕豆为唐豇，辣椒为唐辛子，萝卜为唐物，花生为南京豆，豆腐皮为汤皮等。为了纪念传播中国饮食文化的日本人，日本还将一些引进的中国食品以传播者的名字命名，如隐元豆便是以隐元法师的名字命名的。

江户时代华商（华侨）的作用不仅体现在中国饮食文化的传播上，在日本与南美洲等新大陆的饮食文化的传播过程中，华商也起到了很大的作用。比如，红薯原产于被称为新大陆的南美洲，经西班牙人带到东南亚，后由华人传到中国和日本。另外，长崎贸易中的重要商品——砂糖，也是由华商带到长崎和福冈的，砂糖的传入，不仅对料理的调味起到很大的作用，同时促进了以长崎为中心的九州地区糕点（果子）制造业的形成和发展。

3. 长崎杂拌面（Chanpon）①

长崎杂拌面是1899年长崎的中国餐厅“四海楼”的主人陈平顺开发的，现在餐厅由该家族第四代陈优继一家经营。

第一代陈平顺，1873年出生于福建福清。当时与陈家有渊源关系的益隆号在长崎新地经营着大规模的砂糖贸易，1892年陈平顺借此关系从福建渡海来到长崎，之后从未回过福建。据说，当时的长崎虽然有一些大的贸易商，但多数华侨从事的还是“三刀业”等杂行。陈平顺最初在长崎从事流动商贩的工作，从保证人处借钱，用两轮拖车装着货物四处行商。② 7年之后，陈平顺与三个朋友一起租借了广东会馆的房屋，开出了四海楼最早的店面。29岁时便一人独力经营。当时在长崎有很多留学生，陈平顺经常为来到长崎的华侨和留学生做保证人，并提供照顾。当时长崎的一些华侨生活并不宽裕，留学生的生活更加艰苦。深知留学生生活艰辛的平顺，为了增加他们的营养和在外生活的勇气，用传统的猪骨头汤和长崎近海出产的海产品及豆芽、卷心菜等做材料，将福建的“肉丝汤面”改造成价廉物美的长崎 Chanpom，早期被称为“中国馄饨

① 参见［日］王维《华侨与日本中华饮食文化的本土化》，载《华侨华人历史研究》2017年第4期，第1—9页。

② 祖籍福建省北部的人来到日本一开始很多选择做流动商贩。这是目前为止来自福清、福州地区的华侨分散在日本全国各地的主要原因。

面”(udon)。

“Chanpom”(ちゃんぽん)一词在日语中意为掺和，是江户时代出现的词语，语音起源于中国的乐器钲的“呛”和鼓的“嘭”。[①] 而长崎Chanpom的来源，有不同的说法。按照四海楼第四代经营者陈优继的说法，是来自福州或闽南方言中吃饭的发音，即Sepon或Japon。因为饮食对于华人来说是极为重要的事，见人时常用“吃饭了吗”做寒暄语。在印度尼西亚和马来西亚有叫作campur的料理，日本冲绳也有一种炒菜叫Chanburu，这些菜饭不仅名称和发音与chanpom极为相近，且将多种材料掺和在一起的烹饪方法亦相同。可见“Chanpom”一词显示了长崎与东亚、东南亚交流史上的互动关系。但究竟是何种关系，有待今后考证。

量大物美价廉的Chanpom不仅受到当时留学生的欢迎，同时很快在华人居住区普及，并且得到长崎本地人的认可。据陈优继讲，当时开Chanpom店的店主都曾经在四海楼学过徒，那时在外吃饭的习惯尚未普及，外卖是普通的形式。四海楼制作外卖用的道具，并将其传授给其他的Chanpom店。当时的四海楼悬挂的招牌上写有“中国料理四海楼馄饨面元祖”的字样，1905年12月25日《东洋日之出》报纸的题为《四海楼的台湾艺伎》的报道，反映了当年前来四海楼食用中国面条的客人络绎不绝的景象。[②]

1907年出版的《长崎县纪要》中以《书生喜好的料理——Chanpom》为题，介绍了Chanpom是学生等喜爱的料理，四海楼开业后的8年间，长崎市内已有十几家Chanpom店，大部分是华人开的。[③] 当时一碗Chanpom的价钱是四钱到五钱，而同一时期一个面包的价钱大概是十钱[④]，即一碗Chanpom比一个面包便宜近1倍，这也许是Chanpom能受到长崎的华人和地域社会欢迎的主要原因。1909年4月5日《东洋日之出》以《长崎的名物名産》为题的报道中，称Chanpom为简单便宜的长崎一大特产。另外，1914年发行的《长崎指南》中，将Chanpom作为最流行的长

① 前田富祺监修:《日本语源大辞典》(小学馆、2005)等。

② 陳优継:《ちゃんぽんと长崎华侨》，长崎新闻社2009年版，第42—43页。

③ 长崎县协賛会:《长崎县紀要》，1907年，第257页。

④ 朝日新闻社:《値段史年表　明治・大正・昭和　周刊朝日编》，1988年，第97页。

崎特产进行介绍，还将 Chanpom 写进歌谣中。

以上的叙述表明，20 世纪初 Chanpom 已经为长崎地域社会所认同，正如 1938 年出版的《长崎论丛》（第 22 辑）中所述，Chanpom 既不是汉语，也不为中国人所知，是中国见不到的长崎特有的珍品。Chanpom 在长崎地域的本地化，不仅与四海楼的师徒关系网络有关，而且与当时长崎社会大众的饮食习惯亦不可分。

第二次世界大战后，作为长崎中餐馆的头牌菜，长崎杂拌面逐渐演变为长崎乡土特色菜和旅游资源，出现了更多由日本人经营的专卖店，在日本有较高的知名度。慕名前来光顾元祖四海楼的除了一般的本地客和外来旅游者以外，还有日本各界知名人士，其中包括昭和天皇的兄弟和太子以及挪威国王五世及夫人等。

长崎杂拌面在日本的大众化是 20 世纪 70 年代“长崎 Chanpon”连锁店“格林小屋”被创建以后。“格林小屋”是利用 Chanpon 的资源，由日本人在长崎开发和创业的，目前在日本各地有 645 家。[①]

（二）音乐与节日活动

1. 明清乐

所谓“明清乐”，指在江户时代通过长崎传入日本的近代中国音乐的总称，其中也包括用日语和长崎方言演唱的歌谣。“明清乐”一词，是明治以后在日本关西地区开始使用的。明治以后，尽管“明乐”逐渐废除，只有“清乐”，但是“明清乐”一词已经成为日本民间社会约定俗成的名称，以及表示日本音乐种类之一的专业术语，亦被视为日本大众传统音乐之一。“明清乐”中的“明乐”是以雅乐为主的明代各种音乐，“清乐”则是以吴越支脉为中心的清代社会的民间音乐。

与长崎华侨的历史一样，“明清乐”的传入可以追溯到唐人贸易时代。“明乐”是在江户时代（1666 年左右），由福建省福州府出生、后来成为东京（越南）船主的魏之琰（魏双侯）传入长崎的。魏氏后入日本籍并任唐通事，其后代亦历任华人社会的唐通事。魏家第四代魏君山自称钜鹿民部规贞，赴京都时曾在近卫相公、东本愿寺法主、冷泉为村卿

① 株式会社リンガーハット网页，2017 年 1 月。

等达官贵人面前演奏，促进了“明乐”在日本的流传。其弟子平信红古在1768年将魏氏演奏的50余首曲目编成《魏氏乐谱》。据说，钜鹿民部生前“拥有百余名弟子”。[①] 民部赴京都后不久去世，“明乐”此后便逐渐衰退，其中一部分被新传入的“清乐”所吸收。民部死后，他的弟子筒井郁景将魏之琰带来的乐器整理出版了《魏氏乐器图》。《魏氏乐谱》和《魏氏乐器图》也是目前中国音乐学界研究明代音乐的重要资料。

“清乐”的传入有两个体系：一是在江户时代后期文政年间（1818—1830年）东渡来日的金琴江开创的一派；二是天保年间（1830—1844年）由东渡来日的林德健开创的一派。[②] 中村重嘉曾对“清乐”的传入做了如下叙述：“从文化末年开始，唐船的船主及其他船员中很多人会演奏清乐，诸如江云阁、沈萍香、李少白等人。他们不仅长于清乐，而且很会吟诗作画，并与知识界有交往，来长崎游览的日本文人等在学习吟诗作画的同时，亦学习月琴明笛等乐器。来长崎的清国（中国）人中，金琴江很有名，文政八年至文政九年在长崎逗留之际，僧侣一圭远山荷塘和医师曾谷长春都曾求教于他”。

林德建号音奇，福建人。1830年从福建来到长崎，并一直居留至1844年。在此期间，他曾教过颖川连和三宅瑞连。对此，《长崎市史》记载道：“文政时期，颖川连拜唐人林建德为师，学习清乐的奥秘。三宅瑞连女亦向其学习曲调和唱谱，后来成为当时的月琴名人。大阪的龟龄轩斗亦慕名而来，在长崎向唐人学习月琴曲，后来又传给和歌诗人大隅言志。……津田南竹等人也擅长月琴。当时在长崎的商人中间月琴曾经很流行。”[③]

小曾根干堂[④]是瑞连的弟子，“清乐”后来由他继承，成为小曾根流派。干堂将清乐的技艺传授给自己的子女星海、菊，又由女儿菊传授给

① 中村重嘉：《“明清乐”》《长崎民友新闻（中村ブック）》，1940。

② 浜一卫：《明清乐覚え书》（《明清乐备忘录》）《文学论缉》1—18：1—15 1966 九州大学文学部。

③ 长崎市政府编：《长崎市史・风俗编》，清文堂1938年版，第325—326页。

④ 小曾根干堂是长崎人，长于书画，尤其擅长隶书并精于篆刻。1878年创设小曾根小学，致力于教育普及。文久年间（1861—1863年）小曾根干堂居住的地区以其名字将城镇命名为小曾根町，后来这里成为外国人居留地。

中村绮罗和渡濑绪子等。1969 年，两人的演奏技艺成为长崎市非物质文化遗产。现在的“长崎明清乐保存会”则属于林德建的系谱，另一系谱后来中断了。

“明乐”传入日本应该是在唐馆建成之前，在这个时期，唐人与日本人之间的交流比较自由。而“清乐”传入的时候，长崎唐馆已经建成，唐人与日本人之间的交流仅限于唐通事和艺伎，唐通事和艺伎作为这个时期音乐的传播者，将“清乐”逐步地传到了长崎的普通人家庭中。

在明清乐的传播中唐寺和唐馆都起到了很大的作用。唐寺曾经是当时唐人们的精神寄托。“（唐人）不习惯既无云彩又无阴影，如同关帝闪烁的目光那样照射的长崎的阳光，难忍异乡酷暑的唐商们在清澈的明笛声中想起了故乡的绿荫。……这也许是当时他们唯一的乐趣吧。”① 可见，当时在唐寺院中已经有唐人用明笛等乐器进行演奏。明笛也叫唐笛，是明乐乐器的一种，对明乐的传承具有重要意义。另外，明乐中不可缺少的七弦琴（古琴），是 1677 年的唐僧心越东渡带到日本的。后来，心越访问唐寺院，不少日本的知识界人士跟随心越及其弟子学习七弦琴。② 1780 年左右的《长崎古今集览名胜图绘》里有弹七弦琴的唐人与手持三弦琴的艺伎的合奏图。③ 如此，在唐馆演奏七弦琴的情形可见一斑。

到了 19 世纪后半期，“清乐”在日本社会广为传唱，成为中上层家庭子女的必学之音乐。长崎的商家中，很多男女都会演奏月琴。在长崎诹访神社的祭祀活动中，也有清乐的伴奏祭祀舞蹈。特别是在 19 世纪 70 年代后半期，在长崎丸山花柳巷中盛行清乐演奏。但是，在丸山火灾后，清乐的演奏逐渐式微，进入昭和年代后则几乎中断，直到第二次世界大战后才得以恢复。

“明清乐”作为近代的外来音乐对日本的音乐产生了很大的影响。1969 年“明清乐”被指定为县非物质文化财产，1971 年长崎成立了“明清乐”保存会。此后，日本音乐家曾在国立剧场、NHK（日本国

① 中村重嘉《清乐书目》《长崎谈丛》27：60—63　长崎史谈会 1940（1968）。

② 渡部库辅《长崎风物记》东洋日之出新闻（中村ブック）（1930.4.1）。

③ 越中哲也《长崎の明清乐/第 4 回日本音乐の流れ——近世の外来音乐》国立剧场（1977：5）。

际广播台）和国民体育大会等重要活动上演出。“明清乐”保存会定期进行“明清乐”的公开演出。另外，也参加从小学到大学的音乐教学活动，以及长崎宫日节和长崎灯会（后述）等节日活动和社会上的其他文化活动。

“明清乐”源于中国，但并非中国的明清音乐，而是经过日本人加工再生产，并由日本人继承的“明清乐”，作为近代日本的外来音乐，已经过了数百年历史。“明清乐”与其用语一样，传承过程中受到日本文化的影响，演变至今，并成为长崎乡土艺能和旅游资源。

2. 长崎诹访神社重阳祭祀——宫日节[①]

“宫日节”之名称的由来与中国九九重阳节的风俗有关，这种风俗首先在博多地区，后来传播到九州各地后，被称为“宫日节”，并用来表示九州地区秋季祭礼的日子。

在日本，重阳节的最初记录是在831年，何时传到长崎尚不清楚。在《长崎市史·风俗编》中有如下的记载：唐人之间，诹访祭神被称为“九使庙祭”“九使神会”等[②]。

诹访神社初建于1625年，建立初期的祭礼十分简单，只是演奏汤立神乐，参加者都是神社的有关人员，而不是普通市民。17世纪初期，正是基督教在日本盛行之时。为了避免市民热衷于基督教，在诹访神社宫日节之际，长崎奉行所开始动员市民参加，并将对外贸易的财源的一部分用来奖励参加宫日节的市民，使后来宫日节的规模越来越大。明治八年（1875年），随着日本新旧历法的改革，长崎诹访神社的“宫日节”正式由旧历的九月九日改为新历的10月7—9日。明治时代以来，尽管经过了多重的曲折，宫日节一直持续至今。

宫日节最初进行“供奉舞”的只有艺伎町，后来参加“供奉舞”的逐渐扩大到各町，由于每年参加的町数有限，不得不采取抽签的形式来决定各町参加的顺序。参加“供奉舞”的町，作为区别他町的标志，登场时一定要在队伍的前头举有各町特有的大伞（伞锋）。这种

---

① 有关宫日节的详情参见［日］王维《华侨的社会空间与文化符号》，中山大学出版社2014年版。

② 长崎市政府编：《长崎市史·风俗编》，清文堂1938年版，第369页。

伞原来是从博多（福冈）传入的祭礼用具，以前只是用来做标志，形状小而简单。可是到后来，由于它逐渐成为显示各町的实力的象征，伞越做越大，装饰也愈加豪华，时至今日就成了一种别具匠心的物品。

“供奉舞”分为基本舞和特殊舞两种。基本舞一般为日本舞，特殊舞却因町而异。舞蹈的内容多和以前长崎的贸易对象中国、荷兰、葡萄牙等国的风俗有关。受中国风俗的影响，和中国艺能有关的舞蹈主要有龙舞等。在长崎龙舞以前被称作蛇舞，由于书写和读音上的问题，1965 年长崎市观光科和乡土史学家商谈的结果，读音不变，字由蛇改为龙。[①] 相传龙舞是从享保年间（1716—1735）开始的。[②] 现在的龙舞的龙体长度为 18 米，由 10 个身着唐装（中国清朝服装）的人舞动，追逐着由一个穿着唐装的“玉使”所舞动的珠玉，并根据打击乐器所发出的乐调的缓急，逐步展开“绕行”“戏珠”等一系列表演。长崎的龙舞与日本其他中华街以及中国本土的龙舞有一定的区别。长崎现在“供奉”龙舞的有笼町、诹访町、筑后町、五岛町四个町。笼町以前曾作为通往唐馆的必经之路受唐人贸易之惠而繁荣，他们和唐人学龙舞，并通过唐馆从中国买来各种打击乐器和传统服装。后来龙舞便成为代表笼町的“供奉舞”。诹访町的龙舞是从笼町学来的，由于诹访町的名字来源和诹访神社有关，而且诹访神社的神的差使又是白蛇（白龙），所以诹访町的龙舞的龙与笼町不同，不是青龙（青蛇）而是白龙。但是到了后来，诹访町又加上青龙，这样就变成两条龙同时“供奉”了。据说筑后町是因为以前唐寺福济寺位于其町内，他们的龙舞也是从唐人学来的。至于五岛町的龙舞是 1999 年才开始起步、2000 年第一次出场“供奉”。

供奉舞中除了龙舞以外，其他还有狮子舞、唐子舞、龙船、唐人船等，均与华侨文化有关。

---

① 永岛正一：《长崎ものしり手账》，长崎放送株式会社 1997（1972）：153。

② 山口麻太郎：《日本の民俗　长崎》，第一法规株式会社 1963：191；《长崎名胜图绘》云：“唐馆的舞蛇在正月上元（旧历一月十五日）举行，由直径 1 尺，长 2 尺左右的几个小龙连接一起，做成长 3 丈或 5 丈的龙型，上面贴有绢布，绘彩绘。”（长崎史谈会 1931：228）

3. 放精灵（Sholonagashi）

放精灵是长崎独特的盂兰盆活动，一般从 8 月 15 日的傍晚开始到半夜。放精灵起源于以前唐人的放彩船。放彩船一般称为“请神”，放彩船的规模有小有大。前者是祈祷航海安全，当时每年举行。与此相对后者是祭奠死于异国的唐人之灵的意思，10—20 年举行一次。受其活动的影响，长崎也开始在盂兰盆节的晚上制作船只放流到海里，凭吊死者之灵。在死后第一次盂兰盆会，各自在家里制作小型的船只。而在町内会（街道居民会），为了送町内的精灵制作大型船只。

江户时代的精灵船，根据《长崎名胜图》记载，它是用真稻草和竹子制作的，以往将它扛在肩上放流到海里，船上还挂有用白纸做的帆。明治以后，就变成了不再放流到海里，只是在海边陆地形式上放流，船体逐渐增大，材料也变成了杉木等木材。放流的时候不用扛，而是在船的下面装上轮子拉着放流。[①]

目前长崎精灵船最前头装有作为标志的灯笼（灯笼有各种各样的，中间点上蜡烛，走在最前头引导精灵船），后边如果是私人船只的话，依次为穿正规服装的丧主、部分打击乐队伍，然后是精灵船，顺序行走，沿路鸣鞭炮。精灵船有稻草船、大船和小船等。

稻草船现在在盂兰盆会之前经常有卖的，用竹子扎成船的形状，再用稻草编在上面。大小 1 米到 1.5 米左右。船体上面造有房子，中央立有桅杆。另外，顶端贴有用白色标上姓名、房号、家庭的徽章以及其他与自己家庭有关的象征性标记的红纸。

大船主要使用杉木等木材，再装上青竹并用稻草包起来。船的两舷，倒垂着用稻草绳做的装饰，大小 10—60 米以上，桅杆高度 4—10 米。用蒲包包住船头，船头正面称作“镜子”，形状是莲花瓣形状，镜子的高度 2—4 米。贴在镜子上的纸上面，如果是个人的船，则写上房号、徽章、名字，如果是团体和町内的船，则分别写上团体和町内的象征性标记，透过船头内的蜡烛光，凭其外表的设计便知晓其船主是谁。町内等制作的连环船，以大船为多，形状不定，自由创作。中船的大小位于大船和

---

① 长崎史谈会《长崎名胜図絵》藤木博英社 1931，嘉村国男編《长崎町人志　新編长崎名胜図絵　さまざまな暮らし编　住の部》，1997。

小船之间，3—6 米，制作的方法也是大船和小船的折中，每年这种中船制作得最多。

以前在长崎放精灵都是将船放入海里，现在精灵船通过的路线和放流场是固定的，长崎市政府会将放到放流场的船运走统一处理。放精灵已经演变为长崎地方独一无二的风俗，也是长崎夏天的一大旅游风景。

除了宫日节和放精灵外，其他还有“龙舟”①“放风筝”② 等。这些在长崎历史上以唐人为媒介，从中国传入的风俗习惯和文化活动，为长崎的民众所继承并融合到其文化生活中，成了长崎独特的地方文化。

三　华侨传统文化的变迁与旅游资源

根据文献资料记载，日本华侨社会的传统祭祀活动一直可以追溯到江户时代。1689 年，唐馆设立之后，华人的外出就受到了限制。而在唐馆内的生活中，能够聊以自慰的就是随着四季更迭举行的各种祭典活动了。各帮共同的祭礼活动主要在唐馆举行。现在长崎华侨的传统祭祀活动主要由三山公帮主持，在崇福寺中进行，祭祀活动有元宵节、观音祭、清明节、妈祖祭、关帝祭以及普度，其中规模最大的是“普度”。在历史上，长崎华侨的祭祀活动是以唐三寺的轮班制形式进行的。这是进行土

---

①　长崎夏天的活动。龙舟据说是由中国的南方传到日本的。众所周知，赛龙舟在中国南部以至东南亚一带都十分盛行。龙舟传到长崎后，除了其本身的庆祝端午节的意义，又加上了夏天镇水神——龙神的含义。现在长崎的赛龙舟大会在每年 7 月 23—26 日于长崎港内举行，在中国打击乐器铜锣和鼓的伴奏下疾驶的赛龙舟，已经成为彩饰长崎夏日的精彩活动了。

②　4—5 月放风筝活动。风筝有十几种形态和 170 种式样，其中包括“蝶风筝”和“文字风筝”等几种中国式的风筝。“蝶风筝”是长崎唐人贸易的时期唐人制作的，经常在唐馆里放，后来“蝶风筝”流行到普通市民百姓之间。而“文字风筝”是在上面画上梧桐凤凰、松枝仙鹤、天下太平等吉利的式样和文字，特别是画着蜈蚣的风筝，在今天的中国也很常见。（永島正一《长崎ものしり手账》，长崎放送株式会社 1997 年版，第 167 页）

神祭（唐馆内）、菩萨安置①、妈祖祭②（也称菩萨祭）以及普度管理体系。

现在在长崎崇福寺的祭祀活动是由华侨轮班具体操作。这里所说的轮班制虽然和历史上唐三寺的轮班完全不同，但似乎可以看出“轮班制”的历史连续性。长崎老华侨人数很少，崇福寺的当班由华侨各户轮番来做。当班主要负责当年在崇福寺举行的所有的祭祀活动的准备工作及杂务。在崇福寺举行的主要祭祀活动，以旧历正月的元宵节为始，七月的普度为终。其费用主要是会费及华侨的临时捐献。

现在崇福寺的轮班制一般认为是才形成的。也就是说，三山公帮（三山会所）于新地设立之后，开始进行崇福寺祭祀活动，但是具体上是由新地的各家店铺（万泰号、永泰号、明泰号、正泰号、瑞泰号、泰益号、锦昌号等10家）担当。活动的费用除了募捐的部分外，几乎都是由这些商号来筹备的。由于战争的关系，这些店铺的店主们或回国，或移居他地。第二次世界大战期间，崇福寺的活动也被迫停止了。

第二次世界大战，三山公帮为了振兴崇福寺的活动，决定每年由10户左右，六七年一次轮流负责崇福寺一年的祭祀活动，这就是现在的轮班制。因为华侨的人口和家庭人员组成经常发生变动，所以每隔几年就要对轮班制进行调整。当班的原则上是使用店铺的名称，没有店铺的就使用户主的名字。若店铺或户主发生改变，名称亦要随之变更，若户主逝世，就变更为其子嗣的名字；若没有男性的继承人，则由妻子、女儿担任。若没有人手，则要申请取消其做当班。目前，老华侨的人数不断减少，轮班相隔的年数和每年担当的户数也随之减少，至2017年轮班相隔的年数改为4年而担当的户数也减至5户。

（一）天上圣母祭（妈祖祭）

天上圣母又称天后，即妈祖。在以前，妈祖祭典每年有三次，由唐

---

① 祭祀妈祖是建造唐寺的目的之一。船只入港时，各船的妈祖像经过寺院的僧侣的诵经后，安置在唐寺内的妈祖堂中保管。表示其为佛教徒使入港的唐人都能安全地从事贸易。这就是菩萨（妈祖）的安置和菩萨下船，或者称菩萨上船。

② 在旧历三月二十三日、七月二十三日、九月二十三日举办三次。同一年的妈祖祭根据三寺的轮流情况来举行。比如三月的妈祖祭是在崇福寺，七月的就由福济寺举办（王维，2001）。

三寺（除圣福寺）轮流举办。[①]

以前来往长崎的唐船为保海上安全，在船上放置妈祖的像，航海中对其进行拜祭。船只入港后唐人都要入住唐馆，无法保护船上的妈祖像，因此在船舶入港期间，将妈祖像委托给唐三寺。最初，各船是将妈祖安放在祖籍相同的唐寺中，后来由于船只数量等关系，便开始轮流安置在唐三寺中。将妈祖像从船上搬下，寄放在唐寺里就叫作菩萨安置。而唐寺为了安置唐船的妈祖像，特别设置了妈祖堂（山本，1983：289—290）。

建立唐寺的本意就是祈求海上平安及供奉亡灵，因此祭妈祖的妈祖祭是唐三寺的重要活动。各寺都分别设立了妈祖堂，每年在旧历三月二十三日、七月二十三日和九月二十三日，举行三次盛大的妈祖祭奠。从前妈祖祭是按祖籍地在各自不同的寺院举办，但为表示公平，从1691年开始决定由唐三寺轮流举办。各寺会在祭典前一天在妈祖的坛前放置干菜、大胡麻饼、素面及其他供品并用花装饰，到了二十三日就会在妈祖坛前烧香、诵经、吹唢呐、敲击金钹，并备用卓袱料理[②]和酒招待客人。到了晚上就在佛堂前的长竿上及山门处点上灯笼。据说，在唐馆建造前，妈祖祭的时候人们在市井中搭起临时舞台和观众席主办歌舞，为此每年都会有两组擅长歌舞的华人从中国来到长崎（山本，1983：291—292）。

关于菩萨（妈祖）安置仪式，在《长崎名胜图绘》（第3卷，西边部）里也有如下记载：

> 唐人们左右排成两列，先是左右两个手提灯笼的人，之后是敲打铜锣的两个人，接下来是一个人手执直库（铁姑），再之后走在中

① 在妈祖祭的唐寺轮班制，唐四寺中的广东寺（圣福寺）受到其他寺院的疏远。针对其原因，内田指出："一，圣福寺本身在建立之时其实没有广东人的参与，与其他同乡组织功能较强的寺院不同，其住持是日本和尚，与布施的信者之间没有同乡的连带关系。二，其他各个地方帮对广东帮的对立情绪很强。（保存下来的记录中有和其他帮的肢体冲突）。三，随着后来三江商人团体的成立，几乎再没有广东船入港。各帮寺员具有地位的唐通事中也没有广东人"（内田，1949）可见，当时广东寺受到其他唐寺的疏远，是圣福寺历史上远离妈祖祭和普度的主要原因。

② 在长崎日本化的中国料理，以鱼肉、蔬菜为主要材料。

> 间的是抬着妈祖像的几个人（妈祖多为木质像，并在其后插上团扇。左右各有一侍女像，有的会在前面放置千里眼和顺风耳的像，有的则是放置神虎。一说神虎是土神的使者，在馆内的土神庙中即有），在其左右手执旗帜，其后面人手举盖伞，几个守护的唐人跟随其后。途中每经过十字路口都要敲铜锣并挥动直库（拿着直库的人身穿长袖的黑衣，头戴黑帽，做僧人打扮）……摇动的时候，先将铁姑横放在袖上，以双足在地上画出心的文字。摇动后要向东走的话，则要把铁姑的头对着东方；要向西走的话，则要对着西方。向南向北也是如此。按照锣鼓节奏上下转动，左右摇摆，手足并用，前后进退。伴奏曲有板有眼，曲间敲铜锣助长其曲势。一行到达寺院后，要在山门中门或关帝堂前和妈祖门、妈祖堂中鸣响铜锣并频繁挥动铁姑。若有人有失误的话则要重新开始挥动。这是为人们清除魔障和污秽的一种仪式。仪式结束妈祖像以及铁姑放置在妈祖堂。①

这是当时菩萨安置的大概情况。待船出航时，再将寺中的妈祖像取回，放到船上，称其为菩萨装载（菩萨上船）、菩萨装载的这个仪式和菩萨安置是一样的。

到了幕府末期，中国船只减少，菩萨安置的仪式也随之消失了。而其仪式的一部分被吸收到诹访神社的宫日节之中。

不过，妈祖祭失去了保佑航海安全的意义后，作为天后被赋予了保佑家内安全、生意兴旺、幸福健康等与其他诸神共同的意义。现在妈祖祭在天后诞辰日的阴历三月二十三日，在崇福寺由三山公帮举办，祭品有羊、猪各一头，再加上鱼和果菜、面食等。

到了20世纪90年代，长崎历史帆船协会（现已解散改组）在长崎灯笼节上又再现了菩萨安置这一传统。

历史帆船协会创建于1983年，成立的初衷是为了将曾经来往于长崎旧港口的外国船只复原，并重新在长崎港活动。最初着手复原的是《崎名胜图绘》里记载的，曾在16世纪初期访问长崎的中国船只。为了造出

① 长崎史谈会：《长崎名胜图绘》，藤木博英社1931年版，第286页。

更真实的船，协会将造船委托给福州市的一家造船厂。船只于 1989 年完工，起名为“飞帆”。为迎接“飞帆”进入长崎港，帆船协会立志复原历史上的妈祖祭和妈祖行列传统。他们参考蒲田的妈祖庙的祭祀活动，查看了各种有关的历史资料，并从中国买回了妈祖像和服装等，复原了妈祖祭，特别是仪式中的“挥铁姑”的表演。而妈祖行列中的打击乐器的演奏和节奏，则是根据 80 年代后期在崇福寺华侨们打击乐器的演奏的拍子创作出来的。“飞帆”驶进长崎港时，伴随五颜六色的焰火和齐鸣的礼炮，举行了由 60 人组成的妈祖行列，成为当时长崎港百年未遇之盛事。

之后“飞帆”参加了诸如长崎“旅之博览会”等各种活动。目前妈祖行列不仅参加了 1989 年的港祭①和 1990 年的博览会，同时也是 1994 年开始的长崎灯会的不可或缺的艺能之一。

历史帆船协会由于资金的问题而解散。目前妈祖游行仪式的组织运营由市民网络协会承办，每年长崎灯会时，有大约 130 人来参加妈祖仪式。

（二）普度（盂兰盆）

普度的本来目的是祭祀那些无故死去的或断绝后嗣的幽魂和鬼怪。自古以来，在中国特别是在南方都非常受重视。在中国，人们除了会设置祭坛，请法僧道士等诵经外，还会设置舞台表演酬神戏。

普度是长崎华侨最大的祭祀活动，每年农历七月二十六日起，在崇福寺举行。长崎的普度已有 380 多年的历史。长崎华侨的普度，与日本盂兰盆节有不同之处，是在祭祀有缘佛（有主的灵魂）的同时也祭祀无缘佛（无主孤魂），即祖先供养和所谓施饿鬼同时进行。目前普度在崇福寺举行，每年旧历七月二十六日始的 3 天，散在各地的以福州福清人为主

---

①　港祭（港口节）的历史可以追溯到几百年前唐馆的时代，听说与妈祖祭奠有关。当时的新地（现中华街地区）有港口，为祈求航海安全，来长崎的唐船将寄放在唐馆妈祖像安置上船后，船只在港口附近周游几圈，这便是港祭的开始。后来由于新地周围要填海造地，港祭的地点也与港口一起被移走。甲午战争时终止了港祭的活动，港祭的再次复兴是第二次世界大战以后的事。复兴后的港祭是由市政府主办的，以观海为主的活动，随着时间的变迁，港祭的形式也随之变化，现在的港祭主要是以化装游行、歌舞表演以及放烟花为主的。本来港祭是在每年的四月三十日举行的，1991 年青年会议所的提议下，港祭与七月下旬举行的长崎特有的赛龙舟合并进行，从而成为全新的港祭活动。

的福建华侨会前来参拜。

在普度的1个月之前，当班华侨要进入寺院开始准备，制作金山、银山。普度的1周前，于崇福寺第一峰门右侧墙壁上张贴普度的“榜示”，用红纸做的同一内容的“付以”（通知），同时也在新地中华街张贴。普度所需费用，主要源于信徒们捐赠的“缘金”。高额赠款者被誉为“缘首”，普度期间胸前饰以红花。

金山银山是在用竹子做的骨架上贴上高1米左右的金银纸张，意味着供奉给死者的金银财宝。制作金山、银山需要很多劳力和时间，主要雇用一些零工帮助制作。在普度的最后会烧祭金山银山。人们都希望金山银山能送到自己的祖先那里，因此，购买金山银山的华侨会在上面插上写着自己名字的小旗。

普度时的崇福寺，在大雄宝殿、天后圣母堂、关帝堂、祠堂（纳骨堂）、七爷、八爷等的像前设有祭坛，设有为亡者临时设置的普度棚和男室、女室、浴室、京剧台、俱乐部五亭。并且供奉监妍使者、普门大士、三宝、观音、韦驮、土地神等。普度棚设置在大殿右边的，与神座和供物祭坛相连的长架子上，祭坛上挂着天后（妈祖）的画像和神宫的模型，“神坛”上安置着“面燃大士”的灵牌。牌上写着“法界六道十类孤魂，依草附木魑魅魍魉”，表示面燃大士是孤魂野鬼的神。“七爷、八爷”相传是用来抓捕罪人的，供阎王差遣的执行官。崇福寺正堂左侧的中庭，设有由福州移入的代表天界36天的模拟商店36间堂，和五亭一样是鬼界对现实生活的模拟。本来这36间堂和五亭在每次祭祀完后都烧掉，送往冥界。但是，崇福寺从1931年开始，不再烧毁而是每年使用，再后就36间堂也不制作模型，而仅以图画来代替了。“文化大革命”期间，36间堂绘制了出新中国的绘图，后来又恢复原来的样子。传统的图绘也是再次直接从中国送到日本的。从普度仪式上，我们能看到日本的华侨社会与中国保持着一定的联系以及中国现代史上的重大事件对华侨社会的影响。

从普度的第一天下午开始，以九州为中心，祖籍福清、福州地区的老华侨会陆续来到崇福寺，并留宿在寺内的客房，到达后的华侨，纷纷在各种祭坛之前祭上线香进行参拜祈祷。

普度的第一天，崇福寺的住持会诵经祭祀释迦和其他诸佛尊。诵经礼拜一天要举行四次。之后从大堂开始，在各个殿堂巡回一圈，最后回到大殿。第二天的诵经是呼唤亡者和鬼魂，同样也要分四次举行。普度从第二天至第三天的下午 4 点叫作“水忏供养”，其供品是菜食。从第三天下午进入“施饿鬼”仪式，各祭坛祭品都被换为荤食。傍晚时分会有更多的华侨来到崇福寺祭拜，还有很多日本人的观光者。

晚上 8 点，进行最后的诵经礼拜。至 20 世纪 80 年代末，年长的老华侨会拿出小铜锣、钹和鼓等乐器，演奏被称为唐乐的“鼓板”“加冠”等乐曲，也能看到跟着这段旋律起舞的年轻人。然而，“唐乐”因为后继无人而中断，1995 年舞狮表演的登场，取代了“唐乐”的空白。这是普度艺能活动的一个变化。另外，以往华侨参加普度时，会特意带上儿女，因为普度曾经是年轻人相亲的场所，九州华侨的姻亲关系一部分是以普度为媒介的。但是，由于参加普度的年轻人不断减少，普度也不再具有这种相亲的功能。

最后的诵经结束后，为了避免鬼魂四处游荡戏弄世间的人，会祭上供品，并向天空投掷出送给鬼魂的馒头。

第四天的午前 11 点，当班的华侨将供品做成各种料理，设宴招待远道而来的华侨和其他客人。午餐过后，送大家出门，各回原地。但盂兰盆祭尚未结束。普度第五天举行“补施”。补施是为因残疾等迟到亡灵举办的普度，设立祭坛，供品有三牲、果菜和馒头等。从午前 11 点左右主持开始诵经，当班的华侨一起烧香，补施完成后，普度才算是落下帷幕。

普度在长崎被称为中国盆会，目前崇福寺和普度祭祀亦成为长崎夏日的一个具有异国风情的景观，吸引了很多游客。

四　新的文化传统的创造与地方旅游资源

（一）新地中华街的复兴

自第二次世界大战至 20 世纪 80 年代初期，在新地除了面对中心区域的十字路的几家中华料理店、杂货店和贸易公司以外，几乎看不出与其他地区不同的地方。70 年代中日邦交恢复和此后的国际化潮流，促进了长崎中日友好活动的发展，长崎出现了各种各样的中日文化交流活动和中国文化复兴的动向。[①] 因而，作为与中国有较长的交流历史的观光都市长崎，新地中华街的建设愈加必不可少。在这种形势下，1984 年在新地经营商铺的华侨和日本人携手成立了“新地中华街商店街振兴组合”。“中华街商店街振兴组合”是按照日本普通的商店街组合的形式成立的。其目的是开展各种共同事业，同时谋求社区内环境整治改善和组合成员的事业发展，增进公共福利。

新地中华街商店街振兴组合成立后不久便在福建省福州市有关人员的协助下修建了中华街牌楼（门）。之后，中华街的店铺等都开始进行了中国式的改造和增设。现在的新地中华街无论是牌楼还是建筑物都有典型的中华街特色，成为长崎不可缺少的旅游资源，加上媒体的宣传影响，使中华街的游客增加到了中华街成立时的五六倍。随着长崎的华侨社会在日常生活等方面与日本社会不断同化，中华街自然成为华侨民族认同的空间象征。同时为之后新的节日活动长崎灯会的创建奠定了基础。

目前，新地中华街商店街振兴组合有 41 家店铺加盟，华人和日本人的比例各半。组合的会员们大多是在同一地区出生成长，彼此间相互了解，几乎没有华侨和日本人之分。2010 年前后由于一些店铺出现后继无人的情况，一些新华侨开始进入中华街。

（二）跨越地域空间的新传统：长崎灯会

1986 年成为中华街象征的牌楼建成之后，为了吸引更多的游客，第

---

① 中日邦交恢复以后，长崎的有关活动如下：1972 年 10 月长崎县派遣友好访中使节团，请求设立总领事馆。1973 年中日友好协会访日代表团来县，成立长崎县中日亲善会协议会。1974 年长崎市教委指定原唐馆内的土神堂、观音堂、天后堂为历史遗迹。1977 年在孔子庙开设中国现代美术馆。1978 年《中日和平友好条约》在北京签署。长崎市，旧唐馆的土神堂（旧唐馆内的庙宇之一，战时捐给长崎市，后遭到原子弹的破坏，加之本身的老朽化无法保存。1950 年，以再建为前提条件，得到了华侨的同意而拆除。1974 年为了响应华侨们的复兴要求，与观音堂、天后堂一起被列入市级遗迹，并在 1975 年的 3 年计划中，实施了包括观音堂和天后堂的修复在内的重建工程）重建复原。1979 年中日友好之船（明华号）在长崎入港。开设了长崎—上海的定期航线。1982 年长崎县、福建省签订友好条约。1983 年福建省代表团、歌舞团来县。此后每年都进行各种各样的交流。在孔子庙开设中国历代博物馆。1985 年开设中国驻长崎领事馆。1986 年福建省杂技团来县。完成新地中华门的建设。（王维：《日本华侨における伝統の再編とエスニシティ》，风响社 2001 年版）

二年新地中华街商店街振兴组合计划并实施了以春节和元宵节为主题的庆典活动，即新地中华街的“灯笼节”。

1987 年春节，在香港和福建订购的 400 多个灯笼，首次在中华街十字路亮相。另外还做了中华街样式的电话卡，100 日元出售具有长崎特色的杂拌面，并免费提供中国式甜粥等。此外，还举行了儿童的灯笼游行，华侨侨友会也在中华街的中心地表演了狮子舞。侨友会的狮子舞是在新地中华街商店街振兴组合正式成立之前的 1982 年开始的，春节期间在华侨的店铺前一家一家进行“采青”活动。

打造灯笼节有两个主要原因：“第一，冬季是长崎旅游的淡季，来长崎旅游的客人较其他季节少。第二，华侨的第二代和第三代对于中国的风俗习惯和传统文化全然不知，他们希望通过灯笼节重新认识和继承中国的传统文化”。①

以 1990 年的“旅之博览会”为契机，灯笼节的规模逐渐扩大，中华街附近的凑公园亦被作为活动的会场使用，节日期间在凑公园设置了祭坛②，除侨友会的狮子舞表演外，还有幼儿园孩子们的舞龙和舞蹈，另外还有本地各种乐队的演出。这些活动都成为现在长崎灯会的基础。

在灯笼节活动中，新地中华街的人们集思广益，众志成城，目的就是将作为他们自己节日的灯笼节办得更好。对于从很早起就居住和工作在同一地区，互相相识了解的他们来说，没有中国人和日本人之分，只有一起同甘共苦的同一地域人的意识。通过灯笼节，华侨们得以重新确认自己的认同并复兴祖先的文化，而当地的日本人则成为其地域文化的共有者，双方合作在力图发展地域社会的同时，各自也能得到经济上的利益。

截至 1993 年，中华街举办了 7 届灯笼节，收到了良好的经济和文化效果。由此引起了地方政府的重视，并正式将春节祭作为以观光产业为经济基础之一的长崎市城市发展的战略性一环，由政府投资并直接参与计划和执行。由此，中华街小小的春节庆祝活动被扩大成为全市的节

---

① 资料来自长崎新地中华街商店街振兴组合前任理事长林照雄访谈。

② 基于中国春节祭财神的习惯，在凑公园设置了祭拜财神的关公的祭坛，祭坛上摆上关公像，像前供奉三牲、蔬菜、水果和点心等，并点燃许多蜡烛。

日——长崎灯会。

长崎市是自1571年开港以来，在与外国的经贸与文化交流中发展起来的都市，市内保留着很多古迹和观光胜地。特别是令人回想起昔日与中国之间交流的唐馆遗迹、眼镜桥、崇福寺、新地中华街等，每年吸引众多的游客。但是，1990年后长崎的旅游业一直处于低迷状态。特别是冬季，游客数量只占到作为旅游旺季的春季和秋季的一半左右。冬季如何吸引更多的游客成为振兴长崎市观光业的一个重要课题。于是新地中华街的灯笼节被提到日程上来，加之灯笼节与长崎市至今一直在推动的“夜光城”计划以及长崎商工会议所提倡的“光之街—长崎”这一主题相符，因此，灯笼节便成了振兴长崎冬季旅游观光业的重要旅游资源。长崎市决定将灯笼节正式纳入以观光产业作为经济基础之一的长崎市城市发展战略之中。

有关长崎灯会资金，长崎市的辅助资金占主要部分，其他是各个企业和有关商店街的赞助金。长崎市为灯会拨款，由1994年的2500万日元增长到2013年的1亿日元。所波及的经济效果也从2000年的28亿日元发展到2013年的95亿日元左右。灯会期间来访者也从1994年的15万人达到2013年的100万人左右。① 之后至2018年春节，游客的人数一直保持在90万以上。可见长崎灯会已经成为长崎地域经济发展的重要一环。目前长崎灯会不仅成为装饰长崎冬天的一道风景线，而且被列为日本全国有名的民俗节日之一。

长崎灯会的主要色彩是在“长崎中的异国CHINA”这一概念下，整个城市的灯笼以红、黄、粉为基调来渲染异国风景。装饰用的灯笼由当初中华街的几百个，增加到1998年的12000个，2013年其数量超过了15000个，同时，装饰的范围每年都在不断扩大。其活动内容也随之增加。长崎灯会的主要活动内容有市内主要街道和商店街灯笼的装饰、庆典演出活动、小吃摊位，另外还有市民们参加妈祖行列、皇帝巡游、手工龙灯展览等。

长崎灯会的第一天，举行点灯仪式。出席仪式的有长崎市市长、中国驻长崎领事馆领事、商公会议所会头等政府和企业的各界人士，仪式

---

① 资料来自前长崎市经济局文化观光部和观光部长池田直己的访谈（2014年）。

也有祈求平安的意思，在祈求平安的仪式结束以后，市长、领事、长崎灯会执行委员会委员长等登台致辞，进行倒计时后，烟花和爆竹齐鸣，之后是狮子舞的表演。

长崎灯会自1994年被扩大以后，为追求文化的正宗性，忠实于中国春节原本的传统意识，从1998年开始，长崎灯会的时间按照中国的春节和元宵节习俗，固定在旧历正月初一到十五元宵节的15天，并延续至今。

长崎灯会并不是完全照搬华侨（中国人）的传统，而是用城市建设与旅游新理念，华侨与日本人携起手来共同参与创造的新传统。长崎灯会是有400年历史的长崎华侨社会，以及以长崎与亚洲各国的历史渊源为基础，打造的全新的旅游资源。作为冬天的一道风景，为当地的旅游事业做出了巨大的贡献。

五　结语

长崎华侨社会文化的变迁和地域旅游资源的形成和发展有以下几个阶段。第一时期是在幕府贸易体制下，华侨（唐人）与日本社会交往和互动关系中逐渐形成的早期华侨社会文化。在幕府对基督教的禁教令下，为证明自己是非基督教徒和祭拜海神妈祖的信仰，以保持贸易关系的稳定，华侨们建立起分别代表各祖籍地的佛教寺院——唐四寺，由此华侨形成了以唐四寺为核心的四个地缘组织社会。各组织的祭祀分别在各寺院举行，唐寺成为长崎华侨社会亚族群的象征，充分发挥了其作为宗教、祭祀和相互扶助团体的功能，从而凝聚散居在长崎市内来自不同祖籍地的华侨，同时也成为华侨社会与长崎地域社会交往文化互动的空间。不仅如此，唐寺为日后宗教仪式、建筑、雕刻、绘画、篆刻、音乐等文化在日本的引进和接受起到了媒介的作用。唐馆是17世纪后期德川幕府锁国政策的结果，是近代中华街的雏形。尽管是从主流社会隔离出来的空间，但同时又是一个与地域社会交流的场域。随着唐馆的建立，贸易据点也迁移至唐馆之内，祭祀活动也在其中由各帮共同举行，祭祀由三帮轮流主持。华侨社会活动空间虽然被限定在唐馆，但是逢年过节，唐馆是向市民开放的。华侨的非日常性祭祀活动，也在与地域社会的互动中，传播到长崎的日本人社会。唐寺和唐馆是与地域社会相融合的关系场域，华侨通过这种关系场域在地域层面与长崎人建立了友好关系，华侨文化也转型为具有异文化特征的地域文化。长崎地域传统习俗和重要旅游资源的宫日节等的形成和扩大，与唐人贸易有直接关系。长崎是当时日本唯一能够通过对外贸易而获得财源的，为了使市民不关怀基督教，长崎花费大量资金鼓励和奖励市民参加宫日节，使宫日节得以扩大并延续至今。除了龙舞（蛇舞）以外，狮子舞和唐子舞、唐船等都是地域社会为了参加宫日节并显示与其他地域有差别的地域特征，重新创造的表现唐人贸易时代，并象征地域认同的文化旅游资源。

第二时期是开港以后以唐馆为据点的贸易体制瓦解，据点向新的各开埠地的居留点扩展，转向自由通商。以不同出生地的商人为主体的会馆会所先后在新地成立，并继承了唐寺的各种功能。但是，随着更多的华侨向新的开港口岸的移动，以及与长崎的华侨有亲缘关系的福清、福州地区华侨的增多，长崎华侨社会逐渐成为以福清、福州地区华侨为主体的福清帮的社会。三山公帮（福建同乡会）作为福清帮的地缘组织，其主要功能在于继承以崇福寺普度为中心的各种传统祭祀活动。传统祭祀，特别是普度作为华侨社会族群性认同的主要象征，借助拜祖寻根的象征性宗教礼仪符号充分发挥了同乡会相互扶助、交流亲睦的网络功能。同时作为地域的文化旅游资源之一，目前普度已经成为长崎夏天一道跨越族群界限的异文化风景线。

第三时期是在全球化背景下，长崎华侨通过打造跨越地域的新传统来重新确认自己的认同和建构地域性的族群性。1947 年的大火让长崎新地中华街的中国式建筑尽遭焚毁。第二次世界大战时的日本政策，造成了混合型的社会，新地的日本人数超过了华侨。在 20 世纪 60 年代几乎丧失了中国人居住区的特点。但以日中邦交正常化和此后的国际潮流为契机，新地成立了跨族群的社区组织，华侨和新地的日本人一起重新修建了中华街，并打造了新地中华街灯笼节。灯笼节收到了良好的经济效益和文化效果，引起了地方政府的重视，并将灯笼节正式纳入以观光产业作为经济基础之一的长崎市城市发展战略之中。由市政府投资直接参与规划与实施。由此，中华街小规模的民族节日灯笼节被扩大发展为全市性的一大庆典——长崎灯会。长崎灯会期内聚集了近百万的观光客，已成为装饰长崎冬天的新的旅游资源。无论是红、黄、粉为基调的装饰灯笼，还是节日登场的龙舞、妈祖行列和皇帝游行以及其他狮子舞、中国音乐等，其实都是象征性的文化符号，是用于表现长崎灯会渗透的“长崎中的异国 CHINA”这一概念，以及用灯笼所渲染的带有异国情调的、长崎华侨和长崎地域社会想象的春节传统。华侨和中华街的历史，充分反映了长崎特殊的历史环境下地域社会与华侨文化交流的历史轨迹和文化土壤。这也是为什么唐寺的文化能孕育和发展后来在日本兴盛的黄檗宗文化，华侨文化能够本土化并成为地域旅游文化资源的原因和背景之一。

美式中餐是中餐吗？

［美］陈　勇[①]

引　言

到过美国的人都听说，甚至品尝过“美式中餐”——以非华人为对象而发展出来的菜肴。20世纪初期，中餐馆就已遍布全美国。从那时起，很多人就一直在问：位于华人社区之外的中餐馆所发展出来的菜肴，还能称为中餐吗？本文围绕中餐20世纪上半叶在美国发展的历史过程，来回答这个问题。

美式中餐的出现，有复杂而深刻的历史背景。探讨这个问题有助于扩展华人研究的视野。首先，探讨这一问题有助于我们更深刻地了解美国华人历史。中餐是随着中国的淘金者在19世纪中叶漂洋过海首度抵达新大陆；它日后的演变也与华人移民结构的变化息息相关。在此后一个多世纪，中餐在华人的经济和日常生活中占有举足轻重的地位，中餐馆的兴起，见证了华人在就业等各个领域长期所遭受的严重种族歧视，以及他们为了自身的权利和生存所做出的奋斗。

其次，探讨美式中餐的文化属性，让我们能更清楚地认识到在以中国历史为背景来研究华人史的重要性。从本文我们可以看出，了解中餐的历史渊源，我们就会发现被广泛视为极不正宗的美国中餐，其实乃深深根植于源远流长的中华烹饪文化。

---

① 陈勇：加州大学欧文分校历史学教授、人文学院副院长。

再次，研究中餐的发展，使我们得以从一个崭新的饮食文化视角来了解美国华人历史。“美式中餐是不是正宗中国菜”这一问题，不光涉及那些服务非华人大众美国中餐馆的文化属性，同时也有助于我们思考华裔的文化身份和认同等问题。美式中餐是中餐在其不断演变的历史中生出的又一分支。这让我们看到，与人们的文化身份认同一样，作为菜系的中餐，不是一个静止的状态，而是一个不断变化的过程。

最后，对这一问题的探索，也表明了从海外华人世界发展的框架来研究美国华人历史的必要性。华人移民海外及其建立的社区，进一步拓展了中餐发展及演变的空间。美式中餐，就是不同的海外中餐中的一个。

一　菜系形成的四大要素

要探讨美式中餐是不是中餐，首先必须了解一个基本概念的定义，即中文的“菜系”，也就是英文中的“cuisine”。《大英百科全书》把它定义为“一个地区或族群的传统食物及烹饪方法”。进言之，有三大因素在每个特定地区的菜系形成过程中起到了举足轻重的作用。一是气候，这在很大程度上决定了一个地区能出产什么样的食材。二是当地经济状况。一个地区与外地的食物贸易，尤其是高级食材的引进，取决于其经济发展程度。三是社会在宗教及法律层面上对于某些特定食材的界定。[①]

以上的定义，有助于我们了解菜系赖以存在的前三个要素。①菜系是长期生活在同一个地域的人们的历史传统。②当地的土产食材构成其烹饪独特性的一个重要表征。③任何菜系都是在与其他文化的互动中形成与发展的。这也就是为何世界上每个地区的菜系都大量使用来自他乡的食材。作为意大利菜里的基本食材之一的番茄源于新大陆。同样，韩国菜和川菜中必不可少的辣椒是韩国食品中重要的成分，并非韩国原产。将这些移植食品作为主食在各种美食中的整合表明，烹饪是一个永不停止发展的过程。所以，与土产食材相比，一个菜系的更重要表征乃是其独特的用料和烹制方法。这在“招牌菜”里得到充分体现。

此外，任何一个菜系的存在与发展，并不只是仅仅反映了社会生活

---

① https：//www. britannica. com/topic/cuisine. Last updated：March 26，2008.

的现实，它也是存在于人们意识世界中的一个概念。也就是说，一个菜系的形成，也必须得到人们的认可。这一主观条件，构成菜系存在的第四个要素。研究宋代餐饮史的学者迈克尔·弗里曼（Michael Freeman）也曾指出，菜系代表了人们对于其餐饮传统的“自我意识”。[①] 同样重要的是，菜系的存在，也有赖于来自外部的认可。这就是为什么近代以来，菜系的发展日益需要人们的宣传和推广。

在这里，我们不能不提到菜系传播中的两个重要渠道：食谱和餐馆。

食谱在菜系发展上的重要性，在印度菜的打造上得到充分印证。[②] 著名史学家阿尔君·阿帕杜莱（Arjun Appadurai）指出：代表印度的菜系，是其独立后才得以问世。这一方面是因为印度是第二次世界大战后才诞生的统一民族国家。此外，虽然印度的饮食文化源远流长，但其经典文献却鲜有对烹饪的记载。第二次世界大战后，食谱的作者对各地多元化的饮食传统进行系统的整理和诠释。一个属于这个新近独立的民族的菜系，就这样诞生了。

作为菜系，中餐的历史远比印度菜更为悠久。

从19世纪末到20世纪，中餐在美国从被忽略甚至鄙视的食品变为家喻户晓的时尚，这在很大程度上也是得益于食谱。1911—1985年，在美国出版的英文中餐食谱多达280多种。[③] 这些数量众多的中餐食谱，在把中华饮食文化介绍给成千上万的美国大众之时，也对中餐的诠释及界定做出前所未有的贡献。

餐馆是菜系赖以生存和传播的另一个重要平台。有的近代菜系更是在餐馆这个摇篮里成长起来的。意大利菜就是一个很好的例子。它和中餐一样，也是随着移民浪潮抵达美国。但在来到美国之前，意大利移民长久以来并没有“意大利菜”这样的概念。意大利迟至1861年才实现政治统一；此后，各区域间在经济和社会文化上仍然存在巨大差异。正如

① Michael Freeman, “Sung”, K. C Chang, ed., *Food in Chinese Culture: Anthropological and Historical Perspectives* (New Haven: Yale University Press, 1977), 144.

② Arjun Appadurai, “How to Make a National Cuisine: Cookbooks in Contemporary India”, *Comparative Studies in Society and History*, Vol. 30, No. 1 (Jan., 1988), pp. 3-24.

③ Yong Chen, “Recreating the Chinese American Home through Cookbook Writing”, *Social Research* Vol. 81, No. 2 (Summer 2014), 494.

一位意大利饮食文化史家在1955年指出的，早年意大利人都听过佛罗伦萨菜或威尼斯菜，而鲜有人知道什么是“意大利菜”。[①] 来到美国后，意大利移民开起餐馆，融合各地方菜的精华，从而打造了一个崭新的菜系。

由此可见，餐厅在菜系发展中所发挥的重要作用。餐馆为来自不同地区的人们提供空间，以分享和拓宽他们的饮食经验，并让厨师开发新的菜肴。餐厅也可以把新的美食介绍给消费者。在与消费者互动的过程中，餐馆经营者不断改良其菜式。烹饪是一个永不停止发展的过程。

二　中餐的两大特色

中餐作为一个菜系的存在，长久以来得到中外人士的广泛认同。从19世纪的美国传教士和商人开始，来华的西方人深深为这一奇特的，充满异国情调的菜系所吸引：它源于遥远而神秘的中华大地；有诸如大米等独特主食以及包括北京烤鸭和宫保鸡丁等众多特色菜；有炒菜等中餐特有的烹调方法。也有人誉之为“世界上第一个伟大的菜系”。[②] 许多中国人更是以中餐为傲，视之为全球佳肴之最。1918年，孙中山在其《建国方略》写道：“我中国近代文明进化，事事皆落人之后，惟饮食一道之进步，至今尚为文明各国所不及。”[③]

那么中餐到底是什么呢？在笔者20世纪70年代初离开鄂西到北京求学之前，笔者从未想过这一问题，因为我们几乎从来不用“中餐”这个词来描述我们的食物。到了外地学习生活，了解到各地迥异的餐饮文化。日后去到美国，“中餐”才成为笔者日常生活和用语中的一个重要组成部分。这并不代表笔者对中餐的内涵有了顿悟；对于很多生活在海外的华人而言，“中餐”一词仅仅是用来表明它不同于日餐和意大利餐等诸多异国菜系。

这揭示了这一节要在讨论的中餐两个特征之一：它是建立于诸多地区的烹饪传统之上的。与其历史上的政治结构相反，中国没有发展出大

---

① Elizabeth David, *Italian Food* (New York: Penguin Books, 1999), xiii - xiv.

② Alexander Cockburn, *Corruptions of Empire* (New York: Verso, 1988).

③ 《孙文学说》(阳明 1988)。

一统的单一餐饮文化。在中餐作为菜系出现后的几百年里，各地的独特的饮食文化百花齐放，相映成趣。为人类文明留下了重要遗产。在这一点上，中国饮食文化与法餐大相径庭，却与意大利菜发展进程颇为相似。①

这一特征的形成有包括中国地域文化多元性等多层面的复杂原因。值得一提的是，历史上的中餐并不是依靠餐馆而发展而来的。这与美式中餐大相径庭。毋庸置疑，公共餐饮业在历史上也对中餐的形成做出不小的贡献。宋代是中国烹饪形成的重要时期。当时经济的发展，使大量的配料得到了广泛的推广，从而大大扩大了中国烹饪的视野。中餐诸如炒菜等最基本的烹调方法。在北宋的首府开封等都市，烹饪成为服务大众的专业技能。

西方学者长期认为餐馆诞生于大革命时期的巴黎。② 但法国发明的仅仅是英文中的“餐馆”（“restaurant”）这个词汇而已。中国人早在17世纪之前，就能在我们今天称为餐馆的公共场所用餐了。

正如尼古拉斯·基福（Nicholas Kieffer）曾指出的③，在南宋的首都临安（杭州）这座当时世界上最大最富有的大都市，提供酒水佳肴的酒楼比比皆是。大量的人从北方逃避战乱蜂拥至此，使临安的人口从1100年的20万激增到1300年的100万。大规模的移民也带来财富，大大增加了餐馆的消费群。来自不同地区的“新移民”也引进了诸如胡椒和酱油等调味料，从而大大丰富了烹饪艺术。④

但是，餐馆的普及是20世纪后期才开始。其早期对于菜式系统形成和发展的影响是有限的，袁枚是清代著名美食家。他于18世纪末写成的《随园食单》是中餐作为菜系的发展中的一个重要里程碑，读者遍及中外。它不仅涵盖了南部和东南部的烹饪传统，也包括了来自北方和西部

① Arjun Appadurai, “How to Make a National Cuisine: Cookbooks in Contemporary India”, *Comparative Studies in Society and History*, Vol. 30, No. 1 (Jan. 1988), 4.

② Rebecca Spang, *The Invention of the Restaurant: Paris and Modern Gastronomic Culture* (Cambridge, Mass.: Harvard University Press, 2000).

③ Nicholas Kieffer, “Economics and the Origin of the Restaurant”, *Cornell Hotel and Restaurant Administration Quarterly* (August 2002), 63.

④ David E. Mungello, *The Forgotten Christians of Hangzhou* (Honolulu: The University of Hawaii Press, 1994), 13.

省份的诸多菜肴。此书也对中餐从理论的高度进行了系统性的归纳和总结，他论及食品在社会和日常生活中的重要性及人们味觉的主观性，并详细阐明在用料、备料及烹饪等诸多方面的基本原则。①

但书中所列的菜肴——如程立万豆腐和扬州洪府粽子——多为他（其实是他的厨子）从私家厨房而不是酒楼收集而来。② 这也给我们提供了一个从侧面了解中国饮食文化有着浓厚地方色彩的机会。

中餐浓厚的地区性这一特点，使很难给它下一个概括性的定义。袁枚也从来没有用过这个“中餐”这个字眼来形容中国的烹饪习俗和传统。他曾简短地提到汉人和满人在饮食习惯上的差异：“满洲菜多烧煮，汉人菜多羹汤”；也曾提到来自西方的“杨中丞西洋饼”。这表明他知道中餐自身的独特性。但他并没有系统阐明何为中餐。

中华民国时期中餐推崇者当首推孙中山。他在《孙文学说》一著中，将中餐放在中西比较的视野中，誉之为世界餐饮之首。但这是一本政论而非食评的著作。他和自袁枚以后诸多的中餐推崇者一样，都未阐述过到底何为中餐这一问题。

清末民初的中国，菜系的存在和发展仍然是区域性的。所以，在上海的广东馆子被当地人视为外邦菜。③ 的确，中餐从未发展成为一家独大的大一统的饮食文化，而是集诸多地方菜的大成。不同地区的饮食文化传统长期共存，同为中餐文化的不断发扬光大做出贡献。

不断发展创新，乃是我们在这要强调的第二个中餐的特点。如前所述，菜系发展的一个重要动力来自与其他文化的交流。与别国的烹饪传统一样，中国烹调中的许多最常见和最有名的食料是舶来品。燕窝长久以来被中外人士广泛视为代表中餐精华的八珍之一。但它最初来自东南亚沿海的岛屿。④ 这外国食物在唐代才进入中国人的饮食意识。⑤ 到了清

---

① （清）袁枚：《随园食单》，江苏凤凰文艺出版社 2015 年版。

② 袁枚从他的厨子那里，也学到很多烹饪知识。参见袁枚《厨者王小余传》，李梦生选注，载《袁枚散文选》，百花文艺出版社 2009 年版，第 27—32 页。

③ Mark Swislocki, *Culture and the Urban Experience in Shanghai*, 82.

④ See Frederick J. Simoons, *Food in China: A Cultural and Historical Inquiry* (CRC Press, 1990), 427。

⑤ 傅荣、丛师：《〈红楼梦〉与美食文化》，北京经济学院出版社 1994 年版，第 163 页；（元）贾铭：《饮食须知》，载 http://www.tcm100.com/user/ysxz/zzbook7.htm。

朝，燕窝已成为大户人家钟爱的佳肴。《红楼梦》中提到燕窝的地方有十数处。裕瑞批之曰，“写食品处处不离燕窝，未免俗气。”[①]

16 世纪初传入中国的花生是著名川菜宫保鸡丁的核心成分——宫保鸡丁现也成为美国中餐厅最受欢迎的菜肴之一。[②] 16 世纪中叶传入中国的玉米，后来成为很多地区的重要主食。在不同时期经丝绸之路融入中餐的还有很多来自西域的食材，如黄瓜、大蒜和胡萝卜。

中餐通过与非本土文化的交流不断发展和变化，这也是世界上很多菜系的共同特点。影响中餐不断发展的还有一个重要而独特的动力。这来自海外的华人社会的建立。东南亚的华人社会源远流长，人口规模也远超出世界其他地区。土生的华裔融合当地传统，很早就创造出新娘惹菜型的海外华人文化，就是这种文化的一个重要部分。值得一提的是，虽然很多人视之为马来菜而非中餐，但是对于马来西亚和新加坡等地被称为峇峇娘惹的土生华裔而言，这乃是一种源于福建菜系的独特中华料理。[③] 在大洋彼岸秘鲁，华人的足迹可以追溯到 19 世纪。在这里诞生了另一个海外中餐——秘鲁中餐（在西班牙语被称为 Chifa）。美国中餐是华人在北美打造的海外中餐。

三　中餐在美国的兴起及二元化

中国的食物在 19 世纪中叶的淘金浪潮中，随着第一批大规模华人移民一起来到加利福尼亚。在以后的半个世纪内，它的生存空间限于华人社区，而华人也就成为其最主要的顾客。直至 20 世纪中叶，中国移民大多来自广东珠三角。所以早年的中餐其实就是广东菜。

中餐从 19 世纪末开始越来越受欢迎；华人也将越来越多的中餐馆开到美国各地的非华人社区。对美国社会了解颇深的孙中山，早在 1918 年

① 傅荣、丛师：《〈红楼梦〉与美食文化》，北京经济学院出版社 1994 年版，第 163 页。

② Ping-Ti Ho, “The Introduction of American Food Plants into China”, *American Anthropologist* New Series, Vol. 57, No. 2, Part 1 (April 1955), 191.

③ Sidney Cheung and Chee-Beng Tan, eds., *Food and Foodways in Asia: Resource, Tradition and Cooking* (New York: Routledge, 2007), 181.

就发现："美国大小市镇，中餐馆无处不在。"[①]

到 20 世纪 80 年代，中餐已成为美国餐饮业最重要的菜系。美国著名文化地理学家威尔伯·泽林斯基（Wilbur Zelinsky）发现在 19 种美国最流行的各国菜系里，中餐占了其消费总额的 30%。[②] 据华美中餐促进委员会副主席估计，1988 年美国和加拿大共有 21000 家中餐馆，为 24 万人也就是这两个国家 1/10 的华人提供了就业机会。[③] 2008 年，曾担任过《纽约时报》记者的华裔作家李竞（Jennifer and Lee）估计，"在美国有大约 40000 家中国餐馆——超过麦当劳、汉堡王和肯德基数量的总和。"[④] 这意味着，每 1 万居民至少有一家中国餐馆；或者说每 15 家餐馆中，就有一家是中餐馆。纽约市餐饮博物馆最近举办的"美国中餐的形成"展览，则认为现在美国的中餐馆已达 50000 家左右。[⑤]

当中餐馆开始往华人区以外扩展时，也就标志着在美国的中餐的二元化：一类为中国顾客服务的中餐馆，另一类则是那些地处非华人社区的中餐馆。正是后者把中餐馆推广到了美国的全国各地。在这一过程中，华人餐饮业者不仅改良菜肴以适应客人的口味，而且将各种菜系统化，进而发展出脍炙人口的"杂碎"和"芙蓉蛋"等系列产品。这是一个以餐馆为基础，以大众消费为目的的高度商业化的菜系。这样一种明显有别于中国人所熟悉传统中餐的菜式之出现，也是中餐业者和顾客之间的烹饪和文化互动的结果。

这两种中餐间的差异早就为人所关注。20 世纪上半叶的一位巴尔的摩的中国餐馆厨师兼业主把这种面向非华人顾客的中餐称为"华美菜系"，也就是我们现在所说的"美国中餐"。这一概念为其他中国和非华

① 《孙文学说》（阳明 1988）。

② Wilbur Zelinsky, "The Roving Palate: North America's Ethnic Cuisines", *Geoforum* 16, 1 (1985): 56 and 60. The National Restaurant Association, *The Market for Ethnic Foods: A Consumer Attitude and Behavior Study* (Washington: National Restaurant Association, 1989), 9.

③ 《中餐馆的危机和出路》，载《中国烹饪》1988 年第 8 期，第 43 页。

④ Jennifer 8 Lee, *Fortune Cookie Chronicles* (Twelve: New York, 2008), 9.

⑤ *Chow: Making the Chinese American Restaurant*, Museum of Food and Drink, https://www.mofad.org/chowexhibition/. 笔者是此展览的专家顾问之一。

裔人士在不同的场合广泛使用。[①]

巴尔的摩的这家餐馆英文名字叫“东方小馆”（Oriental Café）。在当时美国的餐饮业，“东方”是一个常见的中餐馆的文化代号。其两页的菜单，给我们前面提到的中餐二元化做出了立体的注释。它把其菜肴分成两大类。在第一页上的是那些被归类为“华美菜系”（“Chinese-American Cuisine”）的食物——这些菜肴又被进一步分成美国中餐常见的三大系列：炒面、杂碎、芙蓉蛋，此外还有炒饭。第二页上的十九道菜则被统称为“中国菜”。这种对中餐的两分法，也通过语言的运用进一步得到加强：第一页上的美式中餐菜肴，全部用英文标出。而“中国菜”部分的菜肴，则附有中文菜名。这显然是为了方便华人顾客。将其食物分为传统中餐和美式中餐两大类，也是很多其他美国中餐馆的一个常见的现象。20 世纪后半叶，许多中国餐馆甚至有两个单独的菜单，一个用英语，另一个全部使用中文。在很多中餐馆里，这一做法一直延续到今天。[②]

中餐在非华人餐饮市场的成功扩展，打造了广为人知的美式中餐。它不仅尽力迎合美国顾客的口味，也以菜色简单，服务快捷，价格便宜为其特点。这成为一个与华人社区的中餐迥然不同的分支，也是一个多世纪来无数美国人了解中餐乃至中国文化的一个窗口。但这样的菜式，却与华人要把中餐介绍给美国的初衷大相径庭。

四　杂碎与鱼翅的争战

杂碎与鱼翅代表了中国餐饮文化的两种不同传统。

第一种是长期以来只有豪门才能享用的精美佳肴。其特点之一就是在于使用鱼翅和燕窝之类珍贵食材。很多中国餐饮业者和美食家，视之为中餐的精髓。从 19 世纪开始，他们就竭力把这种中餐介绍给美国人。这也是早年很多美国人最先品尝到的中国菜。19 世纪上半叶在华的美商，

---

① 参见 Betty S. Goldberg，*Chinese Kosher Cooking*（Middle Village，NY：Jonathan David Publishing，Inc.，1984），193。

② Sarah Madaus，“What to Order from the‘Secret’Menu at Chinese Restaurants”，https：//www.rd.com/food/order－from－secret－menu－chinese－restaurants/.

有关他们所品尝过中餐的描述里，常常也提到豪宴上的这类珍肴。[①] 类似的宴席，也被华人带到了美国的中餐馆，并被用来作为推广中餐的窗口。19 世纪美国著名食品评论家茱莉亚·克尔森（Juliet Corson）写道："在报纸上，我们能见无数报道，提到有关纽约和旧金山的富有华商宴请他们的美国朋友。"[②] 从 19 世纪末到 20 世纪上半叶，有白人记者、特邀嘉宾和美食鉴赏家出席的中餐宴席上，鱼翅和燕窝这类珍肴是必不可少的。

但是，除了数量非常有限的食品鉴赏家之外，美国消费者大众从来没有对这类中餐的高级菜肴产生过胃口。一位白人记者在 1909 年总结说："一般来说，美国人并不喜欢中菜里类似鱼翅和燕窝汤这样的珍肴。"[③] 从 20 世纪上半叶存留下来的菜单里，我们可以很清楚地看到，多数非华人社区里的中国餐馆都没有提供这类珍肴。

当美国大众开始大量涌入中餐馆时，完全拒绝了以鱼翅这类食材所代表的高级中餐。因为它有悖于美国主流社会食品理念。美国社会食物极其丰富，但美国人并没太在烹饪上费心思。著名的比彻姐妹——《汤姆大叔的小屋》的作者哈丽特·比彻·斯托和美国女子教育协会的创始人凯瑟琳·比彻对此非常了解。他们合作的《美国妇女的家》是 19 世纪影响最大的食谱之一，也是哈丽特·比彻·斯托第二部重要的作品。在书中，她们评论道："美国人的餐桌……体现出美国物质上的富足，也展现了美国人在烹饪上漫不经心和笨拙。"[④]

一位在 19 世纪 30 年代造访美国的法国经济学家，将此归结于美国人对工作的专注。他写道，对美国人来说，"用餐时间……只是一个令人不愉快的工作中断——一件人们不得不做所以要尽快打发的事。"[⑤]

美国人餐桌上的食物多而不精，还有另一个原因：他们从自然科学

---

① See W. C. Hunter, *The "Fan Kwae" at Canton Before Treaty Years*, 1825 – 1844 (London: K. Paul, Trench and Co., 1882), 24.

② Juliet Corson, "Chinese Cookery", *Harper's Bazaar* 30, No. 29 (July 17, 1897): 593.

③ Jerome A. Hart, "The New Chinatown in San Francisco", *The Bohemian Magazine* XVI, No. 5 (May 1909), 604.

④ Harriet Beecher Stowe and Catharine Esther Beecher, *The American Woman's Home* (New York: J. B. Ford & Co., 1869), 168.

⑤ Michel Chevalier, *Society, Manners and Politics in the United States* (Boston: Weeks, Jordan, 1839), 284.

和家庭经济学的角度来看待食物。这使他们更关注的不是食物的美味，而是如何用最低成本摄取最优化的营养价值。这和主流社会占主导的清教传统的食品观异曲同工，严重阻碍了人们对美食的激情和向往。

以上三种因素之间的紧密关联，从比彻姐妹食谱的副标题可见一斑："如何组建并维系一个节俭、健康、美丽及信仰基督徒之家庭的指南"。到了19世纪末，从自然科学的角度为主导的食品观占据了主导地位。芳妮·法玛在1896年出版的《波士顿烹饪学校食谱》，是美国历史上影响最大的食谱之一。从第一版到1946年的第八版，此书一共销售了两百五十多万册。作者开宗明义，将食物定义为"所有滋养身体的东西"。然后，她详细解析了人体的物质化学成分。①

这种将食物视为维持身体这部机器运行之燃料的实用主义食品观，与中国的精美珍肴完全是风马牛不相及。后者为中国的有闲阶级所发展而来，其最显著的标志是"八珍"这类菜肴。它们不仅稀有和昂贵，做起来也费工费时。鱼翅就是一个很好的例子。这道名菜，在袁枚的手里需要两天才能做成。1900年纽约的万芳楼要求顾客提前一天预订。② 英国华人罗孝建（Kenneth Lo）被誉为20世纪后期的中餐大使。他写过30多本有关中餐的书籍，也开过餐馆。对中餐有深刻的理解和经验。他做鱼翅需要三天。由此我们就不难理解美国消费者对鱼翅这类中餐珍肴的反感：它们在美国人的眼里太古怪，而且非常昂贵，烹制费事。就连吃起来也十分费时。比如在19世纪80年代纽约的鸿宾楼（英文 Hong Ping Lo 的音译），要吃到这道菜，不仅得付出当时是天价的50美元，还得有闲花上两天时间去吃。③ 值得一提的是，这种中餐从未为美国社会的有闲阶级所接受。当时美国社会充满排华种族主义，视华人为劣等种族。劣等名族的餐饮是不可能称为上等餐饮的，也不可能符合美国上流人士的高贵身份。

成为中餐馆常客的，是那些位于社会中下层甚至底层的群体，比如

---

① Fannie Merritt Farmer, *The Boston Cooking-School Cook* Book (Boston: Little, Brown, and Company, 1896), 1.

② The Mann Fang Lowe restaurant, April 19, 1900. New York Public Library menu collection.

③ Wong Chin Foo, "The Chinese in New York", 304; and "Seen in Chinatown", *Atchison Daily Champion*, October 25, 1888, 7.

在大城市中被边缘化的白人、东北部的非裔美国人和来自东欧的犹太人移民。这也可以帮助我们理解，为什么以鱼翅为代表的贵族式中国菜在非华人的顾客中从未流行起来。这些客人所选择的是另一种中餐：便宜而且易做的家常菜。在 20 世纪上半叶，最流行的中国菜莫过于杂碎。以至于长期成为中餐的代名词。所谓杂碎，其实不只是一道菜，而是一系列的诸多用“炒”的方法制作而成的菜肴。[①]

在很长时间内，多数中国人之所以进入餐饮业，不是因为他们曾有烹饪经验，更不是他们满怀热情要传播中餐。作为一个在政治和经济生活中被边缘化的族裔，华人就业机会越来越有限。从 19 世纪末到 20 世纪 70 年代，餐饮和洗衣业，成为美国华人所剩的两个最重要的行业。中国移民把餐馆开到中国城之外，主要目的是谋生。他们所能提供的，也就是家常菜的简单菜式，而这也正是非华人顾客所能接受的。在此基础上，华人餐饮业者根据顾客的口味不断改进菜式。比如，多用甜和酸来调味，以及在炒菜中加上更多的汤料。

因此，在美国餐饮市场，以鱼翅为代表的高贵中餐被摒弃，以杂碎为标志的简便菜式为人所青睐。我们所熟知的美式中餐就这样诞生了。

五　美式中餐的特点

美国中餐是以餐厅为基础而发展成的。它是美国全国性的第一个高度商业化的大众消费式的菜系。虽然中餐馆大多是小型家庭作业，但它们的菜式在全国不同地区却表现出非常高的一贯性。早年，它被简化成几个类别。其中重要的有三大系列：杂碎、炒面、芙蓉蛋。我们前面提到过的东方小馆的菜单上，最重要的是杂碎类，共有十五道不同的菜。每一道菜都有一种肉或海鲜，搭配上不同的蔬菜。这十五道菜中，有四道菜主打牛肉；另外有四道菜以猪肉为主，有三道菜，以鸡肉为轴心；其他四道菜用的是海鲜。

中餐的另一个特点是价格低廉。这是中餐兴起的一个重要原因。19

① 笔者在有关中餐在美国发展史的拙著中，对此曾详细论及这一点。请参见 *Chop Suey, USA: The History of Chinese Food in America*。参见 Yong Chen，（Columbia University Press，2014）。

世纪末期，纽约有一位名叫王清福的著名华人权益卫士。他也时常撰文介绍中餐。在一篇1888年发表的文章中，他报告说中餐馆的价格远低于其他的餐馆。[①] 长期以来，中餐保持了低价这一显著特色。20世纪初，一位华商在接受白人记者采访时说，他对中餐在美国餐饮业里未来的发展充满信心。他说这是因为中餐的价格优势，而且顾客只买一道菜里就能享受到很多不同的食材。[②] 一位纽约市的记者在1917年报道说，中餐在此得以迅速发展，因为公众认识到它的优点和廉价。只用30美分就可以吃到一份大餐，里面包括"一碗汤，一大份杂碎（肉配蔬菜），大米和无限供应的茶和糕点"。[③]

中餐馆菜的分量通常都很大，正如一位记者所说的，"价廉而分量实在"[④]。在1890年费城的中国餐馆里，一碗汤面加上茶只需花10美分，而且装面的碗"十分大"。[⑤]《圣迭戈联合报》在1904年的一篇文章说，中国的杂碎店在大多数美国城市越来越受欢迎；在此"菜的分量都很实在"，而且"大多数菜肴都很便宜"。[⑥] 位于旧金山市场街的老龙中餐厅在其菜单中注明："所有中国菜的服务都非常慷慨，几乎任何订单，除了汤，足够三人享用"。

便利是美国中餐的另一个特点。中国餐馆营业时间都很长。例如，20世纪初，费城中餐馆的营业时间从早上十一点左右，直到第二天深夜两点，甚至四点。[⑦] 圣诞节等重要节日也不例外。此外，中国餐馆的广告也常常强调他们服务的迅捷。早在1894年，得州韦科市的一家中餐厅就广告说，它有专业中国厨师和便宜的膳食，而且上菜迅速是其"专长"。[⑧]

美式中餐的廉价、便捷、高度商业化的特点，也构成第二次世界大

---

① Wong Chin Foo, "The Chinese in New York", *The Cosmopolitan* V, No. 4, (June 1888), 304.

② "Increase in Chinese Restaurants", *New York Tribune*, May 27, 1901, 4.

③ *The Independent* 92, 3598 (November 17, 1917): 343.

④ "Chop Suey Resorts", *New York Times*, November 15, 1903, 20.

⑤ "Chinese Restaurants", *Atchison Daily Champion*, December 23, 1890, 6.

⑥ "What to Eat in 'Chop Suey' Restaurants", *San Diego Union*, August 14, 1904, 19.

⑦ Tê-chao Chêng, *Acculturation of the Chinese in the United States: A Philadelphia Study* (Foochow [Fuzhou]: Fukien Christian University Press, 1948), 96.

⑧ *The Waco Evening News*, April 12, 1894, 8.

战后美国快餐精髓。这又把我们带回到文本的核心问题：美式中餐是否真的代表中国菜？对于很多人来说，答案是否定的。两位中餐专家在20世纪70年代写道："尽管美国人喜欢他们现在得到的中国食物，但必须承认，大多数中国餐馆里的食物不是真正的中国菜：这类食物更恰当的称呼是'美式中餐'。换言之，这是一种以中国烹调为基础但特地为美国人所设计的食物。"① 许多常常光顾自己社区内中餐馆的犹太人，不时会去唐人街探正宗的中国菜。许多研究食品文化的学者都认同以上的观点。嫱蕊·印讷斯（Sherrie Inness）教授写道：杂碎这类的菜肴"不是中国的"。②

六　杂碎:美国式中餐的缩影

为了探索美式中餐的性质，让我们讨论一下它最具代表性的菜——杂碎。很长一段时间里，这是美国最著名和最流行的中国菜。一位记者在19世纪末报道说，在纽约市"杂碎成为一种时尚，市中心的商人很少有不喜欢它的"。③ 在20世纪初中国餐馆从中国城往北一直扩展到哈林区的过程中，杂碎起了主导作用。④ 如一位学者曾指出的，美式中餐馆在美国的成功，也都要归功于杂碎。⑤ 婕奚·诺尔顿（Jessie Louise Nolton）是美国第一部英文中国食谱的作者。她在1911年总结说，"中国餐厅3/4的菜肴都是杂碎。"⑥

人们关于这是否为中国菜的观点，并非是一成不变的。与现在流行的看法正好相反，最初许多美国人都认为杂碎是纯正的中餐，甚至称它

① Paul Chan and Kenneth Baker, *How to Order a Real Chinese Meal* (New York: Guild Book, 1976), 5.

② Sherrie Inness, *Secret Ingredients: Race, Gender, and Class at the Dinner Table* (New York: Palgrave Macmillan, 2006), 51, 53, and 59.

③ "Dinners A La Mongolian", *Kansas City Journal*, February 26, 1899, 13.

④ "Chop Suey Resorts", *New York Times*, November 15, 1903, 20.

⑤ J. S. Tow, *The Real Chinese in America* (New York: The Academy Press, 1923), 91.

⑥ Jessie Louise Nolton, *Chinese Cookery in the Home Kitchen: Being Recipes for the Preparation of the Most Popular Chinese Dishes at Home* (Detroit: Chino-American Publishing Co., 1911), n. p.

为中国的“国菜”。[1] 到了20世纪20年代，它又普遍地被视为是源于美国。尼尔·欧哈拉1923年在《生活》撰文说：“创造杂碎的或许是华人，但享用它的只有美国人。”[2] 一位研究中餐的专家则说得更直接：“杂碎绝不代表正宗的中餐。中国人自己从来不吃它，因为他们不喜欢它。”[3] 1950年一位华裔食谱作者写道：“对我们中国人来说，炒菜是一种看似面熟的外国菜肴。”1904年，一位纽约的华人声称他发明了杂碎；27年后，另一位芝加哥的华人也公开声言杂碎是他的发明。[4] 随着时间的推移，杂碎的渊源已经变成为一个谜。

如果我们仔细研究早期中餐食谱上的烹饪方法的描述，就会发现所谓杂碎其实就是中文里所说的炒菜。[5] 陈舒望（Shiu Wong Chan 的音译）是第一个用英文写中餐食谱的华人。他用“炒鸡片”这三个中文字来注明英文里的鸡杂碎（chicken chop suey）这道菜。[6] 在20世纪50年代，另一位华裔中餐食谱作家更直截了当地指出：“炒肉这道菜用混合在一起的不同的蔬菜做底菜。美国颇有盛名杂碎与此同出一辙。”

著名语言学家赵元任的妻子杨步伟于1945年发表的《如何烹调和享用中餐》是一部影响深远的经典之作。在书里，她给“炒”这一中餐烹饪方法做了详细的定义。[7] 同时，她也给它一个崭新的英文名称：stir-fry。

作为一个名词，炒也就是杂碎制作的方法。长久以来，这也被视为中餐最根本、最普遍的烹饪方法。[8] 它是在北宋开始流行起来。到了清

---

① See for example “Onward March of Chop Suey”, *The Sun*, November 29, 1908, 2; Wong Chin Foo [it was spelled “Wing Chinfoo”], “Chinese Cooking”, *Brooklyn Daily Eagle*, July 6, 1884, 4; and “How Chop Suey Is Made”, *Grand Valley Times*, October 10, 1902, 3.

② *Life*, June 14, 1923, 16.

③ J. S. Tow, *The Real Chinese In America*, 92.

④ “Chop Suey Injunction”, *New York Times*, June 15, 1904, 7; Virginia Gardner, “The Inventor of U. S. Chop Suey Tells His Story”, *Chicago Daily Tribune*, November 20, 1931, 21.

⑤ See for example Jessie Louise Nolton, *Chinese Cookery in the Home Kitchen: Being Recipes for the Preparation of the Most Popular Chinese Dishes at Home* (Detroit: Chino-American Publishing Co., 1911), n. p.

⑥ Shiu Wong Chan, *The Chinese Cook Book* (New York: Frederick A. Stokes Company, 1917), 37.

⑦ Yang Chao, *How to Cook and Eat in Chinese* (New York: John Day, 1945), 43.

⑧ See Buwei Yang Chao, *How to Cook and Eat in Chinese* (New York: John Day, 1945), 43. 张光直（Kwang-chi Chang）：《中国青铜时代》，香港中文大学出版社1982年版，第140页。

朝，它已流行于全国不同地区，成为中华民族餐饮文化的一个基石——它不光起到连接从北到南的诸多地方饮食传统，也跨越了阶级间的界限。

在美国，简单的炒菜，得到社会中下层消费者的青睐。华人中餐业者，巧妙地利用这一机会，把“炒”转换成一个朗朗上口的英文名词—chop suey（即杂碎），用来统称各种不同的炒菜。杂碎后来成为一个家喻户晓的词汇，就这样，华人餐饮业者把中餐传统里最普通的炒菜优化成美国大众消费市场的第一个全国性的大品牌。

七　作为海外中餐之一的美国中餐

杂碎的故事是美国中餐的发展及其精髓的一个缩影。尽管作为高度商业化的菜系它与第二次世界大战的美国快餐有诸多相似之处，但它从来就没有成为美国快餐那样的以大公司和流水线作业为基础的餐饮。它跟作为完完全全的商业化产物的美国快餐之间的另一个区别乃在于它根植于历史悠久的中华餐饮文化，而且在食材及烹饪方法和理念等诸多层面保持了与中华餐饮文化的紧密联系。

最能说明这种联系的，莫过于在前面我们提到过的在美国出版的众多英文中餐食谱。食谱作家从基本食材和调料，烹饪方法及原则等诸多层面，对中餐做出了系统的归纳和界定。这是世界其他任何地区难以相比的。其中华人作家占了绝大多数。他们的著述充分表明了美国华人在总结和发展中餐上所做出的无与伦比的贡献。这些英文食谱的华人作者同时也将中餐作为一项传统悠久的艺术，介绍给美国读者。这不仅推广了中餐，也有效反击了排华种族主义者所捏造的华人是一个食鼠民族的形象。[①] 这些食谱也成为中餐业者的信息和灵感的重要源泉。

跟其他一些海外中餐菜系相比，美国中餐保持了更多的中华食品文化的元素。比如说，美国中餐从来都没有演变成类似秘鲁中餐或娘惹菜那样的融合餐饮（fusion food）。中餐里最具特色的菜肴，如早年的杂碎

---

① John Kuo Wei Tchen, *New York before Chinatown*, *Orientalism and the Shaping of American Culture*, 1776 – 1882（Baltimore：Johns Hopkins University Press，1999），264 – 266. Huping Ling, *Chinese St. Louis*：*From Enclave to Cultural Community*（Temple University Press，2004），46 – 47.

或现在的宫保鸡丁、橙鸡等，多为传统中国菜肴；进入美国市场才又被重新包装和商品化。就连像左宗棠鸡这类源于美国的菜肴，也是用传统中餐烹饪方法做成，并被当成传统中国菜肴推销出去的。至于诸如幸运签语饼（fortune cookies）和炸蟹角（crab rangoon）等为数不多的完完全全来自美国的食物，则仅仅是中餐馆的点缀，并没构成美国中餐里的核心菜肴。

纽约市有一家40年历史的中餐馆，它最热销的三道菜是美式中餐里大名鼎鼎的左宗棠鸡、橙鸡和宫保鸡丁。其老板直截了当地告诉美国CNN记者："美式中餐就是中餐。"① 在一篇写给CNN的文章中，素有"美国华裔二代中餐代言人"之誉的年轻食评家魏贝珊，为美式中餐的"正宗"性作辩护："美国中餐的菜肴，不存在不正宗的问题。这些菜多数华人为华人顾客所烹制。这些中国人只是碰巧住在外国。"②

我们也必须承认美国中餐与中华饮食文化之间的显著差异。直到20世纪70年代，美国的中国食品主要基于广东之饮食传统。作为一个高度商业化的餐厅菜式，它所提供的菜肴品种有限。在非华人社区经营的中国餐馆业者，还特意改变传统菜式以适应顾客的口味。从20世纪70年代开始，美国中餐馆出现宫保鸡丁、木须肉、橙鸡和北京烤鸭等代表广东省以外中国地方菜的菜肴。但是，这些新菜肴的加入，并没有改变美式中餐作为高度商业化的餐厅菜系的特性。

现在，美式中餐的确已变成一个广为人知的独特的菜系。2013年，两名美国餐馆业者在上海开了一家名为"幸运签语饼"的美式中餐饭店。其中一位是美籍华人，来自一个从20世纪60年代开始就在美国经营中餐厅的家庭。③

显而易见，主要以非华人为服务对象的餐馆不仅仅形成了一个独特的菜系，也是中餐的一个分支。确切地说，它是海外中餐的一种。它的

---

① Clarissa Wei, "American-Chinese Food is Real Chinese Food", http://www.cnn.com/2016/01/14/foodanddrink/american-chinese-food-opinion/.

② Ibid.

③ Jamie Fullerton, "China Doesn't Understand the Concept of American Chinese Food", April 29, 2014. https://munchies.vice.com/en_us/article/china-doesnt-understand-the-concept-of-american-chinese-food.

形成也表明，如同世界各国菜系一样，中餐作为菜系一直都在不断地变化、发展。海外移民进一步扩展了中餐发展的机会和空间。美式中餐虽然地处于非华人社区，但仍然与华人社区保持着多层面的紧密关联。从20世纪初开始，它成为美国华人最重要的生命线，为华人提供了难得的就业机会。与此同时，华人社区则一直都是美式中餐馆人力、食材和动力的源泉。

与中国各地的烹饪传统一样，美国的中餐业也一直在变化和发展中。它的变迁与美国华裔社会及中国移民结构的演变息息相关。了解中餐在美国的发展史，会增强我们对美国华人奋斗史的理解。这也有助于我们理解海外华人世界的历史。

当下海外中餐馆面临的机遇与挑战

廖　峰①

俗话说，有阳光的地方就有华侨华人，有华侨华人的地方就有中餐馆，有中餐馆的地方就有中华元素。据国侨办数据统计，当下已有超过6000万的海外华侨华人遍布全球，其中从事餐饮及其相关行业的人数比例已达到90%以上。海外中餐馆在成为一种经济现象的同时，带来海外中华文化向世界传播。中华美食文化经过多年发展，已经渗入外国民众日常生活。《泰晤士报》曾报道，据英国食品标准局的统计，目前英国人每六餐饭中至少一餐是在中餐馆食用（不包括快餐），中餐在过去的三年一直被评为英国人最受欢迎的食品。

虽然目前海外中餐厅约50万家，市场规模超过2500亿美元。② 但是从海外中餐馆的现状来看，整体参差不齐的情况仍未改变。浙江是侨务大省，“三把刀”是浙江人闯天下的起家本领。仅以侨乡青田为例，据2014年侨情调查显示，在“一带一路”终端欧洲大陆41个国家的235414位青田华侨中，15周岁以上在业者有161585人，其中餐饮住宿业88811人，占比达54.96%。在全球经济复苏，“一带一路”倡议推进和中国梦、世界梦探索实践的大背景下，广大海外中餐馆发展面临着转型升级的机遇和挑战。

建议继续以“万家海外中餐馆”主题活动为载体，坚持市场主导、

---

① 廖峰：丽水学院商学院教授。

② 邢颖主编：《中国餐饮产业发展报告（2016）》，社会科学文献出版社2016年版。

政府引导、协会统筹、商企互动、特色发展为原则，深入推进“五化”建设，提升文化内涵和服务品质，全面提升海外中餐馆的品牌国际竞争力。

一　机遇前所未有

（一）“一带一路”带来的政策红利

“一带一路”不仅是华人之路，更是中国与周边国家友好合作之路。国家层面正在通过中国美食文化博物馆、“一带一路”国际美食长廊等活动提高海外中餐业的影响力与美誉度。一方面，作为打通友好脉络、传播中华文化的窗口，海外中餐馆在“一带一路”建设中起着纽带连接作用；另一方面，“一带一路”的实施也为海外中餐馆的发展提供了一个良好的契机。

目前，中国设立了丝路基金，双边、多边产能合作基金规模已超1000亿美元。[①] 中国人民银行已与20多个沿线国家签订了双边本币互换协议。中国还向沿线国家提供了大量的无偿援助和优惠贷款。高铁、高速、航空等基础设施的投入力度在不断加大。“一带一路”正加快中国走向世界的步伐，出境贸易旅游正在拉动海外中餐业的消费。[②] 截至2017年年初，持普通护照的中国公民免签或落地签目的地已达到60个。[③] 据《中国旅游发展报告（2016）》显示，中国公民出境旅游人数达到1.2亿人次，同比分别增长12.0%。“十三五”期间，预计中国将为“一带一路”沿线国家输送1.5亿人次游客，为当地创造2000亿美元的旅游收入。[④]

（二）新侨带来的人力红利

新侨指以留学、对外劳务输出、亲属移民等多种名义与形式从中国

---

① 穆虹：《推进“一带一路”建设》，载《人民日报》2015年12月11日。

② 《中国旅游发展报告2016》，国家旅游局出版社2016年版。

③ 《中国公民免签或落地签目的地已达60个》，载《中国青年报》2017年1月25日，第3版。

④ 《未来5年中国将为“一带一路”沿线国家输送1.5亿人次游客》，载http://www.chinairn.com/news/20160427/145552417.shtml，2016-04-27。

走出去的对外移民，目前人数约为1000万人。① 他们以知识精英和财富精英为主力军，具有数量大、层次高等特点。新侨和新生代海外华侨华人人数多，分布范围广，知识、职业层次高，思想观念新，对祖国的感情深，参政议政意识强烈。他们是侨联组织的独特资源，可以成为推动当下海外中餐馆转型升级不可或缺的重要力量。

当下中国海外留学生群体迅速扩大，2015年已达到52.37万人。留学生不仅是一个有影响力的消费群体，同时一部分留学生在完成学业后选择成为餐馆老板。② 留学生群体的流动带来了中餐消费需求的增长，形成了饮食文化新一轮的全球化传播。例如，法国由于中国留学生的到来，中餐不再只是春卷、洋葱炒牛肉或者糖醋鸡，八大菜系源源不断呈现。新的留学生文化程度高，与当地人接触频繁，会用最新的现代理念去经营中餐馆，在传播有活力的中国传统美食文化中发挥重要作用。

（三）互联网带来的技术红利

据中国电子商务研究中心监测数据显示，2015年中国餐饮O2O市场规模为1615.5亿元，占餐饮行业总体比重为5.0%，相比2014年增长75.6%，全国餐饮行业O2O在线用户规模达到1.89亿，超过中国网民的1/3。③ 预计到2017年，中国餐饮行业O2O市场规模将突破2000亿元。国内O2O餐饮业的蓬勃发展，必然会促进海外O2O中餐业的稳步前进，同时随着跨境电商的快速发展，物流业呈现良好态势，优质的食材及特殊原材料问题将得到有效解决。

信息时代的到来，海外中餐馆成为向世界即时展示浙江的窗口。目前浙江已有4.7万家海外中餐馆成为“吃遍全球”APP的上线商家。④ 智能化和大数据，不仅使生活更加便捷，同时成为海外中餐馆扩张市场的机遇，做到线下线上统一销售。而“互联网+美食”的经营理念，有利

---

① 谢婷婷：《中欧关系视角下的新侨研究》，社会科学文献出版社2016年版。

② 教育部：《2015年度我国出国留学人员总数达52.37万人》，载http://education.news.cn/2016-03/17/c_1118361861.htm，2016-03-17。

③ 《2016年中国外卖O2O行业发展报告》，艾瑞咨询，2016年。

④ 《依托“万家中餐馆” 打造“公共会客厅”浙江省借“侨”出海开辟海外统战工作新阵地》，载《侨情专报》2016年6月20日，第167页。

于海外中餐业之间的交流与协作，实现海外中餐业共享、共建、共创、共赢，推动海外中餐业的国际化、市场化、网络化发展。

（四）侨联活动带来的平台红利

2016 年年初，为响应国家倡导的“海外中餐馆行动计划”，浙江省侨联采取内外联动、上下联动的方式，发动 1600 多家各级侨联组织，联系 50 个国家的 100 多个城市侨领①，组织开展了“万家海外中餐馆·同讲中国好故事”活动。经过近一年的努力，活动在宣传推广、资源整合、组织架构、平台建设等方面都取得了显著成效。

主题活动不仅让万家海外中餐馆共享平台的有利资源，寻求优势互补、利益汇合点和最大公约数，也实现了更好地凝聚侨心、汇聚侨智、发挥侨力开展工作。同时提升了海外中餐馆的品质和竞争力，充分展示中华文化的“舌尖上的魅力”。通过延伸手臂、创新模式、完善机制，不断向世界人民打开一种更接地气的常态化、长效性的展示窗口。

二　挑战日益严峻

（一）人力保障滞后

人力资源匮乏一直是制约海外中餐业发展的重要因素。近年来，受国外对本国人口就业保护政策的制约，国内向国外正常输送专业餐饮专业劳动力的通道日益狭窄。在西班牙、法国、意大利等国家，很多中餐馆因人力短缺而开始招聘外国服务生。此外，管理理念的落后也是海外中餐馆前进路上的阻碍。许多经营海外中餐馆的华侨仅仅只把中餐馆当作他们的一种谋生工具，这种理念导致了菜品单一、烹饪技能不过关、只顾虑眼前利益的特点，且多为家庭个体经营。管理理念的落后就少不了人才的培训，但目前国内外可提供的培训途径却少之又少。② 据《全球

① 《依托“万家中餐馆”同讲“中国好故事”　浙江省侨联倾力打造“活色生香”中国之窗平台建设雏形已现》，载《侨情专报》2016 年 4 月 15 日。

② 于千千：《〈全球中餐发展形势报告〉正式发布：海外中餐呈五大新态势》，载《餐饮世界》2016 年第 7 期。

中餐发展形势报告（2016）》显示，中餐业从业人员提升厨艺和管理水平的渠道首选回国培训，容易造成人员流动的风险，且成本高昂，对大多数中餐业从业人员来说不现实。

（二）优质食材匮乏

中华传统美食的成功离不开好的食材，优质原材料匮乏是影响中餐馆品质发展的重要因素。在海外很多地方，许多中餐的特色食材与调味品都难以购买或是价格昂贵。而海外中餐企业从国内进口这些食材又会遭到所在国的政策限制。如全聚德特有北京填鸭的食材等禽类无法出口到国外，使用国外当地的鸭子无法保证北京烤鸭的品质；川菜特有的花椒等调味品在部分国家被列为药材难以出口；此外，中餐常用的特色调味品，如酱油、豆豉和一些腌制品、糟醉制品，就西方卫生评判标准而言是“不卫生”的，常常受到罚款。[①] 虽然现在很多国家都设有专门的华人超市或者货行，但这些超市或货行往往出于成本最小化考虑，从国内选购的食材大多是价格较低，品质难以保证的。这无疑增加了海外中餐馆制作口感、色香俱佳的中餐菜品的难度。

（三）品牌意识薄弱

品牌是企业竞争的核心，是品质优异的体现。虽然目前海外中餐厅已达到一定市场规模，但是大多数餐馆的经营模式仍是家庭个体经营，餐厅专业性差、规模较小、管理不规范。为了提升餐馆竞争力，经营者通常采取压低利润、降低价格的方式以争取更多顾客，结果是陷入恶性循环的价格战中。仅以美国为例，距第一家海外中餐馆落地已有160多年历史，期间虽然克服种种困难，进行菜品变革以适应消费变化，目前却在趋同化的过程中日益褪去中餐本应有的特色。

品牌化建设一直是海外中餐业发展的“短板”，能跻身当地高端市场的中国餐饮品牌寥寥无几。更值得关注的是，“中餐西化”已成为现在海外中餐馆的普遍选择。这些“价格竞争”“中餐西化”的背后，凸显出海外中餐馆薄弱的品牌意识，向世界展示的往往是中餐馆价廉低档的一面。

---

① 新华网：《中餐的海外危机》，载《国际先驱导报》2015年8月6日。

（四）金融形势严峻

2008 年金融危机爆发至今，经济复苏缓慢，餐饮业是受到冲击最大的行业之一。2008 年在纽约布鲁克林班森贺地区开中餐馆的李先生表示，金融危机爆发后，餐馆用得最多的油，从原先每桶 17 元涨到 36 元。食材的成本以前占菜品成本的 30%，现在升到 40%。[①] 而餐馆涨价只敢两角五分、五角地涨，根本赶不上原料涨价的速度。除原料的飞涨带给海外中餐馆的不利外，营业额的大幅下降也给海外中餐馆的经营造成致命一击，金融危机后众多海外中餐馆不堪重负纷纷关门歇业。纽约州餐馆协会副主席亨特就曾说过："消费者可能因经济不景气而把钱袋控制得更紧，对餐饮业来说，这是一个挑战。"

当下，随着汇率的上升，人民币升值和国内物价上涨，让海外不少中餐馆步履维艰。中餐馆大约 60% 以上的调味品、干货，都仰仗来自中国的进口产品，近年来人民币升值了 30%，让中餐馆也承受了涨价的压力。[②] 例如，在洛杉矶、尔湾及拉斯维加斯等地经营了 11 家大小餐馆的加州金都金塔饮食集团总经理林文超表示，为了维持餐馆的信誉及留住老顾客，就算是人民币一直升值，来自中国的食材也一直涨价，集团仍一直沿用来自中国的酱料及干货等中餐馆必需的日常食材。但在经济不景气的情况下，几乎没有中餐馆敢涨价。为了生存，经营者往往选择大众餐厅"中餐西化、中西结合"的经营策略，希望吸引更多客源。虽然一方面拓展了中餐馆原有的生存空间，但难以避免地造成外国人对中餐文化认知的混淆。

三　对策与建议

（一）加快实施规模化建设

在单枪匹马闯天下的时代已经过去的背景下，小规模、碎片化、实

---

① 《纽约中餐馆遭遇"内忧外患"》，载《人民日报》（海外版）2011 年 12 月 5 日，第 8 版。

② 中国网络电视台新闻台新闻中心：《中国食材涨价不止洛杉矶中餐馆叫苦不迭生意难做》，载中国新闻网，http：//news. cntv. cn/20111021/108749. shtml，2011 - 10 - 21。

体经营的模式仍占据海外中餐馆的主流①，这种低端的经营方式已难以适应当下中餐业转型升级的需要。必须加快建立一个政府支持、侨联组织、侨领带头、中餐馆业主参与的有序联盟，延伸海外中餐馆的产业链，趋向多元化，给海外从事餐饮业的华侨带去更多实质性的利益，为他们提供一个转型升级、稳步发展的平台。要以联盟为主体，以政府为牵头，以侨联为平台，整合外宣、商务、外事、侨务、旅游、财政、民政等部门，调动利用一切资源，全面推进行业整体提升和文化外宣工作。

（二）全面推进信息化建设

利用"互联网+"构建海外中餐馆数据库，实现实时调控。2016年6月28日"吃遍全球"APP的上线，让我们看到了"互联网+海外中餐馆"这种新的合作"模式"无限拓展空间。利用互联网进行线上线下的营销，通过海外自媒体开展形象宣传，同时让更多的海外中餐馆成为"吃遍全球"APP的入驻商家，增数提质，加快搭建好"吃遍全球"网络订餐平台。加快完成全球7万家左右中餐馆的联网工作，吸引海外侨团、餐饮协会、社会民间共同参与实施，收集录入海外中餐馆信息资料，整合劳动力、原材料、资本等生产要素资源，更好创新发展模式。在加快数据收集系统和手机APP客户端的基础上，采取内外互动、上下联动方式，继续深入与"合丰""东方嘉禾"合作，加快推进海外中餐馆高清电视显示屏和数字媒体平台建设。② 通过视频落地，海外中餐馆不断扩大中华美食文化的传播半径。

（三）扎实开展品牌化建设

品牌意识薄弱是海外中餐馆低价、低质、低口碑的主要原因。"中国菜"要想成功走出国门，中餐馆要想扬名世界，就少不了国际品牌的打造。首先，以海外中餐馆联盟为主体，进行品牌VI设计，通过商

① 于千千：《〈全球中餐发展形势报告〉正式发布：海外中餐呈五大新态势》，载《餐饮世界》2016年第7期。

② 《依托"万家中餐馆"打造"公共会客厅" 浙江省借"侨"出海开辟海外统战工作新战地》，载《侨情专报》2016年6月20日，第50页。

标国际注册，对“万家海外中餐馆”进行证明商标的法律保护。其次，组建或委托第三方运营机构，对“万家海外中餐馆”进行品牌使用、运营和管理，形成市场运作的长效机制。最后，创新“1 + N”母子品牌运作模式：一方面，以母品牌“万家海外中餐馆”为牵引，带动绍兴黄酒、金华火腿、庆元香菇等浙江区域品牌外输，向外拓展“两山”理论实践通道；另一方面，以母品牌“万家海外中餐馆”为支撑，带动五芳斋、两岸食品、澳门豆捞等浙江餐饮品牌外扩，助推浙菜抢滩海外市场。

（四）逐步实现标准化建设

海外中餐业标准化低、品质不稳定的问题一直饱受国内外人士的诟病，成为突破海外中餐馆发展“瓶颈”的症结所在。因此，在为海外中餐馆搭建“避风港”“加油站”的同时，海外中餐馆联盟要以品牌规范化建设为抓手，构建以中餐龙头企业标准、食材标准、原辅料标准、菜品标准、物流标准、包装标准、制作标准、地理标识等为核心的具有中国特色的中餐标准体系。使其能符合国内、国际检疫卫生标准又不乏特色，打造餐饮业的“浙江制造”。对加入联盟、进行品牌授权使用的餐饮企业签订具有法律权威带有可执行性的标准化协约。使加盟商企在享受到政策、资金、技术优惠的同时，必须遵守协约所履行的承诺，不断提升海外中餐馆服务和菜品的标准化水平。

（五）努力完善金融化建设

资金是华侨华人在海外从事餐饮业面临的主要难题，目前，国内尚未建立有效的融资渠道资助华侨创业。要抓住“一带一路”的机遇，加强与国内外企业的合作，建立一个责任共担、利益共享的长效机制，畅通中餐馆在海内外获取资金的融资渠道。择机设立中餐海外发展金融扶持专项资金，着力培育海外中餐龙头企业做大做强。加大财税政策的支持，对海外经营成效突出的中餐馆给予适当补助，对境外的餐饮龙头企业按规定进行税收抵免。政府在融资领域要扮演好引导者的角色，适度放宽融资门槛，降低融资成本，使海外中餐馆可以借助互联网或其他合法化平台进行私募、众筹等。

法国华文报刊与华侨华人社会融入研究

——以《欧洲时报》为例

詹　娜　邹　旋[1]

法国是欧洲最早出现中国移民的国家之一。中国人移居法国的历史可以追溯到18世纪初期，1702年，23岁的福建青年黄家略随一位法国传教士乘船来到法国，成为法国官方档案上记载的第一位旅法华人。成规模的移民是在20世纪70年代以后，70年代中后期的以华人为主的东南亚难民潮，以及80年代以来中国大陆以浙江温州人为主的移民潮，形成了法国华侨华人社会移民的总体面貌和格局。[2] 随着法国华侨华人社会的形成发展，法国华文报刊诞生，并不断发展，华文传媒与华侨社团、华文教育同作为华侨华人社会的三大支柱，在促进华侨华人融入法国社会方面发挥着重要作用。

关于法国华文报刊的研究，主要以介绍法国华文报刊的发展史为主，如唐宏钧的《魂系中华的佐证：法国华文报刊历史简述》[3] 对法国华文报刊的使命、生存条件、发展趋势和潜在危机与对策进行简要分析，张妍

---

① 詹娜：华中师范大学国际移民与海外华人研究中心副教授；邹旋：华中师范大学历史文化学院研究生。

② 广东省侨办赴法国调研团：《法国华侨华人社会初探》，载《侨务工作研究》2004年第4期，第33页。

③ 唐宏钧：《魂系中华的佐证：法国华文报刊历史简述》，载《华侨华人资料报刊剪辑》1991年第1期。

妍的《法国华文报刊研究》[1] 等，还有一些资料散见于相关书籍或者网络上，如叶星球的《法国华人三百年》[2] 有一节“法国的中文报刊”，以及夏春平主编的《世界华文传媒年鉴 2015》[3] 中有介绍法国华文传媒的简要情况等，总体来说，从华文报刊的角度对法国华侨华人社会融入进行研究的成果则相对较少，本文将以法国最具影响力之一的报刊《欧洲时报》网络版为研究对象，从它 2000 年开通以来的传播内容出发，对其促进法国华侨华人社会融入的具体作用进行探讨。

一　法国华侨华人移民促进华文报刊诞生、发展

海外华文报刊是华侨华人社会形成和发展的产物。20 世纪 70 年代以前，法国华侨华人移民数量较少，以劳工和知识分子为主。法国华侨华人成规模的移民是在 20 世纪 70 年代以后，70 年代中后期的以华人为主的东南亚难民潮，以及 80 年代以来中国大陆以浙江温州人为主的移民潮。与法国华侨华人移民的阶段相对应，华文报刊的发展也呈现出阶段特征。

（一）20 世纪 80 年代以前的法国华文报刊

20 世纪 80 年代以前的法国华文报刊，受众对象主要是知识分子和劳工；传播内容主要是针对知识分子的自然科学和社会科学知识，针对华工的教育文化知识，以及党派出版的宣传政治观点；从生命周期来看，由于经费不足、受众狭小、易受政治因素影响等多种原因，报刊发行时间相对较短或者断断续续。20 世纪 80 年代以前的法国华文报刊，以第二次世界大战结束为界限，大体可以分为两个发展阶段。

20 世纪初，法国的华侨华人主要是留学生和第一次世界大战的华工。“1916—1918 年，第一次世界大战中法国招募的华工有 14 万人，第二次

① 张妍妍：《法国华文报刊研究》，硕士学位论文，中央民族大学，2004 年。
② ［法］叶星球：《法国华人三百年》，巴黎太平洋通出版社 2009 年版，第 192 页。
③ 夏春平主编：《世界华文传媒年鉴 2015》，中国新闻社 2015 年版，第 560 页。

世界大战后生存者大部分遣返中国，留在法国3000人左右。”① 从1907年由清政府首批派往法国留学的李石曾、张人杰、吴稚晖发起创办的法国首份华文报刊《新世纪》诞生到第一次世界大战结束，这期间的法国华文报刊主要以留学生等知识分子和战争劳工为对象，以介绍文化和科学知识为主，无强烈的政治倾向；“1919—1921年，有2000名中国勤工俭学留学生赴法求学”②，期间有法国勤工俭学的学生创办的《旅欧周刊》，另外，由中国共产党旅法支部、中国国民党旅法总支部、中国青年党欧洲支部相继创办了机关刊物，其报刊内容“与国内政治斗争密切相连，以宣扬各党政治信仰，阐述各党对解决中国前途问题的政治主张，争取当地侨界和留学人员的同情与支持为目的”；③ 从1931年到第二次世界大战结束，报刊内容除了政治宣传的目的外，以宣传抗日为主要目的的报道不断增多，如1935年中国共产党在巴黎主办的《救国时报》、国民党主办的《三民导报》，号召海外华侨支援国内抗日活动（见表1）。

表1　　第二次世界大战结束以前法国的主要华文报刊

创刊时间	报刊名称	备注
1907年6月	《新世纪》	周报；欧洲第一份中文报纸；留学生李石曾、商人张人杰等创办；1910年5月停刊
1916年8月	《旅欧杂志》	双月刊；内容侧重介绍西方国家的社会科学与自然科学知识；李石曾、蔡元培、吴稚辉、汪精卫等创办；1918年3月停刊
1917年1月	《华工杂志》	月刊；内容以向华工进行文化教育为主；李石曾、蔡元培、吴稚辉、汪精卫等创办；1920年12月停刊
1919年11月	《旅欧周刊》	周刊；法国勤工俭学的学生创办；1921年8月停刊
1920年10月	《华工旬刊》	每月逢五出刊；以号召散居法国各地的华工联合起来团结互助为主；1921年7月停刊

① 广东省侨办赴法国调研团：《法国华侨华人社会初探》，载《侨务工作研究》2004年第4期，第34页。

② 同上。

③ 程曼丽：《海外华文传媒研究》，新华出版社2001年版，第93页。

续表

创刊时间	报刊名称	备注
1922 年 8 月	《少年》	月刊；中共法国支部创办；以宣传马克思主义意识形态、阐释共产主义基本理论为主；1923 年年底停刊
1923 年 12 月	《先声》	中国青年党欧洲支部创办；以宣扬其政治信条为主；1934 年停刊
1924 年 2 月	《赤光》	侧重于探讨中国政治；中共法国支部创办；1930 年年初停刊
1925 年 12 月	《三民周报》	以宣传国民党右翼政治观点为主；国民党欧洲总支部创办；停刊日期不详
1925 年	《国民》	以宣传国民党左翼和中间派的政治观点为主；国民党驻法总支部创办；停刊日期不详
1935 年	《救国时报》	内容以反映旅法中国侨民抗日统一阵线的观点为主；留法学生为主体的“抗日救国会”创办；1940 年停刊
1938 年 10 月	《三民导报》	“国民党旅欧执行委员会总会”创办；1966 年停刊
1944 年 11 月	《华侨时报》	周刊；“旅法华侨友谊会”创办；停刊日期不详

注：表格主要依据唐宏钧的《魂系中华的佐证：法国华文报刊历史简述》① 整理而来。

从第二次世界大战结束到 20 世纪 70 年代，先后创办的法国华文报刊主要有 1947 年创办的《和平呼声》、1953—1957 年的《侨众》、1973—1974 年的《互助月刊》、1974—1975 年的《欧洲评论》、1975 年的《简讯》，等等。这一阶段，法国华文报刊相对沉寂，主要因为没有稳定的经费来源以及战争影响等，这些刊物一般难以长久生存。

（二）20 世纪 80 年代以后的法国华文报刊

20 世纪 80 年代以后以华文报刊为主的法国华文传媒可谓盛况空前，这与 20 世纪 70 年代后期大批印支难民和 20 世纪 80 年代以来中国大陆新移民的涌入密切相关。由于初到法国的绝大部分华侨华人的文化素质不

① 唐宏钧：《魂系中华的佐证：法国华文报刊历史简述》，载《华侨华人资料报刊剪辑》1991 年第 1 期。

高，多不谙法语，而日常社会生活与事业又需要了解居住国的政治、经济情况以及各方面的常识与法规。而华人社区也需要媒介来沟通彼此的信息，交流情况与经验，这些都为华文传媒提供了发展空间。先后有法籍华人苑国恩等发起创办的《龙报》（1981）、台湾联合报系所属的报纸《欧洲日报》（1982）、旅法印支华裔创办的《欧洲时报》（1983）、“全法中国留学人员联合会”出版的《留法通讯》（1987）、旅法印支难民创办的《远东半月刊》（1987）、越南华裔邱明发行的《华人报》（1988）、法国欧中经贸出版社创办的《欧中经贸》（1994）、旅法华人叶星球等创办的《欧华侨志》（1995）等报纸、杂志，这些报纸、杂志主要是以为当地华侨华人的生存发展提供信息，促进当地侨社成员之间的团结、合作互助，以及增强华侨华人对祖国、故土的了解为目的。因此，在传播内容方面，涉及法国、欧洲等其他国家、华人社会、中国等多方面的消息，从多渠道为法国华侨华人的生存发展提供服务。

海外华文传统媒体由于经费、人才、网络冲击等各种因素难以维持而停刊的现象时有发生，如由台湾联合报系创办了27年之久的《欧洲日报》于2009年8月27日停刊，在停刊公告中称“外在环境变化迅速，网络新闻媒体普及，影响纸本之发行，而金融风暴之冲击，更造成广告之流失”。而《欧洲时报》作为日报，克服了资金短缺、人才不足等困难，通过不断更新突破，经受住了时间的考验，成为法国乃至欧洲最具影响的华文媒体之一。《欧洲时报》以服务侨社、反映华人心声、促进华侨华人融入为宗旨，版面内容涵盖新闻版面：法国新闻、欧洲新闻、华埠消息、环球焦点、大陆新闻、大陆广角、大陆经贸、港澳消息、台北传真、东南亚新闻等；另有副刊：体坛风云、医药卫生、博览、环球多棱镜、古今轶闻、文摘选萃、欧陆游踪、生活指南、法律常识、家庭、妇女、影视娱乐等。为满足华侨华人需要，从1994年开始，《欧洲时报》还开辟了中国各省市专版，集中介绍该省市的概况和投资、旅游环境。随着互联网的发展，《欧洲时报》走上了“报网结合”之路，于2000年开通了“欧洲时报网”，成为欧洲最早的中文网站之一，在促进法国华侨华人生存发展方面发挥着重要作用。

21世纪以来，法国华文报刊呈现出的特点既有继承也有发展，继承主要是为华侨华人服务的核心功能，发展主要是转换媒体形式，除了网页版之外，还有微博、微信版等。就发展趋势而言，法国华文报刊呈现出以下几种趋势："第一，专业人才越来越多地进入华文报刊编辑出版行业的趋势；第二，在经营管理上呈现出企业化的趋势；第三，与欧洲华文报刊市场一体化相融合的趋势越来越高。"①

二　法国华文报刊积极促进法国华侨华人社会融入

海外华侨华人融入主体社会一直以来都是其生存发展的核心问题之一。由于语言不通，对当地生活信息、法律法规等缺乏了解，华侨华人之间缺乏沟通交流，以及在主流社会缺少话语权，主流社会对华侨华人存在误解等多种原因，法国华侨华人的社会融入之路慢且长，"欧洲时报网"等华文传媒在帮助他们克服这些困难，促进其融入方面发挥着重要作用。

（一）提供信息，为生存发展服务

为了生存和发展，华侨华人必须了解当地社会和世界各地发生的事情，尤其是与其日常生活相关的法令、法律以及生活服务类的消息，对于法国华侨华人尤其是老一辈华侨华人来说，语言不通成为他们了解相关消息的最大障碍，而华文报刊等传媒的首要功能之一就是提供信息。

"《欧洲时报》从创办开始，就坚持以每周一版与半版的篇幅刊登法国与欧盟其他国家相关法律知识和旅游指南"②，"欧洲时报网"作为新传媒，其基本的信息传播功能是不言而喻的。关于法律法规的信息，"欧洲时报网"上载有"改变华人生活的365个案件实录"系列文章，告知华侨华人在法国生活保护自己的合法权益，对"在案件对自己不利的情况下，起死回生"具有重要的启示意义，如《疏忽驾驶造成受害人残疾赔偿案》（2005年3月11日）、《警察局违规操作申诉案》（2006年6月22日）、《父母对未成年子女监护不力索赔案》（2008年12月16日），等

---

① 张妍妍：《法国华文报刊研究》，硕士学位论文，中央民族大学，2004年。

② 杨咏桔：《〈欧洲时报〉的春秋》，载《华人时刊》2001年第9期，第12页。

等。以《父母对未成年子女监护不力索赔案》为例，文章在描述具体事件之后，给出了建议："遇到类似的情况，按照刑事诉讼程序，首先我们应当确定谁是应当负民事责任的第三人，其次要确定应负民事责任的第三人在刑事诉讼中的地位。按照《民法典》第1384条规定，受害人有权在刑事法院对应当负民事责任的唯一第三人进行追诉，并请求赔偿损失，唯一是指《民法典》第1384条所列举的、在选择用人与监视方面可以受到指责、有过错的人（父与母、师傅与主人），但是最高法院也承认，对某些特定的人的行为负有责任的其他第三人，也属于'应负民事责任的第三人'之列。在这些应负民事责任的第三人中间，父与母以及手工艺者，在能够证明他们不可能阻止损害发生时，也可以免负任何责任。"①

关于日常生活的服务，有"知道"这一板块为法国华侨华人提供了生活百科、居留签证、医疗保险、买房租房、求职创业、旅游度假等日常生活必不可少的信息，如《在法国如何申请10年居留》《在法买房的那些事儿，看这篇稿子就够了》《一份史上最完整法国福利补贴申请攻略!》《2016—2017年留法生活手册》《中法商务与创业指南》《邻居噪音扰民怎么办?》《法国有哪些买高品质旅游纪念品的网站?》等一系列文章，攻略详尽；另有"旅行社"这一板块专门提供法国、欧洲、亚洲旅游经典路线，也提供订车、酒店、门票预订等服务；同纸质版一样，网络版也设置了中国内陆地方专版，到目前为止已有40余地方专版，以便为华侨华人的投资、旅游等提供消息，以北京专版为例，近期头版头条以经济类的相关消息为主，如《世界侨商中心规划出台》（882期）、《中关村总收入增长超12%》（856期）、《数百高精尖项目落户北京》（804期）等。《欧洲时报》的网络版与传统纸质版传播的主要内容基本相似，但网络媒体的性质特点决定了它更具时效性、交互性和便利性。

（二）维护权益，反映华侨华人心声

海外华侨华人在主流社会往往缺少话语权，华文报刊等华文传媒担负的另一重任则是维护华侨华人的权益，为华侨华人发声，以减少华侨

---

① 石宛林：《父母对未成年子女监护不力索赔案》，载 http：//blog. sina. com. cn/s/blog_5d5bc54b0100bpk4. html，2008－12－06。

华人与主流社会的冲突对抗，促进其融入主流社会。

如2000年11月法国巴黎NESLES剧院上演话剧《华人与狗不得入内》，并以此为题目大做广告，这引起了华侨华人的愤慨，对此，《欧洲时报》及时在第一版显要位置刊登华侨华人的心声，并配合侨社向剧作者追究法律责任，为华侨华人讨回公道，最后剧作者不得不更名。又如2011年4月，法国劳动、就业与卫生部下属的“劳动监察局”（L' inspection du travail）致函巴黎13区等华人聚居区域的商号，称华人商店一直周日营业，这种状况触犯法律，限令即日“改邪归正”，这影响了华侨华人的经济利益，为此，“欧洲时报网”发布文章《为巴黎华埠突然“被礼拜”鸣不平》（2011年5月25日），文章指出“这是一件在一般百姓看来有些波诡云谲的事件，诡异在华埠‘依法’之后，从经济基础到意识形态，从法国人到‘中国人’，从老板到员工，从‘面子’到‘里子’都没有赢家。无论从政府、文化、宗教、法律、时机，还是现实层面，都让人难以理解。”[①] 文章从政府、文化、宗教、法律、时机等多方面展开了详细论证，维护华埠的“周日营业权”。另外，由于华侨华人与祖籍国的关系是休戚与共，维护祖籍国的权益就是在维护华侨华人的权益。2008年4月，针对北京奥运会圣火传递在巴黎受阻，奥运五环被改为五个手铐，“欧洲时报网”为此发表了《辩在圈套中》（2008年4月24日）的文章，批评了“记者无国界组织”；又如2015年7月27日由于中国股市“跳水”，创下8年来最大跌幅，西方媒体搬出“黄祸”论，认为中国股市殃及全球经济，为此，“欧洲时报网”7月29日发表评论员文章《别把中国股市下跌看做“洪水猛兽”》。

（三）改善形象，促进法国社会对华侨华人和中国的了解

海外华侨华人的社会融入是双方面的，不仅是华侨华人需要主动融入，也需要主流社会的接纳。然而海外主流社会往往对华侨华人和中国存在误解，华文报刊等传媒一方面需要对海外主流社会对华侨华人和中国的误读进行辩护发声，另一方面也需要主动把中国和华侨华人的积极

---

① 《为巴黎华埠突然“被礼拜”鸣不平》，载 http：//www. oushinet. com/voice/commented/20110525/7702. html，2011 -05 -25。

面介绍给主流社会。改善华侨华人和中国形象，促进主流社会对华侨华人和中国的了解和接纳，从而助力华侨华人融入主流社会。

《欧洲时报》意识到在当地社会求生存谋发展，与主流社会各方面的媒体建立联系十分重要，要与他们做朋友，让他们有机会对中国和华侨华人有客观、真实的了解。由于用中国人的思路写文章，不符合法国人的阅读习惯，1990 年创办的法文刊物《丝绸之路》发行量不好，3 年后就停办了，《欧洲时报》吸取了教训，2001 年与法国著名新闻周刊《巴黎竞赛报》合作，创办了法文专刊《巴黎竞赛报·中国专刊》，内容涉及中国的历史、文化以及旅游、投资环境等，“《欧洲时报》与《巴黎竞赛报》的记者每期会定一些关于中国的主题，比如以中国一两个省或市为对象做采访，这是法国人用他们的眼光看中国，写出来的文章符合法国读者的阅读习惯，比较容易为法国读者所接受，所以效果非常好”。[①] 除了《巴黎竞赛报》之外，《欧洲时报》还与《法国人道报》《法国中部报》《法国电视台》《费加罗报》等有合作关系。2003 年，中国文化年活动在法举行，巴黎刮起了一股中国文化风，“巴黎地铁内、环城路上、主要街道两侧，雨后春笋般地出现了无数与中国有关的招贴画、广告画。法国各大报纸也不约而同地展开了宣传攻势。法国著名的《费加罗报》最新一期杂志用 40 页的篇幅登载了介绍中国的文章；《巴黎竞赛报》出版了中国专刊”。[②] 此外，《欧洲时报》还曾为法国最大的日报《费加罗报》与中国最大的日报《人民日报》牵线搭桥，使两家报纸建立了互访合作关系。《欧洲时报》的这些积极努力为法国主流社会读者了解真实的中国起到了很好的作用。

（四）分享经验，为华侨华人之间的沟通交流提供平台

华文报刊除了是华侨华人与居住国之间联系的纽带，更是华侨华人之间经验共享、沟通交流的平台，这对于华侨华人融入当地社会意义重

---

① 苑纯洁：《〈欧洲时报〉联手上海文新闯欧洲》，载《华人世界》2006 年第 12 期，第 125 页。

② 《中国文化年活动在法举行 巴黎刮起中国文化风》，载 http://news.sina.com.cn/c/2003-10-05/1311866071s.shtml，2003-10-05。

大。法国华侨华人呈现明显的地缘、业缘集聚现象，浙江籍人主要集中在 3 区“庙街”和“美丽城”附近，主要从事服装和皮革加工；广东、福建籍人主要聚集在 13 区“中国城”附近经营餐馆与超市；东北人大部分生活在“美丽城”。① 而华文报刊以所有华侨华人为受众，打破业缘、地缘、亲缘的界限，华侨华人以华文报刊为平台，分享生存、发展的经验，促进了华侨华人社会之间的沟通交流，从而促进其更好地融入法国社会。

“欧洲时报网”通过报道欧洲各国华侨华人的谋生发展经历，以及通过作家专栏发表其相关见解等，为广大法国华侨华人更好地融入当地社会提供了经验教训。如报道“‘一带一路’上的中医药拓荒人”陈震、“惊艳英国皇室藏家的华人女银匠”刘楠楠、法国本土首位华裔国会议员陈文雄、法国风林火山跆拳道俱乐部创始人张言瑞等，他们的创业、参政之路，为华侨华人今后的经济发展、参政议政提供了宝贵经验。2017 年 6 月 18 日，对于旅法华侨华人来说，堪称是历史性的一天，华二代陈文雄成为法国本土首位华人国会议员，这成就了法国华人参政历史上的新高度。陈文雄的从政之路，是天时、地利、人和的结果，“多年以来，他借助政界朋友力量为诸如‘华埠立中国牌坊’‘华埠周日营业’以及‘加强华埠治安’等涉及旅法华侨华人利益的实际问题上奔走呼号，有意无意地、不论成败地‘深耕’出自己的‘地利’；他意识形态色彩淡，务实进取精神强，树立了自己有别于他人的政治形象，形成了自己的‘人和’；马克龙所强调的‘不左不右’、开放务实、延揽‘社会贤达’、打破政治藩篱的新政治宣言，这就是‘天时’”。②

“欧洲时报网”还开辟有作家专栏，如法国历史学博士刘学伟的“学伟论道”，发表了《李小龙的族人，必须雄起》（2016 年 8 月 19 日）、《世局演变必将波澜壮阔的 2017 年》（2016 年 12 月 29 日）、《亚裔、华裔维权，汪达尔路线不可取》（2017 年 4 月 5 日）、《欧洲的恐怖袭击，

① 《巴黎“唐人街”素描：移民百年融入当地社会》，载 http://www.china.com.cn/chinese/WISI/241077.htm，2002－12－03。

② 《陈文雄改写历史的天时、地利、人和》，载 http://www.oushinet.com/voice/commented/20170620/265043.html，2017－06－20。

到底有没有止期?》（2017 年 8 月 20 日）等一系列文章，讲述了自己对相关事件的观点见解，如他在《李小龙的族人，必须雄起》一文中，就 2016 年 8 月 12 日同胞张朝林被三个特定族裔流氓袭击后五天，在医院伤重不治去世这一事件，指出法国成为发达国家中恐怖袭击的重灾区，对此，给出了三个建议：“一、做任何生意，或者居住远离特定族群聚居的敏感社区；二、我们华人应当筹资聘请一位中华武术大师，在比如奥贝尔维列（Aubervillier）建立一家武馆；三、要大声呼吁（会哭的孩子有糖吃），要尽可能地组织游行抗议活动，要造成声势，让当局意识到华人不仅仅是勤劳工作不断交税的良民，也有得到安全保障的权利。”[①] 还有“‘鲁娃倾听’，为原籍温州的旅法女作家鲁娃的传记故事连载，讲述了温州人在异国他乡的奋斗经历；再如旅居巴黎的香港作家张明行的专栏，则从自己的经历和感受出发，讲述了旅居海外的所见所闻所感”。[②]

（五）引导方向，建言献策

新媒体由于具有较强的辐射力和感染力，在突发事件、群体事件和公共事件中发挥重要的信息传播和舆论引导作用。法国华侨华人的社会融合之路充满了挑战与曲折，在经济发展、参政议政、社会治安等各方面，常常面临突发事件或者长期存在的问题，他们需要有正确、及时的引导，而华文报刊在其中发挥了重要的引导作用，并为其出谋划策。

2015 年“一带一路”可谓年度热词，“一带一路”被视为国与国之间国际合作的重大战略机遇，实际上，华侨华人也可以在“一带一路”建设中发挥独特，甚至是突出的作用，“欧洲时报网”为此发布了文章，分析了华侨华人的优势，“旅法华侨华人熟悉当地的法律法规、人文环境，具备一定的企业融资及管理经验，具有层次不等的人脉关系，掌握先进的科学技术等。特别是贸易方面具有相当的经验”，因此，“‘一带一

---

① 刘学伟：《李小龙的族人，必须雄起!》，载 http：//www. oushinet. com/voice/forum/20160819/240539. html，2016 - 08 - 19。

② 戴楠：《母语传播视角下的欧洲华文传媒研究》，上海社会科学院出版社 2014 年版，第 137 页。

路’来了，华侨华人大有可为”；[①] 在参政议政方面，法国华侨华人的政治参与程度较低，近几年来参政议政愿望日益强烈，“欧洲时报网”对此多次撰文，如《华人应当用选票说话》（2007 年 3 月 26 日）、《华人选民应珍惜手中一票》（2017 年 4 月 21 日）等，鼓励华侨华人参政议政，“欧洲时报网”对法国华裔陈文雄参政更是关注，从陈文雄开始参与选举到最终成功成为法国国会议员，一直予以高度关注，这对推动华侨华人参政议政的愿望和实践具有很重要意义；法国华侨华人的治安问题也是困扰他们的一大难题，针对华人遇害，华侨华人维权，“欧洲时报网”多次呼吁华侨华人用法律武器理性维权，团结一致，如《维护华人的整体声誉，是我们的权利》（2007 年 2 月 10 日）、《华人大游行团结维权的里程碑》（2010 年 6 月 22 日）、《巴黎侨胞遇难我们应理性申诉讨公道》（2017 年 3 月 28 日），等等，2017 年刘少尧倒在了法国警察的枪弹之下，刘少尧被枪杀后，巴黎华人自发集会悼念，而警方却以违法集会为由驱散示威群众，事态迅速演变为冲突和镇压，为此，《欧洲时报》为华人鸣不平：“法国的亚裔社群并不以闹事暴力而出名，悲痛之余集会悼念并非为了颠覆政权，警察原本可以发挥其民事职能，采取冷静、淡化的方式处理，何以立刻升级为镇压?”，同时引导方向，“尽管发生了侨胞被枪杀的悲剧和华人集会遭到镇压的事件，我们仍然主张侨胞争取自身权益和人身安全的合法诉求应以冷静、理性的方式进行，避免过激违法行为。”[②]

三　法国华文报刊的机遇与挑战

海外华文报刊与华侨华人社会的关系是紧密相连的，一方面华文报刊的发展依赖于华侨华人社会的需要，另一方面华文报刊又反作用于华侨华人在海外的发展。《欧洲时报》作为法国乃至欧洲大陆最具影响力的

---

① 《“一带一路”来了华侨华人大有可为》，载 http：//www.oushinet.com/voice/commented/20150529/194675.html，2015－05－29。

② 《巴黎侨胞遇难我们应理性申诉讨公道》，载 http：//www.oushinet.com/voice/commented/20170328/258968.html，2017－03－28。

华文日报之一，在为华侨华人服务方面积累了丰富的经验。但随着华侨华人新移民的变化发展，以及网络媒体的发展，法国华文报刊在促进华侨华人融入法国社会中也面临着新的挑战。

《欧洲时报》创办30多年来，为华侨华人融入主流社会发挥了重要的作用，并在此过程中积累了丰富的经验。首先，在内容取向上以华侨华人的需要为依据，而不是盲目追随主流报道。“一些对主体社会来说是重要的事情，华侨华人就不一定感兴趣，在这种情况下，我们就要根据华人读者的特点来安排版面。比如前面一段时间，中东巴以不断发生冲突，法国各种传媒几乎天天用大幅版面和时间来报道这类消息。但对华侨华人来说，华文报刊天天大炒就没有必要，他们也不会感兴趣，我们刊登一些有关欧洲各国政府的移民政策调整消息，更受读者欢迎”。[①] 而且根据读者的意见和建议，为满足读者的阅读习惯，《欧洲时报》在版面形式上也不断进行调整，先于1999年将传统的直排式改为横排式，又于2000年元旦将繁体字改为中文简体字，经过调整后的《欧洲时报》发行量不减反增，受到了读者的欢迎。

其次，《欧洲时报》与时俱进，在报刊形式上不断创新。随着信息技术的发展，《欧洲时报》走上了“报网结合”之路，于2000年开通《欧洲时报》的网络版“欧洲时报网”，后期又开通了欧时微博、法纵微博、《欧洲时报》内参微信、食纵微信，以及苹果版和安卓版的移动客户端。新媒体的发展对传统纸媒有一定的冲击，其互动性、便携性等优势明显，但《欧洲时报》纸质版和网络版各有受众：“许多老年人还是偏爱纸媒，通过网络阅读我们报纸的主要是留学生，他们通过网络可以不花钱地了解中国正在发生的事情以及欧洲的情况。不可否认的是，网络扩大了《欧洲时报》的影响。”[②]

再次，《欧洲时报》注重与华侨华人社团、法国主流社会以及中国国内媒体等多方面的联系与合作，积极发挥海外华文传媒的优势。与当地侨团建立友好关系是《欧洲时报》发展读者的重要途径。“《欧洲时

---

① 杨咏桔：《〈欧洲时报〉的春秋》，载《华人时刊》2001年第9期，第13页。

② 苑纯洁：《〈欧洲时报〉联手上海文新闯欧洲》，载《华人世界》2006年第12期，第125页。

报》创办不久组织了一个以侨团侨领和侨界名流参加的报社顾问团，定期开会听取他们对办好报纸的意见和建议，收益良好"[①]，当侨社需要法律方面的援助时，《欧洲时报》都会积极参与出力。没有华人社团的支持，海外华文报纸时难以生存发展的。《欧洲时报》也尤其注重与当地主流社会的联系，与主流社会尤其是主流社会的主流媒体建立良好联系，有助于主流社会对华侨华人和中国有客观、真实的了解。《欧洲时报》曾经邀请法国有关官员和记者到中国参观访问，例如法国《人道报》记者在参观完浙江的房改展览会后，发表多篇文章介绍浙江，使其读者对浙江和中国改革开放的成就有了新的了解。《欧洲时报》还注重与主流媒体合作，除了《巴黎竞赛周刊》之外，《欧洲时报》还与法国《人道报》《费加罗报》等有合作关系。此外，《欧洲时报》与中国国内的有关新闻机构建立联系，借助中国国内的人才、信息资源等优势，对于降低成本、丰富版面内容都有所裨益。如《欧洲时报》2005年与上海文新报业集团的《新民晚报》合作，出版了《欧洲联合周报》，每期40个版面，《新民晚报》的编辑、记者每期提供20个版面，其发行受到了欢迎。

最后，《欧洲时报》注重与欧洲范围内的华文传媒协作，互通有无，整合资源。避免华文报纸"同质化"的倾向和"资源浪费"，应欧洲华文媒体同人的强烈要求，1997年由《欧洲时报》牵头在法国成立了"欧洲华文传媒协会"，目前协会会员单位已经超过60家，媒体形态也由最初的报刊为主，发展成现在的报纸、杂志、广播电台、电视台、网站和出版社等多种不同形式的新闻机构。协会每年都有年会，截至2016年已经成功举办了12届，每次年会都会就不同主题进行探讨，以便资源共享，共同发展。如第12届年会在巴黎举行，以"肩负社区使命，在媒介融合中突破困境"为主题，"围绕欧洲华文媒体在全媒体背景下的现状、生存与发展；欧洲华文媒体之间如何加强合作与交流；如何有效地整合中欧资源，在中欧经贸、文化等领域合作中发挥独特作用；'一带一路'背景下的媒体战略与传播能力建设；国内外媒体从业人员队伍如何联系、协调媒体资源；传统媒体及新媒体融合与发展等6

① 杨咏桔：《〈欧洲时报〉的春秋》，载《华人时刊》2001年第9期，第14页。

大议题展开，希冀能在众声喧哗的年代，为华文媒体在欧洲找到新出路。”①

综上所述，法国《欧洲时报》在促进华侨华人社会融入的过程中，立足于为华侨华人服务的出发点，通过自身不断改革创新，积极与各方合作，取得了巨大的成功，这为海外华文传媒树立了典范，但网络媒体的发展和华侨华人移民的变化与发展无疑对其构成了挑战，尽管网络媒体至今无法取代传统媒体，但其冲击是毋庸置疑的，目前以纸质报刊为主要媒体的是老一辈华侨华人，而年青一代华侨华人更偏向网络媒体。此外，随着华侨华人移民融入法国社会程度的加深，以及新移民的素质越来越高，他们对中文媒体的需求是否会受到冲击？在21世纪，法国以及海外其他地区、国家的华文传媒对于华侨华人而言，将扮演怎样的功能和角色，值得进一步研究。

① 侯清源：《第12届欧洲华文媒体论坛共商全媒体时代融合之路》，载 http：//www. ouhuamedia. com/information/20160722/182. html，2016－07－22。